Karl Jaspers
Philosoph, Arzt, politischer Denker

Band 679

Zu diesem Buch

Anläßlich seines 100. Geburtstages wurde Karl Jaspers weltweit gewürdigt. Unter den vielen Veranstaltungen in West- und Osteuropa, in Amerika und Asien nahm das Symposium in Basel und Heidelberg eine besondere Stellung ein. Die Universitäten von Basel und Heidelberg sowie die Karl-Jaspers-Stiftung hatten sich auf eine fruchtbare, die Fachgebiete und Ländergrenzen überschreitende Zusammenarbeit einigen können.

An seinen beiden Wirkungsstätten, den Universitäten von Basel und Heidelberg, ehrten namhafte Gelehrte in ihren Vorträgen mit Karl Jaspers einen Mann, der nicht nur bedeutende Beiträge zur Psychiatrie und Psychopathologie geleistet hat, sondern der als Denker in seinen philosophischen und als kritischer Zeitgenosse in seinen politischen Schriften nachhaltigen Einfluß ausgeübt hat.

Lag in Basel das Schwergewicht eher auf dem Spätwerk von Jaspers, so konzentrierte sich die Veranstaltung in Heidelberg vor allem auf die Psychiatrie, die Psychologie und die Existenzphilosophie im engeren Sinn. Die Vorträge von Basel und Heidelberg versammelt dieser Band.

Die Herausgeber:
Jeanne Hersch, geboren 1910 in Genf, ist Professorin für systematische Philosophie an der Universität Genf.

Jan Milič Lochman, geboren 1922 in Nové Mesto (Tschechoslowakei) ist Professor für systematische Theologie an der Universität Basel.

Reiner Wiehl, geboren 1929 in Neckargemünd, ist Professor für Philosophie an der Universität Heidelberg.

(Hinweise zu den Autoren finden sich im Anhang auf S. 306)

KARL JASPERS
Philosoph, Arzt, politischer Denker

Symposium zum 100. Geburtstag in Basel und Heidelberg

*Herausgegeben von Jeanne Hersch (Karl-Jaspers-Stiftung),
Jan Milič Lochman (Universität Basel)
und Reiner Wiehl (Universität Heidelberg)*

Mit Beiträgen von Wilhelm Anz, Raymond Aron,
Wolfgang Blankenburg, Helmut Fahrenbach,
Hans-Georg Gadamer, Johann Glatzel, Heinz Häfner,
Dieter Henrich, Jeanne Hersch, Gerd Huber,
Werner Janzarik, Leszek Kołakowski, Reinhart Koselleck,
Jan Milič Lochman, Heinrich Schipperges
und Stanisław Tyrowicz

Piper
München Zürich

Das Symposium zu Ehren von Karl Jaspers fand vom 13.–16. Juni 1983 statt. Es wurde veranstaltet von der Karl-Jaspers-Stiftung sowie den Universitäten Basel und Heidelberg.

ISBN 3-492-10679-X
Originalausgabe
Oktober 1986
© R. Piper GmbH & Co. KG, München 1986
Umschlag: Federico Luci
Umschlagfoto: Fritz Eschen, Berlin
Gesamtherstellung: Clausen & Bosse, Leck
Printed in Germany

Inhalt

Vorwort 7

I. Basel

JAN MILIČ LOCHMAN
Transzendenz und Gottesname: Freiheit in der
Perspektive der Philosophie von Karl Jaspers
und in biblischer Sicht 11

LESZEK KOŁAKOWSKI
Der philosophische Glaube angesichts
der Offenbarung 31

JEANNE HERSCH
Existenz in der empirischen Wirklichkeit 47

RAYMOND ARON
Karl Jaspers und die Politik 59

STANISŁAV TYROWICZ
Religiöser Ausschließlichkeitsanspruch und politischer
Totalitarismus im Licht der Jaspersschen Kritik . . . 77

II. Heidelberg

HEINZ HÄFNER
Einleitung in den Psychiatrischen Teil 83

HEINRICH SCHIPPERGES
Medizin als konkrete Philosophie 88

WERNER JANZARIK
Jaspers, Kurt Schneider und die Heidelberger
Psychopathologie   112

WOLFGANG BLANKENBURG
Unausgeschöpftes in der Psychopathologie von
Karl Jaspers   127

JOHANN GLATZEL
Die Psychopathologie Karl Jaspers' in der Kritik . . .   161

GERD HUBER
Die Bedeutung von Karl Jaspers
für die Psychiatrie der Gegenwart   179

HANS-GEORG GADAMER
Einleitung in den Philosophischen Teil   200

DIETER HENRICH
Denken im Blick auf Max Weber   207

HELMUT FAHRENBACH
Das »philosophische Grundwissen« kommunikativer
Vernunft –
Ein Beitrag zur gegenwärtigen Bedeutung
der Philosophie von Karl Jaspers   232

WILHELM ANZ
Die Nähe Karl Jaspers' zu Kierkegaard
und zu Nietzsche   282

REINHART KOSELLECK
Jaspers, die Geschichte und das Überpolitische   292

Anhang:
Polare Ausrichtungen (Schema zum Beitrag von
W. Blankenburg)   304

Die Autoren   306

Vorwort

1983 wurde weltweit der 100. Geburtstag von Karl Jaspers gefeiert. Unter den vielen Veranstaltungen in West- und Osteuropa, in Amerika und Asien nahm das Symposium von Basel und Heidelberg insofern eine besondere Stellung ein, als sich drei Institutionen – die Universitäten Basel und Heidelberg sowie die Karl-Jaspers-Stiftung – auf eine fruchtbare, die Fachgebiete und die Landesgrenzen überschreitende Zusammenarbeit einigen konnten. Der Gedanke einer solchen Zusammenarbeit drängte sich gleichsam von selber auf. Die Universitäten Heidelberg und Basel waren die beiden Wirkungsstätten von Jaspers, und die Karl-Jaspers-Stiftung macht es sich seit 1974 zur Aufgabe, für die Verbreitung von Jaspers' Werk in der Welt das in ihren Kräften Stehende zu tun. Zwischen den drei Institutionen war denn auch bald ein grundsätzliches Einverständnis gefunden. Basel sollte das Schwergewicht der Veranstaltung eher auf das Spätwerk von Jaspers legen, Heidelberg dagegen eher auf die Psychiatrie, die Psychologie und die Existenzphilosophie im engeren Sinn. Die hier vorgelegten Beiträge folgen in ihrer Anordnung dem Tagungsverlauf des Symposiums in Basel und Heidelberg. Nicht aufgenommen wurden in den Band die an beiden Orten vorgetragenen Grußadressen der Vertreter der großen internationalen Vereinigungen, der Herren André Mercier, Jean d'Ormesson, Raymond Klibansky und Alwin Diemer. Ebenso wurde (mit Ausnahme eines Beitrages) darauf verzichtet, die Kurzreferate eines von Hans Saner geleiteten Kolloquiums zu dokumentieren, die von Gelehrten und Studenten aus Frankreich, Deutschland, Österreich, der Schweiz, aus Polen, Jugoslawien, Japan und Amerika gehalten wurden. Der Heidelberger Teil des Symposiums wurde mit der erstmaligen Verleihung des

Karl-Jaspers-Preises eingeleitet. Preisträger war Emmanuel Levinas; die Laudatio auf ihn hielt Reiner Wiehl. Die anläßlich des Festaktes der Preisverleihung vorgetragenen Beiträge sind ebenfalls nicht in diesen Band aufgenommen worden.

Zu danken haben die Herausgeber vor allem Hans Saner und Marc Hänggi für ihre Bemühungen um die Herausgabe dieses Bandes. Ein Dank gilt außerdem der Deutschen Forschungsgemeinschaft, der Thyssen-Stiftung, dem Land Baden-Württemberg, der Stadt Heidelberg, der Sandoz AG Nürnberg und dem Kanton Basel Stadt für die finanzielle Förderung des Symposiums.

Die Herausgeber

I. Basel

Jan Milič Lochman

Transzendenz und Gottesname: Freiheit in der Perspektive der Philosophie von Karl Jaspers und in biblischer Sicht

I.

»Allein die Transzendenz ist das wirkliche Sein. Daß die Gottheit ist, ist genug. Dessen gewiß zu sein, ist das Einzige, worauf es ankommt. Alles andere folgt daraus. Der Mensch ist der Beachtung nicht wert. In der Gottheit allein ist die Wirklichkeit, ist Wahrheit, ist die Unerschütterlichkeit des Seins selbst, dort ist Ruhe, dort ist der Ort der Herkunft und des Ziels für den Menschen, der selbst nichts ist und das, was er ist, nur ist in bezug auf diesen Grund.«[1]

Es ist keine alltägliche Erscheinung, daß sich ein maßgebender Philosoph in unserem Jahrhundert mit solcher Entschiedenheit zum zentralen Thema der Theologie bekennt, wie dies Karl Jaspers in seiner kurzen Rechenschaft »Über meine Philosophie« aus dem Jahre 1941 tut. Die Aussage ist kein zufälliger Aphorismus. Sie gibt das zentrale Motiv dieses Denkens wieder. Es fällt auf, wie oft und in welchen beziehungsreichen Zusammenhängen das Kernwort »*Daß die Gottheit ist, ist genug*« bei Jaspers auftaucht. Es handelt sich um eine bewußte Reminiszenz auf das Wort des Propheten Jeremia an seinen Schüler Baruch (Jer 45). Es wurde Jaspers – und seiner Frau – zum Urquell persönlichen Trostes in den Stunden der tödlichen Bedrohung in der Nazizeit. Es kam ihm zu Hilfe in Momenten philosophischer Anfechtung. Und es bewährte sich auch in seinen Versuchen um weltpolitische Orientierung angesichts der atomaren Bedrohung der Menschheit.[2] Daß Gott ist, ist genug – ein cantus firmus in der Polyphonie des Jaspersschen Denkens.

Die eindeutige Feststellung kann überraschen und auch kritische Gegenfragen provozieren. Karl Jaspers war kein ausgesprochener homo religiosus. Zur verfaßten Kirche ging er lebenslang auf klare Distanz. Seine Philosophie wird meistens unter der Bezeichnung »Existenzphilosophie« registriert – und dies suggeriert eine Denkart, welche primär (wenn nicht gar ausschließlich) um die persönlichen Fragen eines sinnsuchenden Subjekts kreist und nicht um das überlegene Thema Gottes. Tatsächlich, man darf nicht übertreiben und falsche Alternativen konstruieren. Jaspers warnt gleich in der Fortsetzung des gerade erwähnten Zitats vor der Versuchung, »die Frage nach dem Menschen und die Frage nach der Gottheit gegeneinander auszuspielen«[3], um sein philosophisches Grundanliegen augustinisch zu präzisieren: *deum et animam scire cupio*. Im gegebenen Zusammenhang heißt dies immerhin: ohne Transzendenz ist die Existenz, ohne Gott ist der Mensch nie zu verstehen.

Wie erklärt sich die Zentralität des Gottesthemas in dieser Existenzphilosophie? Aus geistesgeschichtlichen Rücksichten, also aus der Tatsache, daß in überlieferter Philosophie das Thema Gott unübersehbar vorgegeben ist? Sicher spielt auch diese Überlegung bei Jaspers eine Rolle. Immer wieder betont er doch, daß seine Philosophie »nicht eigentlich neu« ist, sondern daß er in seinem Denken »die natürliche und notwendige Konklusion des bisherigen abendländischen Denkens, die unbefangene Synthese« sieht.[4] Eine europäische Philosophie, welche das theologische Thema ignorieren würde, erwiese sich bald als ein kurzatmiger, ja abortiver Versuch. Doch nicht nur aus geistesgeschichtlichen Motivationen, sondern aus systematischen Gründen befaßt sich Jaspers von seiner ersten bis zur letzten philosophischen Schrift beharrlich mit der Frage nach der Transzendenz.

»Der Bezug auf Transzendenz ist das, woraus wir leben.«[5] Sobald der Mensch aus einem bloßen Dasein zur selbst-bewußten Existenz wird, wird er auf Transzendenz hin ausgerichtet. Denn wirklich selbst-bewußt kann man nicht werden, wenn man nur im Bereich eines selbstzentrierten Ich verweilt. Die Existenzphilosophie von Jaspers wehrt sich leidenschaftlich gegen Versuchungen eines Subjektivismus oder gar Solipsismus. Die Verdächtigungen, welche in dieser Hinsicht gegen sie immer wieder erhoben werden (etwa aus Kreisen marxistischer Denker), scheitern an ihrem Pathos der Transzendenz. »Ich muß veröden, wenn ich nur ich bin.«⁶ Doch ich *muß* nicht veröden. Ich kann mich in einen offenen Horizont stellen, eben den Horizont der Transzendenz. »Transzendenz ist für Existenz das Andere, an dem sie Halt hat. Wo ich eigentlich ich selbst bin, bin ich es nicht durch mich selbst ... Ich bin Existenz nur in eins mit dem Wissen um Transzendenz als um die Macht, durch die ich selbst bin.«⁷

Die Erfahrung der Transzendenz ist eine Gabe, in welcher die Existenz eigentlich konstituiert wird. Sie wird jedoch zugleich zur Aufgabe, die in der Existenz gefundene Freiheit zu bewähren. Dies betrifft alle Verhaltensweisen der Existenz, sowohl in ihrer Beziehung zum Objektiven wie zum Subjektiven. Immer geht es darum: im Vorgegebenen nicht steckenzubleiben, den physischen oder metaphysischen Status quo nicht zu fetischisieren, sondern Horizonte der Existenz auf das plus ultra der Transzendenz freizulegen.

Vor allem *drei Wege des Transzendierens*, drei Erfahrungsweisen, die die eigentliche Transzendenz berühren, unterscheidet Jaspers:
- »das *formale Transzendieren*, das mit begrifflich und methodisch eigentümlichen, scheiternden Gedankenbewegungen sich des Seins der Transzendenz vergewissert;
- die *existentiellen Bezüge*, die in Trotz und Hingabe, in Abfall und Aufschwung unseres Wesens, im Gehorsam gegen das Gesetz des Tages und in der Leidenschaft zur Nacht die Wirklichkeit der Transzendenz der Existenz in ihrem Sichverwandeln zur wirklichen Gegenwart bringen;
- das *Lesen der Chiffernschrift* in allem, was uns gegenständlich und erlebbar wird, d. h. die Erfahrung der Transparenz der Dinge dadurch, daß sie wie eine Sprache der Transzendenz uns verständlich werden in dem Maße und der Kraft, als wir existentiell werden.«⁸

Besonders kennzeichnend und aufschlußreich für Jasperssche Philosophie ist in unserem Zusammenhang die dritte Möglichkeit: das *Chiffernlesen*. Es ist kein Zufall, daß in dem religionsphilosophischen Hauptwerk von Jaspers »Der philosophische Glaube angesichts der Offenbarung« (1962) der größte Teil des Werkes dem Chifferproblem gewidmet ist. Und es gibt zu denken, daß auch die beiden systematischen Hauptwerke, die »Philosophie« (1932) und »Von der Wahrheit« (1947) in der Exegese des »Chiffer-Seins aller Realität« gipfeln. Denn hier handelt es sich um eine metaphysische Grundentscheidung: Die Wirklichkeit unserer Welt ist nicht eindimensional. Alles was ist, ist mehr als Summe feststellbarer Objekte; alles, was ist, kann zur Chiffer des ganz Anderen werden, zum Signal der Transzendenz. »Chiffern leuchten in den Grund der Dinge.«[9] Dabei sind ihre Signale nie eindeutig und »objektiv« zu identifizieren. »Der Sinn von Chiffern liegt allein in ihrer existentiellen Bedeutung. Sie können wahr nur sein im Zusammenhang mit der Wirklichkeit des Denkenden. Wie dieser liebt, betroffen ist, wählt, handelt, sich verhält, darin zeigt sich ihre Wahrheit.«[10] »Chiffern sind nie die Wirklichkeit der Transzendenz selber, sondern deren mögliche Sprache.«[11] »Es ist mit ihnen wie ein Flattern um eine nicht erreichte Mitte des Lichts oder auf die unendliche Ferne der Transzendenz hin.«[12]

Das philosophische Lesen der Chiffern gleicht einer Gratwanderung. Allzu leicht werden die Menschen in zwei Abgründe verführt. Den ersten stellt die *positivistische* Denkart dar. Nach ihr hat die Welt der Menschen keinen metaphysischen Hintergrund. Sie ist, wie sie erscheint. Wir können sie wissenschaftlich voll fassen. Die Grenzen der Erkenntnis sind nur zeitbedingt, grundsätzlich verfügen wir über deren Prozesse. Es gibt keine Transzendenz zur aufgeklärten Immanenz. Darum gibt es auch keine Chiffern. Was zählt, was wirklich ist, sind nur die Tatsachen.

Die andere Sackgasse des Chiffernlesens ist die Haltung der historisch verfaßten *Religion*. Man könnte auch (mit einem Begriff, welcher bei D. Bonhoeffer in anderem Zusammenhang eine Rolle spielt) vom »Offenbarungspositivismus« sprechen. Hier wird die Transzendenz durchaus anerkannt, Gott bekannt und beschworen, doch unzulässig »verleiblicht« im Begriff oder in kultischer Handlung, an bestimmtem Ort oder in der bestimmten Zeit fixiert. So gibt es auch hier eigentlich keinen wirklichen Platz für Chiffern. Die Transzendenz ist eindeutig faßbar, der Offenbarungsglaube und seine verfaßte Religion verfügen über sie. Chiffern sind überflüssig geworden.

Beide Wege, die beiden Positivismen, sind für Jaspers Irrwege. Dem unverfügbaren Geheimnis der Transzendenz werden beide – aus gegensätzlichen Gründen – nicht gerecht. Nur der dritte Weg führt zum Ziel: der *philosophische Glaube*. Diesem Begriff, dieser Verhaltensweise, gebührt vor allem beim späteren Jaspers eine besonders wichtige Rolle. Zwei Werke und einige Aufsätze hat er ihm gewidmet. Der Glaube und nur er entspricht der Grundverfassung der Wirklichkeit: lebt in der Welt, doch vergißt nicht deren »andere Dimension«, nimmt Immanenz ernst, doch ignoriert nicht deren omnipräsente Transzendenz. So liest er die Chiffern auf eigenes Risiko, im Wissen, daß die Chiffer die Transzendenz bezeugt, aber nie umfaßt, im nüchternen Bedenken der schillernden Vielstimmigkeit von deren Signalen. Der philosophische Glaube ist Ehrfurcht vor der Transzendenz – ehrfürchtig auch in dem Sinne, daß er sich der absoluten Souveränität der Transzendenz und folgerichtig der Vorläufigkeit und Zweideutigkeit seiner Erkenntnis und seiner Antwort bewußt bleibt.

Für den philosophischen Glauben ist deshalb kennzeichnend, daß er sich bei keiner Chiffer endgültig niederläßt und festlegt: weder positivistisch bei den Denkweisen der Immanenz (etwa beim Fetisch einer »wissenschaftlichen Weltanschauung« und deren ideologischen Mustern) noch theologisch bei überlieferten Chiffern der Transzendenz, ganz sicher nicht bei denjenigen, welche die Transzendenz in leiblicher Form beschwören. Ein konsequentes *plus ultra* charakterisiert den philosophischen Glauben. Man darf zwar bei bestimmten Chiffern ansetzen – für uns Europäer mit Vorteil bei den Chiffern biblischer Religion –, doch darf man sich dadurch nicht gefangennehmen lassen. Nicht nur muß man offen werden für Chiffern anderer Religionen aus anderen Kulturbereichen und vor allem für die Werke der Kunst (welche besonders anschaulich das Geheimnis der »immanenten Transzendenz« anzusagen vermögen), der Literatur und natürlich der Philosophie; sondern darüberhinaus drängt der philosophische Glaube zum weiteren Schritt: es ist die ganze Welt der Chiffern, obwohl so unerschöpflich reich und vielstimmig, zu transzendieren. Denn »die Chiffern sind nie das, was wir in ihnen suchen oder spüren oder erfahren. Daher drängen wir, über sie hinaus zu gelangen in die Tiefe oder in die Höhe, wo auch alle Chiffernsprache aufhört und die Transzendenz im Wissen des Nichtwissens, das heißt in jenem erfüllten Schweigen berührt wird.«[13]

»Wissen des Nichtwissens«, das »erfüllte Schweigen«: dies sind kaum mißverständliche Markierungen. Sie weisen in die geistige Welt der abendländischen Mystik und der Seinsspekulation. Tatsächlich weiß sich Jaspers diesen Strömungen verwandt. Plotin, Meister Eckhart, Cusanus, Spinoza – dies sind im Bereich des philosophischen Glaubens seine Gewährsleute.[14]

Gottesgedanke und Seinsspekulation werden im konsequenten Denken der Transzendenz aufs engste verbunden. Und mit der Seinsproblematik taucht auch die Dialektik von Sein und Nichts auf dem Gipfel der Jaspersschen Überlegungen zur Gottesfrage auf. Er zitiert, zustimmend, Angelus Silesius: »Gott ist ein lauter Nichts / Je mehr du nach ihm greifst, je mehr entwird er dir / Er ist ein Nichts und Übernichts, wer nichts in allem sieht, der sieht's.« Dies ist keine Bestreitung der Existenz Gottes – der Leitsatz: »Daß Gott ist, ist genug« bleibt gültig –, sondern der Hinweis auf das schlechthin unverfügbare Geheimnis der Gottheit, der Einblick in die tiefste Dialektik des Seins: »Die wahre Dialektik von Sein und Nichts führt in die unumgängliche Bodenlosigkeit als das Geheimnis des unfesten Seins. Sie läßt sich hineinschwingen in die Schwebe, sich hineinwerfen in den Strom, ermutigt das Wagnis. Aber dieselben Gedanken verführen zur absoluten Bodenlosigkeit im Nichts der Unverantwortlichkeit.«[15]

In theologischer Sicht stellt sich die Frage: Ist es im Blick auf das zutiefst zwielichtige Geheimnis der Transzendenz überhaupt noch sinnvoll, hier von »Gott« zu reden? Jaspers selbst scheint gelegentlich zu zögern. Das Wort des »dunklen Philosophen« könnte man auch auf ihn anwenden: »Das Eine will und will nicht ›Gott‹ genannt werden« (Herakleitos). Es leuchtet ihm ein, daß die Mystiker zwischen »*deus*« und »*deitas*« unterschieden haben – mit Nachdruck auf die unpersönlichere »Gottheit«. Er interpretiert Eckhart: »Die Gottheit ist Sein, nicht Wirken. Nicht die Gottheit, sondern Gott wirkt. Erst Gott hat alle Dinge geschaffen, ist aller Welt Vater. Gott gibt es erst, seitdem es Kreatur gibt. Nicht nur hat er sie geschaffen, sondern auch sie ihn. Darum kann es heißen: Daß Gott ist, dessen bin ich Ursache; daß Gottheit ist, hat sie von sich selber. Der Gottheit gegenüber liegen Schöpfer und Geschöpf in derselben Sphäre.«[16] Im reinen, strengen Sinne gebraucht der philosophische Glaube den Namen Gott nur als eine Chiffer der Transzendenz.[17]

II.

Die bewußte Nähe des Jaspersschen Transzendenzgedankens zur mystischen Überlieferung und Seinsspekulation ist für ihn auch *materiell* bestimmend: Er entspricht dem klassischen Gottesbegriff metaphysischer Überlieferung: »Das Ewige, das Unzerstörbare, das Unveränderliche, der Ursprung, das Umgreifende alles Umgreifenden ...«[18]: Man beachte diese »Attribute« der Gottheit: Sie erinnern an den griechischen Gottesbegriff von den Eleaten über Plato und Aristoteles bis zum Neuplatonismus. Das bedeutet aber: Dieser Gott wird gedacht unter dem Apathieaxiom: Gott kann nicht leiden, Gott kann nicht lieben. Er tritt überhaupt nicht in ein aktives Verhältnis zur Welt und zu den Menschen. »Zwischen Gott und Mensch, zwischen Gott und Welt als Gegenständen und Denkbarkeiten gibt es kein Verhältnis.«[19] »Diese eine Transzendenz ist unbedürftig, alle Bedürftigkeit erfüllend.«[20] Er erinnert an das aristotelische »*proton kinoun akineton*«, an den ersten Beweger, der selbst unbewegt bleibt.

Ein so traditionsbewußter Denker wie Jaspers ist sich natürlich wohl bewußt, daß es auch ganz andere Quellen für unser abendländisches Gottesverständnis gibt als die gerade erwähnten. Besonders wirkungsreich: die *biblische Religion*. Sie wird in seinem philosophischen Glauben keineswegs unberücksichtigt gelassen. Selten findet man Denker, die mit solchem Respekt und Engagement mit dem biblischen Erbe ringen wie er. »Was wir sind, sind wir durch biblische Religion und durch die Säkularisierungen, die aus dieser Religion hervorgegangen sind ... Es ist in der Tat so: ohne Bibel gleiten wir ins Nichts.«[21] Dies gilt natürlich auch für religionsphilosophische Überlegungen. Immer wieder wird vor allem die prophetische Botschaft des Alten Testaments von Jaspers konsultiert. Das zweite Gebot des Dekalogs, »Du sollst dir kein Gottesbild machen«, wird ihm zum wahren *ceterum autem*. Doch ist es eben jene andere Überlieferung, die der abendländischen Seinsspekulation und Mystik, welche die Brillen bereitstellt, mit welchen die biblische Religion gelesen wird und Maßstäbe setzt für Entscheidungen darüber, welche Inhalte angeeignet oder auch verworfen werden. Von dieser Vorentscheidung her behandelt der Philosoph jedenfalls die theologische Tradition, konkret: die drei klassischen Aussagen »der eine Gott«, »der persönliche Gott« und »Gott ist Mensch geworden«.

1. Die Chiffer des *einen Gottes* ist Jaspers überaus wichtig. In ihr werden die Menschen aus der polytheistischen Zerrissenheit errettet und auf das Eine ausgerichtet. »Die Kraft des Einen bringt mich aus der Zerstreuung zu mir selbst... Das ewige Eine wird Grund und Ziel in der zum Einen ihrer selbst drängenden Existenz.«[22] Man muß allerdings klarstellen: Das Eine des einen Gottes ist nicht bloß numerisch, als banale Zahl zu fassen. Ein bloß numerischer Monotheismus kann verarmende, ja destruktive Formen entwickeln, Tendenzen einer exklusiven Alleinherrschaft fördern. Ihnen ist entschieden zu widersprechen. Das wahre Eine ist in der monotheistischen Chiffer nie exklusiv, sondern inklusiv, verbindend, integrierend zu verstehen, und zwar sowohl in bezug auf die Existenz wie auch im Verhältnis zu Mitmenschen.

Jaspers veranschaulicht die menschenfreundliche, befreiende Potenz solches »Einen« sehr eindrücklich am Beispiel der *monogamen Ehe* (eine Analogie, von welcher auch die Bibel Wesentliches aussagt, sowohl im Alten wie auch im Neuen Testament). Bedeutet die Institution der monogamen Ehe eine offenbare Tyrannei, welche freies Ausleben der Sexualität und der Erotik einschränkt und verarmt? So kann es scheinen, und Jaspers gibt durchaus zu, daß Zauber und Reichtum der Erotik ihrer Natur nach polygam erscheinen. Und doch stellt die Ehe, gegründet »auf den Entschluß der Treue im gemeinsamen Leben der Zeit«, im rechten Verständnis eine ganz andere, zutiefst bereichernde Möglichkeit dar: »Das Eine steigert den Zauber der Erotik, ihn seines polygamen Charakters entkleidend, in der geschichtlichen Einmaligkeit«[23] – eine Möglichkeit, deren Aufweis im Blick auf die faktisch gelebte Ehe von Jaspers mit Gertrud Mayer völlig glaubwürdig ist. So ist auch der Glaube an den einen Gott zu verstehen: keine Verarmung in der Entscheidung zur Treue, sondern eine Bereicherung in der verbindlich-verbindenden Integrität der Existenz.

2. Distanzierter betrachtet Jaspers das Motiv des *persönlichen Gottes*. Er sieht durchaus seine Stärke: Weil die Chiffern von Göttern und Gott und die Weisen des Menschseins zusammengehören, wirkte sich die Idee des persönlichen Gottes im Abendland personalisierend aus. »Je entschiedener die Persönlichkeit der Götter und des einen Gottes, desto entschiedener wurden die Charaktere menschlicher Persönlichkeiten.«[24] Dies ist die Stärke der abendländischen Humanität, etwa im Vergleich mit Asien, wo Jaspers »mit den fließenden Gestalten des Göttlichen auch den fließenden Charakter der Menschen zu sehen« meint. Man kann schon für das berechtigte Anliegen des berühmten Wortes Pascals in seinem mémorial Verständnis haben, »wenn er die Kraftlosigkeit des abstrakten Gottesgedankens und die Unerläßlichkeit der geschichtlichen Chiffern meint«[25]. Doch der Appell an den »persönlichen Gott« ist nur dann berechtigt, wenn man sich des Chiffercharakters der Aussage bewußt bleibt und sie nie mit dem Sein Gottes identifiziert. »Die Transzendenz ist Ursprung der Persönlichkeit, selber aber mehr als sie, darf also nie in ihr, in der Persönlichkeitschiffer, gefangengenommen werden. *Deitas*, nicht *deus*, ist als Bezeichnung der Transzendenz zuletzt vorzuziehen.«

Es ist zu bedauern, daß sich Jaspers nicht intensiver und verständnisvoller mit dem *trinitarischen* Gottesbegriff auseinandersetzt. Er widmet ihm eine kurze Untersuchung[26], weist ihn jedoch als unzulässigen Eingriff in das Sein der Transzendenz ab. Dabei war die Trinitätslehre in ihren besten Möglichkeiten vielmehr ein Versuch, das souveräne Geheimnis Gottes in offensichtlich scheiternden, doch bedeutungsreichen Begriffen zu schützen. Materiell wehrte sie unter anderem denjenigen Versuchungen, denen auch Jaspers widerspricht: der Verwechslung der Aussage des einen Gottes mit dem abstrakt-numerischen, »monarchianistischen« Monotheismus und dem verengt anthropomorphen Personbegriff, ohne dabei die souveräne Personalität Gottes als bloße Chiffer zu deklarieren.

3. Eine kategorische Absage erteilt Jaspers dem dritten Motiv klassischer (christlicher) Theologie: *Gott ist Mensch geworden*. Sein philosophischer Glaube widerspricht solcher Aussage, und zwar in jeder Hinsicht. Hier wird der Mensch vergöttlicht und die Transzendenz vermenschlicht. Beide Tendenzen signalisieren eine tiefe und folgenschwere Konfusion. Hinter der ersten diagnostiziert Jaspers Spuren einer alten heidnisch-dämonologischen Mentalität: »Menschenvergötterung ist im Grunde eine der Weisen dämonologischer Anschauung. Wie in der Gottlosigkeit nach Dämonen als vermeintlicher Transzendenz gegriffen wird, so nach leibhaftigen Menschen, um sie zu vergöttern.«[27] Die Linie geht »von den Gottkönigen der orientalischen Reiche, den Inkarnationen der indischen Religionen bis zu Christus.«[28] Darin wird zugleich die andere Konfusion sichtbar: Die Transzendenz wird verleiblicht und auf diese Weise der rudimentäre Drang des materialistischen Menschen nach Leibhaftigkeit befriedigt. Das widerspricht dem (idealistischen) Vorverständnis der Jasperschen Chiffernlehre – und seinem maßgebenden Gottesverständnis: Nichts Leibliches, Materielles kann direkt auf die Transzendenz bezogen werden, alles Vergängliche ist nur Gleichnis. Die Transzendenz ist im Übersteigen des Leiblichen zu suchen. Aszendenz des Menschen, nicht die Kondeszendenz Gottes entspricht dem Geheimnis der Transzendenz. Die Logik des philosophischen Glaubens und der von ihm inaugurierten Befreiung des Menschen hat nur diese Richtung: »Die Befreiung geht von den dumpfen wilden Mächten zu den persönlichen Göttern, von den Göttern, die jenseits von Gut und Böse stehen, zu den sittlichen Göttern, von den Göttern zum Einen Gott – und zur letzten Freiheit dorthin, wo der eine und der persönliche Gott als Chiffer erkannt wird.«[29]

III.

Das religionsgeschichtliche Hauptwerk von Karl Jaspers, sein großes Basler Buch, trägt den Titel »Der philosophische Glaube angesichts der Offenbarung« (1962). Der Titel, vor allem die Formel »angesichts der Offenbarung« ist mit Bedacht, geradezu programmatisch gewählt: Jaspers denkt seinen philosophischen Glauben nicht in Isolation, für sich, im abgeschirmten Bereich rein philosophischer Gedankengänge, sondern in ständiger Auseinandersetzung mit dem »anderen Glauben«, dem Offenbarungsdenken, wie es vor allem im Hause christlicher Theologie vertreten wird. Jaspers führt solche Auseinandersetzungen mit imponierender Intensität und Beharrlichkeit. Er bleibt zuversichtlich, was die Verständigungsmöglichkeiten betrifft, trotz bitterer Erfahrungen mit den Theologen.[30] Denn man hat in allem Streit gemeinsamen Boden unter den Füßen, die biblische Religion. Auf sie ist nicht nur Theologie, sondern auch Philosophie angewiesen.[31]

Doch eine Verständigung ist nicht leicht, und zwar nicht bloß aus menschlichem Versagen der einen oder der anderen Seite, sondern aus grundsätzlichen Gründen: »Es gibt keinen Standpunkt außerhalb des Gegensatzes von Philosophie und Religion. Jeder von uns steht in der Polarität auf der einen Seite und spricht von der anderen in einem entscheidenden Punkt ohne eigene Erfahrung.«[32] Ein Hinken auf beiden Seiten ist deshalb kaum fruchtbar. Es fällt mir auf, daß Jaspers immer wieder gerade an denjenigen Theologen sein Interesse zeigte, deren biblisch-theologische Identität unmißverständlich war, auch wenn sie ihm gegenüber recht kämpferisch auftraten: so gerade die beiden bekanntesten Theologen der Zeit, Karl Barth und Rudolf Bultmann. Keine Indifferenz, sondern Begegnung in Differenz ist im Dialog des philosophischen und theologischen Glaubens anzustreben.[33]

Ermutigt durch dieses Beispiel des großen Philosophen möchte ich nun versuchen, in der Besinnung auf das Transzendenzverständnis bei Jaspers und zugleich in der für mich maßgebenden Erinnerung an den mit der biblischen Geschichte verbundenen *Namen Gottes* – also in bewußt theologischer Perspektive – nicht nur das »Bundesgenossenschaftliche«, sondern auch das »Gegensätzliche« der beiden Denkweisen auszuarbeiten. Ich tue dies in einem ganz bestimmten Zusammenhang, in welchem sowohl 1. die gegenseitige Nähe wie auch 2. die Ferne und trotzdem zugleich 3. die gemeinsame Aufgabe besonders spürbar und aktuell werden. Ich denke an die Problematik der *Freiheit*. Dazu drei Überlegungen.

1. Ein besonders starker, beachtenswerter Zug der Jaspersschen Philosophie der Transzendenz kommt darin zum Vorschein, daß bei ihm das *Gottesthema* untrennbar und nachdrücklich als das *Freiheitsthema* und nicht anders verstanden wird. Existenz, Transzendenz und Freiheit konstituieren das Dreieck des menschenwürdigen Lebens.[34] Abbruch des einen Elements deformiert die menschliche Bedingung: Es gibt keine echte Freiheit ohne Transzendenz, sondern nur die Gefangenschaft im Vorgegebenen. Aber auch: das Beschwören der Transzendenz ohne den Geist der Freiheit wird zum versklavenden Aberglauben. Von daher die ständigen Anfragen des philosophischen Glaubens an die Erscheinungen unserer Welt: verdunkeln sie oder legen sie frei den Ausblick zur Transzendenz? Fördern sie oder gefährden sie die Schritte zur Freiheit? Sowohl kirchliche wie auch politische und kulturelle Institutionen müssen sich diese Fragen immer wieder gefallen lassen.

Die enge Verbindung der Freiheit mit der Transzendenz, also mit dem Unbedingten, gibt ihr im Kontext menschlicher Verhaltensweisen ihre besondere Würde. Freiheit ist das unbedingte Menschenrecht. Doch »unbedingt« bedeutet für Jaspers keineswegs »unverbindlich«. Freiheit ist von Willkür grundsätzlich zu unterscheiden. Sie ist kein sturer Gegensatz zur Bindung, sondern Leben in echter Bindung, eben in der Bindung an die Transzendenz. »Unterworfen der Naturnotwendigkeit bin ich abhängig von der Welt. Im Aufschwung meiner Freiheit werde ich unabhängig von der Welt, erfahre aber die ihrem Sinn nach unvergleichliche Abhängigkeit von der Transzendenz. Der Unterschied ist radikal: Die Naturabhängigkeit bedrängt oder befördert mein Dasein ... Die Abhängigkeit von der Transzendenz aber bringt mich zu mir selbst, gibt mir meine Freiheit, macht mich mit mir selbst identisch.«[35]

Die Verankerung in der Transzendenz bestimmt auch den humanen Charakter der Freiheit: Sie versteht sich und bewährt sich als *endliche*, geschenkte und kommunikative Freiheit. »Die Freiheit des Menschen ist untrennbar von dem Bewußtsein der Endlichkeit des Menschen.«[36] Karl Jaspers träumt keinen Traum von »eritis sicut deus« (wie dies etwa Ernst Bloch noch tut) und entwirft kein Projekt einer absoluten Freiheit. Es sind dem Menschen Grenzen gesetzt – und zwar Grenzen, die nicht bloß negativ verstanden werden müssen. Die *»endliche Freiheit«*, das bedeutet zugleich: *geschenkte*, auf Transzendenz hin erschlossene und bezogene, also verheißungsvolle Freiheit. Immer wieder lesen wir bei Jaspers: »Die Freiheit selbst habe ich nicht durch mich. Ich habe mich nicht selbst geschaffen. Ich bin nicht durch mich selbst.«[37] Der Mensch »kommt zu sich selbst und weiß nicht wie. Doch kann seine unablässige Anstrengung sich selbst nicht erzwingen: Er kommt zu sich wie ein Geschenk.«[38]

Das Geschenk darf weitergereicht werden. Freiheit wächst nicht im Treibhaus der Selbstbezogenheit, sondern nur in der Offenheit der *Kommunikation*. Jaspers sieht im beharrlichen Kampf gegen egozentrisches Freiheitsverständnis eine der Hauptfronten seines philosophischen Lebens: »Es gehört zum Menschen als Menschen die große Verführung, der wir ein Leben lang mit unserem Philosophieren widerstehen möchten: Als ob wir ›metaphysisch‹ in monadischer Vereinzelung leben könnten – als ob wir uns in unserem Innersten entziehen und dort unausgesprochen die Kommunikation verweigern dürften ...«[39]

Gerade der konstitutive Bezug auf die Transzendenz verbietet solche Verschlossenheit. Denn die Transzendenz verbindet, ist nie nur »meine« Transzendenz. Je entschiedener das Eine der Transzendenz, desto offener ist die auf sie gerichtete Seele für andere Seelen, desto entschiedener drängt sie zur nie Genüge leistenden Kommunikation von Seele zu Seele.«[40] Sie bringt selbst die Gegner zusammen, macht sie »ritterlich«, wandelt »die Kämpfenden zu Liebenden durch das Eine, das sie verbindet.«[41] Und dies ist das letzte Kennzeichen einer in Transzendenz (oder sagen wir in diesem Zusammenhang mit Jaspers: in Gott) verankerten *Liebe*: »Das ist der Grundzug unseres Wahrseins, daß wir nicht Gott lieben können ohne den Menschen und den Menschen nicht ohne Gott. Wenn in einer Gedankenbewegung das eine vor dem anderen den Vorrang hat, so in der Weise, daß das eine nur anzueignen ist dadurch, daß es im anderen, daß Gott durch den Menschen, daß der Mensch durch Gott für uns gegenwärtig wird. Mensch und Gott gehen uns nur gemeinsam verloren.«[42] Die erstaunliche Nähe solcher Gottes- und Freiheitssicht des philosophischen Glaubens zu wesentlichen Motiven der biblischen Botschaft ist nicht zu übersehen.

2. Doch bringt die Erinnerung an das biblische Erbe zugleich andere, kritische und vertiefende Aspekte des Freiheitsthemas zutage. Auch in der Bibel wird das Thema Freiheit in untrennbarer Verbindung mit dem Thema Gott reflektiert – und umgekehrt. Es gibt mir immer wieder zu denken, daß der biblische *Name Gott* in der *Freiheitsgeschichte* des Gottesvolkes seinen »Sitz im Leben«, die Stätte seiner Offenbarung hat. So im Alten Testament im Verlauf der Exodusgeschichte, dieses zentralen Befreiungsgeschehens Israels. Und im Neuen Testament in unauflösbarer Verbindung mit der Ostergeschichte Jesu. Eine der eindrücklichsten apostolischen »Definitionen« Gottes lautet »der, welcher Jesus von den Toten auferweckt hat« (Röm 4,24), und das bedeutet: Auch hier wird der Name Gottes im Zusammenhang des eminenten Freiheitsanliegens proklamiert, unserem letzten Feind, dem zeitlichen und ewigen Tode gegenüber: »Gott ist biblisch zentral identisch mit Verheißung der Freiheit, mit Einbruch des Lebens in die Todeswelt.«[43]

Nur eben: Mit dem *Einbruch*, nicht mit dem *Ausbruch* aus der Todeswelt. Liegt hier nicht ein wesentlicher Unterschied zu Jaspers, und zwar sowohl im Blick auf sein Gottes- wie auch Freiheitsverständnis?

Zum *Gottesverständnis*: Jahve, der Gott Jesu Christi, der Gott seines unvertauschbaren Namens (der Name ist als Bestimmung personaler Identität nicht chiffrehaft verwechselbar), ist ein der Welt der Menschen leidenschaftlich zugewandter Gott, an der Freiheitsgeschichte seines Volkes, des Menschengeschlechtes beteiligt bis zur letzten Identifikation mit uns in der Menschwerdung Jesu Christi: Gott der dynamischen Liebe, der mitleidende und mitstreitende Gott. Diese Sicht begründet die entscheidende Aussage der biblischen Botschaft: der Mensch ist nicht allein, sich selbst ausgeliefert, in seinem Freiheitsanliegen auf seine Potenzen angewiesen: Immanuel, Gott mit uns, (Matth 1,23) ist die Überschrift über dem Christusgeschehen – und über unserer Geschichte. Solche Rede über Gott und Menschen klingt nach handfesten Anthropomorphismen, und sicher sind die ständigen Warnungen Jaspers' vor ungeschützten, festgelegten Aussagen über Transzendenz von Theologen zu beherzigen. Doch die darin gemeinte Sache, besser: das Geschehen der *kondeszierenden Transzendenz*, darf nicht in Chiffern aufgelöst werden. Dies geschieht bei Jaspers. Es ist kennzeichnend, daß Jaspers gerade dem zentralen Motiv der kondeszierenden Transzendenz, der Inkarnation, dem biblischen *verbum caro* die entschiedenste Absage erteilt. Nicht *verbum caro*, Fleischwerdung des Wortes, sondern vielmehr *caro verbum*, Wortwerdung des Leibes, der Aufschwung über das Leibliche zum Metaphysischen, die Transzendenz als unbewegter Beweger, der metaphysische Hintergrund und Urgrund, als ruhendes Sein, ist sein Thema und Ziel.

Dies hat Konsequenzen für unser *Freiheitsverständnis*. Die biblisch verstandene Freiheit wird in der Freiheitsgeschichte Gottes erkämpft und erlitten. Sie ist nicht ohne Vorbehalte »da«, in unserer physischen oder metaphysischen Verfügung. In diesem Sinne wurde und wird unsere natürliche Freiheit immer wieder verspielt. Wir müssen für unsere Freiheit erst befreit werden. Paulus drückt dies besonders klar aus in seinem Seufzer »O ich elender Mensch! Wer wird mich aus diesem Todesleibe erretten?« und in der befreienden Danksagung »Gott sei Dank durch Jesus Christus, unseren Herrn« (Röm 7,24f.). Das Fazit ist: »So besteht nun in der Freiheit, zu der uns Christus befreit hat.« (Gal 5,1)

Die geschichtlich erschlossene Freiheit darf und soll geschichtlich konkret, sozusagen »christusmäßig«, in der Praxis dynamischer Liebe, bestanden und bewährt werden.

Paul Ricoeur hat in seinem vorzüglichen Aufsatz »Philosophie und Religion bei Karl Jaspers«[44] im Blick auf die biblische Sicht die wesentliche Frage gestellt, ob Karl Jaspers in seiner Philosophie und vor allem in der Interpretation der »biblischen Religion« die Frage nach der »befreiten (und zu befreienden) Freiheit« ernst genug genommen hat. Er gelangt zum kritischen Ergebnis: »Das Schwergewicht der Jaspersschen Metaphysik liegt nicht auf dem inneren Drama der Freiheit, nämlich mit dem, was die christliche Theologie Gnade und Erwählung genannt hat, sondern auf der Entdeckung einer eigentlich metaphysischen Dimension der Welt. Das Lesen der Chiffern ist dann das philosophische Analogon der Erlösung.«[45] Tatsächlich ist es auffallend, wie Jaspers – der sich gelegentlich durchaus als protestantischer Christ verstehen kann – gerade für die entscheidenden Akzente der Reformation, für das *sola fide – sola gratia* kein Verständnis hat. Die Rechtfertigungslehre ist ihm schlechthin ein theologischer Greuel: »Nicht einmal als Chiffer vermag ich mir diese ›Rechtfertigung‹ zugänglich zu machen.«[46]

Das heißt: Der Mensch braucht für seine Freiheit nicht erst befreit zu werden, ist nicht vergebungs- und rechtfertigungsbedürftig, sondern ist in der Tiefe seines Wesens im Besitz seiner Freiheit, ihr Meister, wenn nicht gar Virtuose. Zwar versteht sich unsere Freiheit – wie wir gesehen haben – als Geschenk: Doch dieses Geschenk ist in uns angelegt, kann zu jeder Zeit »abberufen« werden. »Der im Ursprung seiner Möglichkeiten sich gleichbleibende Mensch entscheidet, was in den neuen Situationen aus ihm wird dadurch, daß er sie ergreift.«[47]

Heinrich Barth hat in diesem Zusammenhang den starken *idealistischen Zug* im Denken seines Basler Kollegen moniert.[48] Ich glaube, mit Recht, wobei sich die Last des idealistischen Erbes nicht nur auf die Zuversicht bezüglich der selbstheilenden Potenzen des souveränen Einzelnen beziehen könnte, sondern auch auf die offensichtliche Mühe, die Bewährung der Freiheit auf konkrete geschichtliche Verhältnisse, ja schon auf die »Leiblichkeit« der materiellen Praxis anzuwenden (gegen »Leibhaftigkeit«, »Leibhaftigwerden« äußert Jaspers vor allem in seiner religionsphilosophischen Theorie geradezu konsequent Vorbehalte und Vorurteile). Die mit der geschichtslosen (und gesichtslosen) Transzendenz verbundene Freiheit tut sich schwer mit den konkreten Strukturen der Geschichte – der Heils- und politischen Geschichte (trotz allen vorbildlichen bürgerlichen Einsatzes des Denkers, vor allem in der Basler Zeit). Die biblisch inspirierte Freiheit scheint mir hier in jeder Hinsicht realistischer.

3. *Schließen sich* also unheilbar die Wege der Befreiung *aus*, wenn sie im Denken der Transzendenz einerseits und im Bedenken des Namens Gottes andrerseits begründet werden? Es wäre ein blinder Fanatismus, solch einen Schluß zu ziehen. Zu groß sind die Gefährdungen der Freiheit in unserer Zeit, als daß man das Anliegen der Freiheit exklusiv vertreten dürfte. Für mich selbst möchte ich sagen: Auch einem bewußt und eindeutig biblisch orientierten Theologen – dem die Identität des apostolischen und prophetischen Gottes- und Freiheitsverständnisses wichtig ist und der sie mit keiner anderen vertauschen möchte – bleibt die Jasperssche Konzeption anregend und hilfreich. Ich darf dies aus persönlicher Reminiszenz zum Abschluß belegen.

Ich hatte im Jahre 1948 das Privileg, als ausländischer Stipendiat Karl Jaspers in seinem ersten Basler Semester zu hören. Ich war von meinem Lehrer fasziniert und wurde von ihm für das Leben gezeichnet. Doch ich erinnere mich bis heute noch an ein Gefühl gewisser Nostalgie, das sich meiner auf dem Hintergrunde der gerade drastisch verdunkelten weltpolitischen Lage (besonders in der Tschechoslowakei) im Jaspersschen Hörsaal gelegentlich bemächtigte: seine zutiefst humanistischen Überlegungen erschienen hie und da fast zu ideal, um auch hinter den gerade fallenden stalinistischen Vorhängen wirklich relevant zu bleiben. Mit der theologischen Ausrüstung des anderen Carolus Magnus, Karl Barths, von dem ich zur gleichen Zeit in Basel lernen durfte, konnte man dort offenbar mehr anfangen.

Doch im Verlauf der Jahre und inmitten der Erschütterungen und Anfechtungen der stalinistischen Gesellschaft erwies die ferne Stimme des Philosophen immer wieder ihre erstaunliche Aktualität. Nicht nur in ihrer fundamentalen Weisung »daß Gott ist, ist genug« (die ich allerdings mit ihrem ursprünglichen prophetischen Gehalt füllte). Auch mit konkreten Hinweisen.

Bezog sich nicht gerade Jaspers, geradezu beschwörend, immer wieder auf zwei fatale Züge der Zeit: auf die Gefahr einer (pseudo)wissenschaftlich verfestigten, ideologisch verschlossenen und bevormundenden *»Weltanschauung«* einerseits und auf die Bedrohung durch den absolutistischen, mit intoleranter Ausschließlichkeit auftretenden politischen *Totalitarismus* andrerseits. Beides waren die Grundübel des etablierten Stalinismus. Der zunächst ohnmächtige, doch mächtig klärende Hinweis des philosophischen Glaubens auf die schlechthinnige Unverfügbarkeit der Transzendenz *und* des in ihr begründeten Menschen bewahrte seine orientierende und befreiende Kraft. Die Erfahrung behält ihre Gültigkeit. Das Denken der Transzendenz und das Bedenken des Namens Gottes ermutigen gemeinsam – in ihrer je besonderen Identität und also trotz aller Unterschiede – zu solidarischen Initiativen der Freiheit.[49]

Anmerkungen

1 Karl Jaspers, Über meine Philosophie, 1941, in: Rechenschaft und Ausblick, 1951, 345.
2 Vgl. Die Atombombe und die Zukunft des Menschen, 1958, 492.
3 Op. cit., 346.
4 Von der Wahrheit, 1947, 2. Aufl. 1958, 192.
5 Der philosophische Glaube angesichts der Offenbarung, 1962, 2. Aufl., 1963, 109.
6 Philosophie I, 1932, 335.
7 Von der Wahrheit, 110.
8 Op. cit., 111.
9 Der phil. Glaube angesichts der Offenbarung, 153.
10 Op. cit., 396.
11 Op. cit., 155.
12 Op. cit., 386.

13 Op. cit., 195.
14 Auch ihm ist der Weg einer »negativen Theologie« der noch trefflichste Weg: »Das Scheitern jedes bestimmten Gedankens von Unendlichkeit zur Erfassung der Unendlichkeit der Transzendenz, ist ein Weg, dieser nur um so klarer gewiß zu werden ... Die partikular richtigen, im ganzen falschen Gedanken sind nicht nichtig, weil in ihrer Überwindung erst hell wird, was sonst bewußtlos und hinfällig bleibt.« Op. cit., 388.
15 Op. cit., 411.
16 Op. cit., 404.
17 In seinem Werk »Von der Wahrheit« bietet Jaspers folgende Systematik seines theologischen Sprachgebrauchs: »Namen der Transzendenz sind ins Endlose zu häufen. Die im Abendland maßgebenden Namen (Sein, Wirklichkeit, Gottheit, Gott) sind unbestimmt, aber durch geschichtliche Überlieferung feierlich, ja unendlich gehaltvoll:
Sofern wir die Transzendenz *denken* als das Umgreifende, nennen wir sie das *Sein*. Es ist das Sein, das bestehend, unwandelbar, täuschungslos ist. Aber es ist als dieses ruhige, dieses freilassende Sein nur für das abstrakte transzendierende Denken. Sofern wir mit der Transzendenz *leben*, ist sie die *eigentliche Wirklichkeit*. Sie ist uns fühlbar als das uns wesentlich Angehende, das uns Anziehende, Haltgebende.
Sofern in dieser Wirklichkeit ein Forderndes, Herrschendes, uns Umfangendes zu uns spricht, nennen wir die Transzendenz *Gottheit*.
Sofern wir als Einzelne uns *persönlich getroffen* wissen, als Person zur Transzendenz als Person einen Bezug gewinnen, nennen wir sie Gott.« S. 111.
18 Der phil. Glaube angesichts der Offenbarung, 385.
19 Op. cit., 389.
20 Von der Wahrheit, 109.
21 Rechenschaft und Ausblick, 260.
22 Der phil. Glaube angesichts der Offenbarung, 214.
23 Op. cit., 216.
24 Op. cit., 221.
25 Op. cit., 223.
26 Vgl. op. cit., 254 ff.
27 Der phil. Glaube, 102.
28 Von der Wahrheit, 824.
29 Der phil. Glaube angesichts der Offenbarung, 427.
30 »Zu den Schmerzen meines um Wahrheit bemühten Lebens gehört, daß in der Diskussion mit Theologen es an entscheidenden Punkten aufhört, sie verstummen, sprechen einen unverständlichen Satz, reden von etwas anderem, behaupten etwas bedingungslos, reden freundlich und gut zu, ohne wirklich vergegenwärtigt zu haben, was man vorher gesagt hat, – und haben wohl am Ende kein eigentliches Interesse. Denn einerseits fühlen sie sich in ihrer Wahrheit gewiß, erschreckend gewiß, andererseits scheint es sich für sie nicht zu lohnen um uns ihnen verstockt scheinende Menschen.« Der philosophische Glaube, 61.
31 »Mit der Preisgabe und dem Vergessen der Religion würde auch das eigent-

liche Philosophieren aufhören ... Es würde auf die Dauer auch die Wissenschaft versinken.« Von der Wahrheit, 916.
32 Der philosophische Glaube, 60.
33 In seinen auch heute wegweisenden Ausführungen »Vom lebendigen Geist der Universität« bezeichnet Jaspers die ungelöste Spannung von Theologie und Philosophie für lebenswichtig für den Geist der Universität: »Das Ganze der Universität in allen Fakultäten könnte leben in der tiefen Spannung von Theologie und Philosophie, die beide aufeinander angewiesen, in ihrer Polarität ebenso Bundesgenossen wie Gegensätze sind.« In: Rechenschaft und Ausblick, 162.
34 »Je entschiedener meine Freiheit mir bewußt wird, desto entschiedener zugleich auch die Transzendenz, durch die ich bin.« Von der Wahrheit, 110.
35 Der phil. Glaube angesichts der Offenbarung, 356.
36 Der phil. Glaube, 51.
37 Der phil. Glaube angesichts der Offenbarung, 32.
38 Zitiert bei Martin Werner, Existenzphilosophie und Christentum bei Karl Jaspers, in: Schweiz. Theologische Umschau 23 (1953), 26.
39 Der phil. Glaube angesichts der Offenbarung, 163.
40 Op. cit., 215.
41 Ebenda.
42 Von der Wahrheit, 1003.
43 Helmut Gollwitzer, Krummes Holz – aufrechter Gang, 284.
44 In: Karl Jaspers in der Diskussion, hg. von Hans Saner, 1973, 358–389.
45 Op. cit., 383.
46 Der philosophische Glaube angesichts der Offenbarung, 367.
47 Op. cit., 448.
48 »Die Philosophie von Jaspers bedeutet so etwas wie einen ›Existenzidealismus‹ – eine Steigerung des ›Ich‹ und des ›Geistes‹ über sich selbst hinaus bis zu derjenigen Tiefe seines philosophischen Gehaltes, derzufolge er in der Lage ist, auch der vielberufenen Abgründigkeit der Existenz wenigstens prinzipiell Herr zu werden.« In: Karl Jaspers in der Diskussion, 278.
49 Zu befreienden Implikationen der invocatio Dei, vgl. meine Basler Rektoratsrede »Im Namen Gottes des Allmächtigen!«, 1982.

Leszek Kołakowski

Der philosophische Glaube angesichts der Offenbarung

Im englischen Sprachraum ist Jaspers ein Name, gewiß, aber kaum mehr. Mehrere von seinen Werken sind zwar ins Englische übertragen, auch gibt es einige Werke, die seine Philosophie analysieren; man darf aber sagen, daß er nur als ein Randphänomen gilt: im Universitätsunterricht unbemerkbar, in den philosophischen Diskussionen abwesend, ist Jaspers nicht – vielleicht noch nicht – in den Ideenkreislauf der angelsächsischen Welt eingetreten. Das ist besonders auffallend, wenn wir seine Position mit der Heideggers vergleichen. Und doch sind Jaspers' Werke, obwohl keine einfache und populäre Lektüre, verdaulicher und auf den ersten Blick viel übersichtlicher als die Heideggers. Auch ist der letztere denkbar weit von der Sprache und der Tradition der britischen Philosophie entfernt. Warum dem so ist, weiß ich nicht. Vielleicht – das ist nur ein impressionistischer Verdacht – liegt die Ursache dafür weniger im Inhalt seines Philosophierens und mehr im Stil und in der Selbstdarstellungsweise. Mit seiner lexikalen Aggressivität und prophetischen Unbeugsamkeit war Heidegger ein höchst erfolgreicher Vergewaltiger der Gemüter; gleichzeitig irritierend und faszinierend – wie Nietzsche – schien er wirklich ein Bahnbrecher zu sein, ein Träger der großen Verheißung, mit dessen Hilfe wir die Tür zu verlorenem Sein gewaltsam zu öffnen erwarten dürfen. Im Vergleich zu ihm schien Jaspers behutsam, moralisierend, viel mehr an die herkömmliche Sprache der europäischen Philosophie gebunden – trotz seinem sehr persönlich geprägten, leicht wiedererkennbaren Stil und Wortschatz, mehr auch der Hauptströmung westlichen Denkens eingeordnet und deshalb schwerer in seiner Einzigkeit bemerkbar. Letzten Endes war das vielleicht der Unterschied zwischen einem Propheten und einem Lehrer.

Jaspers war nicht der einzige unter den hervorragenden Philosophen, der die ganze Überlieferung der Philosophie auf seine persönliche Weise sich anzueignen und die Gedanken anderer in seine Sprache zu übertragen pflegte. Diese Assimilation wurde auffallend modo recipientis durchgeführt. Die ganze philosophische Vergangenheit wurde sozusagen jaspersisiert. Man warf ihm gelegentlich vor (z. B. Cassirers Kritik an Jaspers' Auslegung von Descartes), er habe etwas willkürlich das philosophische Erbe auf seine eigenen philosophischen Bedürfnisse zugeschnitten. Jaspers war aber, trotz seinem ungeheuren historischen Wissen, kein Historiker im strengen Sinne. Mit Absicht vollzog er die historische Besinnung als ein nie endendes Gespräch mit den Großen der Vergangenheit, weniger als die Suche nach geschichtlichen Tatsachen. Man soll seine historischen Studien als Ausdruck seines Philosophierens und nicht als Handbücher auffassen. Er betrieb keine Ideengeschichte. Er suchte vielmehr nach den Punkten, wo die Kontinuität der Kultur durch die unvoraussehbare Invasion eines großen Geistes durchbrochen wird und das absolut Neue, Unerklärbare und darum auch Ewige und Weltbedeutende zum Vorschein kommt. Jaspers glaubte an die Kapitalisierung eines unzerstörbaren Reichtums des Geistes. Deshalb mußte ihm der Historismus als eine Doktrin, die alle kulturellen Erscheinungen als durch zufällige geschichtliche Umstände bedingt relativiert und als zeitgebunden betrachtet, fremd sein. »Der höhere Rang« – so lesen wir in der von Hans Saner aus dem Nachlaß herausgegebenen »Einleitung zur Weltgeschichte der Philosophie« – »ist nicht nur das Kostbarere, sondern auch das substantiell Wirklichere. Er ist das Hinausgreifen über das biologische, daseinsgebundene Menschentum in eine höhere Wirklichkeit. ... Das Große an sich ist letzter Maßstab, wird durch keine historische Beziehung, nicht durch Wirkung, nicht durch Ort und Herkunft, nicht durch partikulare, aufzählbare Richtigkeiten wertvoll.«[1] Das Große in der Geschichte soll also so etwas sein wie ein immerwährendes Repositorium des Geistes, wo seine wachsenden Vorräte auf ewig aufbewahrt werden. Man sieht also auch, daß Jaspers' Auffassung der Philosophiegeschichte mit seiner Transzendenzlehre in untrennbarem Zusammenhang steht.

Wie ist aber das Denken von Transzendenz möglich? Es mag auf den ersten Blick scheinen, daß für einen Philosophen, dem das unerreichbare Ganze die Denkrichtung absteckt, die Frage nach Gott unausweichlich ist und daß darauf eindeutig zu antworten er sich verpflichtet fühlen muß. Es ist also bemerkenswert, daß es unter den großen Philosophen mehrere gibt, die zumindest in diesem Sinne zweideutig sind, daß sie bald als schlichte Atheisten, bald als Gläubige erscheinen und verschiedenen Lesern so extrem entgegengesetzte Verständnisweisen einflüstern. Das ist der Fall bei Spinoza, bei Hegel, bei Giordano Bruno, ja sogar bei Descartes. Das ist auch bei Jaspers der Fall. So vieldeutig und verschieden deutbar die Philosophen auch sind, diese Schlüsselfrage, so dürfte man meinen, sollten sie nicht in der Schwebe lassen.

Vielleicht aber kann uns gerade Jaspers' Denken mit der Einsicht vertraut machen, daß die Frage »Glaubst du an Gott oder nicht?« als philosophische Frage, oder innerhalb dessen, was Jaspers den »philosophischen Glauben« nennt, falsch gestellt und deshalb eindeutig unbeantwortbar ist. Seit dem Moment, wo sich der Gott der Christen, der liebende Vater und Herr, mit dem neuplatonischen Absoluten verschmolzen hatte – und das war zweifellos eines der entscheidendsten Ereignisse in der Kulturgeschichte –, mußte die »Gottesfrage« wesentlich umgestaltet werden, da uns keine zuverlässigen begrifflichen Werkzeuge zur Verfügung stehen, wodurch wir die Eigenschaften einer Person mit den Attributen eines Absoluten in ein kohärentes Ganzes zusammensetzen könnten. Die Mystiker waren sich dessen bewußt und betonten immer wieder, daß der ihnen als Erfahrungstatsache geoffenbarte Gott sich nicht in unser begriffliches Netz einfangen lasse; der natürlichen Theologie gegenüber blieben sie deshalb im allgemeinen gleichgültig.

Jaspers ist freilich kein Mystiker, jedenfalls beruft er sich auf keine besonderen persönlichen Erfahrungen, die ihn auf einem privilegierten Wege bis zur Transzendenz emporgehoben hätten. Er will innerhalb der alltäglichen Erfahrung bleiben, an der ein jeder teilnimmt, und sich nicht den von Gott Auserwählten zuzählen. In einem wichtigen Sinne ist aber sein literarisches Werk der Botschaft der Mystiker ähnlich: Er versucht nicht zu beweisen, was innerhalb des von ihm als Existenzerhellung bestimmten Denkens nicht zu beweisen ist; er läßt keinen Raum für die Frage »Warum soll ich das annehmen?«. Er möchte vielmehr an das appellieren, was wir alle, wie er glaubt, sei es in halbbewußter, verborgener oder unartikulierter Weise, in uns tragen. Er will eine Saite berühren, die unbeseitigbar zu unserer Seinsverfassung gehört; wenn die Saite tot oder unbeweglich ist, kann man nichts tun. Wie die mystischen Schriften, ist auch seine Verkündigung undiskutierbar und muß daher für rationalistisch eingestellte Philosophen als belanglos gelten. Er scheint aber zu erwarten, daß seine Worte ein spontanes Verstehen erwecken mögen, weil sie darauf abzielen, den Sinn des allgemein Erfahrenen und täglich Wahrgenommenen klar zu machen.

Wie klar aber? Von einer Klarheit, die uns das wissenschaftliche Denken bringt, kann natürlich keine Rede sein. Das Ultimum ist unsagbar, das Wort ist in den Zuständen unseres empirischen Daseins gefangengenommen. Wir sind auf Transzendenz bezogen – wiederholt Jaspers. Das ist keine historische, psychologische, soziale oder biologische Tatsache; auch müssen wir uns dieser Bezogenheit nicht bewußt sein. Transzendenz ist kein Gegenstand; sie läßt sich nicht objektivieren, sagt Jaspers. Was heißt das eigentlich? Heißt das mehr, als daß wir nie imstande sind, sie in Begriffen und Worten auszudrücken? Wie aber ist sie uns zugänglich?

Jaspers bekennt sich zu dem Augustinischen »Deum et animam scire cupio«; aber seiner Auffassung nach ist die Seele keine Seele und Gott kein Gott in wiedererkennbarem Sinne. Existenz und Transzendenz, die diese beiden letzten Wirklichkeiten respective ersetzen, sind außerweltliche Aspekte des Umgreifenden, denen wir nie in einer Reflexion über die Welt oder in Welterfahrung begegnen. Sie werden uns gegenwärtig durch einen Sprung, der uns aus der Welt, aus unserem empirischen Denken, ja auch aus dem Geist hinauswirft. Es sind aus der christlichen Tradition entnommene, doch jeder Substantialität beraubte Wesenheiten.

Aber diese zwei letzten Wirklichkeiten, zwischen denen unser Leben und das Leben der Welt gespannt werden, sind keineswegs als symmetrisch festgestellte Pole, als in demselben Sinne unbegreifbare alia zu betrachten, die gleichermaßen außerhalb der Grenzen der Erkenntnis liegen. Existenz ist zwar unobjektivierbar, weil sie, wie Jaspers sagt, »nicht Sosein, sondern Seinkönnen«, weil sie »der je Einzelne« ist. »Das heißt: ich bin nicht Existenz, sondern mögliche Existenz.«[2] Existenz ist, was ich bin, wenn es mir gelingt, mich selbst nicht mehr als einen in der Welt vorhandenen und durch die Zugehörigkeit zur Welt bestimmten Gegenstand zu sehen, sondern mich in die Negativität meiner Freiheit hineinzusetzen. Es wäre wahrscheinlich in Jaspersscher Sprache uneigentlich zu sagen, ich sei ein freies Wesen, vielmehr: die Bewegung selbst der Freiheit, und diese Bewegung ist von außen wesentlich unbeobachtbar. Für jede Beobachtung und jede Analyse kann die Freiheit nur als mangelndes Wissen von der Determination in der Welt, als eine kognitive Lücke, nicht als Wirklichkeit gelten. Jede objektive Fassung – auch psychologische – muß ihrem Wesen nach die Freiheit verleugnen, da sie auf Erklärung abzielt und damit jedes prinzipiell Unerklärbare im voraus ablehnen muß.

Aber die Freiheit, obschon nicht als Objekt faßbar oder vorstellbar und nie in allgemeingültiger Sprache aussagbar, liegt doch auf der »Subjektseite« des Umgreifenden. Da sie ist, was ich bin, und sich mir als ich selbst ankündigt, muß der »Sprung« zu ihr etwas ganz anderes bedeuten als der Sprung, womit ich zur Grenze des Allumgreifenden, der Transzendenz, gelange. Es ist ja möglich, die Negativität der Freiheit in diesem Sinne zu bejahen und die Transzendenz zu verneinen. Das haben doch Nietzsche und Sartre bestätigt. Wie ist also der zweite Sprung möglich? Keine Existenz ohne Transzendenz, behauptet Jaspers. Daraus soll man wohl schließen, daß jene, die die unzurückführbare Freiheit erfahren, sie eigentlich nicht erfahren oder mala fide leben, indem sie bezüglich der Anziehungskraft der Transzendenz unempfindlich bleiben.

Die Gläubigen sind in einer anderen Lage. Ihnen ist Gott in doppelter Weise zugänglich: erstens durch die mystische oder quasi-mystische Erfahrung, die sich freilich nicht offenkundig machen läßt, dem Erfahrenden aber eine unerschütterliche Gewißheit verleiht, zweitens durch die Bewahrung und die ununterbrochene Vermittlung der ursprünglichen Offenbarung, durch das Einwohnen in der Tradition. Auf beiden Wegen offenbart sich Gott – jedenfalls im geistigen Raum des Christentums – als Liebe und somit als Person. Beide Wege liegen jedoch außerhalb des philosophischen Glaubens, wie ihn Jaspers verkündigt. Transzendenz offenbart sich nicht als Liebe.

Das ist nicht genau, was die christlichen Theologen als via negationis zu bezeichnen pflegen. Die via negationis ist zwar ein Eingeständnis der Schwäche der menschlichen Vernunft und Sprache angesichts der Unendlichkeit, die nur als Verneinung der uns in der Welt bekannten endlichen Eigenschaften beschrieben werden kann. Zu sagen, daß uns Gott nur auf negativem Wege zugänglich ist, schließt nicht aus, daß wir ihn als Liebe und Person fassen. Auch der von Jaspers gebrauchte biblische Ausdruck »Deus absconditus« ist vielleicht nicht ganz angemessen, denn im christlichen Glaubensverständnis macht Gottes Verborgenheit weder die Offenbarung noch den mystischen Weg ungültig. Derselbe Ausdruck kann natürlich ebensowenig bei Jaspers im skeptischen Sinne verstanden werden, wonach Gottes vollkommene Unzugänglichkeit uns seine mögliche Anwesenheit als belanglos erklären läßt.

Der Passus des »Philosophischen Glaubens«, wo Jaspers den »Sprung von der Immanenz zur Transzendenz« erwägt, ist erstaunlich knapp, und der Sinn des Sprunges ist darin kaum erklärt. Er scheint aber den zweiseitigen notwendigen Zusammenhang der Existenz mit Transzendenz zu bestätigen. »Wenn aber Transzendenz nur für Existenz, das heißt die Objektseite dessen ist, dessen Subjektseite Existenz heißt, so ist diese Transzendenz weder für das Bewußtsein überhaupt als Geltung noch ist sie im Dasein als reales Objekt.«[3] Daß die Transzendenz »nur für Existenz ist«, ist eine beunruhigende Aussage. Sie heißt gewiß nicht, die Transzendenz sei bloße Vorstellung, geschweige denn eine Illusion. Sie flüstert aber den Gedanken ein, daß das, was wir als Transzendenz entdecken – wie unsicher und unbeschreibbar unser Weg auch sein mag –, sich sozusagen in dieser Entdeckung selbst schaffe. Es scheint, als ob auf beiden Seiten der letzten und endgültigen Wirklichkeit das Sein und das Bewußtsein zusammenfallen, als ob die Frage nach dem Vorrang des Seins oder des geistigen Angeeignetseins keinen Sinn hätte. So etwas sagt Jaspers allerdings nicht; es ist nicht mehr denn ein Verdacht, dem aber schwer auszuweichen ist. Ist Gott ein Gott-für-uns, und wenn ja, in welchem Sinne? Da die Existenz nie vollendet ist, ist vielleicht auch die Transzendenz nie vollendet?

Gewiß, Jaspers hinterließ uns seine Chiffernlehre. Chiffern gelten zwar als die Sprache der Transzendenz. Diese Sprache ist aber weder diskursiv noch ästhetisch. Ja, das Wort ist etwas irreführend, da wir es normalerweise unter der Voraussetzung gebrauchen, daß die Entzifferung im Prinzip möglich ist oder daß der unchiffrierte Sinn jemandem bekannt ist, jedenfalls, daß so etwas wie der »echte« Text, wenn auch verborgen, existiert. Es gibt aber keinen echten Text hinter den Jasperschen Chiffern. Sie sind Anspielungen auf etwas, was sich sonst nie in unchiffrierter Gegenwärtigkeit offenbart. Sie sind also nicht Gottes Zeichen im religiösen Sinne, wo ein Weg von den Zeichen zu ihrer Quelle, sei sie auch umnebelt, doch offensteht, obzwar es natürlich unmöglich ist, daß sich Gott ganz in seinen Zeichen offenbart. Die Sprache der Chiffern, sagt Jaspers, »tritt an die Stelle«[4] der Erscheinung der Transzendenz, und nur der Freiheit der Existenz ist diese Sprache hörbar. Die Chiffern »sind nie die Leibhaftigkeit der Transzendenz selber«[5]. Mit anderen Worten, falls wir von den Chiffern als Symbolen reden dürfen, dann in einem Sinne, der für Jaspers einzig ist. Im üblichen Sprachgebrauch sind Symbole lesbare Substitute für einen Text – und als solche sind sie übersetzbar –, oder Bilder, wodurch das Original wiedererkannt werden kann. Im religiösen Sinne dagegen sind Symbole keine Bilder, sondern wirkliche Kanäle, mit deren Hilfe ein realer energetischer Kontakt mit der Gottheit angeknüpft wird. Jaspers' Chiffern sind keines von beiden: weder lassen sie sich in das Original rückübertragen noch sind sie Instrumente, die uns einen Eintritt in eine andere Wirklichkeit ermöglichen. Vielmehr sind sie sowohl Andeutungen an das Verborgene und Ersehnte als auch die Zeugnisse von der Unüberwindbarkeit des Verborgenen. Angesichts der Chiffern vergewissern wir uns unseres unwiderstehlichen Strebens nach Transzendenz, aber auch unserer verhängnisvollen Unfähigkeit, diesem Streben genugzutun. In diesem Sinne offenbaren die Chiffern unser Schicksal als ein Scheitern, oder sie sind Zeichen des Scheiterns par excellence: Wir stoßen mit dem Kopf gegen die auf ewig geschlossene Tür und wissen gleichzeitig, daß wir den Zwang, denselben eitlen Versuch zu wiederholen, nie loswerden können, da dieser Versuch zu unserer Seinskonstitution gehört, da er unser Menschsein ausmacht und in diesem Sinne doch nicht eitel ist. Das je einzige in jedem von uns wird in dieser Anstrengung bestätigt. »Die Wahrheit der Chiffer, die die Entscheidung der Existenz im Augenblick erhellt, aber nicht erzwingt, hat ihr Maß daran, ob dieser Augenblick mit seinem Entschluß als die eigene Entscheidung für immer anerkannt und übernommen wird, ob ich mit ihr identisch bin und mich in der Wiederholung ursprünglich erneuere ... Die Wahrheit der Chiffern bezeugt sich durch keine Erkenntnis, keine Einsicht, sondern allein durch ihre erhellende Kraft in der existentiellen Geschichte des je Einzelnen.«[6] Es scheint, der philosophische Glaube sei nichts anderes als der Wille, der Gegenwärtigkeit der Chiffern die Stirn zu bieten, unsere Lage angesichts des Unentzifferbaren nie in Vergessenheit geraten zu lassen.

Damit stellt sich nun heraus, daß der philosophische Glaube sowohl mit dem Offenbarungsglauben als auch mit der positiven Theologie unversöhnbar ist. Der Offenbarungsglaube verwirklicht sich im Gehorsam, der uns den Zugang zur Existenz und somit zur Transzendenz verschließt, und erstarrt unvermeidlich in der kirchlichen Institution. Der Versuchung, den Gehorsam durch Gewalt zu erzwingen, kann der Offenbarungsglaube ebensowenig ausweichen wie dem notorischen Zirkel: ich soll glauben, weil ich im Besitz der Offenbarung bin, und daß die Offenbarung wirklich Gottes Wort ist, weiß ich aufgrund des Glaubens. Die positive Theologie letztlich ist eine Kristallisierung der täuschenden Gewißheit des Offenbarungsglaubens. Im Offenbarungsglauben bricht die Kommunikation unter den Menschen zusammen, und die schöpferische Unruhe der Existenz wird durch eine scheinbare Sicherheit ertötet.

Jaspers' Kritik der Offenbarung und der positiven Theologie ist im Grunde aufklärerisch. Ihre Inspiration ist wohl in Kants Idee der menschlichen Würde und in der humanistischen Auffassung des Menschen als eines unvollendeten, offenen Wesens zu suchen. Jaspers bezeichnete sich selber als einen Christen und meinte damit vielleicht mehr als eine zufällige, durch Geburt bestimmte kulturelle Zugehörigkeit. Er glaubte an die Einzigkeit der Bibel, ja an ihre Wahrheit. Das ist aber keine Wahrheit im üblichen Sinn. ›Wahr‹ in der Philosophie und in jedem auf Transzendenz bezogenen Denken ist durch die Quelle und nicht durch irgendeine »adaequatio« bestimmt, durch den ursprünglichen Willen, seine eigene Existenz zu erhellen. Es scheint, als ob alle großen Philosophen und Propheten uns in diesem Sinne eine Wahrheit kundtun, mögen ihre Worte, wenn wir sie als abstrakte Ideen miteinander konfrontieren, auch völlig unvereinbar sein. Wir finden bei Jaspers die Analoga vieler Fundamentalsymbole des christlichen Glaubens, alle aber so durchgearbeitet, daß sich in ihnen kaum ein Christ wiedererkennen kann. Leicht läßt sich eine Liste solcher Symbole zusammenstellen:

Gott	–	Transzendenz
Seele	–	Existenz
Offenbarung	–	Chiffern
das Teuflische	–	Leidenschaft zur Macht
mystische Erfahrung	–	die Momente der Ewigkeit in Zeit
christliche Nächstenliebe	–	existentielle Kommunikation
Erlösung	–	Akzeptation eigenen Scheiterns

Was auf dieser Liste fehlt, sind die Symbole und Begriffe, ohne die es wenig Sinn hat, vom Christentum sowohl im historischen Sinne als auch im Sinne seiner Selbstdeutung zu reden: Es gibt keinen Unterschied zwischen sacrum und profanum, keine Gnade, keine Liebe Gottes zu den Menschen, keinen Mediator oder Heiland, keine endgültige Versöhnung. Gewiß, alle diese Symbole sind auch für Jaspers wichtig: sie sind ernst zu nehmen als Versuche, wodurch Menschen ihre Beziehung zur Transzendenz zum Ausdruck gebracht haben. Aber ihre ›Wahrheit‹ ist nicht die, die die Menschen selber diesen Symbolen zugeschrieben haben. Sie sind Chiffern, wie ja alles Chiffer sein kann. Für Jaspers erzeugt aber das Lesen der Chiffern kein Wissen, während sie in mythischer Wahrnehmung als allgemein verbindliche Wahrheiten angenommen werden. Innerhalb der Grenzen unseres Verstehens ist also die Deutung, die die Gläubigen ihren Symbolen geben, wenn auch erklärbar, so doch positiv unzulässig, im pejorativen Sinne mythisch, kirchlich oder theologisch.

Wir dürfen positiv sagen: es gibt keine Offenbarung, keine Gnade, keine Erlösung, keine Fleischwerdung Gottes, keinen Heiland – so wie diese Symbole normalerweise geglaubt werden. Der philosophische Glaube schließt die Offenbarung aus. Jaspers ist kein Christ. Eine Verwandtschaft mag ihn vielleicht mit den katholischen Modernisten zu Beginn unseres Jahrhunderts verbinden, auf die er sich aber meines Wissens nie berufen. Diese Verwandtschaft ist jedoch fern: für die Modernisten, wenn sie auch das Wissen von der religiösen Erfahrung in ähnlicher Weise trennten und das Christentum von seiner Gefangenschaft im Dogmatischen und im steifen institutionellen Gesetz befreien wollten, war die Begegnung mit Gott wirklich. Es lohnt sich aber, diesen Zusammenhang zu erwähnen, weil er uns vielleicht helfen kann, Jaspers' Gedanken innerhalb einer breiten Strömung als kulturelles Ereignis zu lokalisieren.

Der philosophische Glaube mag als ein Entwurf einer Religion der Aufgeklärten gelten. Es ist nicht nur ein philosophischer Glaube, sondern auch ein Glaube der Philosophen, der den Anspruch erhebt, das Religiöse ersetzen zu können. Man hat oft den Eindruck, daß für Jaspers das Menschsein durch eine Leistung bestimmt ist, die nur wenigen zugänglich ist, was uns zum Verdacht veranlaßt, daß nur einige Philosophen das Menschtum erreichen. Eine der großen Errungenschaften des Christentums war es, den Sinn seiner Lehre so zu bestimmen, daß für den Unterschied zwischen dem Glauben der einfachen Menschen und dem der Aufgeklärten oder Gelehrten kein Raum war. Von diesem Standpunkt aus muß Jaspers' philosophischer Glaube als ein Zeugnis der Hybris oder als Unglaube bezeichnet werden.

Gewiß, die Fähigkeit, im Lesen der Chiffern sich selbst als Existenz zu ergreifen, ist für Jaspers eine allgemein menschliche Fähigkeit, und der Zugang zur Transzendenz wird in Ereignissen erschlossen, die er Grenzsituationen nennt und die alle von uns erfahren – im Leiden, Tod, Scheitern. Ob diese Situationen notwendig einen Weg zur Transzendenz weisen, ist psychologisch keineswegs sicher; wenn sie es aber tun, dann führt der Weg eher zum persönlichen Gott der geoffenbarten Religion – ein Weg, der von Jaspers als ein Abgleiten ins Mythische und ein

Verzicht auf Existenz pauschal und aufklärerisch gebrandmarkt werden müßte. In diesem Punkt, glaube ich, hatte Karl Barth recht, wenn er die nicht nur unaussprechliche, sondern tatsächlich gehaltlose Transzendenz Jaspers' als der christlichen Tradition fremd angriff.[7]

In einer fundamental menschlichen Sorge begegnen sich nichtsdestoweniger der Jasperssche Glaube und die Offenbarungsreligion: in der Vergewisserung nämlich der Unselbstgenügsamkeit der Welt und des menschlichen Daseins in ihr. Das ist etwas mehr als eine bloß negative Selbstabgrenzung von Naturalismus und Szientismus, da für Jaspers die unüberschreitbaren Schranken des Wissens das, was dahinter liegt, keineswegs gleichgültig oder unwichtig machen. Das Gegenteil ist der Fall: Erst durch den Versuch, auf die »andere Seite« hinüberzuspringen, erreichen wir unsere Existenz, auch wenn sich dieser Versuch nie in der Sprache der allgemeingültigen Kategorien beschreiben läßt. Der Sinn der Chiffern ist ja in dem je Einzigen der Existenz gefangengenommen: »Das Objektive der Chiffer ist wesentlich nur, wenn es existentiell Gewicht hat; als bloßer Sachverhalt wird es leere Begrifflichkeit. Das Subjektive geht den existentiellen Ursprung an, der im Objektiven der Chiffern sich selber hell wird; als bloß subjektiv wird es Gegenstand eines Psychologisierens.«[8]

Es ist bemerkenswert, daß Jaspers, der im Gegensatz zu vielen Philosophen nicht *gegen andere* dachte, sondern, wie Hegel, das gesamte philosophische Erbe des Abendlandes sich positiv aneignen wollte, sich den Weg zu solcher Assimilation des Offenbarungsglaubens mit Absicht versperrte und sich gezwungen sah, ihn einfach zu verneinen. Und trotzdem sah er die Lebendigkeit der biblischen Überlieferung als eine unentbehrliche Bedingung des Überdauerns der abendländischen Kultur an. Glaubte er wirklich, daß die Bibel, deren Gehalt zu einer Sammlung unsagbarer Chiffern heruntergebracht wäre und als solche nicht mehr als Kristallisierungspunkt der religiösen Gemeinschaft dienen könnte, dennoch ihre geistige Kraft als Inspirationsquelle der Kultur bewahren würde? Es scheint gelegentlich, als ob in Jaspers' Kampf gegen Offenbarungsglauben und institutionelle Religion immerfort vor ihm das Antlitz eines hartköpfigen Schulkatecheten auftauchte, der das Gemüt des talentvollen Knaben erstickt.

Lassen wir aber kleinliche Bissigkeiten beiseite. Es kommt nicht darauf an, Jaspers Zweideutigkeiten vorzuhalten, sondern sie aus der Kulturentwicklung zu verstehen. Jaspers nahm offensichtlich an der modernistischen Revolte gegen Positivismus und Szientismus teil. Er wandte seine Fragen an das Ganze und wollte das Ganze verstehen. Das Ganze ist aber – wie er wußte – kein erfahrungsmäßiger, empirisch konstruierbarer Begriff, kein Gegenstand der Vernunft. Und doch, ohne das Ganze geistig zu bewältigen, bleibt der Sinn jeder Einzelheit zweifelhaft. Er lehnte den Kantschen Kritizismus ab, um den echt Hegelschen Standpunkt einzunehmen, wonach die Vernunft, um das Ganze zu verstehen, auch ihren Verstehensakt als ein »Moment« des Ganzen auffassen muß, anderenfalls ihre Lage als eines Beobachters unerklärbar bleibt. Der Positivismus dagegen, wie Jaspers in seiner Kritik sagt, ist unfähig, in seinem auf das Wirkliche abzielenden Erkenntnisakt die Tatsache, daß das Wirkliche erkannt wird, aufzugreifen, weshalb sein Ganzes uneigentlich ist.[9] Aber Jaspers war bereit, einige wichtige Ergebnisse der positivistischen Einstellung als unwiderruflich anzuerkennen: so die Unmöglichkeit, das endgültig Wirkliche zu objektivieren. Über Existenz können wir zwar nicht reden, da sie begrifflich unausdrückbar bleibt; andererseits sind wir gezwungen zu versuchen, darüber zu reden, denn ohne solchen Versuch ist die eigentliche Kommunikation undenkbar. Indem wir die Bedingungen jeder Objektivierung erfassen wollen, begegnen wir Freiheit und verlassen somit die Grenzen der Erkenntnis. Das Wissen kann sich selbst nicht begründen. Deshalb zu sagen, daß die Begründung des Wissens kein Wissen mehr ist, klingt tautologisch; sich dieser Tautologie jedoch klar bewußt zu werden, ist für das Leben in der Würde unentbehrlich – so könnte man vielleicht Jaspers' Botschaft in diesem Punkt paraphrasieren.

Aber die Grenzen des Wissens, der Gegenständlichkeit und der Welt verlassen wir nie in dem Sinne, daß wir uns in einem neuen Land fänden und das alte vergessen dürften. Immerfort bleiben wir innerhalb des empirischen Daseins, wenn wir den Zugang zum Allumgreifenden und zur Existenz suchen. Für die

Freiheit ist die natürliche Welt sowohl ein Ort des Widerstandes als auch die Bedingung ihres Bestehens, wie das Wasser für einen Schwimmer. Ich kann mich nicht direkt erfassen, sondern nur durch die Vermittlung dessen, was ich *nicht bin*. Das heißt nicht, daß meine Existenz eine pure Negativität sei – eine Sartresche Lehre –, aber, daß sie nie als Substanz zur Erscheinung kommen könne. Auch – wie wir in einem schönen Passus des Buches »Vom Ursprung und Ziel der Geschichte« lesen – sind alle unsere Versuche, aus der Geschichtlichkeit hinauszuspringen und einen Stützpunkt außerhalb der Geschichte zu erlangen, sowohl unentbehrlich als auch in dem Sinne erfolglos, daß sie alle innerhalb der Geschichte verbleiben müssen.[10] Wir sollen aber sowohl der Erde als auch uns selbst treu bleiben, und beide Verpflichtungen fügen sich nicht auf derselben Sprachebene zusammen.

Jaspers, falls man so sagen darf, bringt zur Helle die Dunkelheit einer kulturellen Lage, die am Ende des 19. Jahrhunderts entstanden ist und deren Erben wir immerfort sind. Sie ist bestimmt durch das gleichzeitige Krisenbewußtsein bei beiden Feinden, die um die Herrschaft über unser geistiges Leben wetteifern: Aufklärung und Christentum. Einerseits fühlte sich das Christentum in seinen Ansprüchen auf scholastische Vernünftigkeit immer weniger sicher, und die aufklärerische Kritik hat es mehr und mehr dazu gezwungen, andere Bestimmungen für seine Weisheit zu suchen. Andererseits brach auch die Selbstgefälligkeit des allwissenden optimistischen Rationalismus zusammen. Mehr und mehr waren die Christen bereit, obzwar widerwillig, anzuerkennen, daß in der Welt des Wissens Deus et anima abwesend sind. Und immer mehr bezeugte sich auch die Unfähigkeit des Rationalismus, sowohl für sich selbst eine Begründung zu finden als auch sich mit den Fragen auseinanderzusetzen, die das menschliche Sein mitbestimmen und die sich durch Exorzismen und Exkommunikationen der Szientisten nicht verbannen lassen. Jaspers brachte beide Seiten dieses Krisenbewußtseins vortrefflich zum Ausdruck. Nicht nur reagierte er auf die naturalistische Anthropologie, sondern hat auch zur Kenntnis genommen, daß die menschliche Existenz außerhalb des Naturalismus und des Psychologismus nicht zu verstehen ist, und sich zum Ziel gesetzt, diese Erkenntnis unter der Voraussetzung zu beschreiben, daß der Wille, das Unverstehbare in mir zu verstehen, meine menschliche Aufgabe par excellence darstellt. Demnach verschafft uns weder metaphysisches noch religiöses Suchen ›Wahrheit‹ in demselben Sinne, wie wir von Wahrheit auf dem Gebiet der Wissenschaft reden. Da die philosophische oder auch religiöse Wahrheit durch ihre Ursprünglichkeit, ihre Genese und nicht inhaltlich bestimmt wird, gibt es keine Hindernisse, die inhaltlich aufeinanderstoßenden Ideen gleichzeitig zu bestätigen. Ein Akt des eigentlichen Wählens und nicht der Inhalt der Wahl bildet die Wahrheit.

Mit anderen Worten: Haben wir einmal die Grenzen des Wissens überschritten, wird die Wahrheit auf das Einzige der Existenz bezogen und läßt sich nicht als für alle zwingend betrachten. Noch kann das geschichtlich Einzige verallgemeinert werden: Die Offenbarung, eine einmalige, unwiederholbare Tatsache kann nicht der Geschichte einen Sinn erteilen. Gottes Wort wird mir exclusiv verkündet, und es scheint, daß das religiöse Leben als eine gemeinsame Sache nur mala fide denkbar ist. Nur in meiner unheilbaren Einsamkeit verwirklicht sich Gott, und das ist wahrscheinlich der Grund, warum meine Begegnung mit Ihm in unausweichlichem Scheitern gipfelt: Nur in der Kommunikation mit anderen kann ich mich selbst als Existenz erhellen, aber die Transzendenz, die das notwendige Gegenstück der Existenz ausmacht, wird nie als ein Feld der Kommunikation wirklich. Mit Recht weist Ricoeur deshalb darauf hin, daß die Schuld, anstatt ein Resultat einer vermeidbaren menschlichen Verfehlung zu sein, bei Jaspers zum ontologischen Status des Menschen wird. Durch die freie Wahl bilde ich mein Menschsein und durch die freie Wahl mache ich mich schuldig. Es scheint sogar, als ob menschliches Unglück aber auch das menschlich Böse seinen Grund darin hätte, daß wir als getrennte Personen überhaupt existieren, als ob meine Begrenztheit, meine separate Existenz – wie dies bei einigen Strömungen im Buddhismus oder bei Schopenhauer der Fall war – eine Krankheit des Seins darstelle. Da es keinen gemeinsam zugänglichen Gott und daher keine Erlösung gibt, stehe ich in einem Dilemma: *Entweder* sinke ich, in freiwilliger Unterordnung unter die Autorität, ins Uneigentliche herab und verliere so meine Existenz, *oder* ich nehme meine Freiheit und damit das Scheitern als mein verhängnisvolles Geschick an und bejahe meine Würde in der Zerstörung meiner selbst. In einem bestimmten Sinne ist niemand verdammt, weil der von Jaspers vorgeschlagene Weg immer jemandem offensteht; in einem anderen Sinne sind alle verdammt, weil der beste mögliche Weg in der Niederlage endet.

Es stellt sich letzten Endes heraus, daß der dritte Weg zwischen Rationalismus und Offenbarungsglauben uns vielleicht vor Selbsttäuschung retten kann, doch nur um den Preis der Selbstvernichtung in wiedergewonnener Würde. Jaspers, um es zu wiederholen, brachte die gleichzeitige Paralyse der Aufklärung und des Christentums vortrefflich zum Ausdruck. Gegenüber der Aufklärung hat er die Tatsache der Unerklärbarkeit und Unverständlichkeit der empirisch zugänglichen Welt aus sich selbst hervorgehoben. Gegenüber dem Christentum wollte er aufzeigen, daß diese Nicht-selbstverständlichkeit der Welt sich nie als ein Gemeingut der Menschheit, eine universell gültige Leistung, ein Gebiet der Kommunikation feststellen läßt. Das Resultat seines Denkens mußte zweideutig bleiben, eine Zweideutigkeit nicht der Person unseres Philosophen, sondern unserer Zivilisation, deren doppelte Blockierung in der Jaspersschen Philosophie zum Vorschein kam. Indem Jaspers diese Zweideutigkeit und diese Paralyse in großartiger Weise zum Ausdruck brachte, bot er keine Arznei zu deren Behebung an. Vielleicht ist es aber eher die Berufung der Philosophen, die Krisen zu offenbaren als sie zu heilen.

Anmerkungen

1 Karl Jaspers, Weltgeschichte der Philosophie. Einleitung. Aus dem Nachlaß hg. von H. Saner, München/Zürich 1982, 155.
2 Karl Jaspers: Der philosophische Glaube angesichts der Offenbarung, München 1962, 118.
3 Op. cit., 139.
4 Op. cit., 156.
5 Op. cit., 163.
6 Op. cit., 173.

7 Karl Barth: Kirchliche Dogmatik, III, 549 ff., und Karl Jaspers: Op. cit., 485 ff.
8 Karl Jaspers: op. cit., 309.
9 Cf. Karl Jaspers: op. cit., 263 f., 285 f.
10 Cf. Karl Jaspers: Vom Ursprung und Ziel der Geschichte, Zürich 1949, 325 ff. oder 331 ff.

Jeanne Hersch

Existenz in der empirischen Wirklichkeit

Es fällt auf, wie widerspruchsvoll untereinander die Vorwürfe sind, die gegen Jaspers erhoben werden – wie er es übrigens selbst empfunden hat. Es wird ihm einerseits vorgeworfen, er sei in Wirklichkeit ein Aufklärer und Positivist – wenn auch ein getarnter. Anderseits aber wird ihm vorgeworfen, er sei ein wilder Antirationalist. Herr Popper, zum Beispiel, hat in seinem Buch über »die offene Gesellschaft« Jaspers als einen Super-Nietzsche dargestellt, der die Vernunft radikal bekämpft und dadurch dem nationalsozialistischen Irrationalismus den Weg geöffnet hätte. – Es genügt jedoch, die Liste der Titel von Jaspers' Werken zu lesen, um gleich zu merken, daß das nicht stimmen kann. Da trägt beispielsweise ein Buch den Titel »*Vernunft und Existenz*«. Und darin zeigt Jaspers, daß es weder Vernunft ohne Existenz noch Existenz ohne Vernunft geben kann.

Woher kommt es dann, daß man beim Lesen von Jaspers auf eine solche Weise zu Mißverständnissen verleitet wird? Vielleicht sind die Menschen in der heutigen Zeit wenig geneigt, Jaspers in voller Offenheit entgegenzutreten. Vielleicht haben sie Vorurteile, so daß sie beim Lesen nur das behalten, was ihre Vorurteile bestätigt. Noch mehr: sie erfassen die Worte, die von Jaspers gebraucht werden, in einem statischen, objektiven Sinn, während es gerade auf diese Art keine Möglichkeit gibt, ihn zu verstehen. Seine Begriffe werden nicht durch Definitionen klar, sondern durch ihre Funktion, durch die Art und Weise, wie sie gebraucht werden und wie sie den Leser zu eigenem Denken anleiten.

Vielleicht geht es Jaspers – toute proportion gardée – wie es Kant immer wieder gegangen ist. Manche halten Kant für einen Positivisten, manche wieder halten ihn für einen Theologen. Die ersteren nehmen nur die »Kritik der reinen Vernunft« ernst, die anderen nur die »Kritik der praktischen Vernunft«, und beide verwerfen oder ignorieren einfach die anderen Werke, als wären sie nur ein Irrtum, vom Zeitgeist verursacht. Will man aber Kant verstehen, so muß man gerade alle drei Kritiken zusammennehmen; keine ist ohne die zwei anderen zu verstehen. Sie bilden eine *Einheit*.

Jaspers ist ein Kantianer. Er ist es in vieler Hinsicht, aber ganz besonders in dieser hier. Das heißt: wie Kant liefert Jaspers weniger eine Lehre im Sinne einer Doktrin, als eine Art *philosophische Übung*. Er lädt uns ein, unser Denken auf eine bestimmte Art zu üben, die dann als Übung Konsequenzen für das Selbstsein hat. Es kommt also darauf an, daß die Worte, die als Funktion zu verstehen sind, wirklich vollzogen werden – damit das, worauf es ankommt, nicht von außen her, wie mit Handschuhen angefaßt, gebraucht und kritisiert wird. Läßt man dann die Worte funktionell wirken, so wird der Sinn durch die Übung, die man selbst vollzieht, klar. Und dann wird man vielleicht verstehen oder ahnen – wenn man nicht das Glück gehabt hat, ihm selber zu begegnen –, was für ein Mensch er gewesen ist. Jaspers ist uns noch gegenwärtig: eine leuchtende, große, heitere, entschiedene Persönlichkeit, die durch alles hindurch standgehalten hat, die in jedem Moment entschlossen sein konnte. Dieser Mann, der sein Leben lang Dogmatik bekämpft hat, war wohl der entschlossenste Mensch, dem ich begegnet bin. Vielleicht mit Raymond Aron. Und das habe ich in meinem Leben gelernt: daß man Entschlossenheit gerade in Menschen entdeckt, die nicht dogmatisch sind, sondern die hier und jetzt, in der konkreten Situation, zu ihrem Entschluß gelangen.

Nun versuchen wir zu verstehen, was bei Jaspers das Wort Existenz bedeutet. Wie alle Worte bei Jaspers, wie alle philosophischen Worte bei den großen Philosophen überhaupt, wird Existenz nicht dadurch klar, daß wir eine Definition davon geben. Wir müssen in der Übung verstehen lernen, wie das Wort gebraucht wird. Das Wort »Existenz« wird dann gebraucht, wenn ein menschliches Subjekt in einer konkreten Situation durch einen Akt, eine Handlung, eine Entscheidung seine Freiheit aktualisiert. Oder, wenn Sie wollen: »Existenz« bezeichnet den Ursprung, die tiefste Quelle dieser Freiheit, die einen bestimmten Entschluß möglich macht. Also bezeichnet das Wort »Existenz« nicht die freie Handlung selbst, so wie man sie bei jemandem feststellen oder beschreiben oder objektiv festlegen kann (bei der und der Gelegenheit hat der und der das und das getan), sondern: es geht um den Entschluß, der hinter dieser Handlung wirksam war. Existenz ist sozusagen die sich aktualisierende Freiheit, hic et nunc, in unserer Welt. Und das bedeutet, daß die Entscheidung nicht in der Luft schwebt, sondern daß sie, unter den gegebenen Umständen, in diese Umstände eingreift, obgleich sie selbst nie ein Umstand, nie ein Faktum, nie ein empirisch Gegebenes ist. Deshalb habe ich diesen Titel gewählt: »Existenz in der empirischen Wirklichkeit«. Existenz ist *in* der empirischen Wirklichkeit, aber Existenz ist *nicht* empirische Wirklichkeit. Das bedeutet, daß Existenz sozusagen die Ebene der gegebenen Fakten durchkreuzt oder durchbohrt, zu etwas hin, in Richtung auf etwas, oder etwas gegenüber, was Jaspers *Transzendenz* nennt.

Und was heißt nun »Transzendenz«? (Denn wenn man sie nicht auch in die Übung mit hineinnimmt, dann versteht man »Existenz« ebenfalls nicht.) Wir sollen nicht vorschnell »Transzendenz« durch »Gott« ersetzen. Denn dann stellen wir uns vor, daß wir Gott als Zeugen der Existenz haben. Transzendenz ist kein Zeuge, sondern es bedeutet, daß da, wo Existenz zu einer Entscheidung kommt, sie weiß – wie Jaspers sagt –, daß sie nicht von irgendwo draußen verursacht wurde. Sie weiß auch, daß sie sich nicht selbst geschaffen hat: so etwas wie Existenz hat kein Mensch je geschaffen. Sondern: Existenz als Fähigkeit, eine echte Entscheidung in den gegebenen Umständen zu fassen, wird erlebt, sagt Jaspers, *als Geschenk*. Das bedeutet: sie kommt von woanders her; aber »woanders« ist weder Raum noch Empirie, z. B. Gott da oben. Irgendwie muß jede Vorstellung, sobald sie auftaucht, wieder weggeschafft werden – wie stets bei Jaspers. Denn solche Bilder tauchen immer wieder auf, und sie müssen weg. Sie sind nicht falsch, aber sie sind nur als vorübergehend, als verschwindend richtig.

Eine Entscheidung der Existenz wird nicht einfach dadurch

charakterisiert, daß man hartnäckig sagt: »Ich tue das, und nichts anderes. Du kannst sagen, was du willst, ich tue *das*.« Hartnäckigkeit ist nicht Existenz. Eine existentielle Entscheidung schöpft ihre Kraft daraus, daß sie nicht willkürlich, sondern gerade notwendig angesichts eines Gegenübers vollzogen wird, das *absolut* ist. Man ist dann versucht, von absoluten Werten oder von einem absoluten Wert zu sprechen. Das ist genauso richtig oder so falsch, wie zu sagen: »Gott«. Es bedeutet einfach: die existentielle Entscheidung hat es mit einer Ebene zu tun, die nicht mehr zum Relativen, Bedingten der Tatsachen gehört, sondern wo ein Bezug zum Absoluten möglich ist. Und weil er möglich ist, ist er für Existenz notwendig. Denn wenn ein Bezug zum Absoluten möglich ist, dann *will* man diesen Bezug unbedingt haben.

Hier berühren wir einen der tiefgründigsten Punkte der Philosophie überhaupt. Das ist, meiner Ansicht nach, die Tiefe des Spinozismus. Jaspers sagt also von diesem Auftauchen von Existenz zur Entscheidung in bezug auf Transzendenz und von der Transzendenz her, es sei *quer zur Zeit*. Diesen Ausdruck »quer zur Zeit« halte ich für wesentlich. Er bedeutet, daß Existenz der Zeit nicht fremd ist, sie verwirklicht sich nicht in der Zeitlosigkeit, sondern in der Zeit. Sie ist aber »quer zur Zeit«, weil sie die Zeit kreuzt oder durchbohrt. Sie bleibt nicht da, wo es Ursachen und Wirkungen gibt, sondern sie entspringt quer zur Zeit. Existenz ist ganz eng an das »Jetzt« gebunden, sie ist in der empirischen Wirklichkeit situiert. Sie hat ihren Ort in Zeit und Raum. Entstanden ist sie aber irgendwo als Geschenk, und sie zielt auf etwas anderes hin, als Absolutes, was sich hier und jetzt in der jetzigen Gegebenheit verwirklicht.

Es geht also keineswegs darum, die konkret gegebene Wirklichkeit zu entwaffnen, wie etwa im Stoizismus. Jaspers hat es immer wieder betont: Er wiederholt nicht den überlegenen, distanzierenden Vers: *Impavidum ferient ruinae*. Nein, im Gegenteil: wir sollen die jetzige Situation, in der wir uns existentiell befinden – und sei sie die furchtbarste, tödlichste –, wortwörtlich so erleben, wie sie für uns im Dasein angetroffen wird. Aber in diesem empirischen Jetzt ist gerade für Existenz die Möglichkeit einer Entscheidung gegeben in bezug auf das Absolute und aus einem transzendenten Ursprung. Etwas Absolutes steht auf dem Spiel.

Jaspers hat in seinen Vorlesungen und in seinen Werken mehrmals Galilei mit Giordano Bruno verglichen. Die religiösen Obrigkeiten waren dabei, Galilei wegen seiner Theorie von der Erdumdrehung zum Tode zu verurteilen. Er rettete sein Leben, indem er ableugnete. Und man erzählt, er hätte alsdann den Kopf zur Seite gedreht und gesagt: ›Eppur si muove‹. – Giordano Bruno jedoch wurde hingerichtet dafür, daß er dieselbe astronomische Theorie bis zu Ende vertrat; er starb auf dem Scheiterhaufen. – Galileis Überlegung war sehr vernünftig, dann es handelte sich hier, in seinen Augen, um eine wissenschaftliche Theorie, deren Offensichtlichkeit allgemeingültig war und die man eines Tages wiederentdecken würde; an der Erdbewegung änderte sein Ableugnen nichts. – Der Tod Giordano Brunos hatte einen anderen Sinn: er starb nicht, um die Lehre von der Erdrotation zu verteidigen, sondern weil er den absoluten Wert der wissenschaftlichen Wahrheit nicht verraten wollte. Eine absolute Wahrheit hängt gewissermaßen davon ab, was die Menschen dafür einsetzen, welchen Preis sie dafür zu zahlen bereit sind. Es geht nicht um die Bewegung der Erde, die Erde dreht sich sowieso weiter. Etwas anderes steht hier auf dem Spiel. Es ist wie in einer Tragödie: Wir sehen zu, und das Schicksal dieser Menschen geht uns an. Aber in Wirklichkeit sind diese Menschen, die wir im Vordergrund sehen, nur auf der Bühne da. Ihr Schicksal ist ein Bild für das, was durch diese Menschen hindurch in einem ganz bestimmten Sinn transzendent im Spiel ist. Die Menschen sterben wirklich, empirisch. Das Empirische wird dadurch nicht schwächer, aber etwas anderes, Wichtigeres, kommt hinzu und wird auf einer anderen Ebene entschieden.

Existenz ist selbst keine Tatsache, und Jaspers spricht deswegen, wenn er von ihr theoretisch spricht – in einer Vorlesung oder in einem philosophischen Werk –, fast immer nur von »möglicher Existenz«. Denn man kann nur von der *Möglichkeit* der Existenz *sprechen*.

Das hat wieder etwas mit Kant zu tun. Wenn Kant vom »kategorischen Imperativ« spricht, wirft man ihm oft vor, daß das ein rein formeller Ausdruck sei, der den Menschen niemals helfen kann zu wissen, was sie tun sollen. Der Begriff ist aber nur deswegen so abstrakt, weil er den konkretesten Punkt der Existenz bezeichnet, nämlich den Punkt, wo sich ein Mensch in seiner Situation wirklich entscheidet. »Ethisch entscheiden« bedeutet: nicht unter dem Zwang von Ursachen, nicht in der Reihe einer Kette von Ursachen und Folgen, sondern »quer zur Zeit«, in der Absolutheit dessen, was nicht in der Zeit ist, die eigene Entscheidung treffen. Und es ist so wahr, was Kant selbst gesagt hat: daß wohl kein Mensch je aus rein kategorischem Imperativ gehandelt hätte. Ist also der kategorische Imperativ unwirklich? Der Begriff bedeutet, daß es *möglich* ist, aus dem kategorischen Imperativ heraus zu handeln. Und diese Möglichkeit ist eine *ethische Notwendigkeit*, d. h. eine Pflicht. Ob dieser Pflicht empirisch gefolgt wird oder nicht, das bleibt in der Schwebe. In einem bestimmten Sinn inszeniert Jaspers Existenz. Und um sie zu inszenieren, beschreibt er die verschiedenen »Richtungen«, in denen das Subjekt handeln oder suchen oder etwas tun kann. Nennen wir, um schneller vorwärtszukommen, die drei Arten von Perspektiven, die der Mensch in sich selber vorfindet. Diese Begriffe sind hier unentbehrlich, ich muß sie anführen.

Der erste ist *das Dasein*. Was bedeutet bei Jaspers Dasein? Hier ist etwas Verwirrendes geschehen: Das Wort »Dasein« hat bei Jaspers einen ganz anderen Sinn als bei Heidegger. Bei Jaspers bezeichnet »Dasein« das empirische, vitale Subjekt, die Lebewesen, die nur unter bestimmten Umständen leben können, in einer bestimmten Umwelt fixiert, angenagelt sind, durch die sie bedingt sind und in der sie den »struggle for life« führen müssen, um zu überleben. Sie sind in der engen Notwendigkeit gefangen, überleben zu müssen, und dieses Überleben *muß* ihnen gelingen, unter ständiger Todesgefahr. Diese Ebene des Daseins darf bei Jaspers nie leicht genommen, vergessen oder verachtet werden. Sie ist immer da, und es gehört zur Echtheit der Existenz, das ganze Gewicht, die ganze Drohung, die Radikalität dieser Drohung, mit beizubehalten. Das ist »Dasein«.

Dann kommt die zweite Perspektive, die Jaspers *Bewußtsein überhaupt* nennt. »Bewußtsein überhaupt« ist sozusagen das dem Dasein Entgegengesetzteste. Es ist die Dimension des abstrakten Denkens, der Sachlichkeit, der Objektivität, der Unpersönlichkeit, der Allgemeingültigkeit, also alles dessen, was sich in den Wissenschaften verwirklicht. Dieses »Bewußtsein überhaupt« ist der Form nach überall da, wo Menschen denken. Ohne »Bewußtsein überhaupt« gibt es kein Denken. »Bewußtsein überhaupt« ist an sich zeitlos und ungeschichtlich. Gar nicht zeitlich fixiert, wie es das Dasein in seiner Gegenwart ist. Seine Atemwelt, wenn ich so sagen darf, ist die Allgemeinheit, eine zeitlose Allgemeinheit und Allgemeingültigkeit.

Die dritte Dimension nennt Jaspers *Geist*. Sie bezieht sich auf das Subjekt als im historisch-kulturellen Raum gegenwärtig. Das Subjekt befindet sich nicht nur als Dasein in einer naturgegebenen Umwelt, sondern auch in großen Einheiten, die es kulturell und geschichtlich bedingen und die es, geistig gesprochen, immer einatmet. Der Geist gehört zum Gemeinsamen – nicht zum Unpersönlichen, sondern zum gesellschaftlichen und geschichtlichen Gemeinsamen: Traditionen, Begriffe, Werke usw. Diesen Begriff »Geist« hat Jaspers in erster Linie aus der Hegelschen Philosophie genommen und teilweise polemisch gegen Hegel gebraucht. Das Dasein erweitert sich in dem geistigen Raum, das Bewußtsein überhaupt übt sich darin auch. Es ist das Feld des Gemischten, des Unklaren, aber Wirklichen, der gemeinsam gegenwärtigen Geschichtlichkeit.

Diese drei Perspektiven nennt Jaspers die drei *Umgreifenden* des Subjektes, also dessen, was ich bin. Die drei Umgreifenden kann man sich, immer inadäquat, als drei Perspektiven oder drei Horizonte vorstellen. Sie kommen ineinander hinein, sie greifen ineinander. Aber das bedeutet keineswegs, daß sie Übergänge unter sich haben. Es bestehen eben nach Jaspers unter ihnen keine Übergänge. Sie sind diskontinuierlich. Man kann keines von den Umgreifenden auf ein anderes reduzieren. Sie sind ihrem Wesen nach unreduzierbar.

Nun finden wir bei Jaspers die zwei Hauptbegriffe, *Vernunft* und *Existenz*. Vernunft ist das, was im Subjekt überall und immer Einheit sucht. Sie schafft Einheiten und sie sucht *die* Einheit. Und diese Vernunft ist gerade deswegen so wesentlich, weil *die* Einheit des Ganzen in keinem Bereich, und noch weniger in der Summe der Bereiche, je zu erreichen ist. Weil Vernunft immer

Einheit will, weil das Subjekt auf die Vernunft nie verzichten kann, erfährt es immer wieder die Unmöglichkeit, eine Totalität zu besitzen. Es versucht dies immer wieder, und es erfährt, daß es das nicht kann. Diese Erfahrung wird bei Jaspers nach allen Richtungen und in allen Perspektiven als philosophische Übung ständig wiederholt. Sie hat folgenden Sinn:

Der Mensch drängt nach den Grenzen. Er versucht immer wieder, die Grenzen zu erweitern. Aber Grenzen sind immer da. Und an diesen Grenzen, weil die Vernunft *das Eine* will und auf dieses Eine nicht verzichten kann, erfährt der Mensch *das Scheitern*.

Das Scheitern ist aber nie etwas, woran der Mensch Gefallen findet und womit er sich zufrieden gibt. Im Gegenteil: Er bemüht sich weiter. Nur indem er konkret in Richtung auf das Ganze sucht, erfährt er dieses Scheitern an den Grenzen echt. Und gerade diese Erfahrung bringt ihn zum Bewußtsein seiner Existenz. Das heißt: er wird von den Grenzen durch das Scheitern auf sein Eigenstes zurückgeworfen, das in dem Entschluß, in der Suche nach dem Ganzen des Seins so weit zu kommen wie nur möglich, schon gegenwärtig war. Man sieht, wie sehr Vernunft und Existenz ineinander verflochten sind. Denn Vernunft als Entschluß, die Einheit des Seins zu suchen, ist schon in der Wurzel Existenz. So ist Scheitern an den Grenzen eine der wesentlichen *Chiffren* bei Jaspers. Jaspers hat von den Chiffren viel geschrieben. Aber das Scheitern ist vielleicht als Werkzeug die wichtigste Chiffre. Existenz ist also nicht neben den verschiedenen Umgreifenden, und auch nicht außerhalb der verschiedenen Umgreifenden aufzufassen, sondern sie wirkt in ihrer Mitte, so wie sie in der Mitte des Daseins und des Gegebenen ist. Sie aktualisiert sich durch die Vielheit der Umgreifenden, durch die Endlichkeit und Diskontinuität ihrer heterogenen Regeln und Forderungen. So ist sie an die enge, konkrete, unmittelbare Forderung des Daseins, zu überleben, gebunden. Sie ist an das Verlangen nach reiner, allgemeingültiger Einsicht des »Bewußtseins überhaupt« gebunden, und deswegen sagt Jaspers zur Wissenschaft ein begeistertes »Ja«. Jaspers als Bewunderer der strengen Wissenschaft hat immer jede Unklarheit der Methoden bekämpft, wodurch Mischungen von Wissenschaft und Aberglaube entstehen. Gerade durch strenge, klare, allgemeingültige Wissenschaft können die Grenzen der Wissenschaft erfahren werden. Dann ist Existenz auch an die substantiellen Inhalte der Geschichte und der Werte gebunden, in denen zeitlich und geschichtlich das Subjekt lebt.

Aus der Vielfalt und Unreduzierbarkeit der Umgreifenden ergibt sich die Unmöglichkeit einer universellen zeitlosen Eindeutigkeit. Existenz ist also geschichtlich. *Geschichtlichkeit* hat bei Jaspers die ganze Kraft, die dieses Wort auch bei Kierkegaard besitzt. Geschichtlichkeit bedeutet: in der Gegenwart existentiell gegenwärtig sein, *hic et nunc*, und doch in bezug auf die unerreichbare Einheit des Ganzen. Der Mensch sucht die Wahrheit und entdeckt dabei, daß er sie nicht besitzt. Er macht aber diese Erfahrung auf eine Weise, die ihn keineswegs dazu führt, den Anspruch auf Wahrheit zu verwerfen – wie manche es heute tun –, und sie selbst als überholt und sinnlos zu erklären.

Wahrheit ist eben nicht einfach. Sie ist nicht nur in der Positivität, nicht nur in der Logik, nicht nur für Bewußtsein überhaupt.

Es gibt auch »Wahrheit *für* Existenz«. Da aber Existenz die Wahrheit nie als Gegenstand besitzt, kommt sie dazu, im Austausch mit der anderen Existenz Wahrheit zu suchen. Deswegen hat das Wort *Kommunikation* bei Jaspers ein solches Gewicht. Manche glauben, daß Kommunikation bei ihm nur autobiographisch, von seinem Eheleben her, zu verstehen sei. Sein Eheleben ist tatsächlich entscheidend für Jaspers gewesen. Aber die Kommunikation ist noch viel mehr; denn sie ist die Bedingung der Suche nach Wahrheit. Wer wirklich auf der Suche nach der Wahrheit ist, kann nicht dogmatisch sein, sondern in Kommunikation mit anderen Wahrheitssuchenden. Hier spielen die Grenzsituationen und das Scheitern eine wesentliche Rolle. Es gibt für existentielle Wahrheit keinen direkten Ausdruck. Das wäre ein Widerspruch in sich selbst. Es gibt nur die Möglichkeit, im Austausch mit der anderen Existenz zu versuchen, *den Sinn der Chiffre* zu entziffern, und hier besonders den Sinn des Scheiterns zu entziffern. Daraus ergibt sich natürlich, daß das Wissen von Wahrheit immer, wie Jaspers sagte, *in der Schwebe* bleibt. Über diese Auffassung ärgern sich viele Leute, Gläubige wie

Empiriker. Wenn nach Jaspers jeder Ausdruck existentieller Wahrheit in der Schwebe bleibt, so bedeutet das keineswegs, daß er sich dabei vom Dasein entfernt oder daß er das Gewicht des Gegebenen unterschätzt. Im Gegenteil: Kommunikation von Existenz zur Existenz geschieht nur in der Geschichtlichkeit beider. Es gibt also keine Wortwörtlichkeit in diesem Gebiet. Sobald Existenz und Transzendenz im Denken miteinbezogen werden, hat man es nie mehr mit der Buchstäblichkeit, mit buchstäblichem Verstehen des Bewußtseins überhaupt zu tun, sondern mit den Chiffren. – Hier möchte ich eine Randbemerkung machen: Jaspers hat eine ausführliche Diskussion mit dem Theologen Bultmann geführt. Jaspers als Philosoph hielt sich kaum für einen Christen, er hätte bestimmt nicht den Anspruch erhoben, er »hätte den Glauben«, oder, wie man auf Französisch sagt, ›avoir la foi‹. Und doch hat Jaspers, der Philosoph, gegen Bultmann, den Theologen, die Wortwörtlichkeit der Heiligen Schrift verteidigt, die Bultmann entmythologisieren wollte. Warum? Das klingt paradox. Aber man kann das ganz gut verstehen. Wer die Heilige Schrift *buchstäblich* verstehen will, muß dazu kommen, sie zu modernisieren, damit sie von den modernen Menschen angenommen wird. Wer aber die Heilige Schrift für eine *Chiffre* hält, ist überzeugt, daß sie durch echte Existenz erst dann *vollzogen* wird, wenn sie in ihrer Buchstäblichkeit als Chiffre angeboten wird. Und hier möchte ich an einen katholischen Priester erinnern, Pater Fessard, der oft geschrieben hat, das Symbol sei nicht eine Entrealisierung der Religion, weil es *wirklicher* sei als die Tatsache. Wie kann das Symbol wirklicher sein als die Tatsache? Wie kann die Chiffre wirklicher sein als das Wortwörtliche? Wie ist das zu verstehen? Existentiell bedeutet »wirklich sein«: durch den existentiellen Entschluß bestätigt. Bestätigt durch das, was man tut. Das Symbol ist durch seine Wirkung im existentiellen Leben wirklich. Und nicht durch die mehr oder weniger objektivierte Vorstellung. Das ist bei Jaspers, wie ich glaube, ganz wesentlich. Der Sinn der Chiffren ist also nicht von ihrer existentiellen Wirkung auf den zu trennen, der versucht, sie zu verstehen und zu deuten. Chiffren haben nie eine objektiv fixierte Wirklichkeit. Und was Jaspers im Grunde der Offenbarungsreligion vorgeworfen hat, war, daß meistens (er würde nicht einmal sagen: immer) die Offenbarungsreligion dadurch, daß sie sich auf *ein* Buch bezieht, sich auf *eine* Institution verläßt und nur *eine* Deutung zuläßt, nicht mehr der existentiellen Forderung entspricht. »In der Schwebe« bedeutet also nicht in der Unbestimmtheit bleiben, sondern eine Eigenart des Ausdrucks anerkennen, wo Sinn und Wahrheit erst durch Gegenwart und Einsatz des Selbstseins wirklich werden.

Das möchte ich jetzt noch durch zwei Beispiele illustrieren. Jaspers hat politisch sehr oft eingegriffen. Immer ganz genau *hic et nunc*, in der nun gegebenen Situation.

Gleich am Ende des Krieges, 1945, wurde Jaspers eingeladen, die erste Vorlesung an der Universität Heidelberg nach ihrer Wiedereröffnung zu halten. In diesem Land, das in Trümmern lag, nach diesen ungeheuren Verbrechen, vor diesen Studenten, von denen viele von der Front zurückkamen, hat Jaspers den Stier bei den Hörnern gepackt, und seine erste Vorlesung galt »*der Schuldfrage*«. In dieser Vorlesung, die dann als Buch veröffentlicht wurde, hat Jaspers das *Schema* einer kollektiven Gewissensprüfung aufgestellt, von dem ich glaube, daß es für *jede* kollektive Gewissensprüfung in jeder Zeit gelten kann, obwohl es damals genau für die Situation im Jahre 1945 aufgestellt wurde.

Nun ein anderes Beispiel:

Viel später hat Jaspers ein Buch über die Atombombe und die Zukunft der Menschheit verfaßt. Darin hat er sich geweigert – wie es viele Leute heute getan haben und weiterhin tun –, zwischen Versklavung und Tod zu wählen. Jaspers sagte: Heute stehen wir *nicht* vor dieser Wahl. Heute stehen wir vor konkreten politischen Entscheidungen, die wir jetzt zu treffen haben. Unsere Pflicht ist nicht, heute zu entscheiden, wie wir vielleicht einmal in der Zukunft zu entscheiden haben werden. Sondern *heute* haben wir über Gegebenheiten zu entscheiden, die verhindern sollen, daß wir *je in der Zukunft* vor diese Wahl gestellt werden. Er hat also das Spezifische des »Jetzt« beibehalten, weil nur das Jetzt, mit seiner empirischen Wirklichkeit, für die Entscheidung der Existenz echt gegenwärtig ist.

Wenn sich Jaspers auf das Absolute der Transzendenz bezieht, und das tut er immer wieder, wenn er von Existenz spricht, so wird dadurch alles andere relativiert. Alles ist relativ, aber nur in bezug auf das Absolute. Das Relative selbst wird als Relatives, mit ganzem Gewicht des Relativen in unserer Daseinssituation wichtig genommen; aber als relativ. Das *hic et nunc* der Geschichte müssen wir auf uns nehmen. Aber gerade der Bezug auf das Absolute verhindert, daß wir irgendwelche relative empirische Wirklichkeit zum Absoluten erheben, daß wir irgendwelche Verabsolutierung vollziehen. Das Absolute ist zunächst einmal auch ein Mittel, nicht aus dem Relativen ein falsches Absolutes zu machen.

Das Leben von Jaspers mit seiner Frau, diese lebenslängliche Liebe, ist etwas, das nicht nebenbei in seiner Philosophie da ist. Es steht in seiner Philosophie ganz wesentlich im Mittelpunkt. Er hat irgendwo geschrieben, daß er seine Frau geliebt hat, ehe er ihr begegnet ist. Was heißt das? Wiederum für Jaspers bezeichnend: Diese Liebe ist nicht *in* der Zeit, sondern *quer* zur Zeit. Dem »quer zur Zeit« gegenüber ist das »vor der Begegnung« mit dem »nach der Begegnung« identisch. Das ist die zeitliche Übersetzung der Ewigkeit. Die Übersetzung der Ewigkeit ist nicht, wie manche denken, eine entfernte Zukunft, ein letztes Ziel in der Zukunft, in der Zeit. Sondern das Ziel ist die Übersetzung der Ewigkeit in der Zeit, ist »jede Zeit«. Also auch das Vorher, das Nachher und das Jetzt. Die Übersetzung von *toujours* ist *tous les jours*.

Raymond Aron

Karl Jaspers und die Politik*

In seiner Autobiographie präzisiert Karl Jaspers gegen Ende des Abschnitts, in dem er auf seine politischen Vorstellungen eingeht, seine Auffassung von der Beziehung zwischen Philosophie und Politik: »Philosophie ist nicht ohne politische Konsequenzen. Ich wunderte mich, in der gesamten Philosophiegeschichte diesen Zusammenhang zu erblicken, der so offenbar zutage liegt. Keine große Philosophie ist ohne politisches Denken, nicht einmal die der großen Metaphysiker, gar nicht die des Spinoza, der sogar bis zum aktiven geistig wirksamen Mittun kam. Von Plato bis zu Kant und bis zu Hegel und Kierkegaard und Nietzsche geht die große Politik der Philosophen. Was eine Philosophie ist, zeigt sie in ihrer politischen Erscheinung. Das ist keine Beiläufigkeit, sondern von zentraler Bedeutung. Nicht zufällig sahen der Nationalsozialismus und der Bolschewismus in der Philosophie den geistigen Todfeind.

Ich meinte zu spüren: erst mit meinem Ergriffenwerden von der Politik gelangte meine Philosophie zu vollem Bewußtsein bis in den Grund auch der Metaphysik.

Seitdem befrage ich jeden Philosophen nach seinem politischen Denken und Tun und sehe die großartige, ehrenvolle und wirksame Linie dieses Denkens durch die Geschichte des philosophischen Geistes.«[1]

Jaspers hat seine Autobiographie in den fünfziger Jahren, nach den Erfahrungen des Nationalsozialismus und des Krieges, auf dem Höhepunkt seines Wirkens verfaßt. Seine Einschätzung der Politik, wie sie in dem zitierten Text zum Ausdruck kommt, ist keineswegs zufällig oder beiläufig. Politik kann für einen Philo-

---

* Aus dem Französischen von Inge Leipold

sophen nicht *beiläufig* sein, und die Art und Weise, wie ein Philosoph die Politik beurteilt, ist nicht *zufällig*. Das Wesen einer Philosophie zeigt sich auch und vielleicht vor allem in ihrem Verhältnis zur Politik.

Dieses Glaubensbekenntnis, das er in seinen früheren Jahren wohl kaum abgelegt hätte, entspricht trotz allem seiner ureigensten philosophischen Denkweise. Die Philosophen vom Fach, die Neukantianer, die an der Universität Heidelberg – und nicht nur dort – den Ton angaben, hätten eine solche Annäherung, eine solch enge Beziehung zwischen Philosophie und Politik strikt von sich gewiesen. Vor allem mit erkenntnistheoretischen Fragen beschäftigt, standen sie der Berufung eines Psychiaters oder Psychopathologen zum Professor der Philosophie eher skeptisch gegenüber.

Die enge Beziehung zwischen Philosophie und Politik, wie Jaspers sie sieht, macht mir die Aufgabe, die Einstellung Jaspers' zur Politik zu untersuchen und zu erläutern, einfach und zugleich schwer. Einfach insofern, als ich seine politische Entwicklung nachvollziehen kann, so wie er sie selbst geschildert hat und wie sie in seinen Schriften deutlich erkennbar wird. Ein Nachvollzug, der unabdingbar ist, der aber irreführend sein könnte. Es würde dadurch unter Umständen ein falsches Bild entstehen. Jaspers hatte bestimmte politische Vorstellungen wie jeder andere auch, wie jeder Staatsbürger, aber er ist nicht auf der einen Seite ein Philosoph und auf der anderen Seite ein Staatsbürger; er reflektiert vielmehr in philosophischen Kategorien die Rechte und Pflichten eines Staatsbürgers; seine Philosophie birgt in sich selbst und vermittelt als solche eine bestimmte politische Einstellung.

Anhand seiner politischen Schriften will ich den Kernpunkt seiner Philosophie verdeutlichen: nicht seine *Weltanschauung* (denn eine solche hat er in gewissem Sinne gar nicht), sondern die Art und Weise, wie er an die Probleme herangeht oder, besser, seine verschiedenen Ansätze, sich der Realität begrifflich zu vergewissern. Selbst wenn ich dabei Gefahr laufe, eine Interpretation vorwegzunehmen, möchte ich doch an dieser Stelle auf seine Unterscheidung zwischen *Verstand* und *Vernunft* hinweisen, die mir in jedem Falle unerläßlich zu sein scheint, wenn man seine politischen Vorstellungen begreifen will.

Diese beiden Begriffe lassen an Kant denken, und Jaspers hat sich ihrer nicht ohne Absicht bedient. Der Verstand zielt auf eine klare und eindeutige Definition. Der Verstand beobachtet, untersucht, analysiert und erklärt die empirische Wirklichkeit – die natürliche wie auch die menschliche –; von ihm gehen die Wissenschaften – einschließlich der Psychologie und Psychiatrie – aus. Auf ihm gründet das System der Erkenntnis, das, durch Vermittlung der Technik, die Gesellschaften verändert und den vernunftbestimmten Rahmen schafft, in dem der moderne Mensch zu leben verdammt ist. Man darf die Errungenschaften des Verstandes nicht geringschätzen oder gar negieren. Ohne den Verstand und das, was er leistet, wären wir blind und ohnmächtig den Herausforderungen der Natur und auch der Geschichte ausgesetzt. Aber wir würden unsere Menschlichkeit beschneiden, oder, besser gesagt, wir würden uns selbst unseres Menschseins berauben, wenn wir unser Denken auf den Verstand reduzieren wollten.

Das Erkennen der empirischen Wirklichkeit ist nicht umfassend und stellt keine Ganzheit dar. Jede Disziplin befaßt sich mit einem bestimmten Ausschnitt der Wirklichkeit und untersucht ihn unter einem bestimmten Gesichtspunkt; dabei bedient sie sich der Erfahrung und bestimmter Begriffe. Die *Vernunft* führt nicht zu Erkenntnissen im eigentlichen Sinne des Wortes. Meines Erachtens war es nicht das Anliegen Jaspers', eine Metaphysik der Natur zu entwerfen, die die Grenzen der Naturwissenschaften sprengt. Die *Vernunft* gelangt nicht zu wissenschaftlich gesicherten Erkenntnissen in der Weise des Verstandes; sie macht vielmehr die Grenzen jeder einzelnen Disziplin deutlich, die dem *Verstand* als solchem gesetzt sind. Die *Vernunft* kritisiert und umfaßt gleichzeitig das jeweilige Spezialwissen. Sie zielt auf das *Umgreifende,* das nicht einfach die einzelnen Teilsysteme zusammenfaßt, sondern jedes einzelne untersucht, um den ihnen gemeinsamen Grund zu finden. Sie formuliert Ideen, die zwar nie ganz in die Wirklichkeit umgesetzt werden, an denen sich aber das menschliche Verhalten orientiert.

Uns geht es hier um Politik, und folglich kommt einer Kritik des Erkennens der psychischen, sozialen und historischen Realität eine besondere Bedeutung zu. Jede Humanwissenschaft erhebt einen gewissen Absolutheitsanspruch. Soziologie, Psychoanalyse und die Wirtschaftswissenschaften sind immer schon mit der Erklärung aller Phänomene des menschlichen Lebens beschäftigt und können sie auch erklären. Es gibt eine Religionssoziologie und eine Psychologie der Religionen. Jede dieser Disziplinen läuft Gefahr, ihre besondere, immer nur partielle Bedeutung zu überschätzen, indem sie sich einen ausschließlichen und erschöpfenden Wert anmaßt. Die Begrenztheit der Humanwissenschaften ergibt sich aus der Besonderheit des jeweiligen Erkenntnisobjekts. Aus methodologischen Gründen oder infolge der sie bestimmenden Prinzipien befassen sich die Humanwissenschaften nicht mit der *Vernunft*, der Freiheit des Menschen, mit dem Vermögen des Menschen, sich über sein empirisches Sein zu erheben und seine Bestimmung zu erfüllen. Die Wirtschaftswissenschaften beschäftigen sich mit dem aktiv Handelnden, der kalkuliert, sich bestimmter Mittel bedient und auf dem Boden des vom Verstand erarbeiteten Wissens die Risiken und Chancen gegeneinander abwägt. Für den Wirtschaftswissenschaftler ist all das nicht von Interesse, was beim Menschen über sein Handeln oder Planen hinausgeht.

Der Philosoph scheint mir – in Anlehnung an Jaspers – derjenige zu sein, der den Menschen immer wieder die Macht der Freiheit und der Vernunft, die sie in sich tragen, ins Bewußtsein ruft. Diese Mahnung würde sich jedoch selbst zu einer bloßen Moralpredigt degradieren, wenn sie den historischen Kontext nicht mit einbezieht und es unterläßt, die Situation, mit der sich das Individuum oder das Kollektiv konfrontiert sieht, genauestens zu analysieren. Es scheint mir auch angemessen zu sein, die politische Entwicklung von Jaspers zu skizzieren; dies führt uns zu den Problemen, mit denen er sich in den Nachkriegsjahren auseinandergesetzt hat.

Jaspers war ein Protestant norddeutscher Abstammung und gehörte einer angesehenen gutbürgerlichen Familie an. Die Gegend, aus der er kam, hatte sich ihre demokratische Tradition bewahrt, und einige seiner Vorfahren hatten öffentliche Ämter bekleidet. Er bedauerte es einmal, daß aufgrund der Zufälligkeiten der Geschichte seine Heimat nicht Teil der Niederlande war. Von seiner Herkunft und seiner Familie her schätzte er die demokratischen Institutionen und die Achtung vor der persönlichen Freiheit hoch ein. Man könnte sagen, daß er von Natur aus ein Demokrat war, denn er war in einer stabilen bürgerlichen Demokratie aufgewachsen.

Das Preußentum, der Katholizismus und der Nationalismus der Ära nach Bismarck waren ihm fremd, und als er Max Weber kennenlernte, übte dieser viele Jahre hindurch einen großen Einfluß auf ihn aus, einen Einfluß, dem er sich vielleicht nie mehr ganz entziehen konnte, auch dann nicht, als die geschichtlichen Ereignisse das Weltbild Webers erschütterten. Während des Ersten Weltkriegs hatte er sich nie von dem Siegestaumel anläßlich der ersten militärischen Erfolge und den Wahnvorstellungen der Pangermanisten mitreißen lassen. Er hatte dieselbe Einstellung wie Max Weber: Deutschland hat, als eine Großmacht, eine Aufgabe zu erfüllen: »... zwischen russischer Knute und angelsächsischer Konvention ... das dritte zwischen den beiden zu retten, den Geist der Liberalität, der Freiheit und Mannigfaltigkeit persönlichen Lebens, der Größe abendländischer Überlieferung. So war Max Webers Gesinnung, an der ich nun teilnahm.«[2]

Durch die Freundschaft mit Max Weber entdeckte Jaspers das deutsche Nationalbewußtsein, das er streng vom Nationalismus unterschied. Max Weber war für ihn »der letzte echte nationale Deutsche ... nämlich nicht als Wille zur Macht des eigenen Reiches um jeden Preis ... sondern als Wille zur Wirklichkeit dieses geistig-sittlichen Daseins, das durch Macht sich behauptet, aber diese Macht selber unter seine Bedingungen stellt«[3].

Jaspers räumt ein, daß er mit Max Weber nie ganz einer Meinung war, daß seine Empfindungen und spontanen Überzeugungen nicht mit denen Max Webers übereinstimmten. Ihm fehlte das Bewußtsein für die Größe Preußens und Bismarcks, der Sinn für das Soldatische. »Mir fehlte der heroische Zug, die Größe im Maßlosen, das ich doch in Max Weber liebte. Aber Max Webers Grundeinsichten habe ich einfach gelernt und übernommen.«[4]

In der Tat waren die beiden von Bildung, Temperament und ihren Grundüberzeugungen her völlig verschieden. Die Neigung Webers zur Maßlosigkeit, zur Übertreibung, zum Heroismus weckten in Jaspers Bewunderung, Respekt und ein Gefühl der Freundschaft, aber nicht der Verbundenheit. In jener Zeit blieb er seinem Freund, aber auch sich selber treu. Als er, im Juli 1918, überzeugt war, daß der Krieg für Deutschland verloren war, zögerte er nicht, vor einem Professorenkollegium den Vorschlag zu machen, daß Deutschland ein Friedensangebot unterbreiten solle, in dem es auf Elsaß-Lothringen verzichtete, Belgien Reparationszahlungen zusicherte und die Wiederherstellung der Vorkriegsgrenzen im Osten garantierte.

In dem kleinen Buch, »Die geistige Situation der Zeit«, das er 1931 veröffentlichte, ist immer noch der Einfluß Webers deutlich zu erkennen, z. B. was die Rationalisierung der Arbeit, der Verwaltung, der ganzen Gesellschaft, seine kritischen Reflexionen über die Massen und die Notwendigkeit der Erziehung der Massen betrifft. Er übernimmt die Formulierung Webers, der dem Staat das »Monopol legitimer Gewaltanwendung« zuschreibt. Noch stärker macht sich der Einfluß Webers auf das politische Denken von Jaspers insofern bemerkbar, als dessen Anschauungen ihn vor Ideologie und Utopie bewahrten. Er war für den Frieden, aber er glitt nie in den Pazifismus ab, zu dem die *Gesinnungsethik* so viele Intellektuelle verleitete. Er schrieb: »Die pazifistischen Argumente verschweigen, was es heißt, versklavt zu werden und zu leben nach dem Grundsatz, keinen Widerstand zu leisten.«[5] Und an anderer Stelle in diesem Buch: »Die Möglichkeit des Krieges wird jedenfalls nicht durch den Verzicht der überwältigenden Mehrheit auf Wehrhaftigkeit ausgeschaltet. Wenn auch das militärische Pathos auf den Krieg hin unwahrhaftig geworden ist, so ist jetzt die geistige Situation, in dem bitteren Ernst des Unausweichlichen diejenige Gestalt wehrhaften Sinns zu finden und zu verwirklichen, ohne welche alles andere verloren ist.«[6] Er schrieb dies 1931, als Deutschland nur über ein Berufsheer verfügte. Zwanzig Jahre später, als er sich über die Bedrohung durch die *totale Herrschaft* Gedanken machte, unterstrich er noch einmal, daß Kollektive ohne den Willen zum Widerstand nicht überleben können.

Gleichzeitig bemühte er sich, über die traditionelle Politik der – oft mit Waffen ausgetragenen – zwischenstaatlichen Konflikte hinauszugehen, ohne sie grundsätzlich in Frage zu stellen. Kriege, in denen es nicht um einen ethisch-moralischen Wert geht, lehnt er strikt ab: »Periphere Kämpfe, die im Resultat nur Zerstörungen ohne historische Wirkung bedeuten, sind gegen seine [des Menschen] Würde. Denn die Unbedingtheit im Wagnis des Lebens ist nur möglich, wo es um die Weise des Menschseins, welche leben soll, geht, also um eigentliches geschichtliches Schicksal, nicht schon, wo nur Interessen von Staatsgebieten und Wirtschaftskörpern in Frage stehen.«[7] Diese Unterscheidung zwischen schicksalhaften Kriegen und solchen, die aus sekundären Interessen, seien sie nun wirtschaftlicher oder anderer Art, geführt werden, kommt im Denken – oder zumindest in den Schriften – Webers nicht vor. Sie ist ein Beispiel dafür, wie der Philosoph Jaspers Max Weber neu interpretiert. Zunächst schließt er sich den Ansichten seines Lehrers an und lehnt den Pazifismus und die Gesinnungsethik, die einen Teil der menschlichen Realität und des sozialen Ganzen außer acht lassen, ab. Andererseits aber akzeptiert er nicht jeden Krieg; er nimmt an politischen Auseinandersetzungen nur in »historisch bedeutsamen Situationen« teil, wo es um die Erreichung einer wahren Menschlichkeit geht. Jaspers bewahrt sich hier, wie in seinem ganzen Leben, seine nationale Gesinnung; er fürchtet sich vor dem Exil, vor dem Verlust dessen, was er seinem Volk verdankt. »Die Lockerung des menschlichen Individuums kann zwar so weit gehen, daß es die Staatsangehörigkeit wechselt oder staatenlos wird und geduldet irgendwo zu Gast lebt. Das geschichtliche Wollen auch des Einzelnen kann aber nur in der Identifizierung mit seinem einzelnen Staat wirksam werden. Niemand verläßt ohne Einbuße sein Land.«[8]

Daraus ergibt sich von selbst, daß Jaspers vom Augenblick der Machtergreifung durch Hitler an ein erklärter Gegner des Nationalsozialismus war, ohne Einschränkungen und ohne zu zögern. Er berichtet von seinen letzten Treffen mit Heidegger im März 1933. »›Man muß sich einschalten‹, sagte dieser angesichts der schnellen Entwicklung der nationalsozialistischen Realität.«[9] Auf eine Bemerkung Jaspers' bezüglich der Protokolle der Weisen von Zion antwortete er: »Es gibt doch eine gefährliche internationale Verbindung der Juden.« Und als Jaspers sagte: »Wie soll ein so ungebildeter Mensch wie Hitler Deutschland regieren?« entgegnete Heidegger: »Bildung ist ganz gleichgültig ... sehen Sie nur seine wunderbaren Hände an!«[10]

Im Ersten Weltkrieg hatte Jaspers den Sieg seines Vaterlandes ersehnt; im Zweiten Weltkrieg ersehnte er die Niederlage des nationalsozialistischen Deutschland. Das Deutschland Hitlers war nicht sein Vaterland, die Philosophen durften es nicht akzeptieren. Die Philosophen, die der Kommunismus ebenso wie der Nazismus mehr als alles andere verabscheut. Welche Einstellung zu den Ereignissen von 1933 bis 1945 Max Weber wohl gehabt hätte, wenn er damals noch am Leben gewesen wäre? Er hätte ein Regime verdammt, das die persönlichen Freiheiten zerstörte, ohne die wir, wie er sagte, nicht leben können. Aber hätte er auch eine militärische Niederlage erhofft, die Deutschland in absehbarer Zukunft keine Möglichkeit zur Entfaltung politischer Größe gelassen hätte? Ich will gar nicht versuchen, diese Frage zu beantworten, niemand könnte das. Meiner Ansicht nach stellt sich diese Frage auch nur bezüglich Webers. Für Jaspers war sie nie von Belang. Ersterer kannte nur die Absolutheit einer letztlich personalen und transrationalen Entscheidung. Jaspers hingegen berief sich auf die in ihrer Vielfältigkeit unvergängliche Philosophie, auf den philosophischen Glauben, der ihn mit den größten Denkern der Menschheit verbindet; er ging vom Absoluten aus.

Nach der Befreiung Heidelbergs durch die amerikanischen Truppen kehrte er wieder an die Universität zurück, von der die Nazis ihn vertrieben hatten. In seiner ersten Vorlesung, im Jahre 1945, setzte er sich mit der »Schuldfrage« auseinander. In den Nachkriegsjahren verfolgte er aufmerksam, manchmal sogar mit leidenschaftlichem Interesse den Verlauf der Geschichte. Während des Kalten Krieges ergriff er Partei für den Westen; der Sowjetunion gegenüber war er ein ebenso unerbittlicher Kritiker wie früher den Nazis gegenüber. Darüber hinaus arbeitete er sein Konzept der *totalen Herrschaft* aus, die für die Menschheit eine ebenso tödliche Bedrohung sei wie die Atombombe. Das umfassende Buch, das er über die Situation der Welt, wie er sie 1958 sah, verfaßte, »Die Atombombe und die Zukunft des Menschen«, beschäftigt sich vor allem mit der Antithese zwischen Atombombe und totaler Herrschaft bzw. dem Risiko der physischen Vernichtung der gesamten Menschheit und der Gefahr der Zerstörung aller Werte, ohne die die Menschen keine Menschen mehr wären.

Ein historischer Konflikt von schicksalhaften Ausmaßen, ein Konflikt, von dem Jaspers 1931 in »Die geistige Situation der Zeit« festgestellt hatte, daß es ihn nicht gebe, spielt sich seit 1945 vor seinen Augen ab. Auf der einen Seite die freien Länder, die nach demokratischen Regeln regiert und in denen die Menschenrechte respektiert werden; auf der anderen Seite ein Land, das, wie der Nationalsozialismus, ein System der totalen Herrschaft errichtet: Der Konflikt läuft nicht nur auf den Gegensatz zwischen Sozialismus und Liberalismus und noch weniger auf einen Machtkampf zwischen der Sowjetunion und den Vereinigten Staaten hinaus; es geht dabei vielmehr um das Schicksal der gesamten Menschheit. Oder, wie er 1931 schrieb, ein Philosoph kann und muß sich an den Kriegen beteiligen, von denen die Zukunft der Menschen, das Weiterbestehen der Werte abhängt, ohne die die Existenz unmöglich wäre. Das Leben als solches, das bloße empirische Dasein des Menschen ist nicht ein Gut, das man um jeden Preis verteidigen muß; was es vielmehr zu bewahren gilt, ist eine conditio humana, die es den einzelnen ermöglicht, über ihr lediglich animalisches oder soziales Dasein hinaus zu ihrem eigentlichen Selbstsein und zur Vernunft zu gelangen.

Ich zitiere eine charakteristische Stelle: »Wer sagt, um jeden Preis müsse die Menschheit am Leben bleiben, ist nur glaubwürdig, wenn er weiß, was der Totalitarismus ist: die von uns erlebte und vorher geschilderte Verwandlung der menschlichen Lebensbedingungen dorthin, wo der Mensch aufhört, er selbst zu sein ... Der totalitäre Weltstaat würde die Atombombe, die nun er allein zur Verfügung hätte, dosiert anwenden ohne Gefahr für das Leben der Menschheit im ganzen.«[11] Ein paar Zeilen weiter schreibt er, daß unter einer totalen Herrschaft das Leben nicht dem der Tiere gleichen würde, sondern »eine künstliche Entsetzlichkeit totalen Verzehrtwerdens durch den technischen Verstand der Menschen selber«[12] wäre.

Diese Analyse von Grenzsituationen – bis hin zur Zerstörung der menschlichen Gattung, sogar zu einer Zerstörung des Menschlichen im Menschen selbst – scheint mir für die Denkweise Jaspers' charakteristisch zu sein. Sie zielt nicht in abstrakter Weise auf eine Entscheidung zugunsten der einen oder der anderen These. Sie führt Argumente für beide ins Feld; die Entscheidung wird in einer bestimmten Situation, in einem konkreten historischen Kontext getroffen. Eine solche Aussage ist jedoch nicht das Ergebnis einer Schlußfolgerung, sondern der Inspiration: »Das Leben, das zu retten der zur Freiheit geborene Mensch alles tut, was möglich ist, ist mehr als Leben. Darum kann das Leben als *Dasein,* wie das einzelne Leben, so alles Leben, eingesetzt und geopfert werden um des lebenswürdigen Lebens willen.«[13]

Zwischen dem Weberschen Streben nach einer *Großen Politik* des Wilhelminischen Reichs und den Überlegungen von Jaspers zu Atomwaffen und der totalen Herrschaft besteht ganz eindeutig ein immenser Unterschied. Auch in diesem Fall wäre es müßig zu fragen, wie Weber eine Situation beurteilt hätte, die er nicht mehr erlebt hat und deren Neuartigkeit Extrapolationen und Hypothesen verbietet. Das Denken Max Webers blieb innerhalb der Grenzen einer Politik *as usual,* während Jaspers den Anachronismus jeglicher Politik *as usual* in einer Welt, wie es sie bislang nie gegeben hatte, deutlich macht. Schon in seinen Ausführungen aus dem Jahre 1931 betont er die Sinnlosigkeit eines Krieges, bei dem es nicht um *Weltgeschichtliches* geht, der nicht, wie man vielleicht sagen müßte, über das zukünftige Schicksal der Menschheit entscheidet. 1958 schreibt er: »Der Sinn der großen Politik muß auf eine Weltordnung gehen.«[14] Ergänzend möchte ich hinzufügen: Nur unter der Bedingung, daß sie das Wohl der Menschheit anstrebt und nicht egoistische Interessen eines Staates oder einer Rasse durchsetzen will, verdient eine Politik, ›groß‹ genannt zu werden. Jaspers fährt fort: »Beide Grundzüge der neuen Politik – ›*Freilassen und Selbstbehauptung*‹ und ›Auf eine Weltordnung zu‹ – sind Probleme der Menschheit. Sie haben den Vorrang vor allen besonderen Problemen einzelner Völker und Staaten. Sie durchdringen alle Politik, die nicht eng und besinnungslos auf lokale und momentane Vorteile sich beschränkt.«[15]

Für die westliche Welt bedeutet *Freilassen* die Abschaffung des Kolonialismus und *Selbstbehauptung* die Kraft, sich angesichts der totalen Herrschaft der Sowjetunion und anderer, alter oder junger, Staaten auf anderen Kontinenten zu behaupten.

Die Bezugnahme auf eine Weltordnung ist getragen von einer Geschichtsphilosophie sowie der traditionellen Philosophie der Politik. Vielleicht können die Kommentare Jaspers' zur *Machtpolitik* und zu Machiavelli verdeutlichen, in welchem Maße Jaspers an der Machtpolitik festhält und zugleich darüber hinausgeht. Er zitiert, wie Alexis de Tocqueville Machiavelli beurteilte, nachdem er die »Geschichte von Florenz« gelesen hatte: »Im Hintergrund seiner Seele denkt er, daß alle Taten in sich gleichgültig sind und daß man sie alle nach ihrer Geschicklichkeit und ihrem Erfolg beurteilen muß. Für ihn ist die Welt eine große Arena ohne Gott, wo das Gewissen keinen Platz hat und wo ein jeder sich so gut durchschlagen soll, wie er kann.‹ Wenn Machiavelli die großen und schönen Taten lobt, so erkennt man: ›Für ihn ist es eine Sache der Phantasie.‹«[16] Jaspers stimmt dieser Politikanschauung im Anschluß an Machiavelli ganz offensichtlich nicht zu, aber bei dieser Gelegenheit erkennt er gleichzeitig Existenz und Notwendigkeit der Realpolitik an, jedoch nicht, ohne zugleich auf ihre Grenzen und Unzulänglichkeiten hinzuweisen. Ich zitiere: »Nun ist kein Zweifel an den außerordentlichen Einsichten, die auf dem Wege des politischen Realismus gewonnen sind. Alle großen politischen Denker haben teil an diesem Realismus. Sie sehen die Bedeutung der persönlichen Charaktere, ihre Schwächen und Stärken, und sie sehen die soziologischen Kausalitäten und Sinnzusammenhänge ... Daher kann kein modernes politisches Denken ohne Machiavelli noch wahr sein. Dieses realistische Denken aber ist zu wenig und wird, wenn es sich absolut setzt, falsch.«[17]

Kann die Politikauffassung Webers mit der Realpolitik, wie Jaspers sie vor Augen hat, nämlich: unerläßlich und doch unzulänglich, durch ein Element der Entscheidung gekennzeichnet, verglichen werden? Die *Verantwortungsethik* hat mit Sicherheit nichts zu tun mit dem Realismus eines Machiavelli, wie Jaspers ihn analysiert. Die *Verantwortungsethik* schließt sicherlich realistisches Denken, ein Kalkulieren der Konsequenzen ein und kann, aus Prinzip, auf die Berücksichtigung moralischer Werte nicht verzichten. Auch Max Weber hat einmal gesagt, daß die

Verantwortungsethik alleine nicht ausreicht; in ähnlicher Weise analysiert Jaspers die Grenzen der Realpolitik. Aber ihre Sprache, ihr Denken – sind sie im entscheidenden Punkt die gleichen?

Es scheint, daß Max Weber den Geltungsbereich der Verantwortungsethik einschränkt, indem er betont, daß immer, wenn die Verantwortungsethik zum Tragen kommt, auch die Überzeugungsethik eine Rolle spielt. Zunächst setzt sich ein Staatsmann, der sich seiner Verantwortung bewußt ist, gewisse Ziele, die vom Gewissen und nicht von einer Analyse der Realität her bestimmt sind. Eine verantwortungsbewußte Politik steht, in letzter Erwägung, immer im Dienst bestimmter Überzeugungen. Zweitens kann sich ein Mensch der Tat, ein Politiker, in einer Situation befinden, in der er sich entscheiden muß und nicht mehr abwägen kann oder, anders ausgedrückt, in der er bestimmte Mittel bedingungslos ablehnen muß. Max Weber zitierte gerne den Ausspruch Luthers: »Hier stehe ich; ich kann nicht anders.« Jede Politik, da sie nicht umhin kann, realistisch zu sein, wird mit der Tatsache konfrontiert, daß in ihr Handlungen vorkommen können, die jenseits von Gut und Böse sind, Handlungen sogar, die, weil sie von Menschen ausgeführt werden, verdammenswert sind.

Jaspers seinerseits bringt einige Argumente vor, um den Geltungsbereich des politischen Realismus zu umreißen. Das erste Argument, das in gewisser Weise von Max Weber beeinflußt ist, macht das Überpolitische geltend. Die großen politischen Denker geben sich nicht mit der *virtù* und der *fortuna* zufrieden. In Thukydides' Rede des Perikles zeigt sich etwas, das über alles Faktische und über alle Kausalitäten hinausgeht. Tocqueville hat trotz oder gerade wegen seines Realismus' geschrieben: »Ich habe nur eine Leidenschaft: die Liebe zur Freiheit und zur menschlichen Würde. Alle Regierungsformen sind in meinen Augen nur mehr oder weniger vollkommene Mittel, um diese heilige und legitime Leidenschaft des Menschen zu befriedigen.««[18] Mächtig, aber in keiner Weise festgelegt, erwächst die Freiheit aus der *Vernunft*, aus der »Gesinnung«, hätte Max Weber gesagt.

Die Realität ist keine Norm. Die Realität ist um so weniger eine Norm, als die Realisten oder diejenigen, welche vorgeben,

Realisten zu sein, immer Gefahr laufen, bestimmte Dimensionen zu verkennen, im Guten wie auch im Bösen. Die Realisten haben weder Hitler vorausgesehen noch den ungarischen Aufstand im Jahre 1956.

Schließlich, und das ist das Wesentliche, findet Jaspers in der Politik die Dualität von Verstand und Vernunft wieder, die Dualität von Erkenntnis und Freiheit. Im Gegensatz zu der Anschauung der Realisten ist die Vernunft keine Fiktion, sondern eine Idee. »Wahrheit erwächst, wenn das reale Wissen in den Dienst der Freiheit tritt und diese Welt verändert, so daß neue Tatsachen entstehen, die aus den vorhergehenden nicht durch adäquate Verursachung zu begreifen sind, sondern aus dem Gehalt der Freiheit selber verstanden werden.«[19] Jaspers stellt, entsprechend der Denkweise, die er mit Weber gemeinsam hat, *begreifen* und *verstehen* einander gegenüber. Es bleibt jedoch ein wesentlicher Unterschied zwischen Max Weber und Jaspers bestehen: Max Weber hat nie, weder hinsichtlich der Erkenntnis noch bezüglich des Handelns, zwischen *Verstand* und *Vernunft* unterschieden. Der Begriff der *Entscheidung* bei Weber, wie auch der Begriff der *Gesinnung,* schließen sicherlich etwas mit ein, das über die Abwägung der Mittel hinausgeht, aber Weber hätte dieses Transzendieren vermutlich als irrational abqualifiziert. Jenseits des Verstandes hätte er vielleicht den Begriff der *Freiheit* akzeptiert. Aber der Freiheitsbegriff von Jaspers schließt die Vernunft nicht aus, während der Webersche Freiheitsbegriff oft einer willkürlichen Entscheidung gleichkommt, die für jeden einzelnen von seinem Gott oder seinem Dämon getroffen wird. Man kann den Existentialismus Webers im Sinne des Dezisionismus eines Carl Schmitt interpretieren, während die Existenzphilosophie Jaspers' in der Tradition der großen Philosophen, der Freiheit, der Menschlichkeit, des Menschen als solchen, der absoluten Werte steht.

Erlauben Sie mir, aus »Die Atombombe und die Zukunft des Menschen« eine seiner Definitionen von *Vernunft* zu zitieren: »Die Vernunft ist gleichsam der Ort, an dem und von dem her wir leben, wenn wir zu uns selbst kommen. Von ihm wird unablässig jede rationale Möglichkeit, die Rationalisierung ins Unendliche vorangetrieben. Aber die Vernunft selbst ist rational nicht faßlich. Alles, was für uns Sinn hat, hat ihn von ihr her. Sie selber ist, als ob sie nicht sei, aber dieses Nichts ist die Lebensbedingung allen Ernstes.«[20]

Die Originalität des politischen Denkens von Jaspers ist meiner Ansicht nach darin begründet, daß er sich weigert, den *Verstand* oder aber die *Vernunft*, den gesunden Realismus oder aber seine Überschreitung beziehungsweise notwendige Integration preiszugeben. Ob es sich nun um Atomwaffen oder um die Abschaffung des Kolonialismus handelt, er zwingt sich zu einer unbestechlichen Analyse der Gegebenheiten, die der Verstand enthüllt, aber er gleitet nie in utopisches Denken ab. Eine totale Abrüstung ist nicht möglich, und sie würde den Frieden nicht garantieren. Die Abschaffung des Kolonialismus ergibt sich aus unseren Wertvorstellungen, aus einer moralischen Verpflichtung. Jede Politik zielt auf eine Weltordnung, aber woran soll sich die gesamte Politik innerhalb der Staaten selbst und in ihrem Verhältnis zueinander orientieren? Die Antwort läßt sich in zwei Worten zusammenfassen: Demokratie und Frieden. Aus Zeitgründen gehe ich an dieser Stelle lediglich auf die Demokratie ein.

Die Idee der Demokratie ist einheitlich und unteilbar, die Institutionen oder die Vorstellungen über Demokratie sind vielfältig. Die Demokratie fordert für sich das Recht auf die Erziehung des ganzen Volkes, damit alle mitdenkend sich am geistigen und politischen Leben beteiligen können. Demokratie erfordert die Fähigkeit zur Selbstkritik. Sie kann nur unter der Bedingung Bestand haben, daß ihre Erscheinungsformen immer besser werden. Im Prinzip ist jeder Mensch mit Vernunft begabt. »Daher hat jeder Einzelne seinen absoluten Wert und darf nie nur Mittel sein.«[21] Ziel ist es, daß jeder Mensch in sich selber und entsprechend seinen Fähigkeiten das verwirklichen kann, was jedem Menschen angeboren ist, die Freiheit. Folglich will die Demokratie, daß alle die gleichen Rechte und die gleichen Chancen haben. Die Vernunft wirkt durch Argumente, nicht mit Gewalt. Aber sie wendet Gewalt gegen eine andere Gewalt an, die sie bedroht. Alle Gesetze und Institutionen gründen sich auf die Vernunft. Die Menschenrechte gehen über alles und verhüten eine Gesetzgebung, die die Liberalität, die Anerkennung verschiedener Möglichkeiten der Selbstverwirklichung und den Schutz von Minoritäten bedroht. Die Vernunft läßt nicht außer acht, daß die Regierenden auch Menschen sind und kontrolliert werden müssen, selbst wenn diejenigen, die regieren, die Besseren sind.

Dies war eine Art Zusammenfassung eines Abschnitts, in dem Jaspers die *Idee* der Demokratie analysiert. Ich lege Wert auf das Wort Idee, Idee in einem Sinne, der sich dem annähert, wie Kant die Idee der *Vernunft* definiert. Die Nähe zum kantianischen Denken findet einen Ausdruck in folgendem Satz: »Wenn wir von der Idee der Demokratie reden, so meinen wir die Kantische republikanische Regierungsart. Es gibt für sie keinen besseren Namen als den der Demokratie.«[22]

Ausgehend von dieser Definition ist Demokratie ein Weg der Vernunft; sie ist nicht ein starres System von Institutionen. Heutzutage, in den heutigen Gesellschaften, sind in den Augen des Philosophen freie Wahlen und die Herrschaft der Mehrheit die besten Mittel, um die Idee der Demokratie zu verwirklichen. Unter der Voraussetzung, daß man die Volkssouveränität, wie sie sich in der Herrschaft der Mehrheit ausdrückt, nicht mit der Idee oder dem Wesen der Demokratie verwechselt. Jaspers unterscheidet sehr genau zwischen den Prinzipien, die der demokratischen Idee zugrunde liegen, und der Art und Weise, wie diese Idee realisiert wird. Wenn die Mehrheit die Rechte der Minderheit nicht respektiert, verletzt sie die Regeln der Demokratie als solcher. Aber für Fehlentscheidungen des vom Volk frei gewählten Staatsoberhaupts tragen die Bürger selbst die Verantwortung. Demokratie bedeutet Erziehung. Die republikanische Regierungsart hat, laut Kant, nur dann einen Sinn und eine Zukunft, wenn man sie als eine nie endende Erziehung interpretiert, wenn man auf den Menschen und die Vernunft setzt.

Jaspers reiht sich in die Tradition der politischen Denker ein, die man abwechselnd als Pessimisten oder aber Optimisten bezeichnet, je nachdem, ob man sich ihrer Beschreibung der Realität und dem Glauben anschließt, von dem sie ausgehen und den sie verbreiten wollen. Realisten oder Zyniker durchschauen das Spiel der Politik, auch das in der Mehrzahl der Demokratien vorherrschende, aber sie übersehen bzw. vernachlässigen eine Dimension, und zwar jene, die für den Verstand nicht faßbar ist, aber ohne die Politik keinen Sinn hat. »Politik, die Dauer will, entsteht aus der Not. Sie erweckt das Überpolitische, das der Politik die Richtung gibt. Alle große Politik ist in Gemeinschaft eine Selbsterziehung zur Vernunft. Sie ist seitens der Staatsmänner Erziehung durch die Weise, wie sie sich an die Vernunft in den Völkern wenden, und durch ihr Vorbild.«[23]

Jaspers war ein – oft sehr strenger – Kritiker der Bundesrepublik Deutschland. Seiner Ansicht nach spielten die Parteien eine zu große Rolle, und die Bürger nahmen zuwenig am politischen Geschehen teil. Wiederholt hat er seine Ablehnung der Forderung nach Wiedervereinigung bekräftigt, da diese die Freiheit gefährden würde. Für die DDR hegte er keinerlei Sympathien, da diese ein fester Bestandteil des sowjetischen Systems ist, das er als *totale Herrschaft* bezeichnete. Die Teilung Deutschlands war eine Folge des Zweiten Weltkriegs, und die Deutschen selbst mußten sich damit abfinden, da diese Teilung die Strafe für die Irrtümer war, die sie begangen hatten. Seine Vorbehalte gegenüber der BRD schlossen jedoch nicht aus, daß er zu den großen Konflikten der Nachkriegszeit klar und eindeutig Stellung nahm. Ohne zu zögern ergriff er für den Westen Partei – für einen Westen, der in dem Maße der Bedrohung durch die totale Herrschaft mehr Widerstand entgegensetzen kann, wie er sich auf seine eigentlichen Werte besinnen und seine Herrschaftsansprüche aufgeben würde.

So war die Analyse der Weltsituation gegen Ende der fünfziger Jahre zwar realistisch, aber diese Analyse genügte nicht sich selber, da sie an eine Art unüberwindlicher Schwierigkeit stieß: Soll man das Risiko einer Vernichtung der gesamten Menschheit durch Atomwaffen eingehen oder aber das Risiko der totalen Herrschaft auf sich nehmen? Vor dieses Dilemma stellt uns der Verstand. Es kann nur mit Hilfe der Vernunft und im Vertrauen auf die Vernunft gelöst werden. Ja, wir müssen auf die Vernunft vertrauen, die das Wesen des Menschen ausmacht, aber auch unfaßbar bleibt. Ja, auf die Vernunft vertrauen, die nicht institutionalisiert werden kann, obwohl doch allem Anschein nach alle menschlichen Handlungen von Institutionen abhängig sind, wenn sie effizient sein sollen.

Muß ich jetzt etwas richtigstellen, das ich eben vorhin gesagt habe? Gibt Jaspers plötzlich seinen Realismus zugunsten einer Utopie auf? Ich glaube nicht. Ein Appell an die Vernunft ist keine Utopie, sondern der Ausdruck eines Glaubens, des Glaubens des Philosophen, der nicht am Menschen verzweifelt, sich dabei aber keinen Illusionen hingibt. Gegen Ende seines Buches über die Atombombe greift er wiederholt den Begriff ›*Umkehr*‹ auf. »Die alte Politik führt zum totalen Krieg und zur totalen Herrschaft. Sie macht alles zum Kriegsschauplatz schon im Frieden als dem Kalten Krieg. Unser Zeitalter wird die Entscheidung treffen zwischen dieser Steigerung der alten Politik und der Umkehr.«[24] Aber unverzüglich, um nicht einer Utopie zu verfallen, warnt er vor einer plötzlichen und totalen Umkehr und vor der Verwechslung zwischen einer wirklichen Umkehr und einem Verhalten, das sich nur diesen Anschein gibt, beispielsweise mit dem Vorschlag, einseitig abzurüsten. Die Umkehr vollzieht sich im Denken der Menschen, sie beginnt in jedem einzelnen, sobald eine Kommunikation mit anderen Menschen im Rahmen von Gleichheit den Willen nach Herrschaft, nach Gewalt, nach Täuschung zurückdrängt. Sie erfüllt den Begriff der Rechtsordnung der Staaten untereinander mit Leben.

Hier hätte Max Weber vermutlich widersprochen: Worauf gründet sich Ihr Vertrauen auf die Vernunft, auf die Umkehr des Menschen? Die Antwort auf diese Frage findet sich in seiner ganzen Philosophie, von der ich nur einige Teilaspekte angesprochen habe. Jaspers weiß ebensowenig wie Weber, was die Menschen tun und welche Zukunft sie schaffen werden. Für ihn gibt es keine Trennung zwischen Philosophie und Politik, ebenso wie es keine Trennung zwischen Politik und Moral gibt. Sein Glaube an die Vernunft ist gleichzeitig ein Glaube an die Politik, die er als das »Absolute der menschlichen Realität« bezeichnet.

Ich weiß, wie unzulänglich diese kleine Abhandlung im Vergleich zum Reichtum einer ganzen Philosophie ist. Trotzdem scheint es mir, daß die Dualität Verstand – Vernunft, die Dualität zwischen Erkennbarem und dem, was sich der Erkenntnis entzieht und dennoch das Wesen des Menschen ausmacht, die Entwicklung einer realistischen Politik in Richtung auf eine

Umkehr zu, daß all dies für seine Philosophie Typische in seinen politischen Schriften ganz klar zum Ausdruck kommt.

Jaspers betont in dem Abschnitt seiner Autobiographie, den ich eingangs zitiert habe, daß eine Philosophie sich darin offenbart, welche politischen Konsequenzen sie hat. Wenn es sich in seinem Fall tatsächlich so verhält, bieten meine Überlegungen doch eine mögliche, wenn auch sicherlich nur begrenzte Interpretation seines Denkens. Eine Interpretation, die seine Auffassungen vielleicht denen von Max Weber und Immanuel Kant annähert, beim ersteren hinsichtlich seiner Auffassung von politischer Realität, bei Kant in bezug auf seinen Glauben an die Vernunft und die Fähigkeit des Menschen, sich selbst zu erziehen. Max Weber und Immanuel Kant vereint in einer Philosophie der Existenz.

Anmerkungen

1 Karl Jaspers, Philosophische Autobiographie, München 1977, 84 f.
2 Op. cit., 66.
3 Op. cit., 68.
4 Op. cit., 69.
5 Karl Jaspers, Die geistige Situation der Zeit, Berlin / New York, 1979, 90.
6 Op. cit., 89.
7 Op. cit., 91.
8 Op. cit., 86.
9 Karl Jaspers, Philosophische Autobiographie, München 1977, 100.
10 Op. cit., 101.
11 Karl Jaspers: Die Atombombe und die Zukunft des Menschen, München ^{2}1958, 228 f.
12 Op. cit., 229.
13 Op. cit., 231.
14 Op. cit., 121.
15 Ebda.
16 Op. cit., 345.
17 Op. cit., 346.
18 Ebda.
19 Op. cit., 347.
20 Op. cit., 290.
21 Op. cit., 421.
22 Op. cit., 427.
23 Op. cit., 444.
24 Op. cit., 483.

Stanisław Tyrowicz

Religiöser Ausschließlichkeitsanspruch und politischer Totalitarismus im Licht der Jaspersschen Kritik

Unter den vielen Weltanschauungen, die im Abendland zur Absolutheit tendieren, empfand Jaspers zwei als besonders gefährlich, ja sogar mörderisch für die Freiheit und die zwischenmenschliche Kommunikation: den Ausschließlichkeitsanspruch einer in der biblischen Religion vermeintlich vertretenen absoluten Wahrheit und die Ansprüche des Totalitarismus, der sich die Welt völlig unterordnen will. Ich möchte hier über die Parallelität zwischen diesen beiden Standpunkten sprechen.

Die philosophische Grundlage dieses Vergleiches bildet das nicht zu befriedigende und verwirklichende Bedürfnis des Menschen, das Ganze als Weltbild gegenständlich vor sich haben zu wollen. Doch das Ganze kann nicht Gegenstand für uns sein, da es damit ein Teil und begrenzt wird. Das Bedürfnis nach dem Absoluten, das der menschlichen Natur immanent ist, und die ständige Notwendigkeit, den Teil für das Ganze nehmen zu müssen, intensifizieren und sakrifizieren die Gebilde des menschlichen Denkens: Mythen, religiöses Bewußtsein, verkehrter Wahrheitswille. Dazu kommen noch die Daseinstriebe wie Machtwille, Grausamkeit, Zerstörungstrieb. Zunehmende Intoleranz und Kommunikationsunfähigkeit sind die Folgen solcher Verkehrungen.

Was hat all das mit dem Ausschließlichkeitsanspruch und dem Weltherrschaftsdrang des Totalitären gemein? Und mit den weiterhin aufrechterhalten Ansprüchen der biblischen Religionen? Das sind Fragen, auf die ich nicht befriedigend antworten kann, ohne in irgendeiner Weise dem Jaspersschen Ursprung untreu zu werden.

Der Totalitarismus ist ein Phänomen unseres Zeitalters, er »ist universal die furchtbare Drohung der Zukunft der Menschheit in der Massenordnung«; er ist in der Tat überall möglich. Aber er ist keineswegs eine Erscheinung, die es in der Vergangenheit Europas nicht gab. Jaspers fand im tiefen Mittelalter Vorläufer des modernen Totalitarismus und gelangte zu dem Schluß, daß fast alle Verbrechen, außer den Gaskammern, die wir von dem heutigen Totalitarismus kennen, im christlichen Europa aus ähnlichen Motiven begangen wurden. Im Namen der angeblich absoluten Wahrheit wurden sie gerechtfertigt und geheiligt. »Der Papst Innozenz III. hat gezeigt, daß es möglich ist, eine ganze Kultur samt ihren Trägern auszurotten. Was der Totalitarismus mit gleicher Unbekümmertheit wiederholt und was uns als Zukunftsmöglichkeit droht, ist dort in der abendländischen Geschichte zum ersten Mal als Vorbild hingestellt.«

Ähnliche, sorgfältig ausgewählte Beispiele finden wir in den Schriften von Jaspers häufig. Sie werden wie eine Matrix in den Text eingeführt, wenn der Gedankengang eine Veranschaulichung erfordert. So die Ausrottung der Albigenser und ihrer ganzen Kultur; die Inquisition (der Fall Giordano Bruno und Galilei); die Intoleranz Luthers und sein Antisemitismus; die Verfolgung der Andersgläubigen und Andersdenkenden; die Zwangschristianisierung der Farbigen; das *coge intrare* usw.

Nach der Säkularisierung hat sich eher die Fassade des Abendlandes als dessen geistige Grundlage verändert. In den weltlichen Weltanschauungen verstärkte sich dieser »Zug der Absolutheit, der Verfolgung anderer Gesinnungen, des aggressiven Bekennens, der inquisitorischen Prüfung des anderen, immer infolge des Ausschließlichkeitsanspruches der von jedem vermeintlich vertretenen absoluten Wahrheit«. Die Intoleranz der christlichen Welt und die mit ihr verbundenen Triebe der menschlichen Natur stehen »auf dem Sprunge, von neuem die Scheiterhaufen für Ketzer zu entflammen«.

Und Jaspers sagt betroffen: »Ich verstehe nicht, wie man zum Ausschließlichkeitsanspruch sich neutral verhalten kann.«

Aus demselben Grund und mit demselben Ernst fordert Jaspers: »Es gilt gegen den Totalitarismus zu kämpfen.« Was kann und soll uns diese Forderung nach Kampf bedeuten? Wir sind doch keine Soldaten. Wir verfügen auch nicht über deren Waffen und wollen darüber nicht verfügen. Doch bleibt uns etwas anderes, was Jaspers die »Methode der Aufhellung« nennt. Mit Verwunderung konstatiert er, daß diese im Kampf mit dem Totalitären erfolgreich ist.

Diese Methode hat sich auch in Polen als eine wirkungsvolle antitotalitäre Waffe erwiesen. Die Idee der Solidarität hat Millionen von Menschen im Nu ergriffen. Ich denke hier an die historischen Erfahrungen in den sechzehn Monaten nach dem Danziger Werftarbeiterstreik. Der Gang der großen Geschichte pflegt nicht nur siegreich zu sein. »Die Geschichte des Abendlandes« – bemerkt Jaspers – »zeigt nur einzelne Lichtinseln versuchter Freiheit. Die meisten Versuche sind gescheitert.«

Eigentlich hatten wir keine Illusionen; wir teilten Jaspers' feste Überzeugung, daß man den Totalitarismus von innen nicht stürzen kann. Wir haben andere an seine treffende Metapher von den Gefängnisinsassen erinnert, die aus eigenen Kräften die Tore nicht sprengen können. Jaspers' These ist durch den Gang der Ereignisse bestätigt worden. Der Freiheitsdrang sollte im Kriegszustand erstickt werden, denn der Krieg ist »immer einschränkende und schließlich vernichtende Realität der Freiheit«.

So ist der polnische Versuch wie die meisten gescheitert. Und trotzdem wiederholen wir, die wir ohne Illusionen leben wollen, immer wieder: es gilt, um einen »solchen Zustand der Gemeinschaft zu ringen, in dem die Freiheit des Menschen die größten Chancen hat«. Wer von der vorläufig gescheiterten Idee der menschlichen Solidarität erfaßt worden ist, für den ist das Leben anders geworden. Der mit dem totalitären Drachen kämpfende Mensch hat unschätzbare Erfahrungen gewonnen – sie festigen seinen Freiheitswillen. Zum Menschsein gehört es, sich für die Freiheit zu engagieren.

Dem mit Karl Jaspers Mitdenkenden verwehrt die Verwicklung im liebenden Kampf das Schweigen. Hatte er selber nicht viel und wahrhaftig gelitten durch sein schuldhaftes Schweigen in dürftiger Zeit?

Sollen wir darum sprechen? Oder suchen wir nur nach einem

Alibi? Der Totalitarismus, dieser »Proteus, der immer andere Masken zeigt, ... der das Gegenteil von dem tut, was er sagt«, »ist nicht Kommunismus, nicht Faschismus, nicht Nationalsozialismus, sondern ist in allen diesen Gestalten aufgetreten«. Er ist überall möglich.

Schlicht bekennen wir unsere Dankbarkeit für den Denker.

II. Heidelberg

Heinz Häfner

Einleitung in den Psychiatrischen Teil

Dieses Jahrhundert hat nur noch wenige große Wissenschaftler hervorgebracht, die in zwei Fakultäten, in zwei Bezirken geistiger Bewältigung von Welt- und Menschsein Herausragendes geleistet und Bleibendes hinterlassen haben. Bei Jaspers kommt ein drittes Meritum hinzu:

Er hat sein Leben nach den Grundsätzen geführt, die er lehrte, auch als der Einbruch ethischer Schranken, der Verlust der Freiheit und der Achtung vor dem Menschsein ihm bittere Opfer abforderten. Über die Gültigkeit des Wirklichen hinaus – so hat er am Zeugnis des Giordano Bruno aufgewiesen – hängt die Macht der Wahrheit, und damit auch die Freiheit, davon ab, daß Menschen für sie eintreten.

Die philosophierenden Naturwissenschaftler unseres Jahrhunderts haben sich von der Erfahrung der Welt her dem Verständnis des Menschen genähert. Karl Jaspers ging den entgegengesetzten Weg; er hat Welt von innen her, vom Menschsein her, begriffen. Auf diesem sehr konsequenten Wege zur Philosophie scheint die Psychiatrie ein wichtiger, wenn nicht ein bestimmender Abschnitt, gewesen zu sein. Jaspers' Philosophieren, nunmehr als seine Weise denkender Auseinandersetzung, und nicht mehr als akademische Disziplin begriffen, steht hinter beidem:

»Von Jugend an philosophierte ich. Die Medizin und die Psychopathologie habe ich ergriffen aus philosophischen Motiven«, sagt er in seiner Biographie.

Jaspers ist in die naturwissenschaftlichen Bezirke der Psychiatrie nur referierend eingedrungen. Er ist auch in seinen psychiatrischen Schriften trotz seiner Wertschätzung der naturwissenschaftlichen Methoden vorwiegend Geisteswissenschaftler geblieben. Sein Denken war bestimmt von der neukantianischen Wissenschaftstheorie und Methodenlehre von Wilhelm Dilthey und Max Weber, von der frühen Phänomenologie Husserls und von einer Ethik, die in ihrer rigorosen Entschiedenheit und christlich reformerischen Dialektik auf Kant ebenso wie auf Kierkegaard verweist. Selbst der Stil seiner Werke läßt in zuweilen langatmiger Argumentation den persönlichen Zugang zum gesunden und zum kranken Menschsein in unablässiger geistiger Auseinandersetzung erfahren. Auch der Psychiater Jaspers ist schon vom aufklärerischen Ethos und zugleich vom gläubigen pädagogischen Eros bestimmt: Er will nicht nur lehren, was ist, er will zur geistigen Auseinandersetzung und zur eigenen Entscheidung erziehen.

Psychiatrie ist in erster Linie Erfahrungswissenschaft. Der Zugang, den Jaspers zur psychiatrischen Erfahrung hatte, war kurz, intensiv und in heutiger Sicht etwas einseitig. Werner Janzarik hat in sorgfältiger Mosaikarbeit aus den Archiven der Psychiatrischen Universitätsklinik und der Klinikverwaltung Heidelberg die psychiatrische Karriere von Karl Jaspers rekonstruiert: Am 20. Januar 1908 trat Jaspers nach Abschluß seines Medizinstudiums als Medizinalassistent in die Psychiatrische und Neurologische Universitätsklinik ein. Im Juli 1909 wies ihn Nissl, der damalige Direktor der Klinik, in eine unbezahlte Volontärassistentenstelle ein und entlastete ihn zugleich vom Abteilungsdienst wegen seiner angegriffenen Gesundheit. 1913 habilitierte er sich für Psychologie an der Philosophischen Fakultät, und nach 1914 verschwindet er im Übergang zur Philosophie aus den Jahrbüchern der Klinik und damit wohl auch aus dem unmittelbaren Erfahrungsfeld Psychiatrie.

In dieser kurzen Zeitspanne, im Alter von kaum 30 Jahren, verfaßte Karl Jaspers die »Allgemeine Psychopathologie«, ein Werk, von dem Kurt Schneider 1938 sagte, »daß es den unverlierbaren Grund für eine methodisch saubere, zum ersten Mal wissenschaftliche Psychopathologie gelegt habe«. Wie war dies bei der bescheidenen klinischen Erfahrung möglich?

Jaspers hat, davon legen vor allem seine zwischen 1909 und 1912 erschienenen Arbeiten über Heimweh und Verbrechen, Eifersuchtswahn und Trugwahrnehmungen Zeugnis ab, die

Schicksale kranker Menschen, ihr Hineingeraten in die Einschränkung und Verzerrung des Welt- und Selbstbegreifens mit großer Subtilität nachgezeichnet und analysiert. Später hat er seine Aufmerksamkeit stärker der Öffnung für das Eigentliche und das Außergewöhnliche zugewandt, das Krankheit bewirken kann: der Bewältigung von Krankheit in geistiger und biographischer Gestalt (Strindberg, van Gogh, Hölderlin, Swedenborg). Diesen Weg des Eindringens in die inneren und existentiellen Gründe von Weltdeutung und Geschichtlichkeit in der Einzigartigkeit eines Menschen hat Jaspers auch in der Aneignung großer Philosophen – vor allem an Nietzsche und Kierkegaard – gleichsam philosophisch verbreitert fortgesetzt.

Die zweite Quelle seiner Erfahrung war die psychiatrische Literatur, die er von Emminghaus über Kahlbaum zu Kraepelin mit Sorgfalt ausschöpfte. Ihr entnahm er einen großen Teil seines Ordnungssystems, die Idealtypen krankhaften und abnormen Seelenlebens, methodisch bestärkt durch Max Weber. Dazu kamen die intensiven Diskussionen und ein später Briefwechsel mit einer Gruppe außerordentlicher Psychiater, die damals in Heidelberg an der Klinik waren, vor allem mit Gruhle, mit Wilmans, mit Mayer-Gross und Kurt Schneider. Ich glaube, wir sollten uns glücklich schätzen, daß die Heidelberger Klinik durch von Baeyer, Tellenbach, und in der Gegenwart durch Werner Janzarik und seine Mitarbeiter, die Tradition dieser Psychopathologie nicht nur lebendig, sondern auch in fruchtbarer und kritischer Weiterentwicklung hielt.

Das Gerüst der »Allgemeinen Psychopathologie« ist, nach Jaspers' eigener Überzeugung, ein methodisches. Als Grundlage dient die Unterscheidung von nomothetischen Naturwissenschaften und ideographischen Geisteswissenschaften, die sich in Wilhelm Diltheys Satz: »Die Natur erklären wir, das Seelenleben verstehen wir«, am prägnantesten fassen läßt. Verstehen wird im statischen Sinne als unvoreingenommenes Beschreiben, im genetischen Sinne als Nachvollzug verstanden, wie Seelisches sinnvoll verknüpft auseinander hervorgeht. Wo dieser Zusammenhang zerbrochen scheint, soll dies ein Hinweis sein auf den Einbruch des Außerseelischen, auf körperliches Geschehen, das kausal erklärbar, aber nicht sinnvoll verstehbar ist.

Dieses methodologische Gerüst blieb, vor allem wegen der psychologischen Verabsolutierung einer erkenntnistheoretischen Position und der Überschätzung subjektiven Verständnisvermögens, nicht unwidersprochen. Dennoch hat Jaspers gerade damit die deutschsprachige Psychopathologie und die Psychiatrie des spanischen und des japanischen Kulturkreises, soweit sie vom beschreibenden und vom hermeneutischen Vorgehen bestimmt ist, entscheidend geprägt.

In der englischsprachigen Psychiatrie wurde Karl Jaspers lange nicht zur Kenntnis genommen. Fünfzig Jahre nach ihrem ersten Erscheinen, 1963, wurde die »Allgemeine Psychopathologie« erstmals ins Englische übersetzt, aber danach nur von wenigen in ihrer Bedeutung gewürdigt: Michael Shepherd hat es 1982 als »the most important single book to have been published on the aims and logic of psychological medicine« bezeichnet. Dennoch blieb die Breitenwirkung aus. Es wurde mehr kritisiert als gewürdigt, weshalb?

Von drei Gründen, die ich hier nennen möchte, liegen zwei an Jaspers selbst.

1. Sein spröder, argumentierender Stil und seine vom deutschen Idealismus geprägten Denkfiguren machen es für die englische Sprache und für positivistisches Denken schwer zugänglich.
2. Sein Ziel einer umfassenden systematischen Darstellung hat Jaspers nicht voll erreicht. Unter dem Fehlenden ist vor allem die Psychopathologie interventionsbezogener Veränderungen zu nennen. In seiner heftigen Auseinandersetzung mit Freud urteilte Jaspers allein aus begründeter Kritik an Theorie, Methode und Mißbrauch der Psychoanalyse. Das neue, der wissenschaftlichen Bewältigung harrende Erfahrungsfeld, blieb ihm, dem aus der psychiatrischen Erfahrung Herauswachsenden, verschlossen.

Der dritte Grund hängt mit dem zweiten eng zusammen: Die amerikanische Psychiatrie war lange Zeit durch Adolf Meyer und Sigmund Freud auf psychobiologisch verstandene Paradigmata von Persönlichkeitsdispositionen und Reaktionsmustern bestimmt, die weder der Dichotomie von Erklären und Verstehen, noch der sorgfältigen Beschreibung des unmittelbar Beobachteten Interesse abgewinnen ließen.

Die Situation hat sich verändert. Mittlerweile sind zwar die Arbeiten von Karl Jaspers nicht mit Begeisterung im angloamerikanischen Sprachraum aufgenommen worden. Seine methodologische Position, das unvoreingenommene Beschreiben und idealtypische Klassifizieren, weniger das genetisch-hermeneutische Verstehen, hat sich durchgesetzt. Vermittelt wurde es durch einen anderen herausragenden Heidelberger Psychiater, der nur Karl Jaspers als seinen Lehrer anerkennen wollte: durch Kurt Schneider. Er hat in seiner »Klinischen Psychopathologie« eine in ihrer Klarheit und Einfachheit geniale Abbreviatur der klinisch wichtigsten Teile aus Jaspers' Psychopathologie, ergänzt durch Eigenes, gegeben und sie damit erst einmal für den wissenschaftlichen und den praktischen Alltag zugängig gemacht.

1960 hat mir Herr von Baeyer, der mich aus München nach Heidelberg geholt hatte, ein kleines Studierzimmerchen im zweiten Stock der Psychiatrischen Universitätsklinik zugewiesen. An den Wänden standen Regale mit alten Büchern, der Blick aus dem Fenster fiel auf den rechtwinklig, wie ein Renaissancegarten angelegten Hof der Klinik, worin die Kranken sich ergehen durften. Dahinter erhob sich, den Klinikgarten und die Dächer Neuenheims umgreifend, der weite dunkle Bogen des Heiligenbergs, jenes Berges, der schon in vorchristlicher Zeit als Kultstätte gedient hatte. Es war das Zimmer, das Jaspers in der Klinik innegehabt hatte. Ich durfte dort meine Habilitationsschrift erarbeiten, aber es ist keine Allgemeine Psychopathologie daraus geworden. Vielleicht kann ich den Sinn dieser Chiffren vermitteln, wenn ich sage: Der Genius loci: die Klinik, die Universität, die Stadt, haben Pate gestanden beim Werk von Karl Jaspers. Aber sein eigener Genius, sein unabhängiger Geist, hat sie zugleich überragt und zu seinem lebendigen Fortbestand beigetragen.

Heinrich Schipperges

Medizin als konkrete Philosophie

Einführung

»Die Praxis des Arztes ist konkrete Philosophie.« Mit diesen lapidaren Worten eröffnet Karl Jaspers die 100. Versammlung der Gesellschaft Deutscher Naturforscher und Ärzte, 1958 in Wiesbaden, und er hat diesen erstaunlich kühnen Satz, nicht nur in Festreden, immer wieder gebracht, in der festen Überzeugung, damit »ein Grundproblem der modernen Wissenschaft und Philosophie« berührt und getroffen zu haben. »In der Vereinigung der Aufgaben von Wissenschaft und Philosophie« sieht Jaspers denn auch »die wesentliche Bedingung, die heute zwar nicht die Forschung, aber die Bewahrung der Idee des Arztes ermöglicht.« Dann in der Tat wäre das Tun des Arztes nichts als konkrete Philosophie!

Wenn ich es daher wage, die Medizin hier so direkt mit der Philosophie in Verbindung zu bringen, mehr noch: Medizin als »konkrete Philosophie« zu bezeichnen, dann gibt mir kein anderer das Recht dazu als der, den zu feiern wir heute in dieser festlichen Stunde zusammengekommen sind. In der Wirklichkeit des Lebens, meint Jaspers, gibt es einfach »nichts, was nicht auf die Philosophie Bezug hätte«. Die wirkliche Situation des Menschen, und mehr noch: seine Grenzsituationen – Leiden, Tod, Zufall, Schuld –, sie alle wären aber auch nicht einmal zu denken außerhalb der Medizin und sicherlich nicht zu erklären ohne den Arzt. Es gibt eben keine Sache der Philosophie, die vom Menschen loslösbar wäre, von seinem Wesen und seinem Leiden.

Seit der Aufklärung freilich, bemerkt Karl Jaspers (1959), seien zwar »die realen Dinge in der Welt« fortschreitend deutlicher geworden, während sich »die Wirklichkeit« zunehmend verdunkelt habe, verunklärt und verdüstert. Und niemand wisse heute schon, wo die Umkehr, die Erneuerung, die wahre Aufklärung einmal aufflammen werde. Sicher aber sei, so schließt Jaspers seine Prognose, daß der Arzt am ehesten noch »stellvertretend für alle« den Weg finden werde. Vielleicht seien die Ärzte berufen, das Zeichen zu geben. Und damit sind wir am Thema!

Lassen Sie mich in dieser Stunde versuchen, unter diesem zu gebenden Zeichen, »in spiritu Apollinis«, dem Tun des Arztes als einer sich sehr konkret verwirklichenden Philosophie Schritt für Schritt einfach einmal nachzugehen, wobei ich *erstens* und zuoberst zurückgreifen muß auf Jaspers' eigenen Werdegang, ein dramatisches biographisches Szenarium, Biographie, die immer auch Pathographie ist, seinen Werdegang also als einen Leidensgang. In einem *zweiten*, mittleren und vermittelnden Teil sollten wir dann einige charakteristische Dimensionen seiner Pathologie, einer eher Theoretischen Pathologie bedenken, um dann *drittens* und abschließend auf die entscheidende Rolle zu kommen, die Karl Jaspers der Medizin im »studium generale« zugedacht hat: einer Heilkunde (wenn man das überhaupt heute noch sagen darf: Heilkunde) im Raume der Universität.

Und wenn in diesem Zusammenhang wiederum erinnert wird an das hippokratische Wort vom »iatros philosophos isotheos«, dem philosophischen Arzte, der einem Gotte gleichkomme, dann sollte in diesem Gotte am ehesten jener »Apollo Medicus« erkannt werden, in dessen Geist, »in spiritu Apollinis«, große Ärzte immer gehandelt haben, jener Apoll aber auch, von dem Heraklit schon gesagt hat: Nichts spricht er direkt aus, dieser Gott, er verheimlicht aber auch nichts –: Er gibt uns das Zeichen!

1. Werdegang als Leidensgang

Beginnen wir unter diesem Zeichen mit dem Werdegang, der für Jaspers so zeichenhaft zu einem Leidensgange werden sollte! In seiner »Philosophischen Autobiographie« (1953) bekennt sich Jaspers zunächst einmal ganz bewußt zu seiner Wahl des Medizinstudiums, einer Wahl, die ihm – wie auch vielleicht vielen von uns – gewiß nicht leichtgefallen ist, einer Wahl, die er letztlich »aus philosophischen Motiven« ergriffen hat, wie er weiter erklärt: »Bei der Wahl der Medizin war mir das wichtigste, die Wirklichkeit kennen zu lernen«, das Wirkliche, genauer: »Methoden zu gewinnen, den Menschen als ein Ganzes zu erfassen«. Denn es kommt ganz gewiß nicht darauf an, »viel oder alles zu wissen, sondern die Grundsätze des Wissens, die Grundsätze der Wirklichkeit sich in jedem Gebiet zur Klarheit zu bringen und sie sich zugleich in einem konkreten Detail zu vergegenwärtigen« (Selbstporträt, 1966).

Haben wir dies auch nur einmal begriffen, daß »das zentrale Problem des Philosophierens« für Jaspers immer nur »das konkrete Philosophieren« war, dann ist und bleibt uns Karl Jaspers in der Tat ein Phänomen! Es ist nicht der Philosoph, der Historiker, der Politiker, der Weltbürger, der uns fordert und fesselt, am Rande nur der Wissenschaftspolitiker, der Hochschulpolitiker, der Standespolitiker –, es ist immer: der Mensch in seinem Widerspruch – und auch hier ganz konkret das Porträt des »homo patiens« und damit eines »homo compatiens«.

Jaspers, und das sollte durchgehend beachtet werden, war krank, organisch krank, und dies von Kindheit an. Schon in jungen Jahren mußte er lernen, »das Leben einzurichten unter den Bedingungen dieser Krankheit«. Der Kurarzt Albert Fränkel, der Vater der Strophanthintherapie, stellte in Badenweiler dem 18jährigen Jaspers die Diagnose »Bronchiektasen« und fällte damit das Urteil: lebenslang mit bedingter Gesundheit leben müssen! Die Notwendigkeiten, die aus der Krankheit folgten, sie griffen ein in jede Stunde, in alle Pläne. Und doch hatte er dabei zu leben, zu arbeiten, »als ob sie nicht da sei«. »Alles mußte nach ihr gerichtet werden, ohne an sie zu verfallen.«

Jaspers macht an sich die gleiche Beobachtung, die wir im modernen Coping-Verfahren machen: wieviel Liebe zur Gesundheit nämlich gerade bei Chronisch-Kranken entwickelt werden kann. »Die darin bleibende Gesundheit wird um so bewußter, beglückender, vielleicht fast gesunder als eine normale Gesundheit«, eine Erfahrung und Formulierung, die wir an zahlreichen

Stellen – bis in den Wortlaut hinein – bei Friedrich Nietzsche finden. Beide – Nietzsche wie Jaspers – haben es von Kindsbeinen an gelernt, was das heißt: mit der Krankheit leben, den inneren Umgang mit dem eigenen Krank-Sein aufnehmen und durchhalten, in »Aneignung und Mitteilung zugleich« (Novalis), als ein wahrhaftig gekonntes »Mit der Krankheit leben«, nicht: für die Krankheit leben!

Jaspers erinnerte gelegentlich an den Spruch seines Lehrers Wilmann: Normal sei leichter Schwachsinn, wonach freilich Krankhaftes normal und gesund gleich krank sein müsse. Er erinnert an Nietzsche, der einmal gefragt hatte, ob es vielleicht nicht auch »Neurosen der Gesundheit« gebe; er weist auf Novalis hin, dem Krankheiten nicht weniger bedeutet hatten als »Phänomene einer erhöhten Sensation, die in höhere Kräfte übergehen will« (Allg. Ps., 655–58), so daß man schließlich dem abgrundtiefen Satz zum Opfer fällt: »Menschsein ist Kranksein.«

Als ein von Krankheit Gezeichneter tritt der junge Assistent bei Franz Nissl in die Heidelberger Psychiatrische Klinik ein, um hier »die medizinische Welt nicht nur in fachlicher Isoliertheit, sondern im Raum der Wissenschaften überhaupt« zu erfahren. So in seinen »Heidelberger Erinnerungen« (1961), wo denn auch über die Vorkriegs-Atmosphäre geäußert wird: »Dieses deutsche, abendländische Heidelberg schwebt gleichsam einige Meter über dem Boden!« Nun: Das mag damals gewesen sein, vor bald hundert Jahren! Heute schwebt da nichts mehr!

An seinem Chef Nissl erfuhr Jaspers erstmals und endgültig, »daß ein Mann, der irgendwo wirklich wissenschaftlich ist und wissenschaftlich fruchtbar geforscht hat, auf allen Gebieten schnell das wissenschaftlich Wesentliche zu erfassen vermag«. Man muß einmal wirklich eine Methode erlernt, einen wissenschaftlichen Durchgang durchgemacht haben, ganz und gar, um auf immer vertraut zu sein mit dem Phänomen. »Es sollte eine maximale Offenheit des wissenschaftlichen Sinns in der Psychopathologie versucht werden«, als deren Prinzip galt: »das Erkennen zu erkennen und dadurch die Sachen zu klären«.

Sauberes methodisches Denken und die Mühe des Begriffes, das ist sehr, sehr selten Sache des Mediziners. So Kurt Schneider anläßlich des 25jährigen Erscheinens der »Psychopathologie« im »Nervenarzt« (1938). Er, der Mediziner, er »wittert dahinter gleich ›Philosophie‹ – als ob irgendeine Wissenschaft ohne eine *solche* ›Philosophie‹ sein könnte«. Jaspers selbst, meint Schneider, habe »niemals leere Methodologie« getrieben. »Er hat niemals, um mit Hegel zu reden, am Ufer ›Vorträge über das Schwimmen‹ gehalten«; er habe gezeigt, »zu was die Methode gut ist«, und damit erstmals den Grund für eine »wirklich wissenschaftliche Psychopathologie« gelegt. Das gilt auch heute noch!

Wesentlich wurde ihm hier in Heidelberg vor allem Gruhle, »der durch seine Kritik, Vielseitigkeit und Spontaneität alles in Bewegung hielt«, die berühmte Gruhlesche Kritik, deren Unbestechlichkeit ich selber noch in seinen Bonner Seminaren erfahren durfte –: »Gar nichts schien er gelten zu lassen!« Hier herrschte, so erinnert sich Jaspers, eine »therapeutische Bescheidung«, die »psychiatrische Milde«, damit verbunden aber auch ein terminologischer Wirrwarr, die Heterogenität auch des Tatsächlichen, die eine Sprache auf gleicher Ebene unmöglich machte. In dieser Situation setzte nun der junge Jaspers ein mit seinem ersten Wurf, einem entscheidenden Werk, seiner »Allgemeinen Psychopathologie«.

»Ein sehr junger Volontärarzt«, schrieb damals Kurt Schneider (1938), »ohne große klinische Erfahrung, aber mit sehr tiefem klinischen Blick« habe in wenigen Jahren »den unverlierbaren Grund für eine methodisch saubere, zum erstenmal wirklich wissenschaftliche Psychopathologie gelegt« und damit die Methode, zu erfahren, »was Kranke wirklich erleben«, was sie – leibhaftig – erleiden!

Der Körper ist nun einmal – so Jaspers, 1946 – »der einzige Teil der Welt, der zugleich von innen empfunden« und von außen »wahrgenommen« wird. »Er ist ein Gegenstand für mich, und ich bin dieser Körper selber.« Die erlebte Leiblichkeit, sie ist besonders eng verbunden mit allem Erleben der Gefühle, der Triebe, des Ichbewußtseins. »Wir haben ein spezifisches Gefühl unseres Körperwesens in unserer Bewegung und Haltung, über

Form, der Leichtigkeit und Grazie oder der Schwere und Ungelenkigkeit unserer Motorik, in dem erwarteten Eindruck unserer Körperlichkeit auf die anderen, in der Verfassung der Schwäche und Stärke, der Alternativen des Befindens. Alles dies ist Moment unserer vitalen Person.« Dem Konzept der Befunde einer bloß krankheitsorientierten Heiltechnik ist hier schon ganz eindeutig die Konzeption der Befindlichkeit einer eher patientenorientierten Heilkunde entgegengestellt.

Hier dominiert noch der von der modernen Medizin so unheilvoll vergessene Begriff einer geistigen Gesundheit in einer Heilkunst, die es sich angelegen sein läßt, dem Kranken zu helfen, »sich selbst durchsichtiger zu werden«. Ein Arzt müsse allein aus dieser Sicht schon auch Rechenschaft darüber ablegen, was er unter Gesundheit versteht (eine Grundforderung der alten Ärzte, bei der die heutigen Mediziner nur noch laut lachen – ein Postulat, vor dem auch meine Kollegen nur noch ein mildes Lächeln aufbringen!). Jaspers hat uns gezeigt, »wie Krankheit nicht nur unterbricht und zerstört, wie nicht nur trotz einer Krankheit etwas geleistet wird, sondern wie Krankheit Bedingung gewisser Leistungen sein kann« (All. Psychopath. 7).

Besonders leidenschaftlich wendet Jaspers sich daher gegen die Zauberformel der WHO, wonach Gesundheit ein Zustand vollkommenen körperlichen, geistigen und sozialen Wohlbefindens sein soll. Aber: »Solche Gesundheit gibt es nicht.« Als geradezu verhängnisvoll angesehen wird die in unserer Generation vor sich gehende Auswertung des Krankheitsbegriffs auf die psychosozialen Normen, eine Aufweichung aller Normen und aller Grenzen. »Wenn aber der Krankheitsbegriff keine Grenzen mehr hat, jeder sich als Dasein schon krank fühlen und zum Arzt gehen darf, wenn der Arzt für alle Leiden da sein soll, dann tritt die existentielle Verwirrung ein« (1958).

In seiner »Einführung in die Philosophie« (1957) schreibt Karl Jaspers: »Wir sind gewiß weiter als Hippokrates, der griechische Arzt. Wir dürfen kaum sagen, daß wir weiter seien als Platon. Nur im Material wissenschaftlicher Erkenntnisse, die er benutzt, sind wir weiter. Im Philosophieren selbst sind wir vielleicht noch kaum wieder bei ihm angekommen.« Philosophie tritt – vor aller Wissenschaft – immer wieder da auf, wo Menschen wach werden!

In seinen »Lebenserinnerungen« weiß Ludwig Curtius (1950) über die Jasperschen Vorlesungen aber auch zu berichten: »In seinem Hörsaal war eine Luft wie in einer Klinik, und die Geschichte der Philosophie wies lauter Krankheitsfälle der Vernunft auf ... Die Hauptaufgabe einer neuen Philosophie ist also zuerst gleichsam eine antiseptische, allen Selbstvergiftungen und Selbsttäuschungen des menschlichen Verstandes vorzubeugen und sich in einer strengen Askese zu nichts anderem zu erziehen als zur intellektuellen Redlichkeit und moralischen Wahrhaftigkeit« (243). Nur so hat Curtius Jaspers einen »modernen Heiligen« nennen können, einen sicherlich sonderbaren Heiligen, »in dem sich das Jüngertum des Asklepios, antike Stoa, protestantische Ethik und neueste Seelenkunde zu so lebendiger Einheit verbanden« (244).

2. Dimensionen einer Theoretischen Pathologie

Mit dieser Idee einer lebendigen Einheit sollten wir nun im zweiten Teil etwas näher eingehen auf die einzelnen Dimensionen seiner Anthropologie und Pathologie, Dimensionen im Grunde einer ganz und gar Theoretischen Pathologie.

Der Mensch wird sich seiner selbst bewußt erst in Grenzsituationen. Das Äußerste an sich selbst nicht zu verschleiern, das war eines der Motive gewesen, die Jaspers die Medizin und die Psychiatrie wählen ließen, um darin eben »die Grenze der menschlichen Möglichkeiten zu kennen, das in der Öffentlichkeit gern Verschleierte und Nichtbeachtete in seiner Bedeutung zu erfassen« (1953).

Eine Grenze ist der Ort des Scheiterns, und damit die Begrenzung, hinter der die Transzendenz offenkundig wird. Es ist immer und überall diese Endlichkeit unserer befristeten Existenz, verdammt zum Scheitern, berufen zur Transzendenz, die uns Menschen zu Menschen macht.

Die »Grenzsituationen« aber, damit sind sehr genau jene

Grundphänomene einer »Theoretischen Pathologie« getroffen, wie sie seit einigen Jahren wieder in einer Forschungsstelle der Heidelberger Akademie der Wissenschaften analysiert werden, im einzelnen: die Zeit als Erlebnis einer Zeitgestalt, das Leiden als solches, als »logos« von »pathos«, der Schmerz und die Schuld, der Tod schließlich und damit eine wissenschaftliche Thanatologie, ohne die jede Pathologie nur Rudiment bliebe.

Gehen wir diesen pathischen Kategorien einmal im einzelnen nach, wobei wir sogleich auf eine der ältesten Utopien stoßen, welche die Menschheit nie loswerden konnte, eine Utopie, die lautet: Wenn nur erst einmal die Medizin ihren Gipfel und die Staatskunst allgemeine Gerechtigkeit erreicht haben, werden sie alle Schmerzen und alle Krankheit vermeiden lehren. Bis dahin freilich stehen wir unter dem »pathos«. Es wird immer Schmerzen geben – so dagegen Jaspers –, Schmerzen, die stetig ertragen werden müssen. Es gibt freilich auch Krankheiten, die nicht nur unser Leben in Frage stellen, »sondern den Menschen lebend unter sein eigenes Wesen sinken lassen«. Es gibt die Vernichtung durch Macht und Terror. Es wird immer ein Altern geben im Sinne der Verkümmerung. Leiden ist nun einmal »Einschränkung des Daseins, Teilvernichtung« (Philos. II, 230).

Jaspers beruft sich hier auf älteste biblische Zeugnisse, wo – vor allem im Alten Testament – die »Erfahrung des Äußersten« geschildert wird und mit einer herzerfrischenden Radikalität auch darauf bestanden wird: So ist es! »In diesem Äußersten wird gespürt auf eine Weise wie nirgends sonst die Brüchigkeit des menschlichen Wesens, und zugleich, daß in dieser Brüchigkeit das Höchste möglich ist« (Chiffren, 17). Hier begegnet uns jene »Erschütterung bis in den Grund, dem erst das eigentliche Menschsein entspringt«.

»Jetzt ergreife ich«, so wörtlich Jaspers, »mein Leiden als das mir gewordene Teil, klage, leide wahrhaftig, verstecke es nicht vor mir selber, lebe in der Spannung des Jasagenwollens und des nie endgültig Jasagenkönnens, kämpfe gegen das Leiden, es einzuschränken, aufzuschieben, aber habe es als ein mir fremdes doch als zu mir gehörig, und gewinne weder die Ruhe der Harmonie im passiven Dulden noch verfalle ich der Wut im dunklen Nichtverstehen. Jeder hat zu tragen und zu erfüllen, was ihn trifft. Niemand kann es ihm abnehmen« (Philosophie [1948] 493).

Aus diesem Grunde erst erfährt man dann aber auch, daß und wie sehr der Mensch erst »mit dem anderen Menschen« zu sich selbst kommt, erfährt die »Ermöglichung der Kommunikation«, jene »Koinē«, und damit einen immer bewußter werdenden »Raum, in dem wir alle uns treffen können«. Drängen wir doch gerade in diesem Raum immer wieder auf »Stützpunkte unserer Gewißheit in einer Anschaulichkeit«, auf ganz konkrete Stützpunkte, die wir am ehesten noch finden in jener »Kommunikation von Persönlichkeit zu Persönlichkeit« (Radiovortrag, 1949), die mir so wichtig erscheint, daß ich einfach – mit Jaspers – näher darauf eingehen muß!

Wir erfahren ja schon »den Menschen anthropologisch in seiner Leibhaftigkeit als Glied im Reich des Lebendigen« niemals autark, sondern gebunden. »Weil der Mensch sich Natur, Bewußtsein, Geschichte, Existenz ist, ist das Menschsein der Knotenpunkt allen Daseins«, ein Mikrokosmos, nicht autonom, sondern bezogen auf Transzendenz. »Was der Mensch sei, ist ontologisch nicht zu fixieren. Der Mensch, sich selbst nie genug, in keinem Wissen erfaßt, ist sich Chiffre.« Die Chiffreschrift unseres Daseins aber ist geschrieben »in der Weise der Sinnlichkeit«, die auch »Material der Sprache« ist und die am entschiedensten zum Ausdruck kommt in der Erotik.

Erotik aber »gewinnt ihren Charakter als menschliche Chiffer erst dort, wo sie existentiell ergriffen wird als Ausdruck der Kommunikation in ihrer Transzendenz«. Die Art und Weise dieser Erotik ist es, die menschliches Wesen entscheidet. Hingabe als Chiffre bedingt einfach die Ausschließlichkeit einer erotischen Zuwendung. »Wie ich nur einen einzigen Leib habe und ihn nicht wechseln kann, so bedeutet die Gemeinschaft des Leibes als Chiffer die einzige Zueinandergehörigkeit.« Daran läßt Jaspers keinen Zweifel: »Erotik ist Chiffer als das Sinnlichwerden des Menschseins in der unbedingten Kommunikation. Sie ist verschwindend das Pfand für immer, unübertragbar und nicht doppelt und vielfach zu verschenken« (Philosophie [1948] 835–838).

Hier kommt die Dimension der einmaligen Zeit wieder zum

Ausdruck, das »Ens Astrale« des Paracelsus, das biographische Szenarium, Zeit als eigenständige Kategorie des Daseins, eine »Zeitgestalt«, wie Gabriel Marcel dies genannt hat, lebenslange »Zeitigung« im Krankgewordensein. »Denn die Philosophie ist als geistiges Werk doch in Motiven und Veranlassungen gebunden an den Lauf eines Lebens« (1953). Und auch hier erklärt Jaspers das konkrete Erleben der Zeit wieder an der Ehe, genauer: im »Entschluß der Treue für dieses Leben in dieser Zeit«. Jaspers zitiert eher beiläufig, wenn auch mit großem Bedacht Wilders Stück »Wir sind noch einmal davongekommen«, wo es von dieser Treue heißt: »Wir haben uns doch nicht der Liebe wegen geheiratet, sondern weil wir gemeinsam den Entschluß faßten« (Chiffren, 55). Zu wissen, wo man in seiner Zeit steht, das allein führt stetig uns zum »Blick auf das eigene Zeitalter im Horizont der Geschichte«, ganz konkret eben zu erkennen, was an der Zeit ist, was das Zeitalter fordert. Der Mensch »muß wissen, wo er steht«.

Der Arzt in erster Linie erfährt ja immer wieder die labile Situation, die in jeder Kommunikation, im Wagnis der Begegnung selber schon, zutage tritt und eine »Verletzung der Würde« zur Folge hat. »In dieser Würdelosigkeit, durch sie in ihrer Überwindung, verwirkliche ich mich: Verwirklichungen sind an Niederlagen gebunden« (Jaspers, Philosophie [1948] 361). In dieser fragilen Existenz ruht letztlich die »Würde der Einsamkeit«, jener Einsamkeit, die Jaspers den »unaufhebbaren Pol« jeder Kommunikation nennt. (l. c. 363).

In all diesen Grundsituationen bleibt die Fragwürdigkeit, wird uns gleichsam »der Boden unter den Füßen weggezogen«. »Die Weise, wie das Dasein überall in den Grenzsituationen als in sich brüchig erscheint, ist seine antinomische Struktur.« Die ganze Welt erscheint als »ein Spiel sich entgegengesetzter Kräfte«: eine Wirklichkeit voller Widerspruch, als deren widersprüchlichster erscheint – der Tod!

Es ist bei Jaspers keineswegs der Tod in seiner nackten Faktizität, als ein »objektives Faktum«, das als Grenzsituation erfahren wird. Erst dadurch, daß ich, existierend im geschichtlichen Bewußtsein, meines Daseins als einer Erscheinung in der Zeit gewiß bin, erlebe und erleide ich auch das Sterben, konkreter den Tod des Nächsten, und ganz konkret: meinen eigenen Tod. Ich verliere diese meine Existenz, wenn ich das Dasein absolut nehme, oder auch, wenn es mir gleichgültig wird, mich nichts angeht (Philos. II, 221). Gleichwohl bleibt – unaufhebbar – die Unerfahrbarkeit des Todes; »sterbend erleide ich den Tod, aber ich erfahre ihn nie«. Wahrhaftig zu sterben, ohne jede Selbsttäuschung, das erfordert, meint Jaspers, mehr noch: das *ist* Tapferkeit (l. c. 225). Bei solchem Aufbruch ins Offene, angesichts solcher Risiken im Scheitern bleibt Heilkunde – eine Utopie!

3. Medizin im »studium generale«

Mit diesem durch und durch pathischen Horizont kommen wir nun im dritten und schwierigsten Teil wieder auf das Tun des Arztes und die Rolle der Medizin zu sprechen, einer Medizin, wie sie uns zunächst einmal rein äußerlich begegnet als »facultas« im »studium generale«. Und auch hier sollte ich ganz konkret werden!

Zu ihrem 600jährigen Bestehen im Jahre 1986 hat die Universität Heidelberg eine Jubiläums-Medaille prägen lassen, in der eine Urszene der »universitas« im Zepter dargestellt ist: Jesus im Tempel nämlich, der seine Lehrer belehrt. An dieses Universitätszepter möchte Jaspers anknüpfen, weil hier, wie er meint, so besonders eindrucksvoll zum Ausdruck kommt, »wie Christus die Aufgaben an die Fakultäten verteilt« (1949). So – in lebhafter Erinnerung an Heidelberg – in seiner Basler Antrittsvorlesung 1949!

Universität, so sagte er damals, ist nur möglich »in der lebendigen Kommunikation der forschenden Menschen«, der »universitas« nämlich, *und* »im Kosmos der Wissenschaften«, dem »studium generale« also. »Man darf uns nicht zerstükkeln!« So verstanden, müsse Philosophie eigentlich in allen Wissenschaften lebendig sein, müßten »alle Studenten in der Philosophie ein Heimatrecht« haben (1949). Die Universität war für Jaspers alles andere als ein »Warenhaus«, in dem man Kenntnisse erwirbt und Scheine stempelt, wo Trimm-Dich-

Studenten gedrillt werden zu Fach-Idioten. Die Universität sei vielmehr »der Raum, in dem alle Wissenschaften sich treffen. Soweit sie dabei ein Aggregat bleiben, ähnelt die Universität einem geistigen Warenhaus – soweit sie aber hindrängen zu einer Einheit des Wissens, ähnelt sie dem Unternehmen eines nie fertigen Tempelbaus« (1949).

Man glaubt manchmal den alten Paracelsus zu hören (den Jaspers kaum gekannt hat), der immer wieder darauf beharrt hat, die Rolle der »facultas medicinae« im Rahmen des »studium generale« eindeutig zu klären, indem er erklärte: Der Arzt müsse am ehesten »betrachten, von wannen der Mensch kommt«; nach ihm der Theologe, damit er wisse »was der Leib sei«, auf daß er ihn »nit zum Teufel verdamme«; danach erst der Jurist, der den Menschen »nit wie eine Sau behandeln«, nicht »als ein Kalb« verurteilen solle. Und so auch der praktische Arzt, »daß er ihn nit als ein Vieh in die Fleischbank gebe, sondern das göttlich Bildnis bedenke«, das zu bessern, zu bilden, zu heilen der Arzt doch berufen sei. Die Medizin ist daher der Eckpfeiler der Universität!

Auch bei Jaspers wird die Medizin wiederum – wie 400 Jahre zuvor bei Paracelsus – zum »Eckstein der Universität«. Alle »facultates« im »studium generale«, sie gewinnen neue Aspekte, neue Perspektiven, wahrhaftig »Durchblickbahnen« auf den Menschen. Gehen wir – mit Jaspers – diesem Verhältnis einmal im einzelnen nach, und beginnen wir mit der Jurisprudenz!

Medizin und Jurisprudenz

Nach Absolvierung des humanistischen Gymnasiums studierte Karl Jaspers, Sohn eines Bankdirektors, drei Semester Jura, freilich mit wenig Erfolg. »Die Jurisprudenz ließ mich unbefriedigt, da ich das Leben nicht kannte, dem sie dient; so nahm ich nur die verzwickte Verstandesspielerei mit Fiktionen wahr, die mich nicht interessierten. Ich suchte Anschauung der Wirklichkeit« (Logos [1941] Bd. 24). Im Jahre 1902 faßte der junge Jaspers daher den Entschluß, Medizin zu studieren, weil sich ihm hier, wie er glaubte, ein ganz weites Feld eröffnete »mit der Gesamtheit der Naturwissenschaften und dem Menschen als Gegenstand«. In Sils-Maria, auf Nietzsches Spuren, legte er diesen Plan in einer eigenen Denkschrift für seine Eltern nieder, mit dem Entschluß: »Ich studiere Medizin, um Badearzt oder Spezialist, etwa Irrenarzt, zu werden.«

Vor der Rechtskunde blieb ihm denn auch zeitlebens eine Scheu, ebenfalls vor der Politik, trotz aller Manifeste und Proklamationen. Er glaubte nämlich, daß es sich in der wirklichen Politik immer um jenen »Ernst der Macht« handeln müsse, der letztlich gründet auf dem »Einsatz des Lebens«. Dazu aber fehle ihm ganz einfach schon deshalb die Legitimation, weil er nie Soldat gewesen. Nun, den Politikern in diesem unserem Lande scheint gerade diese so gesunde Scheu völlig zu fehlen, so gut ihnen solcher Ernst manchmal auch täte! Der an sich so erstaunliche Sachverhalt aber, daß wir, die geistigen Menschen, »nicht an die Macht gelangen, beruht auf dem Geist selber«, so Jaspers in einem späten »Selbstporträt« (1966); denn dieser Geist sei zwar »ein Geist der Gesinnung, aber nicht ein Geist, der sein Leben einsetzt«.

Ziel wird für Jaspers mehr und mehr, »sich um alles zu bekümmern, was im menschlichen Dasein wesentlich ist«.

Hier geht es einfach prinzipiell – und wie sehr dies im akademischen Rahmen eines »studium generale« – um das Verhältnis von Wissenschaft und Philosophie. »Wissenschaft«, so Karl Jaspers (1948), »sich selbst überlassen als bloße Wissenschaft, gerät in die Verwahrlosung. Der Verstand ist eine Hure, sagte Nicolaus Cusanus, denn er gibt sich preis an beliebige Dinge.« Gleichwohl ist und bleibt sie, die Wissenschaft, »das wunderbare, unvergleichlich verläßliche Phänomen, der tiefste Einschnitt der Weltgeschichte, zwar Ursprung großer Gefahren, aber noch größerer Chancen und von nun an Bedingung aller Menschenwürde« (1948). »Wir können die Welt im Ganzen so wenig erkennen als Gegenstand, wie wir im Ganzen planen können, in Besitz nehmen können, verändern können.« Daher das Elend mit aller Projektplanung für das Jahr 2000 und darüber hinaus, das Elend auch mit unseren Grünen! »Mag diese Welt der natürliche Kosmos sein oder mag diese Welt die Menschenwelt sein, beide sind außerhalb unseres machenden Zugriffs in dem Einrichten« (Chiffren, 9). Wir werden »*nie* den Menschen als Ganzes ergreifen«. Das ist wahrscheinlich auch gar nicht so wichtig! Wichtig wäre zunächst einmal, einen Blick zu bekommen für »ein Gesamtbewußtsein der geistigen Lage«.

Vor allem aber der Arzt bedürfe »im Unterschied zum beschränkten Forscher« einer solchen Universalität; er will und muß »universal die möglichen Gesichtspunkte zur Verfügung haben«; er kann nur »in der menschlichen, in der geistigen Welt zu Hause sein«. Eine solche Heilkunde freilich ist alles andere als eine Ganzheitsmedizin. »Das Ganze ist kein Gegenstand, sondern eine Idee.« Gerade deshalb aber braucht man ihn, den universalen Horizont. Denn: »ohne Philosophie kann man an der Grenze der naturwissenschaftlichen Medizin des Unfugs nicht Herr werden« (1958).

Medizin und Philosophie

Das Verhältnis der Medizin zur Philosophie – und damit sind wir beim zweiten Aspekt – gehört zu den Dominantproblemen der Wissenschaftsgeschichte. In den Enzyklopädien der frühen Scholastik, so bei Isidor von Sevilla, wird bereits die Frage gestellt, warum denn wohl ausgerechnet die Medizin keinen Platz gefunden habe im Bildungssystem der sieben freien Künste, der »artes liberales«. Isidor antwortet, sehr souverän, die Medizin sei keine eigene »ars«, keine eigenständige Disziplin, weil sie alle anderen, die Grammatik, Dialektik, Rhetorik und selbstverständlich auch die Realwissenschaften in sich vereinige. Mit Recht sei daher die Medizin aufzufassen als eine »secunda philosophia«, eine grundsätzlich philosophische Disziplin. Der Arzt wird dabei zum Moderator (medicina, id est a modo), der Maß nimmt, Maß hält und damit auch Maßstäbe setzt.

Nun hat sicherlich das moderne Weltbild, begründet auf die »Pseudowissenschaft« eines Descartes, nicht mehr den »Charakter einer Chiffer für Existenz«, sondern nur noch den »einer mechanischen und dynamischen Apparatur für den Verstand« (Chiffren, 98). So leben wir eigentlich ohne Weltbild, wo doch der Mensch das einzige Wesen ist, das in seiner Natur »das ganze

Universum« vertritt: in einem Raum der Philosophie, die zum denkenden Menschen als solchem gehört, mit einer »universellen Kategorienlehre«, ausgeführt zwar von der Fachphilosophie, aber ihrerseits »unabschließbar«, ein Denken der Vernunft also, »die mit jedem Schritt den Verstand benutzt, aber über den Verstand hinausgeht, ohne ihn zu verlieren« (1958) – alles in allem »scheinbar nichts, und doch die Luft, in der wir atmen müssen, um zu existieren«: »der Lebensatem der Existenz.«

Der Rang einer Wissenschaft wird somit bestimmt durch die »Strenge methodischen Bemühens«, das die Forscher selbst bestimmen, nicht die Wissenschaften. »Die ungenauen Wissenschaften sind für dieses Bewußtsein nicht schlechter als die exakten« (Philosophie I [1956] 206). Die als »höchste« angesehenen Wissenschaften seien »eigentümlich gehaltlos«: so die Astronomie, die das »räumliche Weltganze« zum Gegenstand hat, so die Mathematik als »reinste wissenschaftliche Aktivität«, so auch die Logik, die »universale Prüfungsinstanz allen Erkennens«. Alle drei wirken durch die Form als Form und sind »existentiell unverbindlich«. Wissenschaften bewegen sich daher in mannigfachen Rangordnungen, »ohne sich abzuschließen zu einer Hierarchie« (l. c. 208).

Wissenschaft lehrt lediglich: »zu wissen mit dem Bewußtsein von der Methode des jeweiligen Wissens. Sie vollzieht Gewißheit«, eine Gewißheit freilich – so sehr dezidiert in der Basler Antrittsvorlesung 1949 –, deren Realität »ihr entscheidendes Merkmal« ist. Wer auch immer den »Wahrheitssinn wissenschaftlicher Erkenntnisse, diese gleichsam beklopfend, prüfen« wolle, der müsse zunächst einmal ganz schlicht »in das Verfahren dieser Forscher mit eintreten«.

Darüber läßt der Philosoph Jaspers keinen Zweifel bestehen: »Wer philosophiert, will in wissenschaftlichen Methoden erfahren sein«, und noch deutlicher: »Wer nicht in einer Fachwissenschaft geschult ist und ständig in Kontakt mit wissenschaftlicher Erkenntnis lebt, der wird im Philosophieren alsbald stolpern.« Nur so wurde ihm Max Weber »der leibhaftige Philosoph unserer Zeit. Er führte zur Orientierung in allem Wißbaren und war zugleich der wunderbar wirkende Anspruch zu tun, was man kann.« Jeder eigentliche Forscher ist daher Philosoph, auch und gerade der Arzt.

Dem Arzt Ernst Mayer vor allem verdankt Karl Jaspers jene »Gemeinsamkeit des Philosophierens« (so im Vorwort zur »Philosophie«, 1932), die ihm zur »Artikulation im Gang des Denkens« verhalf, die ihm das brachte, was Jaspers die »kommunikative Gewißheit« genannt hat. Hier lernte er, daß der Forscher philosophierend, ob bewußt oder unbewußt, »in sich selber die Führung seines konkreten Tuns« besitzt, einen Leitfaden, der seine methodische Arbeit führt. »Wer diese Führung durch Reflexion und Selbstbewußtsein stärkt, philosophiert schon ausdrücklich« (1949). »Es gibt keine Sache der Philosophie, die vom Menschen loslösbar ist.« Und wieder gewinnt das Konkrete an Raum: das »alltägliche Verhalten«, unsere »Grunderfahrungen« im Alltag, unsere »Welt«. Von seinem Freunde und Schwager Ernst Mayer weiß Jaspers zu berichten, daß »Arztsein und Philosophie« in ihm »in eins verbunden« gewesen seien. Und noch einmal die alles verbindende Grundmelodie: »Das Arztsein war seine konkrete Philosophie.«

Medizin und Psychiatrie

Und damit sind wir bei der dritten und m. E. entscheidenden Position angekommen: beim Verhältnis des Mediziners Jaspers zu seinem eigenen Fachgebiet, der Psychiatrie. Es ist sicherlich kein Zufall, daß Jaspers in seinem philosophischen Hauptwerk die theoretischen wie die praktischen »Grenzen der Weltorientierung« an einem ganz konkreten Beispiel zu verdeutlichen sucht, am Beispiel der ärztlichen Therapie, oder genauer: »am Umgang des Arztes mit dem Kranken«. Was ist damit gemeint?

Der Leib, und damit das Leben, es wird gepflegt, behandelt, gereizt, verändert »in der Erwartung, daß es in der erwünschten Richtung sich wandelt«. Jeder Eingriff bleibt dabei unberechenbar, alle Handlung ist bloß »Versuch«, bedarf einer eigenständigen »Kunst«. Der Kranke will dabei grundsätzlich anerkannt werden als ein selbständiges Vernunftwesen, »das Bescheid wissen will über das, was mit seinem Leibe im Gange ist«. Der Arzt klärt darüber auf, bietet sein Wissen »rückhaltlos« dar, so wie es sich »ihm selbst darstellt«, es dann dem anderen überlassend »zur Verwendung und inneren Verarbeitung« (Philosophie I [1956] 121–123). Der Arzt ist weder Techniker noch Heiland, sondern »Existenz für Existenz«. Der Arzt kann damit zu einem Schicksal für den Kranken werden, Schicksal insofern, als der Kranke es zu einem Teil durch sich selbst herbeiführt, daß er es aber auch zum anderen Teil vorfindet »als das ihm begegnende Arztsein« (l. c. 129), so wie Jaspers dies in seinen jungen Assistenzjahren erlebt haben mag in der Psychiatrischen Klinik.

Nun, die Psychiatrie ist auch für Jaspers immer »ein merkwürdiges Fach« geblieben. Wieweit hat, so fragt er, all ihr Wissen überhaupt etwas mit der Praxis zu tun? »Wieweit ist es nur ein wechselnder Jargon, sei dieser hirnmythologisch oder psychomythologisch, ein Jargon, der die Sprechweise bei der Praxis, aber nicht die Praxis selber in ihrer wirksamen Realität wandelt?« (1958) Besonders scharf ist Jaspers mit der Psychotherapie ins Gericht gegangen, und hier noch einmal dramatisch verschärft mit jener Psychoanalyse, die er attackieren konnte als »die Religion der privaten Verwirrung«. Psychotherapeutische Bewegungen haben sich losgelöst von der Idee des Arztes und sind zu »Glaubensbewegungen dieses ratlosen Zeitalters« geworden. »Der Verlust der transzendenten Wirklichkeit hat den irdischen Glückswillen gesteigert zum absoluten.« Und so erscheint ihm alle Psychologie als »Philosophie in verwahrloster Gestalt« (1953).

Die großen Techniker der Seele sollen es nun sein, die das Glück wiederherzustellen haben, alle die großen und »kleinen Heilande«. Der Arzt wird zum »Priester der Glaubenslosen«; er bedient sich der Lehranalyse als einer »Indoktrinierung«, einer Lehranalyse, die nichts anderes sei als »raffinierte Einprägung eines Glaubens« durch Exerzitien. »Die Maskerade eines liebenden Kampfes soll zum Erwachen der Existenz im Patienten führen«, eines liebenden Kampfes – »gegen Honorar«. Aber – so schließt Jaspers – »geplante Kommunikation muß zu einem Talmigebilde werden« (1958).

»Der Arzt« – so Jaspers in seiner »Idee des Arztes« (1953) – vergißt nie »die Würde des selbstentscheidenden Kranken und den unersetzlichen Wert jedes einzelnen Menschen«. Für den vernünftigen Kranken und Arzt gilt daher der Grundsatz: »So wenig wie möglich eingreifen, Beschränkung auf rationell begründete Mittel« (1953). Ein solches Ideal setzt freilich voraus, »daß Arzt und Kranker beide in der Reife der Vernunft und Menschlichkeit leben«. »Nur der Arzt im Umgang mit den einzelnen Kranken erfüllt den eigentlichen Beruf des Arztes. Die anderen betreiben ein redliches Gewerbe, aber sind nicht Ärzte« (1958). Daß der versachlichte Umgang mit Technik zu einem Verlust an Persönlichkeit führen müsse, hat der Arzt und Philosoph Karl Jaspers (1931) immer wieder betont. Personale Sinnerfüllung werde ersetzt durch soziale Rollenerfüllung. Technik trennt ab von der Begegnung mit der Natur wie auch vom Umgang mit der Geschichte.

Was Jaspers freilich völlig gefehlt hat, ist eine Kenntnis der Geschichte der Medizin, auch der Geschichte der Psychiatrie. Hier denkt er einfach in den abgedroschenen Schablonen positivistischer Geschichtsschreibung. Da sind – à la Comte – die alten Ärzte Priester, die mittelalterlichen autoritäre Dogmatiker, alles »dürftig und voller Täuschungen«. Mit den Naturwissenschaften erst »wurden Ärzte, was sie sein können, und wurden es im großen Stil«. So Jaspers auf der 100. Versammlung der Gesellschaft Deutscher Naturforscher und Ärzte! Und hier beginnt der sonst so nüchterne Jaspers denn auch zu schwärmen von einer »neuen Welt von Schönheit in den Räumen der Kliniken, der Laboratorien und Operationssäle«, eine schöne neue Welt, wahrhaftig, mit all den »Instrumenten und Apparaten und in den Hantierungen der Ärzte«. So wörtlich 1958! Ich werde den Verdacht nicht los, daß Jaspers die von ihm so sorgfältig aufgeführten Quellen – Heinroth, Ideler, Jacobi und wie sie alle heißen – ebensowenig gelesen hat, wie er, nach eigenen Angaben, jemals Heideggers »Sein und Zeit« zu Ende lesen konnte.

Nicht weniger merkwürdig erscheint bei ihm der geistesgeschichtliche Hintergrund der Psychiatrie. Erst die naturwissenschaftliche Medizin habe die Psychiatrie in den Kreis der medizinischen Fächer aufgenommen, Ende des 19. Jahrhunderts erst, als die pathologisch-anatomische Hirnforschung ihre großen Triumphe feierte.

Vor allem für die Psychopathologie beansprucht Jaspers andererseits wieder die Methoden anderer Disziplinen, mehr noch: »die Methoden aus fast allen Wissenschaften«, der Statistik und Mathematik wie der Biologie und Morphologie, der verstehenden Geisteswissenschaften wie auch der soziologischen Methoden. Was Jaspers vom Psychiater fordert, ist: »sich einzuleben (nicht nur: einzulesen!) in die großen überlieferten Anschauungen, sich die wesentlichen Unterscheidungen anzueignen, ein klares Methodenbewußtsein zu erwerben« (All. Ps. 33). Was er sich vom Arzt wünscht und erhofft, das wäre eher »wieder etwas von der hippokratischen Haltung«, die jeden »Lebenslauf ins Auge faßt, die den Umgang des Kranken mit seiner Krankheit zu gestalten vermag«. Ein solcher Arzt – schließt Jaspers – »kennt die bleibende Bedeutung der hygienischen und diätetischen Ordnungen«. Ohne das Wissen um eine solche Lebensordnung bliebe, so dürfen wir hinzufügen, alle Medizin eine halbe Sache! »Ein Bild des Menschen wäre in einer Anthropologie zu gewinnen, die sich nährt aus der griechischen Philosophie, aus Augustin, aus Kierkegaard, aus Kant, Hegel und Nietzsche« – aus lauter Philosophen also, zur Begründung eines so schmalen Faches, wie es die Psychiatrie immer noch ist?

Je mehr der junge Jaspers sich hinwendet, hingezogen fühlt zur Medizin, desto mehr eröffnet sie ihm »das weiteste Feld im Gesamt der Naturwissenschaften mit dem Menschen als Gegenstand«. Die Medizin – so schon Galen, der große griechische Arzt der römischen Kaiserzeit – ist nach allen Dimensionen hin zu erweitern, zu vertiefen, zu verdichten. Ihr Ziel kann daher nur ein enzyklopädisches sein. Der Arzt braucht sie alle, alle Disziplinen, die Logik, die Physik, die Ethik. »Ich konnte nicht genug davon bekommen, zu erfahren, was man weiß und wie man dieses Wissen gewinnt und begründet.«

Zum ganzen Arzt aber wird der Arzt erst, wenn er auch seine Praxis aufnimmt in sein Philosophieren. Dann erst steht er »auf dem Felde der Realitäten, die er kundig gestaltet, ohne sich von diesen Realitäten düpieren zu lassen.« Wenn Jaspers immer wieder das Hippokratische »iatros philosophos isotheos« zitiert (der Arzt, der Philosoph wird, kommt einem Gotte gleich), dann ist in seinen Augen keineswegs der philosophisch bloß lehrende gemeint, sondern »der handelnde Arzt, der mit seinem Arztsein denkend unter ewigen Normen im Strom des Lebens Philosoph ist« (Idee des Arztes, 1953). Angesichts der allgemeinen Not erst kommt der Arzt in seiner Praxis zu der »philosophischen Einsicht in das Ewige« (1959). Und damit sind wir bei der letzten, der ersten, der obersten der vier Fakultäten!

Medizin und Religion

Es ist recht eigenartig, daß Jaspers sich erst durch das medizinische Studium der Realität zugewandt fühlte, um Schritt für Schritt zur Philosophie zu kommen, eigentlich zurückzukehren, und dann auf solchen Umwegen auch wieder die Theologie zu berühren, nun aber mit einer »Frische der Auffassung«, wie sie der bloß religiöse Mensch kaum erfahren konnte. Als der junge Jaspers zu philosophieren begann, hätte er sich im Traume nicht einfallen lassen, daß ihn »die Theologie jemals werde interessieren können« (1953). Für Theologie hatte er einfach kein Organ, »kein Interesse«, eher für »Religionspsychologie«, über die er im Jahre 1916 hier in Heidelberg las.

Und doch erscheinen ihm Theologie und Philosophie trotz aller Wesensverschiedenheit auffallend verwandt. »Beide leisten die rationale Arbeit einer Ursprungserhellung oder Glaubensvergewisserung.« Sie stehen in steter Beziehung gegenseitigen Nehmens und Gebens, aber auch des Kämpfens, wobei beide – meint Jaspers – »gegenseitig höchst undankbar« zu sein pflegen (Philosophie I [1956] 314). »Religion oder Philosophie ergreifen den ganzen Menschen, indem sie, ohne selbst Sphäre zu sein, alle Sphären seines Daseins durchdringen« (l. c. 317). Als Metaphysik freilich spricht Philosophie immer »eine vieldeutige Sprache«, eine Sprache, »in der das Sein selbst getroffen werden soll«. Das aber ist »eine Welt schwer hörbarer Musik«, eine Welt, die immer wieder abgleitet »in den Lärm bloßer Aussagen und Rationalitäten«. Hier geht es nun wirklich um »das Geistige«, das uns nicht unmittelbar durch »Natur« gegeben ist, »sondern erst durch Bildung wird«, und zwar das wird, »was möglich ist« (Philosophie I [1956] 340).

In seiner »Autobiographie« muß Jaspers zugeben: »Die Theologie nicht zu beachten, zeigte sich auf die Dauer als unmöglich. Ihre Faktizität macht sich überall bemerkbar.« Bemerkbar wird sie vor allem aber in der Universität, wo die »Verwandlung des theologisch geführten Wissens« in den »philosophischen Glauben« so augenscheinlich über die Bühne geht. Die Philosophie, und zumal die Existenzphilosophie, sie wird für Jaspers »das alle Sachkunde nutzende, aber überschreitende Denken«. Und die Sachkunden selber? Nun: Aus dem »Element der Philosophiegeschichte« bewahren auch und gerade sie »vor der Zerstreuung im Nichtwissenswerten« und schenken uns letztlich jene »Beseelung wissenschaftlicher Forschung«, die nichts anderes ist als »die konkrete Philosophie, die sich im Ganzen einer besonderen Wissenschaft verwirklicht«. Sie alle aber – und damit schließt sich der Kreis –, sie alle kulminieren wiederum in der Medizin: Arztsein und Philosophie erscheint Jaspers einfach als »in eins verbunden«: Arztsein ist »konkrete Philosophie«!

Zusammenfassung und Ausblick

Lassen Sie mich mit dieser Formel schließen, die vielleicht etwas weniger formelhaft klingt nach diesem meinem Vortrag, der ja auch nur ein Versuch zum Konkreteren hin sein konnte. »Ein Vortrag«, schrieb Karl Jaspers, »kann nur erinnern und veranlassen, nicht geben, was jedem allein im eigenen Denken ... erwachsen kann« (1978). Das Ursprüngliche im Menschsein nämlich, das ist einfach da; das kommt nicht über die Rationalität in den Menschen; es geschieht vielmehr eher wie mit einem »Ruck«: geht uns an die Hand, unter die Haut, in die Sprache, in den Leib, als ein Mittel, »unser Leben zu führen«.

In diesem Sinne war, ist und bleibt Philosophie eine »Revolution der Denkungsart«. In seiner sicherlich nicht leicht zu verdauenden »Psychologie der Weltanschauungen« (1919) hat gerade Jaspers davor gewarnt, diese seine Weltanschauung als Lebenslehre zu verstehen. Die faktische Weltanschauung bleibe ein für allemal »Sache des Lebens«. Was mit einem Buche oder einem Vortrag geboten werden könne, das seien lediglich »Möglichkeiten als Mittel zur Selbstbesinnung«, nur eine »Darbietung von Orientierungsmitteln«, keinesfalls aber der Versuch, »Leben zu schaffen und zu lehren«. Auch aus der Geschichte erkennt man nur die eigenen Motive wieder, um so erstaunlicher, je tiefer man in sie eindringt. »Aber jede Gegenwart hat sich selbst zu verwirklichen.«

Nun gibt es bei einer solchen leibhaftigen Selbstverwirklichung unzählige Sprachen, die es zu entziffern gilt: eine Landschaft, Träume, ein Kunstwerk, das Wort, die Treue, eine Gebärde, Gedichte, Geschichten, das Kranksein. Das Lesen solcher Chiffreschrift aber geht vor sich, wie ein »inneres Handeln«. Alle Dinge der Welt gewinnen hier an Bedeutung, wollen entschlüsselt sein, sollen sich kundtun, können einverleibt werden. Immer geht es hier um das »Hören aus dem Ganzen der Wirklichkeit«, immer auch um das »Hören auf die Antworten aus der Welt«. Alles Erkennen ist so verstehendes Auslegen, Auslegung wie beim Verstehen eines Textes.

Hier hat der Arzt eher beratend als operierend einzugreifen. »Der Arzt bringt das Leben unter Bedingungen der Diät«, wobei »diaita« verstanden wird als die ursprüngliche, die klassische, die eigentliche Lebensordnungslehre. Bei einer solchen Lebensordnung trifft er, der Arzt, lediglich Veranstaltungen »für das Gelingen der Selbsthilfe im Ganzen. Er handelt wie ein Gärtner, indem er pflegt, reizt und dabei ständig versucht, je nach Ergebnis sein Verfahren ändert. Es ist der Bereich der Therapie als rational geregelter Kunst« (All. Psychopath., 666). Bei diesem Versuch aber, »dem Kranken durch seelische Kommunikation zu helfen, sein Inneres bis in die letzten Tiefen zu erforschen, um die Ansätze zu einer Führung auf den Weg der Heilung zu finden«, da erweist sich am deutlichsten, daß der Arzt »unausweichlich Philosoph ist«. Der Arzt als Philosoph erhellt den Lebensraum, in allen wesentlichen Momenten einer Rhythmisierung des Alltags. Die Ruhe in der Arbeit etwa – »quies« im »motus« – ist es von nun an, die in der »unbefangenen Bewegung der Phantasie« alle Impulse zur Geltung kommen läßt, jene »Ruhe des Besinnens« eben, ohne die jede Arbeit »endlos, unwesentlich, leer« wird. Daraus die verblüffende Konsequenz: »Wer nicht täglich eine Weile träumt, dem verdunkelt sich der Stern, von dem alle Arbeit und jeder Alltag geführt sein kann« (1953).

Jaspers ist und bleibt hier – wie ich meinen möchte – »der große Frager, der selbst nur weiß, daß er nichts weiß«. Er hat es im Fragen verstanden, den Menschen offen werden zu lassen für die Wege zur Transzendenz, die letzte offene Frage. Fragen ist die Frömmigkeit des Denkens, wie es bei Heidegger heißt, und hierin wären die beiden sich einig!

Es scheint mir von ergreifender Bedeutung zu sein, daß Karl Jaspers seine letzte Vorlesung, gehalten im Sommersemester 1961 zu Basel, einleiten und beschließen konnte mit ganz schlichten Versen aus dem hohen Mittelalter, die lauten: »Ich komme, ich weiß nicht woher. Ich bin, ich weiß nicht wer. Ich sterb', ich weiß nicht wann. Ich geh', ich weiß nicht wohin. Mich wundert's, daß ich fröhlich bin!« Lassen Sie mich damit schließen, mit diesem so tiefsinnig verwundert fröhlichen Jaspers!

Literaturhinweise

Birnbaum, Karl: Von der Geistigkeit der Geisteskranken und ihrer psychiatrischen Erfassung. Offener Brief an Herrn Prof. Jaspers. Antwort auf vorstehenden offenen Brief von Karl Jaspers. Zschr. ges. Neur. Psychiatr. 77 (1922) 509–515; 516–518.
Hersch, Jeanne: Karl Jaspers. Eine Einführung in sein Werk. München 1980.
Jaspers, Karl: Allgemeine Psychopathologie, Berlin, Heidelberg 1923.
–: Die geistige Situation der Zeit. Sammlung Göschen, Bd. 1000, Berlin 1931.
–: Philosophie. (3 Bde.) 1932, 2. Aufl. Berlin, Göttingen, Heidelberg 1948.
–: Der philosophische Glaube. München 1948.
–: Philosophie und Wissenschaft. Antrittsvorlesung an der Universität Basel. Zürich 1949.
–: Rechenschaft und Ausblick. Reden und Aufsätze. München 1951.
–: Vom Ursprung und Ziel der Geschichte. Frankfurt 1955.
–: Philosophie I. Philosophische Weltorientierung. Berlin, Göttingen, Heidelberg 1956.
–: Heidelberger Erinnerungen. Heidelberger Jb. 5 (1961) 1–10.
–: Gesammelte Schriften zur Psychopathologie. Berlin, Göttingen, Heidelberg 1963.
–: Kleine Schule des philosophischen Denkens. München 1965.
–: Philosophische Autobiographie (1953). München 1977.

–: Chiffren der Transzendenz. München 1970. 3. Aufl. Serie Piper 7, München 1977.

–: Über Bedingungen und Möglichkeiten eines neuen Humanismus. Drei Vorträge. Stuttgart 1978.

Kolle, Kurt: Karl Jaspers. In: Große Nervenärzte. Hrsg. Kurt Kolle, Stuttgart 1956, 145–152.

–: Karl Jaspers als Psychopathologe. In: Karl Jaspers. Hrsg. Paul Arthur Schilpp. Stuttgart 1957, 436–464.

Rossmann, Kurt: Bibliographie der Werke und Schriften von Karl Jaspers. In: Offener Horizont. Festschr. Karl Jaspers. München 1952, 446–459.

Saner, Hans (Hrsg.): Karl Jaspers in der Diskussion. München 1973.

Schmitt, Wolfram: Die Psychopathologie von Karl Jaspers in der modernen Psychiatrie. In: Die Psychologie des 20. Jahrhunderts. Zürich 1980, 46–62.

Schneider, Kurt: 25 Jahre »Allgemeine Psychopathologie« von Karl Jaspers. Nervenarzt 11 (1938) 281–283.

Seidler, E., H. Kindt u. N. Schaub: Jaspers und Freud. Sudhoffs Archiv 62 (1978) 37–63.

Tennen, H.: Jaspers' Philosophie in kritischer Sicht. Das Verhältnis zwischen Philosophie und Wissenschaft. Zschr. philos. Forsch. 28 (1974) 536–561.

Werner Janzarik

Jaspers, Kurt Schneider und die Heidelberger Psychopathologie

Im Jahre 1913 erscheint die »Allgemeine Psychopathologie« von Karl Jaspers. Der junge Autor, der schon beim Wechsel vom Jurastudium zur Medizin an Psychiatrie und Psychologie in akademischer Tätigkeit und an Kraepelin in Heidelberg als Vorbild gedacht hatte [8], war im Januar 1908 nach seinem Medizinischen Staatsexamen als Medizinalpraktikant in die Heidelberger Psychiatrische Klinik eingetreten. Bei Franz Nissl, dem bedeutenden und von Jaspers auch wegen seiner Liberalität und Menschlichkeit verehrten Hirnforscher, Schüler Kraepelins und nach einem kurzen Zwischenspiel Bonhoeffers seit 1904 Kraepelins Nachfolger auf dem Heidelberger Lehrstuhl, schreibt er seine Dissertation »Heimweh und Verbrechen« [7]. Sie erscheint als selbständige forensisch-psychiatrische Abhandlung und bestimmt Nissl, den jungen Jaspers, der sich auf ein wohlhabendes Elternhaus stützen kann, als unbezahlten Volontärassistenten einzustellen. In seinem Einstellungsantrag vom Juli 1909 an das Ministerium schreibt Nissl, Jaspers sei »ein außergewöhnlich begabter und für die Wissenschaft begeisterter junger Arzt, der leider in Folge seiner schwachen Brustorgane gezwungen ist, sich möglichst zu schonen«. Die Klinik könne ihn daher nicht zum Abteilungsdienst, wohl aber bei wissenschaftlichen Arbeiten, speziell im psychologischen Laboratorium, als eine außerordentlich brauchbare Kraft verwenden, ohne daß Geldmittel in Anspruch genommen würden. Jaspers lege Wert darauf, daß er auch in den amtlichen Verzeichnissen als Assistent der Klinik geführt werde. Wenn er nicht ankomme, werde er nach München oder sonstwohin gehen. »Mit Prof. Kraepelin«, so Nissl, »habe ich persönlich über Jaspers gesprochen und Kraepelin hat mir erklärt, daß er denselben sofort als Assistenten nehmen würde« [5].

Aus der philosophischen Autobiographie [8] wissen wir, wie sehr die Heidelberger Klinik Jaspers beeindruckt hat. »Es war ein merkwürdiges Leben allseitiger Spontaneität, mit dem alle vereinigenden Bewußtsein, eine großartige Erkenntniswelt zu fördern, mit allem Übermut des Zuvielwissens, aber auch mit der radikalen Kritik, die jede Position zersetzte.« Zur Klinik gehörte als Oberarzt Wilmanns, der später Nissl im Amt folgte und Jaspers anregte, die »Allgemeine Psychopathologie« zu schreiben. Auch der Grundgedanke: »Entwicklung einer Persönlichkeit oder Process?« stammte von ihm. Zur Klinik gehörten Homburger, Mayer-Gross, Wetzel und als die zentrale Gestalt über drei Jahrzehnte hinweg H. W. Gruhle, »unersetzlich«, wie Jaspers sich am 18.6.1938 in einem Brief an K. Schneider erinnert, »durch die täglichen kritischen Prügel, die ich wie alle anderen von ihm bezog, und die mir ungemein fruchtbar waren vor allem auch durch die Wut, in die sie mich versetzten.« »Diese Klinik«, so heißt es in jenem Brief, »war eine wirkliche, produktiv discutierende Gemeinschaft mit einem Enthusiasmus und mit wissenschaftlichen Hoffnungen, die jeden, der dahin kam, wenn er nur einen Funken in sich hatte, in Gang bringen mußten. Ohne diese Klinik und diese Männer wäre meine Psychopathologie nie entstanden.«* Zeitlich schließen sich hier an die vor einer Reihe von Jahren veröffentlichten Erinnerungen an die Heidelberger Klinik aus der Zeit nach dem 1. Weltkrieg von Bürger-Prinz [2] und v. Baeyer [1] sowie ein Rückblick auf 100 Jahre Heidelberger Psychiatrie aus jüngster Zeit [5]. Verwiesen sei auch auf den Dokumentationsband zu einer Ausstellung »Karl Jaspers in seiner Heidelberger Zeit«, deren psychiatrischer Teil von Wolfram Schmitt besorgt worden ist [11].

Entpflichtet von der Alltagsarbeit, doch mit freiem Zugang zu den Patienten, zur Bibliothek und zur wissenschaftlichen Diskussion hat Jaspers [7] in einer Reihe von Abhandlungen Grundthemen seiner zwischen 1911 und 1913 entstandenen »Allgemeinen Psychopathologie« entwickelt. Am Beispiel des Eifersuchtswahns wird 1910 die Frage »Entwicklung einer Persönlichkeit«

---

* Das Zitat und weitere Briefstellen sind dem im Deutschen Literaturarchiv in Marbach aufbewahrten Briefwechsel Jaspers–K. Schneider entnommen.

oder »Prozeß«? geprüft. Die Tätigkeit im psychologischen Laboratorium führt zu einem kritischen Referat »Die Methoden der Intelligenzprüfung und der Begriff der Demenz« (1910) als Vorbereitung auf das spätere Kapitel über die »objektive Psychopathologie«. Von zentraler Bedeutung sind die beiden Abhandlungen über Trugwahrnehmungen (1911, 1912), der Aufsatz über die phänomenologische Forschungsrichtung in der Psychopathologie (1912) und die Abhandlung über kausale und verständliche Zusammenhänge zwischen Schicksal und Psychose bei der Dementia praecox (1913). Für die »Allgemeine Psychopathologie« [6] ergibt sich aus diesen Vorarbeiten, die später in einem stattlichen Band gesammelt worden sind, eine Gliederung in die Phänomenologie, die die subjektiven seelischen Erscheinungen deskriptiv im statischen Verstehen erfaßt, und die am Bild des psychischen Reflexbogens orientierte objektive Psychopathologie. Die Zusammenhänge des Seelenlebens werden als verständliche und als kausale Zusammenhänge unterschieden. Sie sind genetisch zu verstehen oder kausal zu erklären. Die Gesamtheit der Leistungsfähigkeiten wird als Intelligenz, das Ganze der verständlichen Zusammenhänge als Persönlichkeit erfaßt. Auf diesen Grundlagen wird unter Anlehnung vor allem an Kahlbaum und Kraepelin eine Synthese der Krankheitsbilder entwickelt.

Das Prinzip der »Allgemeinen Psychopathologie« war nach eigener Bekundung: »die Erkenntnisse zu entwickeln und zu ordnen am Leitfaden der Methoden, durch die sie gewonnen werden, das Erkennen zu erkennen und dadurch die Sachen zu klären« [8]. Eine Allgemeine Psychopathologie als Sammlung des psychopathologischen Wissens hatte schon Emminghaus, 1878, vorgelegt. Neu war jetzt, und seither unverlierbar, wenn auch in den späteren Auflagen beschwert durch eine allzu große Materialhäufung, der methodologische Ansatz. Jaspers hat sich gestützt auf Dilthey, Husserl und auf Max Weber, den er, anders als den eher verleugneten Dilthey, als einzigen wiederholt erwähnt und der neben dem eigenen Vater das bestimmende Leitbild für ihn gewesen ist.

Die »Allgemeine Psychopathologie« hat ihrem Autor, noch im Jahre ihres Erscheinens, zur Habilitation im Fache Psychologie verholfen und ihn damit aus der Klinik herausgeführt, deren Jahresberichte ihn zuletzt im Jahre 1914 als Assistenten erwähnen. Ähnlich hat später ein anderer Hochbegabter, Prinzhorn, und in noch kürzerer Zeit, ein Lebenswerk nach Gewicht und Ausstrahlung in dieser Klinik geschaffen, ehe auch er weiterzog und Neues suchte. Als ein Nachfolger für Nissl gesucht werden muß, fragt man 1916, noch im Vorfeld des Berufungsverfahrens, bei Jaspers an, der sich indessen, entgegen seiner Neigung, »nach zwei Tagen erregter Überlegung« die körperliche Belastung nicht glaubt zutrauen zu können*. Die große Zeit der Heidelberger Psychopathologie nach dem Ersten Weltkrieg bis zu ihrem Untergang im Jahre 1933 fußt auf den von Jaspers erarbeiteten und von Gruhle bewahrten Grundlagen. Der Schizophrenie-Band des Bumkeschen Handbuches von 1932 als eine Gemeinschaftsleistung der Heidelberger Autoren ist denn auch Karl Jaspers gewidmet. Durch Rezensionen, durch die späteren pathographischen Studien und durch die Neubearbeitungen der »Allgemeinen Psychopathologie« bleibt Jaspers dem Fach, und durch die erst 1933 abreißenden persönlichen Beziehungen auch der Klinik verbunden. Mit Hilfe ihrer Bibliothek gibt er 1941/42 seinem Werk die letzte, seit der 4. Auflage gültige Fassung. Den in das Unheil der Zeit verstrickten Carl Schneider, der an die Stelle des von den Machthabern entlassenen Wilmanns tritt und dessen politische Auffassungen ihm ein Schrecken sein mußten, hat Jaspers als Psychopathologen geschätzt. Er hat sich eingehend mit Carl Schneiders Lehre von den schizophrenen Symptomverbänden, deren spekulativ-biologischer Ansatz dem Heidelberger Denken fremd war, auseinandergesetzt.

Die von Siebeck ins Gespräch gebrachte Berufung von Kurt Schneider nach Kriegsende ist von Jaspers unterstützt worden. Seine Stellungnahme vom 6. Juli 1945** nennt nur zwei Namen: Hans W. Gruhle und Kurt Schneider. Bei der Würdigung Gruhles formuliert er, daß man ihn gelegentlich »das Gewissen der Psychiatrie« nenne, von den Arbeiten Kurt Schneiders heißt es,

---

* Brief Jaspers an K. Schneider vom 24.11.1950
** Brief Jaspers an K. H. Bauer aus dem ebenfalls im Deutschen Literaturarchiv aufbewahrten Schriftwechsel Jaspers–K. H. Bauer

sie seien »ausgezeichnet durch den Sinn für das Wesentliche und Grundsätzliche«. Abschließend bekennt Jaspers mit Formulierungen, die für ihn charakteristisch sind, seine Voreingenommenheit: »Während ich für Gruhle persönlich befangen bin als Heidelberger und aus einer großen gemeinsamen Erinnerung, ferner aus einer Neigung zum noblen, wissenschaftlichen Gegner, bin ich für Kurt Schneider befangen, weil er vor Jahrzehnten selbstlos als mein ›Schüler‹ in der Psychopathologie öffentlich auftrat, meinen Ansätzen folgte und mir durch alle die Zeit wissenschaftlich und persönlich eine ungewöhnliche Treue bewahrt hat. Würde ich gefragt, wen ich vorziehen würde, so kann ich sachlich keine Entscheidung finden.« Jaspers hat nach dem Krieg, was auch durch den soeben von De Rosa herausgegebenen Briefwechsel mit K. H. Bauer belegt wird [9], eine einzigartige Stellung an der Heidelberger Universität besessen, so daß seine Empfehlung in Berufungsfragen ungewöhnliches Gewicht bekamen. Auch noch die Nachfolge K. Schneiders dürfte durch den Rat entschieden worden sein, den er, v. Baeyer und Weitbrecht nennend, im Herbst 1954 von Basel aus gegeben hat.

Anders als Jaspers hat K. Schneider, auch wenn er sich ungern einen »Mediziner« nennen ließ und seine Wissenschaft als zwischen den Fakultäten stehend empfand, ein ganzes Leben in der Psychiatrie zugebracht. So ist einiges über seinen Weg als Psychiater zu sagen, bevor näher auf seine Beziehungen zu Jaspers und zur Heidelberger Psychopathologie eingegangen werden soll. Die eigene Erinnerung und Gespräche mit Frau H. Schneider können dabei genützt werden. K. Schneider, der Berufsoffizier geworden wäre und nicht Arzt, hätte er sich nicht dem Einspruch des Vaters gefügt, ist über R. Gaupp in Tübingen, einen Lieblingsschüler Kraepelins schon seit der Heidelberger Zeit, zur Psychiatrie gekommen. Er hat 1912 bei ihm promoviert. Gaupp hat ihn damals nicht einstellen können und ihn zu einer Zeit, da die dortige Universität noch nicht wiederbegründet war, an G. Aschaffenburg in Köln empfohlen, auch er einer der namhaften Kraepelin-Schüler aus Heidelberg, hochangesehen als Kriminologe und forensischer Psychiater mit Nachwirkungen bis in die Gesetzgebung unserer Tage. Aschaffenburg wird als liebenswerter Pykniker geschildert, musisch, mit einem offenen

Haus für Künstler und Konzerte, geistig sehr beweglich, der Gegentyp zu seinem introvertierten Assistenten, den Kriminologisches, obwohl sein Vater ein hoher Richter gewesen war, so wenig interessierte wie Aschaffenburg Psychopathologisches. Jahrzehnte später ist K. Schneider von den juristischen Vätern eingeholt worden. »Die Beurteilung der Zurechnungsfähigkeit«, 1948 in 1. Auflage erschienen, ist der seit der Strafrechtsreform im deutschen juristischen Schrifttum am meisten zitierte psychiatrische Titel. Als Schüler Aschaffenburgs angesehen zu werden, hat K. Schneider später fast ärgerlich werden lassen. Er meinte dann, etwas gereizt, sein einziger Lehrer sei Jaspers gewesen.

Der Erste Weltkrieg unterbrach mit drei Jahren ärztlicher Tätigkeit bei der Truppe und anschließendem Lazarettdienst die Zeit an der Kölner Lindenburg, wo K. Schneider eine ganze Reihe später von ihm am liebsten verleugneter Arbeiten publiziert und auf Geheiß von Aschaffenburg mit der psychiatrischen Untersuchung von Prostituierten begonnen hatte. Die Ergebnisse haben einige Jahre nach dem Krieg zu einer Monographie über Persönlichkeit und Schicksal eingeschriebener Prostituierter und letztlich dann auch zu dem immer wieder aufgelegten Buch über die psychopathischen Persönlichkeiten [14] geführt. Nach dem Ende des Ersten Weltkrieges hatte K. Schneider bereits in Heidelberg vorgesprochen, der Eintritt in die Klinik war vereinbart. Doch da protestierte Aschaffenburg und holte ihn nach Köln zurück, wo er sich 1919 habilitierte und 1921 bei Max Scheler, dessen Gefühlslehre er auf die endogene Depression übertrug, auch in der philosophischen Fakultät promovierte. Damals begann der schon erwähnte Briefwechsel mit Jaspers, doch nur von dem Psychopathologen Jaspers hat K. Schneider gelernt, der Philosoph Jaspers sprach ihn nicht an. Hier wurden bestimmend für ihn Max Scheler, in dessen Kölner Kreis er zu Hause war, und Nicolai Hartmann; die großen geistigen Erlebnisse der zwanziger Jahre waren für ihn Rilkes »Duineser Elegien« und Heideggers »Sein und Zeit«. Als Dichter hat ihn in jenen Jahren Hermann Hesse besonders angesprochen.

1931 ist K. Schneider zum Direktor der klinischen Abteilung der Deutschen Forschungsanstalt für Psychiatrie in Verbindung mit der Leitung der psychiatrischen Abteilung des Schwabinger

Krankenhauses in München ernannt worden, sehr zum Verdruß von Bumke, den Schneider noch Jahrzehnte später zusammen mit Bonhoeffer und Wilmanns zu den »Bonzen« des Faches rechnete, die über jede Neuberufung entschieden. Bumkes Reaktion auf die Probevorlesung des Habilitanden, die 1919 unter dem Titel »Reine Psychiatrie, symptomatische Psychiatrie und Neurologie« in der Zeitschrift für die Gesamte Neurologie und Psychiatrie erschienen ist [12], soll gewesen sein: »Dieser Mann darf nicht Ordinarius werden.« K. Schneider, der sich auch hier auf Jaspers stützte, hat damals von der »neurologischen Knechtschaft der Psychiatrie« gesprochen und gefordert, die Neurologie von der Psychiatrie abzutrennen. Psychiatrie habe vom Psychischen auszugehen. Als reine Psychiatrie befasse sie sich nicht mit Krankheitsprozessen im Sinne der Medizin, sondern mit Abarten, Typen, Reaktionsweisen menschlichen Wesens. Die reine Psychiatrie kenne keine »Krankheitseinheiten«. Als symptomatische Psychiatrie erforsche sie die psychischen Störungen, die als Symptome bei körperlichen Krankheiten, insbesondere bei Gehirnkrankheiten, auftreten. Die hier zugrundeliegenden Gehirnprozesse, wie etwa die progressive Paralyse, trotz der auch hier gegebenen psychiatrischen Betrachtungsmöglichkeit, könnten nur Gegenstand der Neurologie sein. Bei dem allergrößten Teil der Psychosen sei noch unentschieden, ob sie zur symptomatischen oder zur reinen Psychiatrie gehören. Die Abgrenzung, die vermutlich mit der Zeit die reine Psychiatrie zugunsten der symptomatischen verkleinern werde – K. Schneider hat später vom »Postulat« der »Somatose« bei den endogenen Psychosen gesprochen –, sei von neurologischer und psychiatrischer Seite zu versuchen.

Solche Auffassungen zu vertreten war in den Augen der Neuropsychiater jener Zeit eine Ketzerei. Auf seine Art ist auch Kurt Schneider einer von den aufmüpfigen jungen Männern gewesen, die zu Klassikern werden, wenn sie nur kreativ, ihrer Sache treu und lange genug am Leben bleiben. In den Jahren zwischen 1934 und 1939 hat er Rufe nach Hamburg, Halle und Breslau abgelehnt. Nach dem ersten Ruf mußte ihn auch Bumke in München zur Kenntnis nehmen, was für K. Schneider bedeutsam gewesen zu sein scheint, denn die hierzu gehörige Anekdote von einer

Begegnung im Speisewagen, bei der Bumke zum erstenmal gleich zu gleich mit ihm verkehrte, hat er oft erzählt. Noch in die Münchener Zeit reichen jene Veröffentlichungen zurück, die den Grundbestand der in vielen Auflagen und vielen Übersetzungen erschienenen »Klinischen Psychopathologie« [16] ausmachen. Die hier behandelten »Symptome 1. Ranges« sind maßgebend geworden für einen international angestrebten Konsensus über die Schizophrenie-Diagnose.

Im Herbst 1945 erhält K. Schneider den Ruf nach Heidelberg. Mit ihm kehrt der Jasperssche Forschungsansatz nach Heidelberg zurück und behauptet sich hier in der strengen Observanz bis zum Jahre 1955. Bis zum Weggang von Jaspers nach Basel bleiben noch 2 Jahre. Seit der letzten Neubearbeitung der »Allgemeinen Psychopathologie« ist Jaspers der Psychiatrie endgültig ferngerückt. Der Philosophie von Jaspers war K. Schneider immer fern gestanden. Beide Männer waren durchaus keine geselligen Naturen. So sind sie persönlich auf Distanz geblieben. Um so bemerkenswerter ist der seit 1921 mit Unterbrechungen bis 1955 zwischen ihnen geführte Briefwechsel mit 45 Briefen von Jaspers und 57 Briefen und Karten von K. Schneider aus den Beständen des Marbacher Archivs. Auf diesen Briefwechsel sei näher eingegangen, weil sich in ihm die Leitlinien zum Thema »Jaspers, K. Schneider und die Heidelberger Psychopathologie« verdichten.

Im Januar 1921 fragt K. Schneider an, ob er seine unter Max Scheler entstandene philosophische Dissertation »Pathopsychologische Beiträge zur psychologischen Phänomenologie von Liebe und Mitfühlen« Karl Jaspers widmen dürfe. Jaspers akzeptiert die Widmung mit sehr persönlichen Worten, die den um vier Jahre Jüngeren zur Übersendung eines Manuskriptes ermutigen. Zwischen 1922 und 1924 entwickelt sich ein danach für Jahre wieder aussetzender Gedankenaustausch von großer Lebendigkeit. Jaspers, dem zu dieser Zeit beim Schreiben noch nicht die Nachwelt über die Schultern sieht, äußerst sich sehr freimütig, und Kurt Schneider bleibt bei allem auch formal bezeugten Respekt, den er dem Neubegründer der Psychiatrie, wie er ihn sieht, entgegenbringt, nicht dahinter zurück.

Schon damals steht die »Allgemeine Psychopathologie«, deren

3. Auflage im Herbst 1922 vorbereitet wird, im Mittelpunkt. Neu in dieser Auflage, für die Jaspers Anregungen Kurt Schneiders erbittet, ist vor allem ein gesondertes Kapitel über »Ausdruckspsychologie«. »Mir scheint«, so hatte K. Schneider im Beginn des Jahres 1922 geschrieben, »daß auch Ihre auf das ›Verständliche‹ aufgebaute Fassung der Ausdruckspsychologie nicht ganz richtig ist. Wir ›verstehen‹ doch eigentlich nicht die Gebärde des Zornigen, sondern nehmen in ihr *dahinter liegendes Verständliches* unmittelbar wahr oder ›erfassen‹ es« (5.1.1922). Wichtig für Jaspers, der schon damals der Psychiatrie ferner gerückt war, mußten vor allem die Literaturhinweise sein, bei denen Autoren wie Binswanger, Kretschmer, Kronfeld, Schilder zur Sprache kommen. Kritische Anmerkungen dazu könnte K. Schneider auch Jahrzehnte später formuliert haben, wie jene aus dem Jahre 1923: »Mit lauter Feinheiten kritischer und methodologischer Art ist es nicht getan, man muß auch zeigen, daß sie zu etwas gut sind« (24.2.1923). Ähnlich charakteristisch in ihrer Unverblümtheit sind manche, Hochachtung und Sympathie damals wie später nicht ausschließenden persönlichen Urteile, so wenn K. Schneider bei der Erörterung eines Zeitschriftenplanes auf die Anregung Jaspers', man könne vielleicht Max Scheler fragen, antwortet: »Scheler ist – in diesen wie in allen anderen Dingen – ein Kind des Augenblicks und völlig unmündig« (9.3.1923). Jaspers, seit 1922 ordentlicher Professor für Philosophie, äußert sich verbindlicher, hält aber auch den Unmut nicht zurück, als etwa die Philosophische Fakultät der Universität zu Köln 1924 K. Schneider als Zwischenträger für eine inoffizielle Anfrage mißbraucht, ob Jaspers, der nach einiger Überlegung für den damaligen Zeitpunkt verneint, einem Ruf nach Köln folgen würde. K. Schneider selbst muß harte Worte einstecken, als er sich nach dem Urteil über sein zuerst als Handbuchbeitrag erschienenes Buch »Die psychopathischen Persönlichkeiten« erkundigt, und Jaspers bekennt, daß er sich gesträubt habe zu schreiben, weil er nicht sehr befriedigt gewesen sei. Es liege an der Aufgabenstellung, an ihm nur insofern, als er die Aufgabe übernommen habe. Das Ganze sei, wenigstens für ihn, »ohne Rundung, ohne Perspektive, ohne Reiz und Anregung«. Das wirklich Neue an dem später in vielen Auf-

lagen erschienenen Buch: ein auf einen soziologischen Ansatz gegründeter Psychopathie-Begriff, hat Jaspers nicht gesehen.

»Wie richtig!« hat K. Schneider 24 Jahre später an den Rand des kritischen Briefes geschrieben. Er mag sich seinerzeit über der anschließenden Passage getröstet haben, mit der Jaspers bekenntnishaft auf eigene Probleme eingeht: »Seit Jahren arbeite ich immer ausschließlicher philosophisch und an meinem Buche, das ich als das Wesentliche ansehe, zu dem das Bisherige Vorarbeiten waren. Was das sein wird, kann ich zur Zeit jedenfalls kurz nicht sagen. Es kann mit gleichem Recht Logik oder Ethik oder Metaphysik heißen ... Aber es wird noch lange dauern, bis eine Publikation reif ist. Meine früheren Sachen habe ich alle zu schnell publiziert – die dira necessitas, sich eine Stellung zu erwerben, um leben zu können –, das soll nun nicht mehr passieren« (4.3.1924).

Die Ursprünglichkeit der frühen handschriftlichen Briefe, deren bei Jaspers zu dieser Zeit noch labiler und nervöser Duktus sich schwer entziffern läßt, ist nach mehrjähriger Pause von den späteren Äußerungen nur noch selten erreicht worden. Um so eindrucksvoller ist ein Brief vom Juni 1938, mit dem Jaspers, begeistert von diesem unerwarteten Geschenk in einer Zeit des Schweigens, auf einen im »Nervenarzt« erschienenen Aufsatz des Titel: »25 Jahre ›Allgemeine Psychopathologie‹ von Karl Jaspers« [13] reagiert: »Erst von diesem Buch an«, so hatte K. Schneider geschrieben »gibt es eine wissenschaftlich befriedigende Psychopathologie«. Jaspers bedankt sich, »nicht ohne Ergriffenheit« und in sehr spontaner Formulierung, mit Erinnerungen an seine Jahre in der Heidelberger Klinik und wünscht sich einen Augenzeugen, der einen Bericht erstatte über die Zeiten eines Kraepelin, Nissl und Wilmanns. »Es wäre, wie mir scheint, eine Aufmunterung für jede andere Klinik-Gemeinschaft, und es wäre ein Beitrag zur Sociologie und Psychologie des klinischen Betriebes, wie er aussehen kann, wenn Ideen ... ihn beseelen unter der Bedingung persönlicher Integrität aller Beteiligten« (18.6.1938). Kein anderer als K. Schneider konnte in Frage kommen, als Jaspers im Juni 1941 den kundigen und kritischen Berater für eine letzte Neubearbeitung der »Allgemeinen Psychopathologie« sucht.

Die darüber entstandenen Briefe von beiden Seiten, in denen

Jaspers fragt und K. Schneider antwortet und Ratschläge gibt, auf wichtige Autoren hinweist und kritische Einwände macht, würden bei einer wissenschaftlichen Bearbeitung des Briefwechsels im Mittelpunkt zu stehen haben. Es würde sich um eine eigenständige Aufgabe handeln, die nicht durch ein flüchtiges Hinrühren vorbelastet sein sollte. So soll aus den Diskussionen über die Neubearbeitung und aus den späteren Briefen nur jener Aspekt berücksichtigt werden, der über die in den Briefen jetzt viel deutlicher als Jaspers sich mitteilende Person K. Schneiders mit der Heidelberger Psychiatrie der Nachkriegszeit verbunden bleibt.

K. Schneider ist noch kritischer und selbstkritischer geworden. »Mehr und mehr«, heißt es in dem Brief, der die Unterstützung bei der Vorbereitung der 4. Auflage zusagt, »habe ich eine Abneigung dagegen, Dinge zu schreiben, die zum großen Teil ›zusammengeschrieben‹ sind« (14. 6. 1941). Als genau ein Jahr später die das Werk völlig umgestaltende Neubearbeitung abgeschlossen ist, meint er, ihm selber sei das Überwuchern des Philosophischen besonders interessant. Ob es dem Buch in seiner Eigenschaft als Darstellung der Psychopathologie zugute komme, sei eine andere Frage. Der Brief, der die erst im Herbst 1946 erschienene Neuauflage als »eine Gesamtschau, die sicher so nie wieder kommen kann«, begrüßt, enthält sich der Kritik. Im persönlichen Gespräch hat K. Schneider seine Meinung nicht zurückgehalten und die Lektüre vor allem der ersten Auflage empfohlen, der klassischen Auflage, die man sich auch als Grundlage der Übersetzungen gewünscht hätte. Eine resignative Stimmung, die schon in den Kriegsbriefen aus Rußland angeklungen war, ist jetzt deutlich geworden. »... wir sind im Täglichen so überflutet vom Negativen dieses Berufes, daß wir den freudigen Atem, diese geistige Begierde, dieses Wichtig-Nehmen nicht mehr aufbringen« (11. 10. 1946). Schon 1942 hatte es geheißen: »Ich bin niemals eigentlich ein hingerissener Forscher gewesen ... Nun kam noch dazu, daß die Psychopathologie innerhalb der Psychiatrie doch wohl wieder einmal erschöpft zu sein scheint. Außer kleinen Ausarbeitungen und Nachträgen ist kaum mehr was möglich. Und dann ist eben die Zeit der Humanität vorüber und mit ihr ist unser Beruf und Stand entzwei gegangen« (30. 6. 1942).

Um die Zeit der Emeritierung im Jahre 1955 kommt die Resignation noch einmal verstärkt zum Vorschein. Psychopathologie, meint K. Schneider in einem der letzten Briefe, spiele nur noch eine ganz bescheidene, in anderen Kliniken durchweg gar keine Rolle. »Ich verstehe fast nichts von dem, was praktisch und wissenschaftlich in meiner Klinik geschieht. Auch darum ist es Zeit« (16.10.1955).

Das erste Nachkriegsjahrzehnt, während dessen K. Schneider, ohne sich von einer resignativen Grundstimmung beirren zu lassen, die Heidelberger Klinik leitet, ist nach 12 Jahren des geistigen Niedergangs, der sich gerade in diesem Fach katastrophal auswirkt, ein für die Psychiatrie ungewöhnlich fruchtbares Jahrzehnt gewesen. Im Rückblick kann man sagen, daß das Jahrzehnt von der klinischen Psychopathologie K. Schneiders bestimmt war. Erst im Rückblick glaubt man allerdings auch zu erkennen, daß sich damals eine in ihren Auswirkungen zunächst noch nicht abzuschätzende Neuorientierung angebahnt hat, die zwar die von Jaspers und K. Schneider erarbeiteten psychopathologischen Grundlagen beibehält, aber darüber hinaus neue Ansätze entwickelt und weiter verfolgt.

Die zentrale Gestalt des Wandels, der sich von der in der Nachkriegspsychiatrie, und so auch für Jaspers und K. Schneider, immer noch gültigen und von der Assoziationspsychologie der Jahrhundertwende und der Aktpsychologie beherrschten Psychologie der Elemente abwendet und zu einem Denken in ganzheitlichen Zusammenhängen führt, ist K. Conrad. Seine über Kretschmer hinausweisende Monographie »Der Konstitutionstypus als genetisches Problem« war von Jaspers, der ein untrügliches Gespür für Qualität besaß, eingehend gewürdigt worden. Bei seinen hirnpathologischen Studien vereinigt Conrad in origineller Synthese das Gestaltprinzip und die von Sander untersuchte Aktualgenese und den Zerfall von Gestalten mit Gedanken von Jackson, Head, K. Lewin, v. Weizsäcker, H. Ey, um sich dann den initialen Schizophrenien und den symptomatischen Psychosen zuzuwenden. Die 1958, 3 Jahre vor seinem vorzeitigen Tod erschienene Monographie »Die beginnende Schizophrenie. Versuch einer Gestaltanalyse des Wahns« [3] begeistert ungeachtet mancher Kurzschlüssigkeiten die jüngere Generation durch Intuition, Einfallsreichtum und eine neue

Sicht der schizophrenen Phänomenzusammenhänge. Conrad war ausgegangen von F. Kruegers Ganzheitspsychologie, hatte dann aber den vor allem für die Analyse des aktuellen psychischen Feldes und der Wahrnehmungsphänomene tauglichen gestaltpsychologischen Ansatz vorgezogen. Mainzer Psychopathologen nehmen die Anregungen Conrads auf, halten sich aber nicht an das Gestaltprinzip, sondern an das von Dilthey eingeführte Strukturprinzip, das geeigneter ist, den personalen Hintergrund und die biographischen Zusammenhänge zu erfassen. Auf dem Umweg über Mainz wird die von Conrad angestoßene Neuorientierung, die von K. Schneider mit Anerkennung, aber nicht ohne Ambivalenz verfolgt worden war, um einiges später auch in Heidelberg zur Kenntnis genommen.

Hier hatte sich unter v. Baeyer in enger Nachbarschaft zu Frankfurt mit Zutt die phänomenologisch-anthropologische Richtung durchgesetzt. Auch sie war auf das Ganze des Menschen gerichtet, auf das Dasein des psychisch Kranken in seiner Welt, auf seine Begegnung mit dem Anderen, freilich vor einem philosophischen und nicht vor einem psychologischen Hintergrund. Ganz so ferne ist K. Schneider dem phänomenologisch-anthropologischen Ansatz nicht gestanden. Es gibt von ihm aus dem Jahre 1950 zum 60. Geburtstag von Martin Heidegger einen in der Kürze einer zweispaltigen Seite meisterhaften Aufsatz mit dem Titel »Die Aufdeckung des Daseins durch die cyclothyme Depression« [15]. Die im Jahre 1962 erschienene Festschrift zum 75. Geburtstag K. Schneiders, die H. Kranz [10] unter dem Titel »Psychopathologie heute« herausgegeben hat, beschließt eine Epoche der deutschen Psychiatrie. Ihr tritt zur Seite eine Karl Jaspers zum 80. Geburtstag gewidmete große Arbeit »Prozeß und Entwicklung als Grundbegriffe der Psychopathologie« von Häfner [4], die am Leitfaden der von Jaspers entwickelten Begriffe eine Summe der Psychopathologie der letzten Jahrzehnte zieht. Danach tritt die pharmakotherapeutische und sozialpsychiatrische Pragmatik in den Vordergrund, bis schließlich für einige Jahre, und in Heidelberg besonders vehement, ein antipsychiatrischer Aktionismus die Szene beherrscht. Als meine Heidelberger Antrittsvorlesung zu Anfang 1975 die Krise der Psychopathologie konstatiert, gibt es bereits erste Anzeichen für die unterdessen eindeutig gewordene Überwindung der Krise.

Die konsequente Linie der Jassersschen Psychopathologie, die in der Form, die ihr K. Schneider gegeben hatte, nach 1955 in Heidelberg aufgegeben worden war, wird in Bonn fortgesetzt. Weitbrecht verfolgt sie vor allem auf dem Gebiete der Zyklothymien, G. Huber in der Schizophrenieforschung. Der Kundige registriert ohne Überraschung die Konsistenz der zwar noch nicht von Fürstner, dem ersten Heidelberger Ordinarius, aber von Kraepelin vor nunmehr 9 Jahrzehnten begründeten Heidelberger Schule hinter den Personen. Unter ihnen ist nur Carl Schneider, Psychopathologe allerdings auch er, ein von den Zeitläuften angetriebener Fremdling geblieben. Aschaffenburg, Gaupp, Gruhle, Nissl, Wilmanns waren Kraepelin-Schüler, Jaspers und K. Schneider wachsen unter Kraepelin-Schülern auf. Weitbrecht lernt bei Wetzel und Beringer aus dem Heidelberger Kreis und folgt Gruhle in Bonn. W. v. Baeyer hat seine Psychiatrie in der Heidelberger Klinik gelernt, ehe er sich 1934 unter den Schutz der Wehrmacht flüchten muß. Huber ist Schüler von K. Schneider gewesen und hat sich bei v. Baeyer habilitiert, ehe er von Weitbrecht als Oberarzt nach Bonn geholt wird, wohin er nach einem weiten Umweg als Weitbrechts Nachfolger zurückkehrt. W. v. Baeyers Nachfolger ist wiederum ein Schüler K. Schneiders. Angesichts der Konsistenz dieser Schule, die mit Kraepelin um die Jahrhundertwende das Grundgerüst der Psychiatrie errichtet hat, kommt es nicht auf die spezielle Arbeitsrichtung an, auch wenn man feststellen muß, daß die Übereinstimmung zwischen Jaspers und K. Schneider über mehr als 40 Jahre das Gesicht der Heidelberger Psychiatrie am stärksten geprägt hat. Entscheidend bleibt die Kontinuität der psychopathologischen Forschung hinter dem Wandel verschiedener Sichtweisen. Sie wurde mit der »Allgemeinen Psychopathologie« vor genau 70 Jahren begründet. Nur in Heidelberg ist seither die psychopathologische Arbeit ohne Zäsur, wenn auch nicht ohne Gefährdung, weitergeführt worden. In einigen Jahren schon wird sich zeigen, ob angesichts einer gegenwärtig durchaus biologischen Orientierung der Psychiatrie die für Heidelberg kennzeichnende psychopathologische Arbeitsrichtung erhalten bleiben kann.

Literaturhinweise

1. Baeyer W v (1977) Pongratz LJ (Hrsg) Psychiatrie in Selbstdarstellungen, Huber, Bern Stuttgart Wien
2. Bürger-Prinz H (1971) Ein Psychiater berichtet. Hoffmann & Campe, Hamburg
3. Conrad K (1958) Die beginnende Schizophrenie. Thieme, Stuttgart
4. Häfner H (1963) Prozeß und Entwicklung als Grundbegriffe der Psychopathologie. Fortschr Neurol Psychiatr 31:393–438
5. Janzarik W (1978) 100 Jahre Heidelberger Psychiatrie. Heidelberger Jahrbücher 22:93–113
6. Jaspers K (1913) Allgemeine Psychopathologie. Springer, Berlin (4. Aufl 1946)
7. Jaspers K (1963) Gesammelte Schriften zur Psychopathologie. Springer, Berlin Göttingen Heidelberg
8. Jaspers K (1977) Philosophische Autobiographie. Piper & Co, München
9. Jaspers K (1983) Briefwechsel 1945–1968 K. Jaspers – K. H. Bauer. Hrsg. u. erl. von R. de Rosa. Springer, Berlin Heidelberg New York
10. Kranz H (1962) Psychopathologie heute. Thieme, Stuttgart
11. Leonhard J-F (1983) Karl Jaspers in seiner Heidelberger Zeit. Heidelberger Verlagsanstalt und Druckerei
12. Schneider K (1919) Reine Psychiatrie, symptomatische Psychiatrie und Neurologie. Z Gesamte Neurol Psychiatr 49:159–166
13. Schneider K (1938) 25 Jahre »Allgemeine Psychopathologie« von Karl Jaspers. Nervenarzt 11:281–283
14. Schneider K (1950) Die psychopathischen Persönlichkeiten. Deuticke, Wien (9. Aufl)
15. Schneider K (1950) Die Aufdeckung des Daseins durch die cyclothyme Depression. Nervenarzt 21:193–194
16. Schneider K (1967) Klinische Psychopathologie. Thieme, Stuttgart (8. Aufl)

Abgedruckt in: Der Nervenarzt (1984) 55, S. 18–24

Wolfgang Blankenburg

Unausgeschöpftes in der Psychopathologie von Karl Jaspers

Einleitung

Das Thema »Unausgeschöpftes in der Psychopathologie von Karl Jaspers« ist, so viel auch schon über K. Jaspers aus der Sicht unseres Fachgebietes geschrieben wurde, selbst unerschöpflich. Unausgeschöpft ist das Thema vor allem dann, wenn man dabei nicht nur das *von uns,* sondern auch das *von Jaspers selbst* (im Hinblick auf seine für ihn maßgebenden Vorbilder) Nicht-Ausgeschöpfte im Auge hat. Wir werden also im folgenden etwas ungewöhnlich vorgehen, indem wir von Jaspers aus einen Sprung nach rückwärts zu seinen geistigen Ahnherren vollziehen, um von ihnen her sodann einen Sprung in die Gegenwarts- und Zukunftsaufgaben der Psychopathologie zu wagen. Leitend ist dabei, was Jaspers selbst (in bezug auf Kierkegaard und Nietzsche) sagt: »Was Kierkegaard und Nietzsche bedeuten, wird erst kund durch das, was aus ihnen in der Folge wird« [47] (S. 23).

Unter den erklärten Lehrmeistern von Jaspers seien nur einige wenige genannt, und zwar bevorzugt solche, die für uns heute noch von Bedeutung sind oder in gewandelter Gestalt neu an Bedeutung gewonnen haben. Daß dabei Denker in den Blickpunkt rücken, die nicht Psychiater, sondern Philosophen und Geisteswissenschaftler waren, hängt nicht in erster Linie damit zusammen, daß das Symposium, in dem die nachfolgenden Ausführungen erstmals vorgetragen wurden, Psychiater und Philosophen zusammenführte, sondern daß das, womit Jaspers die Psychopathologie bereicherte und entscheidend zu ihrer Grundlegung beitrug, zu einem guten Teil tatsächlich von ihnen her angeregt ist.

Vier Themenkreise werden im folgenden diskutiert:
1. die Bedeutung der Methodologie für die Psychiatrie überhaupt; speziell die Bedeutung der Gegenüberstellung von »Erklären« und »Verstehen« sowie – damit nicht identisch, aber verwandt – diejenige von nomothetischem und idiographischem Wissenschaftsideal,
2. die Bedeutung der Phänomenologie für die Psychiatrie, speziell für das »statische« Verstehen in der Psychopathologie,
3. die Bedeutung des »genetischen« Verstehens und seiner Grenzen für die Psychiatrie (einschließlich der Frage nach dem Verhältnis zwischen »Verstehen« und »Verständigung«),
4. die Frage nach der Bedeutung der »Existenzerhellung« für die Psychopathologie und Psychotherapie. Genauer: Hat die Existenzerhellung i. S. von Jaspers eine Bedeutung für das, was zwischen Patient und Arzt geschieht? Hat Jaspers das, was Kierkegaard – unter Berufung auf Sokrates – »Mäeutik« nennt, für die Praxis, d. h. für den Umgang mit dem Kranken hinreichend fruchtbar gemacht?

Für den *zuerst* genannten Themenkreis wird auf Droysen [38], Dilthey [35, 36], Rickert [101, 102] und Windelband [147] zurückgegriffen unter Hinweis auf die seit einigen Jahren in der Diskussion befindliche »3. Runde« der Erklären-Verstehen-Kontroverse [1, 2], auf den Beitrag der Psychoanalyse zu dieser Thematik und auf den Einbruch der Systemtheorie in die Psychopathologie.

Für den *zweiten* Themenkreis gilt es, die Phänomenologie Edmund Husserls und deren (an Jaspers vorbei erfolgte) weitere Entwicklung bis in die Gegenwart zu berücksichtigen, vor allem jene Strömungen, die die intersubjektive Konstitution der Lebenswelt, die Grundlagen (»basic rules«) der Alltäglichkeit des Daseins und das »methodisch kontrollierte Fremdverstehen« zu ihrem Hauptthema gemacht haben [4, 11, 17, 24, 45, 93, 121, 132, 145].

Hinsichtlich des *dritten* Themenkreises wäre auf die Entwicklung der Hermeneutik seit Dilthey (vgl. den Dilthey-Kongreß 1983) zu verweisen, aber mehr noch auf die von Jaspers' hochverehrtem Lehrer Max Weber [142, 143] ausgegangene »Verstehende Soziologie«, die sich – ebenfalls an Jaspers vorbei – (vor allem durch die Mittlerfunktion von A. Schütz [120] mit der zuvor genannten Weiterentwicklung der Phänomenologie vereinigt und aus sich die Richtungen der Ethnomethodologie, der Ethnographie und der modernen, soziologisch orientierten Biographie-Forschung entlassen hat.

Für den *vierten* Themenkreis ist unter den erklärten Lehrmeistern von Jaspers vor allem auf Søren Kierkegaard und die von ihm befruchtete Existenzanalyse zu verweisen. Die Anregung zu der etwas kühnen Aufgabenstellung des vorliegenden Beitrages ging vor allem von diesem zuletzt genannten Themenkreis aus, obwohl er zugleich derjenige ist, der am meisten offenläßt und von seinem Wesen her unausgeschöpft bleiben muß.

Soweit ein vorläufiger Überblick. Ein Schritt zurück zu den Quellen, aus denen Jaspers schöpfte, d. h. zu seinen Lehrmeistern, soll zu einem Sprung nach vorn in die Gegenwart und Zukunft motivieren. Ein sicherlich vermessenes Unterfangen, das nicht mehr als einen Aufriß erlaubt. Es wird eines bedeutenderen Kräfteeinsatzes bedürfen, um auch nur einige der Aufgaben, die hier skizziert wurden, hinreichend zu bewältigen. Ob Karl Jaspers diese Aufgaben ebenso sehen würde, ist mehr als fraglich. Doch sollte man dabei im Auge behalten, daß der vorliegende Beitrag keine historischen Absichten verfolgt. Es geht vielmehr um die für uns heute aktuelle Frage nach einer handlungsrelevanten Psychopathologie. Es geht auch um die Frage nach den Grenzen zwischen psycho(patho)logisch und nicht-psycho(patho)logisch orientierter Interpretation der Krisenhaftigkeit des menschlichen Daseins. Berufenere mögen beurteilen, inwieweit es berechtigt ist, derartiges im Anschluß an das imponierende Werk von Karl Jaspers zu diskutieren.

I. Zur methodologischen Ausrichtung der Psychopathologie von Karl Jaspers

Die Psychopathologie verdankt Karl Jaspers ihre methodische Orientierung. Dies ist unumstritten. Die Relation zwischen den Eigenheiten einer Methodik und der durch sie sich erschließenden Wirklichkeit wurde von keinem Psychiater vor ihm auch nur annähernd so scharf erkannt und durchdacht wie von ihm. Dieses Verdienst ist immer wieder herausgearbeitet und eingehend gewürdigt worden. Dabei darf freilich nicht übersehen werden, daß die Übertragung der Dichotomie von »Erklären« und »Verstehen« aus dem Methodologischen ins Sachliche (z. B. in Form der Gegenüberstellung von »Prozess« und »Entwicklung«) auch ungute Folgen gezeitigt hat [8, 51, 52, 122, 134], von denen sich die mitteleuropäische Psychiatrie bis heute noch nicht ganz freigemacht hat. Inwieweit Jaspers selbst für diese Folgen verantwortlich zu machen ist oder nur ein Mißverstehen seiner Intentionen vorliegt, sollte man nicht vorschnell beantworten. Aber selbst dort, wo man ihn gleichsam »gegen den Strich« liest (wie dies Kisker [80] in bezug auf Kurt Schneider empfahl), führt das zu tieferen Einsichten.

Nachdem die Psychopathologie in den sechziger und siebziger Jahren in eine tiefe Krise [60, 42, 18, 95] geriet, erlebt sie seit einigen Jahren einen deutlichen Aufschwung. Diesen Aufschwung erfährt sie nicht nur durch die Hereinnahme systemtheoretischer und interaktionaler Gesichtspunkte, sondern vor allem auch dadurch, daß intensiv an einer Psychopathologie gearbeitet wird, die nicht mehr nur distanziert beschreibt, sondern es sich zur Aufgabe gemacht hat, psychopathologische Abwandlungen des Menschseins so weit aufzuschlüsseln, daß Strukturen sichtbar werden, aus denen sich Anweisungen für die Therapie entnehmen lassen [23, 39, 109, 148]. Es handelt sich um eine Psychopathologie, die ihre Erfahrungsquelle in »teilnehmender Beobachtung« [133] sucht. Die Psychopathologie von Karl Jaspers gilt demgegenüber als eine des »distanzierten Beobachters« [39, 128, 129]. Daß Jaspers in dieser Weise wirksam geworden ist, läßt sich kaum bezweifeln. Doch kann man fragen, ob sich nicht auch andere Konsequenzen aus seinem Werk herleiten lassen und ob einer gewissen Distanziertheit (i. S. eines Geltenlassens des Anderen *als* des *Anderen,* des Andersartigen *als* eines ganz Andersartigen) heute, nachdem wir den Wert des Gegenteils – d. h., die hohe Bedeutung der Gegenidentifikation [10] mit dem Kranken – kennengelernt haben, wieder ein neuer Stellenwert einzuräumen ist.

Jede Methodologie ist zwiespältig: Sie kann dazu verführen, durch ein immer wieder erneutes kritisches Bedenken möglicher Zugangswege diese Wege gar nicht erst zu beschreiten, infolge ständigen Schleifens der Werkzeuge diese gar nicht erst zu erproben oder am trockenen Ufer Schwimmen lehren zu wollen; kurz: Methodologie kann dazu dienen, sich die Realität vom Leibe zu halten. Auf der anderen Seite kann sie aber auch behilflich sein, sich der Realität rückhaltloser zu stellen. Denn jede Methode bedeutet für sich allein – durch die mit ihr verbundene Kategorialisierung – eine Prokrustes-Beschneidung der Wirklichkeit. Methoden können nicht nur als wirklichkeits*er*schließend angesehen werden; sie tragen vielmehr stets auch einen wirklichkeits*ver*schließenden Charakter. d. h., sie dienen zugleich der Abwehr (noch) nicht zu bewältigender Realität. Dieser zuletzt genannte Gesichtspunkt wurde besonders scharf von G. Devereux [33] herausgearbeitet. Methodologie öffnet den Blick für diese Dialektik.

Jaspers war einerseits von früh auf methodenbewußt: Bereits im Physikum antwortete er – nach dem Bau des Rückenmarkes gefragt – zum Erstaunen des Prüfers in der Weise, daß er die verschiedenen Untersuchungsmethoden angab und was mit ihnen jeweils sichtbar gemacht werden konnte([74] S. 25). Auch in der »Allgemeinen Psychopathologie« blieb es sein Prinzip, »die Erkenntnisse zu entwickeln und zu ordnen am Leitfaden der Methoden, das Erkennen zu erkennen und dadurch die Sachen zu klären«. Andererseits kannte er auch recht gut die Gefahren jeglicher Methodologie, wie eine scharfe (in den Augen des Verf. unangemessen scharfe) Kritik an Kronfelds Buch »Das Wesen der psychiatrischen Erkenntnis« [67] zeigt. Dort heißt es: »Nun ist gerade bei logisch-methodologischen Erscheinungen ein Kriterium ihrer Fruchtbarkeit, ob sie dem Autor sich als dienlich erweisen, entweder neue materiale Erkenntnisse zu gewinnen oder das Chaos vorhandener Meinungen, Behauptungen, Tatsachen in einer materialen Darstellung zu ordnen, zu klären und in ihren Wertunterschieden sichtbar zu machen« (womit Jaspers indirekt sein eigenes Ziel umreißt). »Ich mißtraue rein logischen Erörterungen. Es kommt mir vor, als wenn mir jemand am Ufer Vorträge über das richtige Schwimmen hält, und ich möchte doch lieber ihn schwimmen sehen – und dann auch über die Methode hören und nachdenken.« Der Erfolg hat Jaspers zunächst einmal recht gegeben. Seine Methodologie hat anfangs fruchtbar gewirkt, aber nicht auf die Dauer. In den späteren Jahrzehnten hat sie – vor allem durch die als Alternative verstandene Gegenüberstellung von »Erklären« und »Verstehen« und das damit verbundene »Unverständlichkeitstheorem« (s. u.) – die Weiterentwicklung der Psychiatrie eher gehemmt. Ihr Einfluß blieb begrenzt. Stark prägend wirkte sie nur im deutschsprachigen Raum (unter Aussparung z. B. der Tübinger Schule und der von der Schweiz und den USA her beeinflußten Psychiatrie) sowie im spanisch-lateinamerikanischen [37,99] und japanischen Sprachraum [79]. Die englischsprachige Psychiatrie hat sich dagegen vom methodologischen Denken Jaspers' wenig oder gar nicht beeinflussen lassen. Ein Vergleich läßt allerdings nicht nur die positiven Seiten eines nichtmethodologischen Vorgehens sehen, sondern auch das, was dadurch an ordnendem und klärendem Geist dort fehlt.

Eigentümlicherweise gab es im vergangenen Jahrzehnt weniger im deutschsprachigen als vielmehr im französischen Sprachraum Versuche einer neuen psychiatrischen Methodologie. Ich denke dabei an die »Métapsychiatrie«* von P. Marchais [90], die versucht, eine Synopsis der unterschiedlichen methodischen Zugangswege zur Psychiatrie bzw. Psychopathologie zu geben mit dem Ziel, dadurch einen konzertierten Verbund der Methoden im Hinblick auf die antizipierte Einheit ihres Gegenstandes zu ermöglichen. Jaspers wird hierbei ebensowenig wie andere Autoren des deutschsprachigen Schrifttums erwähnt. Ob Marchais, mit seinem Unterfangen einer Synopsis der Methoden, im Gegensatz zu Jaspers nicht gerade die Sterilität methodologischer Systematik bestätigt, wird die weitere Zukunft zeigen. Ähnliches gilt für die Übersicht von Lanteri-Laura und del Pistoia [89]. – Die eingehendste Auseinandersetzung mit der Jaspersschen Methodologie findet sich bei Glatzel [42, 43, 44].

Wolfram Schmitt ([116] S. 6) resümiert: »Man wird nicht be-

---

* Das Praefix »Meta« ist dabei nicht im Sinne von Metaphysik, auch nicht im Sinne der Metapsychologie Freuds verwendet, sondern in *dem* Sinne, in dem man von »Metasprache« spricht.

haupten können, daß die Psychiatrie methodologisch über Jaspers hinausgelangt ist.« Soviel ich auch im übrigen den überaus sorgfältigen Jaspers-Interpretationen von W. Schmitt verdanke, hierin vermag ich ihm nicht beizustimmen: es sei denn, man denke in diesem Zusammenhang nur ganz allgemein an die Möglichkeit überhaupt, mit Hilfe von methodologischen Überlegungen den Gefahren einer Verabsolutierung einzelner Methoden in der Psychiatrie entgegenzutreten; Gefahren, die es freilich in unserem Fachgebiet immer wieder erneut zu bekämpfen gilt. Im übrigen haben aber der Einbruch der Systemtheorie und der interaktionalen Ansätze [42, 43] in die Psychiatrie sowie die kritischere Infragestellung der Normalität des »Normalen« (s. u.) zu einer so gründlichen Neuorientierung geführt, daß man nicht mehr nur von einer Paradigmakrise, sondern inzwischen auch von einem Paradigmawandel [18,19] sprechen kann und muß. Dieser impliziert aber zugleich eine methodologische Neubesinnung.

Beherrscht wird die Methodologie der Jaspersschen Psychopathologie von der Dichotomie zwischen Erklären und Verstehen. Sie entstammt der geisteswissenschaftlichen Tradition, die durch Droysen [38] und Dilthey [35, 36] geprägt wurde, im weiteren durch Rickert [100, 101], Windelband [147], Simmel [125], Spranger [127] und nicht zuletzt durch den von Jaspers hochverehrten Max Weber [142, 143], der als Vater der »Verstehenden Soziologie« gelten kann. Eigentümlicherweise hat sich Jaspers mit diesen seinen Lehrmeistern (ebenso wie mit denen der Phänomenologie, vor allem Husserl, s. u.) kaum auseinandergesetzt. Erst in der (über 30 Jahre nach der ersten Auflage während des Zweiten Weltkrieges überarbeiteten) Neuauflage von 1946 (S. 250 f.) widmete er ihnen eine längere Anmerkung. Hinsichtlich der genaueren Bestimmung des wechselseitigen Verhältnisses von Verstehen und Erklären [vgl. 1–3, 6, 12, 13, 22, 34–36, 40, 46, 49–57, 77, 102, 112, 128, 137, 139, 140, 142, 143, 149] gab es bereits unter diesen Vorgängern von Jaspers deutliche Unterschiede (vgl. dazu W. Schmitt [122]). Es ist kein Zufall, daß der Soziologe unter ihnen, Max Weber, am deutlichsten die Überschneidungen beider Vorgehensweisen sah (vgl. dazu außer W. Schmitt neuerdings P. Warsitz [141] sowie H. Baier [9] und andere Beiträge zum Dilthey-Kongreß 1983 in Trier).

Auf die sehr rege Weiterentwicklung der Erklären-Verstehen-Kontroverse im Verlauf der siebziger Jahre – Apel [1–3] spricht von einer »dritten Runde«, Warsitz [141] neuerdings sogar von einer »vierten Runde« – hat Jaspers keinen nennenswerten Einfluß ausgeübt. Er wird in diesem Zusammenhang kaum zitiert. Das gilt auch vom Dilthey-Kongreß 1983 in Trier. Obwohl Jaspers das Material einer ganzen Einzelwissenschaft – der Psychopathologie – auf diese Fragestellung hin durchgearbeitet hat, trug er wenig zur wissenschaftstheoretischen Diskussion bei, deren Wendung im letzten Jahrzehnt er nicht mehr miterlebte. Diese neue »Runde« der Erklären-Verstehen-Kontroverse hat auch in der Psychopathologie ihren Widerhall gefunden. Zu verweisen ist auf Möller [91], der gemäß dem Hempel-Oppenheim-Schema das Verstehen als eine eigenständige wissenschaftliche Methode im Bereich der Psychiatrie für obsolet hält, und auf Schäfer [104], Schleiffer [111], Kittel [81], Blankenburg [20] u. a., die dem kritisch entgegengetreten sind.

Daß die Gegenüberstellung von Erklären und Verstehen nicht nur für die Psychopathologie von großer Bedeutung ist, sondern auch für die Konzeptionalisierung der Psycho*therapie*, hat der Autor in einem schematischen Aufriß [22] der diesbezüglich polaren Ausrichtung psychotherapeutischer Verfahren gezeigt (vgl. Anhang S. 304, auch Nervenarzt 54 (1983) S. 145).

Die in diesem Schema verdeutlichte *Polarisierung* einander entgegengesetzter *methodischer Einstellungen* – zwischen denen es freilich gleitende Übergänge aller Art gibt – folgt der Kontrastierung von Erklären (als einem notwendig auf Heteronomie ausgerichteten Vorgehen) und Verstehen (als einem bis zu einem gewissen Grade stets Autonomie voraussetzenden Vorgehen). Sie kann sich auf Jaspers und die Tradition, der er sich verpflichtet wußte, berufen. Die Kontrastierung von Distanzieren und Partizipieren findet sich allerdings in dieser Form bei Jaspers nicht, auch nicht die Gegenüberstellung von – damit verbundenen – reduktionistischen (ontologisch herunterprojizierenden) und den entgegengesetzten (ontologisch hinaufprojizierenden) Tendenzen. Aber die Kontrastierung einander entgegengesetzter Hybris: einmal derjenigen, alles erklärbar und letztlich manipulierbar, zum anderen derjenigen, alles verstehbar machen zu können, und mehr noch die Kontrastierung des methodologischen Selbstmißverständnisses, welches mit dem Erklären Verständniserwartungen verbindet, mit jenem, wonach umgekehrt ein tieferes Verstehen jegliches Erklären überflüssig machen soll – dies alles dürfte Auffassungen wiedergeben, die K. Jaspers ganz und gar als die seinigen, ja geradezu als ein Kernstück seiner methodologischen Bemühungen, anerkannt hätte.

Welche Bedeutung hat die Methodologie von K. Jaspers im Hinblick auf den Stellenwert des *Erklärens* in der Psychiatrie? Er leistete mit ihr wesentliche Abgrenzungsarbeit. Wichtig wurde vor allem seine Kritik an allen Theorien, die auf Wegen des Verstehens erschlossene Zusammenhänge in ein System von Erklärungen umfunktionierten, ohne über das Verstehen hinaus sich dabei auf empirische Befunde stützen zu können. Dies traf zur damaligen Zeit auf die hirnpathologische Lehre von Wernicke zu, die Jaspers als »Hirnmythologie« verwarf; sie hat in den nosologischen Bemühungen der Kleist-Leonhardschen Schule eine gewisse Fortsetzung erfahren, die Jaspers ebensowenig gutheißen konnte ([64] S. 403, 494). – Auch die Psychoanalyse war für Jaspers [64, 65, 73, 112, 113, 141] eine Lehre, die in den Bereich des Verstehens Hineingehörendes in »Erklärungen« umfunktioniere und bereits insofern als unwissenschaftlich angesehen werden müsse. Damit stieß er auf scharfe, zum Teil erbitterte Kritik [56, 77, 87, 96, 119, 122, 124, 128, 129, 141, 146]. Heute könnte man auf Kohut ([83] S. 79) verweisen: »Während die mystische Introspektion verstehen mag, aber nicht erklärt, und die voranalytische wissenschaftliche Psychologie erklärt, was sie nicht versteht, erklärt die Psychoanalyse, was sie versteht.« Ein hoher Anspruch, dessen Berechtigung im Hinblick auf den Standpunkt, den Jaspers einnimmt, pro und contra zu diskutieren wäre, was an dieser Stelle aber zu weit führen würde. Den umfassendsten Überblick über Jaspers' Auseinandersetzung mit der Psychoanalyse gibt Warsitz (1983 [141]).

Die strenge Trennung von Erklären und Verstehen, wie sie Jaspers vertrat, ist nicht nur methodologisch fragwürdig [vgl. 1–3, 8, 13, 20, 42, 77, 84, 86, 97, 98, 108, 110, 112, 113, 122, 128, 129, 137, 151]. Auch in sachlicher Hinsicht ergeben sich – z. B. durch den Einbruch der Systemtheorie in Bereiche, die früher als eine

Domäne des Verstehens galten (z. B. Familiendynamik), wie umgekehrt durch tiefenpsychologisches Verstehen von zuvor mechanistisch gedeuteten Defiziten als Abwehrmaßnahmen des Ich – Schwierigkeiten. Ob die Jasperssche Sicht tatsächlich so dichotomisch war, wie manche seiner Nachfolger sie auslegten, ist zu bezweifeln. Es gibt Stellen, die belegen, daß Jaspers für eine mehrdimensionale Betrachtungsweise durchaus offen war. Zu seiner Zeit (1913) war die Abgrenzungsarbeit, die er leistete, sicher notwendig und fruchtbar. Man darf nicht vergessen, daß Jaspers nur sehr kurz (wenn auch nachhaltig) in die Geschichte unseres Faches eingegriffen hat. Es ist nicht abzusehen, wie sich seine Auffassungen weiterentwickelt hätten, wenn er der Psychiatrie – insbesondere der Praxis der Psychiatrie – verbunden geblieben wäre. Im übrigen liegt der eigenständige Beitrag, den Jaspers für die Psychopathologie leistete – von dieser Abgrenzungsarbeit einmal abgesehen –, nicht in der »erklärenden«, sondern in der »verstehenden« Psychopathologie.

II. Phänomenologie als Methode der Psychopathologie

Innerhalb der Methoden des »Verstehens« unterscheidet Jaspers *statisches* und *genetisches* Verstehen. Statisches Verstehen (»Zustands-Verstehen«) basiere auf »Phänomenologie« im Sinne einer deskriptiven Erfassung desjenigen, was im Erleben des Kranken vorgehe – ohne jeden Begründungsanspruch. Als *»subjektive«* Psycho(patho)logie stellt Jaspers sie der objektiven gegenüber, d. h., der »Leistungspsychologie«, der »symptomatischen Psychologie« und der »Ausdruckspsychologie« (die späteren Auflagen der »Allgemeinen Psychopathologie« fügen noch »Welt- und Werkpsychologie« hinzu). Die Methode dieser Phänomenologie ist die des *Sichhineinversetzens* in den Kranken, und zwar auf dem Weg über dessen (durch Introspektion gespeiste) Selbstschilderungen. Diese Selbstschilderungen werden – ebenso wie das beobachtbare Verhalten – insbesondere Ausdrucksverhalten – aber nicht einfach für bare Münze genommen. Die phänomenologische Erfassung geschieht vielmehr diaphänomenal *durch* sie *hindurch*. Das, was sich vom Kranken auf verbalem Wege in Erfahrung bringen läßt, wird (in möglichster Vollständigkeit) kritisch gesichtet und mit Hilfe dessen revidiert, was durch andere Zugangsweisen (z. B. durch Erfassung des Ausdrucks) zu ermitteln ist. Verbal und nonverbal Vermitteltes ergänzen und relativieren einander, bestätigen sich oder stellen sich wechselseitig in Frage. Was sich daraus ergibt, gilt dann aber als Befund (als »Tatbestand«), der als solcher ernst genommen und mit den objektivierbaren Beobachtungsergebnissen auf eine Stufe gestellt wird. Jaspers ([64] S. 47) räumte zwar ein: »Daß es bei diesem psychologischen Verfahren anders zugeht als in naturwissenschaftlichen Beschreibungen, ist offenbar: der Gegenstand ist nicht selber für unser Auge sinnlich da; die Erfahrung ist nur ein Vergegenwärtigen«, aber – und darauf hob Jaspers ab – das logische Prinzip sei kein anderes. Damit sprach er dem auf diese Weise Ermittelten die gleiche Dignität (d. h. einen vergleichbaren oder sogar gleichen »Befund«-Charakter) zu wie dem mit den eigenen Wahrnehmungsorganen Beobachteten. Methodisch stand dabei das Vorgehen in den Geisteswissenschaften (insbesondere in der Geschichtswissenschaft) Pate, wo mit noch weit weniger unmittelbar gegebenem Material gearbeitet werden muß als in der Psychiatrie. Die bis heute währende Bedeutung dieses Schrittes liegt darin, daß Jaspers damit den zu seiner Zeit erst aufkeimenden Behaviorismus, der in bezug auf menschliches Seelenleben überhaupt nur noch »beobachtbares Verhalten« als wissenschaftlich ernstzunehmenden Tatbestand zu akzeptieren gewillt ist, in seine Schranken wies. Etwas pointiert formuliert, könnte man in bezug auf die Jasperssche Phänomenologie von einer »Rehabilitierung des menschlichen Innenlebens«* als eines wissenschaftlich ernstzunehmenden Erfahrungsfeldes sprechen. Das ist nicht wenig.

---

* Nicht nur die Bedeutung des Erlebens wurde von Jaspers rehabilitiert, sondern zugleich auch die Bedeutung des Individuellen gegenüber dem (die einzelne Person subsumierenden) Allgemeinen. Diejenigen Passagen, die den unschätzbaren Wert subtiler Biographien für die Psychiatrie, d. h. die eigenständige Bedeutung der Biographik (in Abhebung von jeglicher Kasuistik) herausarbeiten, gehören – heute ebenso gültig wie damals – zum Profiliertesten seiner »Allgemeinen Psychopathologie«. Dahinter steht die Idee eines »individuellen Gesetzes« [125]. In diesem Zusammenhang wäre näher auf die Unterscheidung von idiographischer und nomothetischer Methodik [20, 52, 53, 111, 137, 151]

Andererseits sollte man aber auch die Kritik von Erwin Straus ([132] S. 940) nicht vergessen, der schrieb: »Mit dem Hinweis auf die anschauliche Vergegenwärtigung individuellen seelischen Erlebens, auf das Hineinversetzen in Seelisches, wird ein, wenn nicht *das* Grundproblem der Psychiatrie, das ist die Frage nach der Möglichkeit der Verständigung und des Verstehens, übersprungen.« Dies mag seltsam klingen gegenüber einem Psychopathologen, der als Philosoph das Problem der Kommunikation – insbesondere der existentiellen Kommunikation – wie kaum ein anderer akzentuierte, ja es zu einem Hauptthema seines Philosophierens erhob. Bei Straus liegt offenbar die Betonung auf »Möglichkeit« (i. S. von Ermöglichung). Mir scheint das Wort »Verständigung« noch wichtiger zu sein. In einer Arbeit von Stierlin (1981), die vom Therapeuten als »Dialogpartner und Dialogsermöglicher« [130] handelt, findet sich beides vereinigt. Bei Jaspers behält das »Verstehen« eine einseitige Ausrichtung: ausschließlich vom Verstehen-Wollenden her zum Zu-Verstehenden (d. h. zu demjenigen, der verstanden werden soll). Die Umkehrbarkeit der Richtung der Intentionalität vom Forschenden zum Beforschten bleibt außer Betracht. Es fehlt – zumindest in den psychopathologischen Schriften – eine Erörterung möglicher *Wechselseitigkeit.* Alles, was Jaspers über das Verstehen sagt, verrät zwar einen hohen Anspruch hinsichtlich *Un*mittelbarkeit. Dennoch bleibt dieses Verstehen eigentümlich abständig. Es ist jene schwebende Abständigkeit, die das Jasperssche Werk überhaupt charakterisiert. Die Mittelbarkeit methodologischer Reflexion und die beanspruchte (oftmals sogar beschworene) Unmittelbarkeit der Kommunikation kommen nicht recht zueinander. Hart formuliert: Es handelt sich um ein Verstehen-Wollen ohne Arbeit an der Basis der Verständigung; zumindest ohne hinreichendes Bedenken einer möglichen Veränderung der Voraussetzungen und der Mittel für ein Sich-Verständigen (vgl. dazu [50a, 54, 55, 139, 140]). Das alles zeigt sich nicht erst in der genetischen, sondern bereits hier in der »statistischen« Phänomenologie.

---

einzugehen und auf das wechselseitige Verhältnis von Natur und Geschichte, was aber den gegebenen Rahmen sprengen würde.

Das Ziel dieser (auf ein statisches Verstehen ausgerichteten) Phänomenologie ist es – unter weitestgehender Ausklammerung aller theoretischen Vormeinungen und Erklärungen –, das vom Patienten Erlebte so präzise wie möglich zu beschreiben und sodann nach einer »Ordnung« zu suchen, »die die seelischen Phänomene nach ihrer *phänomenologischen Verwandtschaft* nebeneinander stellt, so wie etwa die unendlich zahlreichen Farben im Farbenkreis, resp. der Farbenkugel phänomenologisch befriedigend übersehbar gemacht sind« ([65] S. 324). An dieser Stelle – beim Vergleichen und Ordnen der Phänomene – hätte es nahegelegen, die rein deskriptive Phänomenologie zu einer eidetischen Phänomenologie (Husserl [59], Bd. II) auszubauen. Jaspers lehnte dergleichen – wie erst recht jegliche transzendentale Phänomenologie – entschieden ab. Broekman [28] sieht in diesem Verzicht ein Versäumnis, mit dem Jaspers sich selbst um den eigentlichen Ertrag seiner Arbeit gebracht habe. Dabei hätte es für Jaspers nahegelegen, wenn schon nicht an Husserl, so doch an Max Webers Methode eines erfahrungsbezogenen Herausarbeitens von Idealtypen (vgl. [144] S. 234) anzuknüpfen.

»Wesensschau« ist freilich ein Wort, das beim Erfahrungswissenschaftler damals wie auch heute zunächst einmal Abwehr hervorruft. Es muß auch eingeräumt werden, daß Husserls Verfahren der eidetischen Variation, durch das das »Wesen« einer Sache herausschälbar sein soll, Voraussetzungen impliziert, die er ungenügend kenntlich gemacht hat. Seine Wesens-Phänomenologie trägt zumindest zur Zeit der »Ideen I« (1913) noch stark platonische Züge. Von der Lebenswelt-Phänomenologie des späten Husserl her liegt es (in Abhebung davon) jedoch nahe, in der auf dem Wege der eidetischen Variation freigelegten Wesenskonfiguration durch Reflexion gegenständlich gemachte Gefügestrukturen eines vorgegenständlichen (und erst recht vortheoretischen) Umganges mit der Wirklichkeit wiederzuentdecken. Die nachjasperssche von der Verstehenden Soziologie und von der Lebenswelt-Phänomenologie her beeinflußte Psycho(patho)logie [24] nimmt diese Spur einer erfahrungswissenschaftlich orientierten Wesensphänomenologie wieder auf. Sie sucht nichts hinter den Phänomenen, sondern lediglich die in der Sicht latent enthaltene *Ein*sicht –

durch die Methode der »verdichtenden Beschreibung« zu explizieren.

Ein gleiches ist hinsichtlich der von Jaspers ebensosehr abgelehnten transzendentalen Fragestellung zu sagen: Ins Empirische gewendet begegnet sie uns heute wieder in der Frage nach den basalen Strukturen einer intersubjektiven Lebenswelt (»basic rules«); eine Frage, die sich über die nach intersubjektiver Konstitution der Lebenswelt mit derjenigen nach einer transzendentalen Fundierung der Intersubjektivität und nach den Bedingungen der Möglichkeit »methodisch kontrollierten Fremdverstehens« [121] verbindet. An dieser Stelle (wie auch weiter oben) wäre eine Auseinandersetzung mit der beachtenswerten, freilich überzogenen Jaspers-Kritik von M. Spitzer [125a] am Platz.

III. Genetisches Verstehen

Wir kommen nun zum genetischen Verstehen, zur »*Verstehenden Psycho(patho)logie*« im engeren Sinne. Diese »Verstehende Psychologie« als eigene Methode in die Psychiatrie zwar nicht eingeführt (sie war immer schon integrierender Teil der psychiatrischen Praxis gewesen), aber wissenschaftstheoretisch begründet und methodisch ausgebaut zu haben, ist die historisch bedeutsame Leistung von Karl Jaspers. Genetisches Verstehen ist vom statischen streng zu trennen. Auch hier geht es um ein *Sichhineinversetzen*, nun aber nicht in Einzelphänomene des seelischen Lebens, nicht um ein Sichvergegenwärtigen von isolierten seelischen Erlebnissen – etwa einer Trugwahrnehmung ([65] S. 252 ff.), einer Wahnbewußtheit ([65] S. 413 ff.) o. ä. –, es geht vielmehr um das Sichhineinversetzen in den *Konnex* seelischen Lebens. Das »Verstehen« gilt hier der Art und Weise, wie Seelisches »aus Seelischem« (bzw. aus dem Erleben einer bestimmten Situation) hervorgeht. »Verstanden« werden soll nicht allein, *was* ein Mensch erlebt und *wie* er es erlebt, sondern *warum* er etwas hier, jetzt, so erlebt.

Dieses »Warum« kann unterschiedlichen Charakter tragen. Jaspers unterscheidet:
1. das »rationale Verstehen«, bei dem die Motivation eines Erle-

bens oder Tuns rational einsichtig ist, wie dies überall dort der Fall ist, wo der Mensch etwas aus Einsicht tut (was das gleichzeitige Vorhandensein unbewußter Motive und emotionaler Einflüsse freilich nicht ausschließt);
2. das »psychologische Verstehen« i. e. S., das durch »Einfühlung« versteht, »wie Seelisches aus Seelischem« – etwa ein Ärger aus einer als ärgerlich erlebten Situation – hervorgeht. Anfangs schien Jaspers die Einfühlung mit dem genetischen Verstehen zu identifizieren, d. h., sie ausschließlich auf motiviertes Erleben und Verhalten zu beziehen. Später bezog er – freilich begrifflich nicht hinreichend geklärt – auch die »gesunden, allgemeinbiologischen Unverstehbarkeiten« (also z. B. reifungsbiologisch bedingte Veränderungen des Erlebens wie etwa pubertäre oder klimakterische Umbrüche) mit ein.

Die Begriffe »Verstehen« und »Einfühlung« sowie ihre wechselseitige Beziehung sind problematisch. Die erkenntniskritischen und wissenschaftstheoretischen Fragen, die damit verbunden sind, hat Jaspers – jedenfalls in seinen psychopathologischen Schriften – eher niedergehalten. Seine Auseinandersetzung mit der einschlägigen Literatur war spärlich. Man kann sagen, daß der große Erfolg, den seine »Allgemeine Psychopathologie« sogleich nach ihrem Erscheinen (1913) bei vielen Psychiatern seiner Zeit hatte [6, 12, 14, 31, 48, 52, 76, 116], damit zusammenhängt, daß es Jaspers verstand, Probleme kurz und bündig zu übergehen, die die Psychiatrie als Einzelwissenschaft zur damaligen Zeit überfordert, irritiert oder unbeeinflußt gelassen hätten. Sein Erfolg ist mit von daher zu verstehen. Für die weitere Entwicklung der Psychiatrie hat sich dies aber eher verhängnisvoll ausgewirkt. Auch auf die weitere Entwicklung der »Erklären:Verstehen-Kontroverse« und insbesondere deren »dritte Runde [1, 2] hat Jaspers infolgedessen – wie bereits erwähnt – wenig Einfluß ausgeübt.

Dennoch kann man sagen, daß Jaspers' Selbstrestriktion Methode hatte. Wenn K. Schneider ([116] S. 281) als eines seiner Postulate hervorhob, »daß die Psychopathologie die Sprache der Normalpsychologie zu reden habe«, so ist diese Bemerkung keineswegs so trivial, wie sie auf den ersten Blick erscheint. Vordergründig kann man darin die Abwehr anderer »Psychologien«, wie z. B. der Tiefenpsychologie, sehen. Tiefer verstanden, ist darin die Forderung nach einer präziseren Erfassung der Normalität des Normalen enthalten, wie sie heute in den phänomenologischen Analysen der Lebenswelt-Bezogenheit des Menschen zum Thema gemacht wird [24]. Als gemeinsamen Ahnherrn und Lehrmeister kann man auch hier wieder Max Weber nennen; schreiben doch Wieder und Zimmermann ([145] S. 125), sie hätten »herausgefunden, daß Webers ›richtige kausale Deutung‹ eine Formalisie-

rung des common-sense-Denkens« sei. Wir werden noch sehen, inwiefern das
Jasperssche Unverständlichkeitstheorem eine Sanktionierung des commonsense darstellt als eines Maßstabes für die Psycho(patho)logie, als einer für den
Normalen (entgegen aller Ver-rücktheit) unverrücklichen Plattform gesunder
Selbst- und Weltauffassung (und damit der Normalität des Normalen).

Das »psychologische Verstehen« durch Einfühlung setzt voraus,
daß »wir« – d. h. die Gemeinschaft der psychisch Gesunden – in
bestimmten (inneren und äußeren) Situationen »ähnlich« empfinden und uns von daher einfühlen können nicht nur in das, *was*
der Andere meint, fühlt, möchte etc., und *wie* er es erlebt, sondern auch *warum* das so und nicht anders geschieht. Diese
»Warum«-Frage wird im Falle der Einfühlung nicht durch rationale Motive beantwortet, sondern durch partielle Identifikationsmöglichkeiten.

Jaspers ging bekanntlich in dieser Hinsicht so weit, daß er die
Grenzen dieses Verstehens – also etwas Subjektives – für die
sachliche Abgrenzung zwischen nichtkrankhafter seelischer
Entwicklung und krankhaftem *Prozeß* verwenden wissen wollte.
Die Frage, ob ein »Prozeß« in jedem Fall organisch determiniert
sein müsse, umging er mit der Unterscheidung zwischen (hirn)-
organisch determinierten prozeßhaften Veränderungen des seelischen Lebens und einem »psychischen Prozeß«. Die Verwendung des Begriffs »Prozeß« in der Psychopathologie reicht viel
weiter zurück (vgl. [65, 106]). Durch Jaspers bekam sie aber eine
besondere Prägnanz. »Prozesse« in seinem Sinn sind letztlich
nicht zu »verstehen«, sondern in erster Linie zu »erklären« (was
freilich das Vorhandensein einzelner »verstehbarer« Elemente
innerhalb eines psychotischen Prozesses auch in seinen Augen
keineswegs ausschloß). Besonders verhängnisvoll wirkte sich
aus, daß die wörtliche Bedeutung von »Pro-zeß« ein Voranschreiten meint. Wenn auch Jaspers sich von dieser prognostischen Implikation distanzierte, blieb sie dennoch dem pleonastischen Begriff »Prozeßpsychose« verbunden. Damit erhielt die
ursprünglich rein methodologische Dichotomie von »Verstehen« und »Erklären« eine ebenso verführerische wie gefährliche
pragmatische Konsequenz.

Jaspers stand damit nicht allein. Im selben Jahr (1913) wie die »Allgemeine
Psychopathologie« – W. Schmitt [113] hat darauf noch einmal aufmerksam

gemacht – erschien unter dem Titel »Die Bedeutung des Symptoms in der Psychiatrie« eine Abhandlung von Gruhle [47], in der dieser ganz ähnliche Ansichten vertrat. Er unterschied »kausale Verknüpfungen« und »verständliche Zusammenhänge« seelischer Vorgänge. Ob eine Aufeinanderfolge seelischer Vorgänge »verstehbar« sei oder nicht, wird ihm zum Kriterium für die Einteilung abnormer seelischer Verfassungen, d. h. zum entscheidenden Kriterium der Psychopathologie. Wem diesbezüglich die Priorität zukommt, sei hier offengelassen. Nach Janzarik [63] war wahrscheinlich Wilmanns der eigentliche Pate dieser Konzeption. Wenn Jaspers in seiner »Philosophischen Autobiographie« [74] schreibt, daß er bei der Abfassung seiner »Allgemeinen Psychopathologie« sich »getragen fühlte von dem Geist der Klinik und dem gemeinsamen Besitz«, so ist das wohl so zu verstehen, daß sich aus den vielfältigen Diskussionen innerhalb der damaligen Heidelberger Klinik Ansichten herauskristallisieren, deren Urheberschaft sich am Ende nicht mehr an nur einer einzigen Person festmachen ließ, was die Rede von der (älteren) »Heidelberger Schule« [61] voll und ganz rechtfertigt.

Man kann nach alledem sagen: Jaspers – und mit ihm diese ältere Heidelberger Schule – kehrte den Diltheyschen Satz »Die Natur erklären wir, das Seelenleben verstehen wir« [36] in *der* Weise um, daß es nunmehr hieß: Soweit wir verstehen, handelt es sich um nichtpsychotisches Seelenleben. Wo das Verstehen aufhört, meldet sich die Natur – sei es in Form physiologischer (z. B. Müdigkeit, Schlaf) oder pathologischer Prozesse (d. h. in Form von das Seelenleben zerstörender Krankheit). Abgekürzt: Wo das Verstehen aufhört, müssen wir erklären. Soweit wir es mit wachbewußtem seelischem Leben zu tun haben, das sich als unverstehbar (»unverständlich«) erweist, handelt es sich um eine Psychose, die als ein Naturprozeß anzusehen ist. Dies hatte selbstverständlich weitreichende, überwiegend einengende Auswirkungen auf die Richtung, in der nach therapeutischen Möglichkeiten gesucht wurde. Es liegt auf der Hand, bei allem Verstehbaren an Psychotherapie zu denken, bei allem Unverständlichen dagegen an eine von außen angreifende kausale Behandlung, d. h. in erster Linie an eine somatische Therapie. Daß Jaspers selbst die Dinge differenzierter sah, insbesondere sah, daß es im Rahmen von Psychosen auch sehr viel Verstehbares gibt – K. Schneider [118] brachte dies später auf die Formel, nur das Daß-Sein einer Psychose und das Formale an ihr sei unverstehbar und unterliege demnach allein dem Erklären; das Inhaltliche einer Psychose könne dagegen durchaus verstehbar sein –, wurde später oft vergessen.

Nichtsdestoweniger kann man in bezug auf dieses Vorgehen von einem »Unverständlichkeitstheorem« sprechen. W. v. Baeyer [8] sieht es so eng mit dem Werk von K. Jaspers verknüpft, daß er ihm den Namen »Jaspers-Theorem« gab. In feinster Ausziselierung findet es sich bei Müller-Suur [92], der eine »bestimmte« (schizophrene) Unverständlichkeit von einer »unbestimmten« Unverständlichkeit unterscheidet.

Die Kontrastierung von

Unverstehbarkeit – Prozeß – Psychose
gegen | |
Verstehbarkeit – Entwicklung – Neurose (bzw. nichtpsychotisches Seelenleben)

ist wissenschaftstheoretisch bestechend. Auf die Entwicklung der Psychiatrie, insbesondere in therapeutischer Hinsicht, hat sie sich jedoch äußerst nachteilig ausgewirkt. Kritisch ist eingewendet worden, daß hier eine subjektive Unfähigkeit, nämlich das Nicht-Verstehen-Können, zum Kriterium einer Objektivität beanspruchenden Diagnostik gemacht werde. Läuft damit der Psychiater nicht Gefahr, seine eigene Borniertheit zum Maßstab der Sache zu machen? Psychoanalytiker [39, 56, 83, 96, 119, 124, 128, 129, 146] sowie anthropologisch oder daseinsanalytisch orientierte Autoren [12–14, 17, 51, 85, 86, 131, 134, 135] haben daher mit Nachdruck dagegen opponiert.

In der Tat kann man im Verlauf einer tiefergehenden Psychotherapie Schizophrener immer wieder die Erfahrung machen, daß ein Erleben oder Verhalten, das anfangs völlig unverständlich erschien, bei näherer Kenntnis des Patienten allmählich verständlicher wird – so, wie es uns mit einer fremden Sprache ergeht oder mit Schriftzeichen, die wir anfangs vielleicht nicht einmal als solche wahrnehmen. – Der Versuch K. Schneiders [118], an die Stelle von Verstehbarkeit deren intentionales Korrelat – d. h. »Sinngesetzlichkeit« (vgl. dazu [80, 92, 98]) – zum Kriterium zu erheben, führt diesbezüglich nicht weiter, verschleiert vielmehr nur den Tatbestand, daß auch hier letztlich die subjektive Fähigkeit, irgendwo Sinnzusammenhänge zu erkennen oder auch nicht, das letztlich entscheidende Kriterium bleibt.

Andererseits muß man einräumen, daß ein tiefenpsychologisches (z. B. psychoanalytisches) Verstehen keine scharfen Grenzen kennt und uns somit diagnostisch in bezug auf die praktisch wichtige Abgrenzung zwischen Neurose und Psychose gelegentlich im Stich lassen kann. Demgegenüber muß man mit Avenarius (1968) einräumen, daß das Jasperssche Kriterium der Verständlichkeit bzw. Unverständlichkeit sich zwar nicht für den psychotherapeutischen Umgang mit dem Patienten, wohl aber für eine erste Orientierung in der »diagnostischen Anfangssituation« bewährt hat. Dies obwohl – oder gerade weil – es recht »roh« ist. Warum?

Die Begriffe »Verstehbarkeit« bzw. »Verständlichkeit« und »Unverständlichkeit« sind *mehrdeutig* und bedürfen einer phänomenologischen Klärung – im Hinblick auf das, was wir jeweils in einer bestimmten Situation mit diesen Worten tatsächlich erfassen und was nicht. Am Ende könnte das, was wir in der »diagnostischen Anfangssituation« mit dem Wort »unverständlich« meinen, etwas *anderes* sein als dasjenige, wogegen ein Psychotherapeut, der seinen Patienten verstehen will und dies schließlich auch mehr oder weniger erreicht, Sturm läuft.

Obwohl ich selbst zu den entschiedenen Gegnern des sog. »Unverständlichkeitstheorems« gehöre, weil es sich äußerst verhängnisvoll auf das Verhältnis zu schizophrenen Kranken auswirken *kann*, möchte ich doch im folgenden versuchen, einen wahren Kern dieses Theorems herauszuschälen, und somit seine partielle Berechtigung aufweisen. Dies nimmt der Kritik nichts von ihrer Schärfe, zeigt aber doch zugleich, welcher Sachverhalt eigentlich im Blick ist, wenn wir von einer »Unverständlichkeit« beim schizophrenen Patienten sprechen. Dazu ist es zweckmäßig, den Begriff des Verstehens und den der Verständlichkeit zu differenzieren und zu spezifizieren, und zwar in einer Weise, wie sie durch die Verschmelzung der von Max Weber ausgegangenen Verstehenden Soziologie mit der phänomenologischen Erforschung der Alltags- bzw. Lebenswelt-Bezogenheit [24] des Menschen möglich geworden ist. Maßgebend hierfür ist das Werk von Alfred Schütz [120] und die sich von da herleitende ethnographische und ethnomethodologische Forschung. Deren kategoriale Ansätze decken sich weitgehend mit dem, was die phänomenologisch-anthropologische Psychiatrie herausgearbeitet hat, und bieten eine wichtige methodische Unterstützung.

Verständlichkeit besagt in diesem Kontext nicht »Interpretierbarkeit«, sondern die Fähigkeit eines Menschen, *sich intersubjektivitätsbezogen verständlich* machen zu können. Und ebenso meint »Unverständlichkeit« hier nicht »Uninterpretierbarkeit«, sondern daß ein Mensch »sich nicht auf die anderen versteht«,* sich insbesondere darauf nicht versteht, sich anderen verständlich zu machen. Deshalb muß das, was er tut, erlebt, denkt, nicht unverständlich sein in dem Sinn, daß es nicht verstehbar werden könnte. Es handelt sich um zwei – wenn auch miteinander in Beziehung stehende – unterschiedliche Sachverhalte. Der hier geltend gemachte Begriff bezieht sich nicht auf isolierte intrapsychische Vorgänge, deren Abfolge verstehbar (einfühlbar) oder unverständlich (uneinfühlbar) sein kann, je nachdem, wer sich damit befaßt. Er zielt vielmehr auf die Intersubjektivitätsbezogenheit eines seelischen Erlebens und Verhaltens als eines eigenen Tatbestandes, der zwar schwer zu objektivieren ist, dennoch ein objektives – wenngleich situationsabhängiges – Merkmal des jeweils zur Diskussion stehenden Erlebens bzw. Verhaltens darstellt.

Bei genauerem Hinschauen zeigt sich also, daß es im vorliegenden Zusammenhang gar nicht global um ein Verstehenkönnen (oder Nichtverstehenkönnen) seitens des Untersuchenden geht, sondern um die Feststellung der intersubjektiven Fundierung des Hintergrundes, auf den ein Mensch empfindend, intendierend, denkend, sich verbal oder nonverbal äußernd, bezogen bleibt, und zwar ganz gleich, ob er ein Konformist ist oder gegen die gesellschaftlichen Gepflogenheiten seiner Umwelt opponiert.

---

* Das »Sich-Verstehen-auf« ist ein unscharfer Begriff, der aus der Umgangssprache stammt. In seiner Unschärfe kennzeichnet er aber recht treffend die Lebenswelt- und Intersubjektivitäts-Bezogenheit des Menschen (vgl. [24]).

Unverständlichkeit bedeutet dann nicht, daß eine Handlung oder eine Äußerung nicht irgendwie oder von irgendwoher verständlich gemacht werden kann, sondern daß derjenige, um den es geht, sich auf die anderen nicht mehr versteht und sich daher nicht mehr verständlich machen kann. »Verrückt« meint also nicht, daß ein Verhalten nicht verstehbar sei, sondern nur, daß es sich nicht hinreichend als intersubjektivitätsbezogen darstellt [25].

Diese beiden Begriffe von »Unverständlichkeit« lassen sich auf folgende Weise verdeutlichen: In der hier versuchten Sinngebung meint »Unverständlichkeit«, daß jemand sich nicht auf andere versteht, sich infolgedessen nicht verständlich machen kann und daher auch selbst auf einer bestimmten vorläufigen Ebene des Verstehens unverständlich bleibt – gerade auch dann, wenn er scheinbar etwas ganz »Verständliches« tut, wie z. B. eine im übertragenen Sinne gemeinte Äußerung wörtlich nimmt (etwa wie Till Eulenspiegel »mit-der-Tür-ins-Haus-fällt« oder nach Peters [94] die Frage »Wo sind denn meine Hausschuhe?« nicht als Aufforderung, sondern als Erkundigung nach ihrem Standort versteht) und entsprechend handelt [25]. Dies unter der Voraussetzung, daß derartiges nicht in absichtlicher Sinnverkennung geschieht, wie etwa bei Till Eulenspiegel oder ganz generell im Rahmen eines gegen bestimmte Gepflogenheiten opponierenden Verhaltens. Verständlich kann dergleichen sowohl auf der rationalen Ebene als auch auf der tiefenpsychologisch interpretierbaren Ebene eines Protestverhaltens sein, unverständlich ist es – freilich nur insoweit tatsächlich ein Nichtanderskönnen vorliegt – in bezug auf die darin zum Ausdruck kommende Kontext-Blindheit. Storch [131] hat nicht allein von einer »Daseinsverweigerung«, sondern auch von einer »Verstehensverweigerung« der Schizophrenen gesprochen. Handelt es sich um eine bewußte Verweigerung, hat das natürlich nichts mit Krankheit zu tun; handelt es sich dagegen um eine schlichte Unfähigkeit, das »Sich-von-selbst-Verstehende« als solches zu gewahren, sehr wohl. Wie »schlicht« allerdings diese Unfähigkeit bei Schizophrenen ist (oder auch nicht), darüber ist der Streit bis heute noch nicht beendet.*

---

* D. h., es ist nicht hinreichend geklärt, inwieweit die bei Schizophrenen zu be-

Die *Intersubjektivitätsbezogenheit* als Kriterium für »Verständlichkeit« bzw. »Unverständlichkeit« bedeutet demnach eine wesentliche Differenzierung, die diesen Begriffen ihren differentialdiagnostischen Wert zurückgibt, ohne damit psychodynamisch-psychotherapeutischen Bemühungen um ein Verstehen von vornherein einen Riegel vorzuschieben. Um die hier ins Auge gefaßte Unterscheidung zwischen »Unverständlichkeit« und »Unverstehbarkeit« noch einmal abschließend zu verdeutlichen, kann man die These formulieren: Daß jemand sich *»unverständlich«* verhält, muß *nicht notwendig unverstehbar* sein. Es handelt sich um zwei verschiedene Ebenen, die in der Vergangenheit durch äquivoke Begriffe von »Verstehen« und »unverständlich« miteinander verkoppelt bzw. fälschlicherweise als eine einzige ausgegeben wurden, was Verwirrung gestiftet hat. Das sollte in Zukunft nicht mehr geschehen (was nicht heißt, daß nunmehr einer aprioristischen Vorwegentscheidung in umgekehrter Richtung das Wort geredet werden sollte). Man könnte dann dem »Jaspers-Theorem« [8] in neuer Weise gerecht werden, indem man es zum Ausgangspunkt eines differenzierteren Studiums von Abwandlungen der Intersubjektivitätsbezogenheit menschlichen Erlebens, Verhaltens und Befindens [18, 19, 24] macht. Das wäre in einem anderen Kontext näher auszuführen.

IV. Existentielles Verstehen

Während es in den ersten drei Auflagen der »Allgemeinen Psychopathologie« um eine schlichte Dichotomie von Erklären und Verstehen geht und das Nicht-zu-Verstehende fast per definitionem – jedenfalls ex cathedra – dem Erklären überantwortet wird, ändert sich dies ab der 4. Auflage, die Karl Jaspers (auf dem Hintergrund seiner 1932 in drei Bänden veröffentlichten

---

obachtenden Desymbolisierungen bzw. Konkretismen psychobiologisch als Ausdruck von »Basisstörungen« zu erklären sind oder aber sozialpsycho(patho)logisch als Abwehr überfordernder Realität. Eine Verklammerung von beidem ist denkbar.

»Philosophie«) während der Zeit seiner Kaltstellung durch das Nationalsozialistische Regime im Zweiten Weltkrieg schrieb.

Das »Psychologische Verstehen« ist nun für ihn nicht mehr der einzige Antipode des Erklärens, sondern nimmt eine gewisse Zwischenstellung ein: Es erscheint hineingespannt zwischen das, was gleichsam unterhalb von ihm als »Erklären«, *und* das, was gleichsam oberhalb von ihm als:
a) *»existentielles* Verstehen« und – davon zu unterscheiden –
b) *»metaphysisches* Verstehen« angesetzt wird.

Diese beiden (zuletzt genannten) Weisen des Verstehens ordnet Jaspers jedoch nicht mehr der Wissenschaft, sondern der Philosophie zu. Gerade weil er dem »Psychologischen Verstehen« neben dem »naturwissenschaftlichen Erklären« innerhalb der Psychiatrie als Wissenschaft ein Heimatrecht eingeräumt wissen wollte, war Jaspers hinsichtlich eines existentiellen und metaphysischen Verstehens diesbezüglich um so vorsichtiger. Allerdings wird man in der strengen Trennung, die er nicht nur in diesem Zusammenhang, sondern ganz generell zwischen Wissenschaft und Philosophie zog, keineswegs nur eine diplomatische Rücksichtnahme auf das Selbstverständnis der empirischen Wissenschaften sehen dürfen. Diese Trennung entsprach vielmehr – ganz im Sinne des Kantianers, der er durch und durch war – seiner ganz entschiedenen persönlichen Überzeugung.

Das bedeutete für ihn nicht, daß das metaphysische und vor allem das existentielle Verstehen dem Fachphilosophen vorbehalten bleiben sollte. Der rechte Psychiater, vor allem als Therapeut, vereinigt nach Jaspers – gleichsam in Personalunion – das psychologische Verstehen und das naturwissenschaftliche Erklären auf der *einen* Seite als Wissenschaftler mit dem existentiellen (evt. sogar metaphysischen) Verstehen auf der *anderen* Seite als philosophierender Arzt [113, 114, 141]. »Nicht Vermischung, aber Synthese« (im Sinne einer Verbindung des sauber Getrennten) war seine Losung [75].

Charakteristisch für Jaspers ist die scharfe Trennung, die er – der in beiden Bereichen zu Hause war – zwischen Psychopathologie (als einer Einzelwissenschaft) und Philosophie gewahrt wissen wollte. Von dieser Position her nahm er Stellung gegen jede wissenschaftliche Richtung, die den Anspruch auf eine ganzheitliche Erfassung des Menschen erhob. Daher verurteilte er die »Hirnmythologie« eines Wernicke ebensosehr wie die Psychoanalyse Freuds oder die Daseinsanalyse Binswangers. Er witterte in diesen Vorgehensweisen die Gefahren eines dogmatischen Totalitarismus; Gefahren, die er auf philosophischem Felde – von politischen Bedenken einmal abgesehen – auch bei Heidegger sah und die ihn (trotz einiger gemeinsamer Ausgangspunkte) zu entschiedener Ablehnung veranlaßten. Diese Gefahren eines dogmatischen Totalitarismus fürchtete er weit mehr als die Gefahren einer Selbstbeschneidung der Wissenschaft in partikularistischen Ansätzen. Insbesondere dürfte Jaspers die Gefahren, die die Methodenzentriertheit in den Einzelwissenschaften mit sich bringt, unterschätzt haben. Die *Kluft* zwischen einer *methodenzentrierten objektivistischen Wissenschaft*, die ständig Gefahr läuft, technokratisch zu entarten, und einer *existenzerhellenden, jegliche Vergegenständlichung transzendierenden* philosophischen *Reflexion*, die als solche aber eigentümlich vage bleibt und kaum Konsequenzen für die konkrete Bewältigung der Wirklichkeit zeitigt, ist eines der *ungelösten* Probleme, die uns Karl Jaspers hinterlassen hat. Sosehr er auch beides in wechselseitige Beziehung zueinander gesetzt wissen wollte, beharrte er – in einer anderen Weise als Heidegger – auf einer strikten Trennung von »Wissenschaft« und existentieller »Besinnung«. Nichtsdestoweniger haben ihn zeit seines Lebens Philosophen besonders angezogen, die neben der philosophischen zugleich auch die psychologische Reflexion pflegten: Pascal, die französischen Moralisten, Nietzsche und – später – vor allem auch Kierkegaard. Es erscheint auf den ersten Blick paradox, daß Jaspers, der als Psychiater eine eher distanzierte Haltung zum »Gegenstand« verkörperte, als Philosoph »Existenzerhellung« als zentrale Aufgabe seines Philosophierens sah. Einiges, was für sein elementares Verhältnis zur Psychopathologie charakteristisch ist, kann man an seinem Verhältnis zu Kierkegaard ablesen.

Theunissen ([138] S. 65 f.) schreibt: »Fragen wir abschließend, inwiefern er (Jaspers / d. Ref.) etwas von der grundsätzlichen Bedeutung Kierkegaards kundgetan habe, so werden wir auf seine ›Allgemeine Psychopathologie‹ zurückverwiesen. Entscheidendes läßt er dadurch an Kierkegaard sehen, daß er ihn in diese

Wissenschaft einordnet.« (Hinzugefügt sei: Nicht nur als einen psychopathologisch versierten Denker, sondern auch als einen »Gegenstand« derselben. Zögerte Jaspers doch nicht, die Möglichkeit offenzuhalten, daß Kierkegaard schizophren gewesen sein könne ([68] S. 175).) »Die Psychopathologie vermochte Kierkegaard zu befruchten, weil er menschliches Leben, wie Jaspers mit Recht betont, an sich selbst als Leiden erfuhr, als das Leiden, in dem noch die ›Psychologie der Weltanschauungen‹ die durchgehende Verfassung aller ›Grenzsituationen‹ erblickt (S. 218 f.), nicht, wie später die ›Philosophie‹, bloß eine unter diesen Situationen neben Tod, Kampf und Schuld (1932, S. 483 ff.).« »Leiden aber war für ihn wesentlich Leiden an der schuldhaften Deformation des eigenen Menschseins. Aus der Tiefe dieser Deformation meinte er schließen zu dürfen, daß sie auch jene Menschen bis in den Grund prägt, die nicht an ihr leiden. Von daher läßt sich die allgemeine Psychopathologie, zu der er unterwegs war, im nicht-klinischen, wiewohl klinisch relevanten Sinne als Diagnose der faktischen Anomalität des sich selbst für normal haltenden Bewußtseins begreifen. Seine Bedeutung liegt letztlich in der methodischen Konsequenz, die er aus seiner Einsicht in die historische Universalisierung der Anomalität zog. – Kierkegaard war der erste, der es unter den gegebenen Umständen nicht mehr für möglich hielt, ein mitgebrachtes Menschenbild zur Norm zu erheben und an ihr die sogenannten Anomalien zu messen, und der statt dessen den Versuch unternahm, umgekehrt aus einer Analyse deformierten Menschseins Aufschlüsse über die Bestimmung des Menschen zu gewinnen« ([138] S. 65 / 66).

Theunissen räumt ein, daß sich Jaspers kaum über die prinzipielle Tragweite – und ich würde hinzufügen: Gefährlichkeit – dieses Ansatzes im klaren gewesen sein dürfte. Er habe aber dennoch »für ihn den Blick geschärft und zwar schon aufgrund der Tatsache, daß seine Kierkegaard-Rezeption von psychopathologischen Erkenntnisinteressen angeleitet war«. Wenn diese Interpretation zu Recht besteht, würde Jaspers durch die Art und Weise, in welcher er Kierkegaard eine Bedeutung für die Psycho(patho)logie einräumt, einer dialektischen Betrachtungsweise [21] psychischen Krankseins den Weg gebahnt haben.

Noch unausgeschöpfter als diese theoretische Fragestellung ist das Problem der Beziehung zwischen der »Existenzerhellung« als einem Zentrum Jaspersschen Philosophierens und dem Umgang mit in den Grundfesten ihres Daseins erschütterten psychisch Kranken i. e. S. oder auch nur in einer seelischen Krise Befindlichen. Jaspers war, wie W. Schmitt [114] prägnant herausgearbeitet hat, auch hier gegen jegliche Vermischung unterschiedlicher Verstehens- und Kommunikationsebenen – bei gleichzeitiger Betonung, daß ein guter Arzt auf allen diesen Ebenen zu Hause sein müsse. »Die Synthese – nicht die Vermischung – aller nur möglichen Wege mit hellem Bewußtsein der Methode bei jedem Schritt, das scheint mir das Ideal, zumal für den Psychiater, dessen Wissenschaft der Aufgabe nach so universal ist, wie kaum eine andere«, schrieb Jaspers 1922 in einem offenen Brief an K. Birnbaum [16, 75]. Es fragt sich nur, inwieweit eine solche Sauberkeit im methodologischen Unterscheiden verschiedener Ebenen dem praktisch-psychotherapeutischen Zugang zum Patienten förderlich ist. Setzt diese »Sauberkeit« nicht eine Distanz, die nur am Schreibtisch zu gewinnen ist, voraus? Uns, den Nachfahren, stellt sich angesichts dieses Rückbezuges von Jaspers auf Kierkegaard unvermeidlich die Frage: Wie sieht ein aus der Einheit von Theorie und Praxis erwachsenes mäeutisches Wirken, das den Menschen »auf sich selbst zurückwerfen und zur Selbstwirksamkeit anleiten will«, im Umgang mit in einer seelischen Krise befindlichen Menschen aus? Welche ganz konkreten Schritte sind zu gehen? Wie ist vor allem das rechte Maß zwischen Selbsterhellung, die stets auch Selbstverunsicherung mit sich bringt, und neuem Grundfassen zu bestimmen? Die von Jaspers sorgfältig gehütete Grenze zwischen therapeutischen Akten und existentieller Kommunikation (in Selbsterhellung wie in Fremderhellung) bleibt für uns letztlich ein Problem; vor allem dort, wo man nicht aus der Distanz »über« klare begriffliche Unterscheidbarkeiten nachdenkt, sondern sich selbst im therapeutischen Prozeß mit darinnen befindet.

Literaturhinweise

1. Apel K-O (1979) Die Erklären : Verstehen-Kontroverse in transzendentalpragmatischer Sicht. Suhrkamp, Frankfurt
2. Apel K-O, Manninen J, Tuomela R (Hrsg) (1978) Neue Versuche über Erklären und Verstehen. Suhrkamp, Frankfurt
3. Apel K-O (1984) Diltheys Unterscheidung zwischen »Verstehen und Erklären« in der Sicht moderner Wissenschaftstheorie. Referat bei der Wissenschaftlichen Tagung der Deutschen Gesellschaft für phänomenologische Forschung in Trier (1983) In: Orth EW (Hrsg) Wilhelm Dilthey und die Philosophie der Gegenwart. Alber, Freiburg München (1985)
4. Arbeitsgruppe Bielefelder Soziologen (1973) Alltagswissen, Interaktion und gesellschaftliche Wirklichkeit. Reader. Reinbek, Rowohlt
5. Avenarius R (1968) Die diagnostische Anfangssituation. Über die Bedeutung des Verstehens in der initialen diagnostischen Situation. Nervenarzt 39:51–56
6. Baade W (1915) Über die Vergegenwärtigung von psychischen Ereignissen durch Erleben, Einfühlung und Repräsentation, sowie über das Verhältnis der Jassersschen Phänomenologie zur darstellenden Psychologie. Z Gesamte Neurol Psychiatrie 29:347–378
7. Baeyer W v (1953) Zur Psychopathologie der endogenen Psychosen. Nervenarzt 24:316–325
8. Baeyer W v (1979) Wähnen und Wahn. Enke, Stuttgart
9. Baier H (1984) Max Weber und Dilthey. Der Streitpunkt der verstehenden Soziologie. Referat bei der Wissenschaftlichen Tagung der Deutschen Gesellschaft für phänomenologische Forschung in Trier 6.–9.4.83 In: Orth EW (Hrsg) Wilhelm Dilthey und die Philosophie der Gegenwart. Alber, Freiburg München (1985)
10. Benedetti G (1981) Beziehungsstörung in der Psychose und Beziehungsformen in deren Psychotherapie. Z Psychosom Med Psychoanal 4:354–362
11. Bergmann JR (1980) Interaktion und Exploration. Konstanz. Diss.
12. Binswanger L (1913) Bemerkungen zu der Arbeit Jaspers': kausale und »verständliche« Zusammenhänge zwischen Schicksal und Psychose bei der Dementia praecox (Schizophrenie). Internationale Zeitschrift für ärztliche Psychoanalyse 1: 383–390
13. Binswanger L (1927) Verstehen und Erklären in der Psychologie (schriftlich eingereichte Thesen und mündliche Erläuterungen zu einem gemeinsam mit Erismann, Ewald und Spranger am IX. Internationalen Psychologen-Kongreß in Groningen (September 1926) erstatteten Referat). Z Gesamte Neurol Psychiatrie 107:655–683
14. Binswanger L (1943) Karl Jaspers und die Psychiatrie. Schweiz Arch Neurol Psychiatrie 51:1–13
15. Binswanger L (1922) Einführung in die Probleme der allgemeinen Psychologie. Springer, Heidelberg. Lizenz-Nachdruck (1965) Bonset, Amsterdam

16 Birnbaum K (1922) Von der Geistigkeit der Geisteskranken und ihrer psychiatrischen Erfassung. Offener Brief an Herrn Prof. Jaspers. Z Gesamte Neurol Psychiatrie 77:509–514
17 Blankenburg W (1971) Der Verlust der natürlichen Selbstverständlichkeit. Ein Beitrag zur Psychopathologie symptomarmer Schizophrenien. Enke, Stuttgart
18 Blankenburg W (1978) Grundlagenprobleme der Psychopathologie. Nervenarzt 49:140–146
19 Blankenburg W (1980) Phenomenology and Psychopathology. J Phen Psychol 11:50–78
20 Blankenburg W (1981) Nomothetische und idiographische Methodik in der Psychiatrie. Schweiz Arch Neurol Neurochir Psychiatr 128:13–20
21 Blankenburg W (1981) Wie weit reicht die dialektische Betrachtungsweise in der Psychiatrie? Z Klin Psychol Psychother 29:45–66
22 Blankenburg W (1982) Zur Indikation hermeneutischer Methoden in der Psychotherapie. In: Helmchen H, Linden O, Rüger W (Hrsg) Psychotherapie in der Psychiatrie. Springer, Berlin Heidelberg New York, S. 41–46
23 Blankenburg W (1982) Psychopathologie und psychiatrische Praxis. In: Janzarik W (Hrsg) Psychopathologische Konzepte der Gegenwart, Enke, Stuttgart
24 Blankenburg W (1983) Phänomenologie der Lebensweltbezogenheit und Psychopathologie: In: Grathoff R, Waldenfels B (Hrsg) Sozialität und Intersubjektivität. Fink, München
25 Blankenburg W (1984) Störungen von Auffassung und Sprache bei Schizophrenen. In: Bochnik H-J, Richtberg W (Hrsg) Sprache – Sprechen – Verstehen. Zur Phänomenologie sprachlicher Kommunikationsstörungen. Perimed, Erlangen
26 Boogert BM den (1983) Op Zook naar Existentiele Communicatie. Vortrag beim Karl Jaspers-Symposium der Erasmus-Universität Rotterdam am 25.1.1983
27 Bräutigam W (1961) Psychotherapie in anthropologischer Sicht. Enke, Stuttgart
28 Broekmann JM (1965) Phänomenologisches Denken in der Philosophie und Psychiatrie. Confinia Psychiatr (Basel) 8:167–187
29 Broekman JM, Müller-Suur H (1964) Psychiatrie und Phänomenologie. Philos Rundschau 11:161–170
30 Bühler K-E (1983) Der Begriff des Bewußtseins bei Jaspers und das Verhältnis zur Psychopathologie. Z Klin Psychol Psychopathol Psychother 31:240–246
31 Bumke O, Jaspers K (1914) Allgemeine Psychopathologie (Rezension). Zentralbl Neurol Psychiatr 9:50
32 Ciompi L (1982) Affektlogik. Klett, Stuttgart
33 Devereux G (1976) Angst und Methode in den Verhaltenswissenschaften. Ullstein, Frankfurt
34 Diemer A (1971) Die Trias Beschreiben, Erklären und Verstehen. In: Diemer A (Hrsg) Der Theorien- und Methodenpluralismus in den Wissen-

schaften. Hain, Meisenheim/Glan
35 Dilthey W (1922) Einleitung in die Geisteswissenschaften, Gesammelte Schriften, Bd. I. Teubner, Leipzig Berlin
36 Dilthey W (1974) Ideen über eine beschreibende und zergliedernde Psychologie. In: Gesammelte Schriften Bd. V, 6. Aufl. Teubner, Stuttgart, S 139–240
37 Dörr-Zegers O (1979) Der Einfluß der Heidelberger Psychiatrie auf den spanisch sprechenden Raum. In: Janzarik W (Hrsg) Psychopathologie als Grundlagenwissenschaft. Enke, Stuttgart
38 Droysen JG (1862) Grundriß der Historik. Möser, Berlin
39 Foudraine J (1976) Wie is van hout ... (1971): dt. Übers.: Wer ist aus Holz? Neue Wege der Psychiatrie. dtv, München
40 Gadamer HG (1965) Wahrheit und Methode. 2. Aufl. Mohr, Tübingen
41 Garfinkel H (1967) Studies in ethnomethodology. Englewood Cliffs
42 Glatzel J (1978) Allgemeine Psychopathologie. Enke, Stuttgart
43 Glatzel J (1981) Spezielle Psychopathologie. Enke, Stuttgart
44 Glatzel J (1981) Psychopathologie als Wissenschaft. Z Klin Psychol Psychother 29:67–78
44a Glatzel J (1984) Die Psychopathologie Karl Jaspers' in der Kritik. Nervenarzt 55:10–17
45 Grathoff R, Waldenfels B (Hrsg) (1983) Sozialität und Intersubjektivität. Fink, München
46 Graumann HM (1976) Das Verstehen. Versuch einer historisch-kritischen Einleitung in die Phänomenologie des Verstehens. In: Balmer H (Hrsg) Die Psychologie des 20. Jahrhunderts Bd I. Kindler, Zürich, S 159–271
47 Gruhle HW (1913) Die Bedeutung des Symptoms in der Psychiatrie. Z Gesamte Neurol Psychiatr 16:465–486
48 Gruhle HW (1947) Karl Jaspers, Allgemeine Psychopathologie, 4. Aufl. 1946. Nervenarzt 18:380–383
49 Gruhle HW (1956) Verstehende Psychologie. 2. Aufl. Thieme, Stuttgart
50 Günther HRG (1934) Das Problem des Sichselbstverstehens. Junker & Dünnhaupt, Berlin
50a Habermas J (1984) Überlegungen zur Kommunikationspathologie. In: Vorstudien und Ergänzungen zur Theorie des Kommunikativen Handelns. Suhrkamp, Frankfurt/M
51 Häfner H (1963) Prozeß und Entwicklung als Grundbegriffe der Psychopathologie. Fortschr Neurol Psychiatr 31:393–438
51a Heidegger M (1954) Wissenschaft und Besinnung. In: Vorträge und Aufsätze. Neske, Pfullingen
52 Heimann H (1950) Der Einfluß von Karl Jaspers auf die Psychopathologie. Monatsschr Psychiatr Neurol 120:1–20
53 Heimann H (1979) Psychopathologie. In: Psychiatrie der Gegenwart. 2. Aufl., Bd I/1. Springer, Berlin Heidelberg New York, S 1–42
54 Henrich D (1974) Kritik der Verständigungsverhältnisse. In: Habermas J, Henrich D (Hrsg) Zwei Reden. Aus Anlaß des Hegel-Preises. Suhrkamp, Frankfurt, S. 9–22

55 Henrich D (1983) Denken im Blick auf Max Weber. Vortrag im Rahmen des Symposiums zum 100. Geburtstag von Karl Jaspers
56 Hoop JH van der (1921) Über die kausalen und verständlichen Zusammenhänge nach Jaspers. Z Gesamte Neurol Psychiatr 68:9–30
57 Huber G (1984) Die Bedeutung von Karl Jaspers für die Psychiatrie der Gegenwart. Nervenarzt 55:1–9
58 Husserl E (1901) Logische Untersuchungen. Niemeyer, Halle a. S.
59 Husserl E (1950ff) Husserliana, Bd I–IXX. Nijhoff, Den Haag
60 Janzarik W (1976) Die Krise der Psychopathologie. Nervenarzt 47:73–80
61 Janzarik W (1979) (Hrsg) Psychopathologie als Grundlagenwissenschaft. Enke, Stuttgart
62 Janzarik W (1982) (Hrsg) Psychopathologische Konzepte der Gegenwart. Enke, Stuttgart
63 Janzarik W (1984) Jaspers, Kurt Schneider und die Heidelberger Psychopathologie. Nervenarzt 55:18–24
64 Jaspers K (1946) Allgemeine Psychopathologie. Ein Leitfaden für Studierende, Ärzte und Psychologen. Berlin: Springer 1913, 2. neu bearbeitete Aufl. ebd. 1920, 3. vermehrte und verbesserte Aufl. ebd. 1923, 4. völlig neu bearbeitete Aufl. Springer, Berlin Göttingen Heidelberg, 1946; weitere Aufl. unverändert
65 Jaspers K (1963) Gesammelte Schriften zur Psychopathologie (Heimweh und Verbrechen) 1909, Eifersuchtswahn. Ein Beitrag zur Frage: »Entwicklung einer Persönlichkeit« oder »Prozess«? 1910, Die Methode der Intelligenzprüfung und der Begriff der Demenz. Kritisches Referat. 1910, Zur Analyse der Trugwahrnehmungen (Leibhaftigkeit und Realitätsurteil) 1911, Die Trugwahrnehmungen. 1912, Die phänomenologische Forschungsrichtung in der Psychopathologie. 1912, Kausale und »verständliche« Zusammenhänge zwischen Schicksal und Psychose bei der Dementia praecox (Schizophrenie) 1913, Über leibhaftige Bewußtheiten (Bewußtheitstäuschungen). Ein psychopathologisches Elementarsymptom 1913, Springer, Berlin Göttingen Heidelberg
66 Jaspers K (1960) Psychologie der Weltanschauungen. Springer, Berlin (1919) 5. Aufl. Springer, Berlin Göttingen Heidelberg
67 Jaspers K (1921) Kronfeld, Arthur, Das Wesen der psychiatrischen Erkenntnis. Beiträge zur allgemeinen Psychiatrie I. Berlin 1920 (Buchbesprechung). Zentralbl Neurol Psychiatr 23:13–15
68 Jaspers K (1977) Strindberg und van Gogh. Versuch einer pathographischen Analyse unter vergleichender Heranziehung von Swedenborg und Hölderlin. Bern 1922, 2. ergänzte Aufl. Springer, Berlin 1926; Neuaufl. Piper, München
69 Jaspers K (1936) Nietzsche. Einführung in das Verständnis seines Philosophierens. de Gruyter, Berlin
70 Jaspers K (1947) Vernunft und Existenz. (Groningen 1935). 2. Aufl. Johs. Storm, Bremen
71 Jaspers K (1974) Philosophie. 4. Aufl. Springer, Berlin Heidelberg New York

72 Jaspers K (1951) Rechenschaft und Ausblick. Reden und Aufsätze. Piper, München
73 Jaspers K (1951) Zur Kritik der Psychoanalyse. Der Nervenarzt 21:465–468
74 Jaspers K (1977) Philosophische Autobiographie. Erweiterte Neuausgabe. Piper, München
75 Jaspers K (1922) Antwort auf vorstehenden offenen Brief (K. Birnbaum: Von der Geistigkeit der Geisteskranken und ihrer psychiatrischen Erfassung. Offener Brief an Herrn Prof. Jaspers. Z Gesamte Neurol Psychiatr 77:509–517). Z Gesamte Neurol Psychiatr 77:515–518
76 Kehrer FA (1921) Jaspers Karl, Allgemeine Psychopathologie ... (Bespr. der 2. neubearb. Aufl. [1920]) Zentralbl Neurol 23
77 Kehrer FA (1951) Das Verstehen und Begreifen in der Psychiatrie. Thieme, Stuttgart
78 Kierkegaard (1960ff) Gesammelte Werke, übersetzt und mit Anmerkungen versehen von E. Hirsch, Düsseldorf: Diederichs 1950ff.; in neuer Übertragung und mit Kommentar von L Richter: Werke I–V. Rowohlt, Reinbek
79 Kimura B (1979) Heidelberger Psychiatrische Klinik und japanische Psychiatrie. In: Janzarik W (Hrsg) Psychopathologie als Grundlagenwissenschaft. Enke, Stuttgart
80 Kisker KP (1955) Zur Frage der Sinngesetzlichkeit. Schweiz Arch Neurol Psychiatr 76:5–22
81 Kittel (1982) Psychiatrie und Wissenschaftstheorie. Vortrag in Marburg/L
82 Knauss G (1968) Die Dialektik des Grundwissens und der Existenzerhellung bei Jaspers. Stud Gen 21:571–590
83 Kohut H (1975) Die Zukunft der Psychoanalyse. Suhrkamp, Frankfurt
84 Kretschmer W (1983) Karl Jaspers: Philosophie und Psychopathologie. Vortrag
85 Kunz H (1941) Die anthropologische Betrachtungsweise in der Psychopathologie. Z Gesamte Neurol Psychiatr 172:145–180
86 Kunz H (1947/48) Karl Jaspers. Allgemeine Psychopathologie, 4. Aufl. Psyche I:153–155
87 Kunz H (1975) Grundfragen der psychoanalytischen Anthropologie. Vandenhoeck & Ruprecht, Göttingen
88 Laing R (1965) The Divided Self. Tavistock Publ., Penguin Books, London
89 Lanteri-Laura G, Pistoia L del (1981) Les principales théories dans la psychiatrie contemporaine. Encycl. Méd Chir (Paris) 37006-10:1–18
90 Marchais P (1974) Métapsychiatrie. Masson, Paris
91 Möller HJ (1976) Methodische Grundprobleme der Psychiatrie. Kohlhammer, Stuttgart Berlin Köln Mainz
92 Müller-Suur H (1980) Zum Schizophrenie-Problem. Hogrefe, Göttingen
93 Natanson M (1963) Philosophische Grundfragen der Psychiatrie. Philosophie und Psychiatrie Bd I/2. Springer, Berlin Göttingen Heidelberg, S 903–925
94 Peters UH (1973) Interpretation als psychopathologische Methode. Psychiatr Clin 6:81–96

95 Pethö B (1974) Zur methodologischen Neubesinnung in der Psychiatrie. Fortschr Neurol Psychiatr 37:405–447 und 42:475–539
96 Pfister O (1952) Karl Jaspers als Sigmund Freud's Widersacher. Psyche 6:241–275
97 Pauleikhoff B (1952) Eine Revision der Begriffe »Verstehen« und »Erklären«. Arch Psychiatr Nervenkr 189:355–372
98 Pauleikhoff B (1974) Erklären und Verstehen als Zugang zu psychopathologischen Phänomenen. In: Wieck HH (Hrsg) Psychopathologie musischer Gestaltungen. Schattauer, Stuttgart New York
99 Prini P (1983) Karl Jaspers y la filosofia como – espacio del encuentro – Psicopathologia 3:319–322
100 Rickert H (1920) Psychologie der Weltschauungen und Philosophie der Werte. Logos 9:1–42
101 Rickert H (1921) Die Grenzen der naturwissenschaftlichen Begriffsbildung. Eine logische Einleitung in die historischen Wissenschaften. 3. und 4. Aufl. Mohr, Tübingen
102 Roffenstein G (1926) Das Problem des psychologischen Verstehens. Püttmann, Stuttgart
103 Saner H (1976) Karl Jaspers in Selbstzeugnissen und Bilddokumenten. Rowohlt, Reinbek
104 Schäfer ML (1979) Reflexion, Ideation, Einfühlung, Explanation. Grundelemente eines psychiatrischen Wissensmodells. Fortschr Neurol Psychiatr 47:144–157
105 Schäfer ML (1984) Verstehen. In: Battegay R, Glatzel J, Pöldinger W, Rauchfleisch R (Hrsg) Handwörterbuch der Psychiatrie
106 Schäfer ML (1984) Prozeß. In: Battegay R, Glatzel J, Pöldinger W, Rauchfleisch R (Hrsg) Handwörterbuch der Psychiatrie
107 Schäfer ML (1984) Phänomenologische Methode. In: Battegay R, Glatzel J, Pöldinger W, Rauchfleisch R (Hrsg) Handwörterbuch der Psychiatrie
108 Scharfetter C (1981) Allgemeine Psychopathologie. Eine Einführung. 2. Aufl. Thieme, Stuttgart
109 Scharfetter C (1981) Die interaktionale Abhängigkeit der Psychopathologie in ihrer Bedeutung für Untersuchungsgespräch, Diagnostik und Therapie. Vortrag in der Psychiatrischen Klinik der Univ. Marburg am 5.2.1981
110 Schipperges H (1975) Psychiatrische Konzepte und Einrichtungen in ihrer geschichtlichen Entwicklung. In: Kisker KP et al. (Hrsg) Psychiatrie der Gegenwart. 2. Aufl., Bd. III, Springer, Berlin Heidelberg New York
111 Schleiffer R (1980) Zur Methodologie von Psychopathologie und Historik. Nervenarzt 51:17–21
112 Schmitt W (1979) Karl Jaspers und die Methodenfrage in der Psychiatrie: In: Janzarik W (Hrsg) Psychiatrie als Grundlage der Wissenschaft. Enke, Stuttgart
113 Schmitt W (1980) Die Psychopathologie von Karl Jaspers in der modernen Psychiatrie. In: Peters UH (Hrsg) Die Psychologie des 20. Jahrhunderts, Bd. X. Kindler, Zürich, S 46–62
114 Schmitt W (1980) Psychiatrische Wahrheit und psychiatrische Menschlich-

keit – Bemerkungen zur Psychotherapie bei Karl Jaspers. Vortrag beim Kongreß der DGPN, Berlin
115 Schneider K (1922) Versuch über die Arten der Verständlichkeit. Z Gesamte Neurol Psychiat 75:323–327
116 Schneider K (1926) Die phänomenologische Richtung in der Psychiatrie. Philos Anzeiger 4:382–404
117 Schneider K (1938) 25 Jahre »Allgemeine Psychopathologie« von Karl Jaspers. Nervenarzt II:281–283
118 Schneider K (1955) Klinische Psychopathologie. 4. Aufl. Thieme, Stuttgart
119 Schultz-Hencke H (1951) Zur Verteidigung der Psychoanalyse. Der Monat 3:438–440
120 Schütz A (1970/1972) Gesammelte Aufsätze, Bd I–III. Nijhoff, Den Haag
121 Schütze F. Meinefeld W, Springer W, Weymann A (1973) Grundlagentheoretische Voraussetzungen methodisch kontrollierten Fremdverstehens. In: Arbeitsgruppe Bielefelder Soziologen (Hrsg) Alltagswissen, Interaktion und gesellschaftliche Wirklichkeit. Rowohlt, Reinbek
122 Schweizer W (1924) Erklären und Verstehen in der Psychologie. Eine Kritik der Auffassung von Karl Jaspers. Haupt, Bern
123 Seelbach H (1932) Verstehende Psychologie und Individualpsychologie. Ein Vergleich der psychologischen Richtungen von Dilthey, Jaspers und Spranger mit der Individualpsychologie Alfred Adlers. Gräfenhainichen
124 Seidler E, Klindt H, Schau N (1978) Jaspers und Freud. Sudhoffs Archiv 62:36–63
125 Simmel G (1892) Die Probleme der Geschichtsphilosophie. Duncker und Humblot, Leipzig
125a Spitzer M (1985) Allgemeine Subjektivität und Psychopathologie. Haag + Herchen, Frankfurt a. M.
126 Spoerri T (1957) Die historische Betrachtung als Methode für die Psychiatrie. Bibl Psychiatr Neurol 100:11–20
127 Spranger E (1925) Lebensformen. 5. Aufl. Niemeyer, Halle
128 Stierlin H (1952/53) Verstehen und wissenschaftliche Theorienbildung in der Psychoanalyse. Psyche 6:389–400
129 Stierlin H (1974) Karl Jaspers' Psychiatry in the light of his basic philosophical position. J Behav Sci 10:213–226
130 Stierlin H (1981) Der Therapeut als Dialogspartner und Dialogsermöglicher. In: Battegay R (Hrsg) Herausforderung und Begegnung in der Psychiatrie. Huber, Bern Stuttgart Wien
131 Storch A (1965) Wege zur Welt und Existenz des Geisteskranken. In: v Baeyer W, Bräutigam W (Hrsg) Hippokrates, Stuttgart
132 Straus E (1963) Philosophische Grundfragen der Psychiatrie II. Psychiatrie und Philosophie. In: Gruhle HW et al. (Hrsg) Psychiatrie der Gegenwart, Bd I/2, 1. Aufl. Springer, Berlin Göttingen Heidelberg
133 Sullivan HS (1953) The interpersonal theory of psychiatry. Norton, New York
134 Tatossian A (1979) Phénoménologie des psychoses. Masson, Paris New York Barcelona Mailand

135 Tatossian A, Giudicelli S (1973) De la phénoménologie de Jaspers au »retour à Husserl«. Confrontations Psychiatriques 11:127–161
136 Tellenbach H (1971) Hermeneutische Akte in der klinischen Psychiatrie. In: Hermeneutik als Weg heutiger Wissenschaft (Salzburger Studien zur Philosophie Bd 9). Salzburg München, S 139–144)
137 Tellenbach H (1975) Die Begründung psychiatrischer Erfahrung und psychiatrischer Methoden in philosophischen Konzeptionen vom Wesen des Menschen. In: Gadamer HG, Vogler P (Hrsg) Neue Anthropologie Bd. VI. Thieme, Stuttgart, S 138–181
138 Theunissen M, Greve W (Hrsg u Einl) Materialien zur Philosophie Søren Kierkegaards. Einleitung: III. Kap. Zur Wirkungsgeschichte, 3b Existenzphilosophie. Suhrkamp, Frankfurt, S 62–75
139 Wach J (1926–1933) Das Verstehen. Grundzüge einer Geschichte der hermeneutischen Theorie im 19. Jahrhundert. 3 Bände. Mohr, Tübingen
140 Waldenfels B (1980) Verstehen und Verständigung. In: Der Spielraum des Verhaltens. Suhrkamp, Frankfurt
141 Warsitz P (1984) Das zweifache Selbstmißverständnis der Psychoanalyse. Die Psychoanalysekritik von Karl Jaspers in vollständiger und immanenter Darstellung. Inaug Diss, Marburg
142 Weber M (1913) Über einige Kategorien der Verstehenden Soziologie. Logos 4:253–294
143 Weber M (1922) Gesammelte Aufsätze zur Wissenschaftslehre. Tübingen
144 Weingarten E, Sack F, Schenkein J (Hrsg) Ethnomethodologie. Beiträge zu einer Soziologie des Alltagshandelns. Suhrkamp, Frankfurt
145 Wieder DL, Zimmerman DH (1976) Regeln im Erklärungsprozeß. Wissenschaftliche und ethnowissenschaftliche Soziologie. In: Weingarten E, Sack F, Schenkein J (Hrsg) Ethnomethodologie. Beiträge zu einer Soziologie des Alltagshandelns. Suhrkamp, Frankfurt
146 Wiesenhütter E (1979) Die Begegnung zwischen Philosophie und Tiefenpsychologie. Wissenschaftliche Buchgesellschaft, Darmstadt
147 Windelband W (1921) Präludien, 7. und 8. Aufl. Mohr, Tübingen
148 Winkler WTh (1981) Plädoyer für die Entwicklung einer dynamischen Psychopathologie. In: Battegay R (Hrsg) Herausforderung und Begegnung in der Psychiatrie. Zu Ehren von G Benedetti. Huber, Bern Stuttgart Wien
149 Witter H (1963) Methodologische Probleme der Psychiatrie. Fortschr Neurol Psychiatr 31:491–521
150 Wyrsch J (1957) Über die Geschichte der Psychiatrie. Bibl Psychiatr Neurol 100:21–41
151 Zeh W (1971) Die Psychiatrie und Methodenfrage. Studium Generale 24:440–461

Abgedruckt in: Der Nervenarzt (1984) 55, S. 447–460

Johann Glatzel

Die Psychopathologie Karl Jaspers' in der Kritik

Die kritischen Einwände, die während der sieben Jahrzehnte, in denen die »Allgemeine Psychopathologie« das psychopathologische Denken prägt, von Psychiatern ebenso wie Psychologen vorgebracht wurden, sollen nicht referiert werden. Sie sind jedermann zugänglich in Monographien und einzelnen Aufsätzen, so daß auf die ermüdende Wiederholung des hinlänglich Bekannten verzichtet werden darf. Ich möchte mich statt dessen auf einen Aspekt der Jaspers-Kritik beschränken, von dem ich meine, er betreffe eine der Schwierigkeiten im Umgang mit dessen Werk. Und gerade diese Schwierigkeit ist es, die Zeitgenossen und nachfolgende Generationen in eine Auseinandersetzung mit Jaspers zwang, die ungewöhnlich anregend wirkte auf die Forschung von 1913 bis in die Gegenwart. Gemeint ist das Verhältnis seiner Psychopathologie zur Psychologie.

In der »Allgemeinen Psychopathologie« finden sich neben Elementen einer vorkritischen Assoziationspsychologie Beziehungen zur strukturalen Psychologie Diltheys; letztere prägen deutlicher den allgemeinen, erstere vor allem den speziellen Teil. Die sogenannten psychopathologischen Tatbestände, die als Symptome in eine psychiatrische Krankheitslehre eingehen, sind konzipiert als abnorme und gegebenenfalls krankhafte Varianten normal seelischer Vollzüge und Erlebnisweisen.

Die Schwierigkeiten eines solchen Ansatzes liegen in dem Umstand, daß er zum einen ein verbindliches Ordnungssystem der Psychologie voraussetzt und zum anderen die Überzeugung, die Gegebenheitsweisen abnormen Erlebens und Verhaltens ließen sich aus den Vorgaben einer psychologischen Systematik ableiten. Träfe diese Annahme zu, so wäre die deskriptive Psychopathologie mit der »Klinischen Psychopathologie« K. Schneiders vollendet und zum Abschluß gebracht. Wohl könnte sie verfeinert und um Details bereichert werden; wer sie in Frage stellen wollte, geriete jedoch in die Notwendigkeit, auch die psychologischen Prämissen neu zu formulieren. So bleibt dem Psychopathologen lediglich die Aufgabe, darzustellen, welche normale psychische Funktion in welcher Form ins Abnorme verzerrt begegnet, um diese dann – begrifflich dingfest gemacht – dem allgemeinen Verständnis zugänglich und der klinischen Psychiatrie verfügbar zu machen.

Die psychopathologische Forschung hat sich auf Ziselierarbeiten nicht beschränkt, wenngleich sie durchaus auch diese geleistet hat. Sie entwickelte neue Ansätze, die einem Unbehagen an der Jaspersschen Pathopsychologie erwuchsen. Von dieser soll zunächst die Rede sein.

Die Problemgeschichte einer Wissenschaft kann unter drei bevorzugten Aspekten abgehandelt werden: dem des Gegenstandes bzw. der angemessenen Begriffe, dem der Theorie und dem der Methode. Bezüglich der Psychologie vertritt Jaspers die Überzeugung, sie sei in seiner Zeit zumindest hinsichtlich des Gegenstandes und einer angemessenen Begriffsbildung zu einem Abschluß gelangt. Dies und die Tatsache, daß er Psychopathologie – insbesondere die spezielle, die angewandte oder klinische Psychopathologie – als Pathopsychologie betreibt, zwingt dazu, noch einmal die Frage nach seinem Psychologieverständnis zu stellen.

In der »Philosophie« behandelt Jaspers Psychologie und Soziologie unter dem Oberbegriff der »empirischen Universalwissenschaften« (1973, 200 ff.). Universal ist die psychologische Wissenschaft nicht in dem Sinne, daß sie mit einem universalen Anspruch auftreten dürfte, mit dem Anspruch also, der von ihr behandelte Gegenstand schließe alle anderen Gebiete wissenschaftlicher Forschung ein. Universalwissenschaft ist die Psychologie insofern, als sie das Universale zu ihrem Gegenstand macht – ein Gleiches tut im übrigen unter einem allerdings anderen Aspekt auch die Soziologie. Zwar wird in der Psychologie das Ganze menschlichen Daseins zugänglich, es kann aber nicht selbst zum Gegenstand wissenschaftlichen Fragens und Erkennens werden. Dies könnte nur geschehen um den Preis, daß das Ganze im Entwurf einer Theorie in Einzelteile zerfällt und damit entgleitet. Psychologisches Forschen verlangt deswegen Unvoreingenommenheit und Vorurteilslosigkeit, eine gleichsam schwebende offene Aufmerksamkeit und Wachheit, die zwar in der Spannung des existentiellen Interesses bleibt, gleichzeitig aber durch die Haltung einer nicht vom Willen strukturierten Offenheit gekennzeichnet ist. Psychologisches Forschen vermittelt sonach keine partikularen Einsichten und nicht Aspekte des seelischen Wesens in Abhängigkeit vom gewählten Ansatz und von den fundierenden Prämissen – eine solche Abhängigkeit kann es bei konsequentem Einhalten der skizzierten Einstellung nicht geben –, psychologische Forschung erstrebt und ermöglicht im Falle ihres Gelingens »das Wirkliche zu erblicken, wie es faktisch ist« (1973, 201). Psychologie gerät damit notwendig in eine verwandtschaftliche Beziehung zur Philosophie, die sich ihrerseits dagegen zu wehren hat, von einer in dogmatischen Formeln erstarrten Psychologie verdrängt zu werden. Von den Einzelwissenschaften unterscheidet sich die Psychologie dadurch, daß sie nicht eine eigene, von anderen abgetrennte Wirklichkeit zu ihrem Gegenstand macht. Auch die Seele ist insofern ihr eigentliches Forschungsobjekt, als sie eingebunden ist in Biologie, Geistigkeit und andere Wirklichkeiten. Das Universelle, auf das ihr Interesse gerichtet ist, hat in eben diesen Wirklichkeiten seinen »Ankergrund« (1973, 202), wodurch die Psychologie auch eine empirische Wissenschaft wird.

Psychologie lebt von dem Interesse an den Eigenschaften, Möglichkeiten und Unausweichlichkeiten des Daseins und tut diesem Interesse Genüge in empirischer Forschung. Nur in diesem sehr allgemeinen Sinne kann es einen einheitlichen Gegenstand der Psychologie geben; dessen Einengung auf Themen wie Seele, Bewußtsein – Unbewußtsein, Erleben und Verhalten läßt die Intention dieser Wissenschaft verfehlen. Psychologie so verstanden kann nicht in einem Lehrbetrieb organisiert werden. An die einzelne originäre Forscherpersönlichkeit gebunden, gibt es auch keine kontinuierliche Fortentwicklung der psychologischen Wissenschaft in den Arbeiten vieler Einzelner.

Dieses Psychologie-Verständnis findet man bei dem Philosophen Jaspers, der Psychopathologe hatte sich 20 Jahre zuvor durchaus an einer im Lehrbetrieb organisierten Psychologie orientiert. Das wird vor allem deutlich angesichts seines Symptombegriffs.

Zu den Symptomen gelangt Jaspers mit Hilfe eines Verfahrens, das er die phänomenologische Methode nennt. Er will jene seelischen Phänomene isolieren, charakterisieren und begrifflich festlegen, die, in phänomenologischer Vorurteilslosigkeit vergegenwärtigt, auch vom anderen als identisch wiedererkannt werden können, unter der Voraussetzung, daß er sich ihnen in eben dieser Einstellung zuwendet. Einzelne seelische Phänomene gilt es »für uns selbst zu dauerndem Gebrauch und für andere zu vergegenwärtigen und mit einem konstant mit sich identisch zu brauchenden Namen zu versehen« (1963, 320f.). Ein solches Isolieren, das die Identität der wahrgenommenen Phänomene nicht an die einmalige Persönlichkeit des Psychopathologen bindet, gelingt vor allem bei den krankhaften psychopathologischen Phänomenen. Diese treten häufig ohne verständliche Bedingungen auf, »psychologisch angesehen aus dem Nichts« (1963, 321), und sind vielfach – kausal gesehen – durch einen Krankheitsvorgang verursacht. Der Phänomenologie, so Jaspers, gelinge es, aus dem unendlich mannigfaltigen Erleben des Kranken Allgemeines herauszuheben, »das bei dem Erlebnis eines anderen Falles, das wir darum dasselbe nennen, ebenso ist, während jene Unendlichkeit des Individuums immer wechselt« (1963, 323).

Ein so gefaßter Symptombegriff mußte einer Psychiatrie, die sich seit dem ausgehenden 19. Jahrhundert ausdrücklich als Zweig der ärztlichen Heilkunde zu profilieren verstanden hatte, natürlich gelegen kommen, erlaubte er doch die Konzeption einer psychiatrischen Krankheitslehre in Analogie zu den klassischen medizinischen Disziplinen. Im Unterschied zu diesen aber blieb die Rede von einem Symptom angesichts der Unmöglichkeit, die sogenannten krankhaften psychopathologischen Tatbestände durch den kausalen Bezug auf einen objektivierbaren organpathologischen Befund zu identifizieren, ganz auf die phänomenale Deskription verwiesen. Jaspers sah sich genötigt, zwischen qualitativ und quantitativ abnormen seelischen Störungen zu differenzieren, um mit diesem gewagten Konstrukt – im Vorgriff auf einen als sicher erwarteten Wissenszuwachs auf dem

Gebiet der Erforschung somato-psychischer Korrelationen – krankhaft abnorme Erlebensweisen von nicht krankhaft abnormen abzugrenzen. Qualitative Abnormität und damit psychische Krankheit offenbart sich im Unvermögen des Psychopathologen, zwischen Thema bzw. Inhalt des Erlebens auf der einen und deren formaler Gestaltung auf der anderen Seite eine verständliche Beziehung aufzuweisen, das heißt darin, daß in der Sprache K. Schneiders die Sinngesetzlichkeit zerbrochen ist zwischen Thema und Seinsweise.

Dieses Postulat einer absoluten Verstehensgrenze, das Jasperssche Unverständlichkeitstheorem, ist bekanntlich für die klinische Psychiatrie außerordentlich folgenreich gewesen.

Über das Unverständlichkeitstheorem ist viel Kritisches geschrieben worden, ein Umstand, der allerdings die Mehrzahl der Psychiater bis heute nicht daran gehindert hat, es, in einer meist sogar verkürzten Form, als zentrale diagnostische Kategorie zu verwenden. Verkürzt insofern, als weder Jaspers noch K. Schneider je behauptet haben – wie manche Kritiker und gedankenlose Adepten gleichermaßen unterstellen –, das Unvermögen des Psychopathologen, sprachliche und nicht-sprachliche Mitteilungen seines Probanden nachzuvollziehen, beweise die generelle Uneinfühlbarkeit dessen – qualitativ abnormen – Erlebens. Qualitative Abnormität und damit ein krankhaftes psychopathologisches Phänomen liegt für Jaspers vielmehr dann vor, wenn sich der Inhalt des Erlebens formal dergestalt manifestiert, daß dem Beobachter eine einfühlbare Entsprechung zwischen Form und Inhalt, Sosein und Dasein nicht gegeben erscheint: daß also etwa die Gewißheit, sich schuldig gemacht zu haben, erlebt wird als eine akustische Halluzination, die eben diesen Schuldvorwurf artikuliert.

Bedenken gegenüber dem Unverständlichkeitstheorem resultieren vor allem aus dem Zweifel an der Berechtigung, zwischen Form und Inhalt des Erlebens in dieser Schärfe zu differenzieren. Schließlich besteht sicherlich ein genetischer und somit auch dem Verstehen zugänglicher Zusammenhang zwischen Erlebnisform und Erlebensinhalt, thematische Verschiebungen, Neugewichtungen und Inkompatibilitäten finden notwendig ihren Ausdruck in formalen Eigentümlichkeiten des Erlebens. Häfner

(1954) etwa hat das für die schizophrene Halluzination vor vielen Jahren dargetan, und Kisker (1955) gelangte aufgrund eigener und der Untersuchungen Häfners zu der Feststellung, »daß das Fehlen einer Sinngesetzlichkeit des Verhältnisses von Thematik und Form ein Indikator für die Prozeßdiagnose weder sein kann noch soll« [16]. Neben der Unterscheidung zwischen Form und Inhalt des Erlebens impliziert das Unverständlichkeitstheorem aber noch eine andere, mindestens ebenso grundsätzliche Feststellung. Sie wird m. E. gelegentlich übersehen. Jaspers sagt, der Psychosekranke sei charakterisiert als ein Mensch, dessen Eigentümlichkeiten des Erlebens und Verhaltens mit Hilfe des statischen Verstehens einer phänomenologischen Methode zur Anschauung zu bringen seien. Von einem anderen Psychopathologen, der sich diesem Menschen in der gleichen Haltung phänomenologischer Vorurteilslosigkeit nähert, können eben diese Eigentümlichkeiten gleichfalls wahrgenommen werden, und es gibt eine große Zahl von Menschen, die Merkmale der nämlichen Art aufweisen, das heißt, als identisch wiedererkennbare. Worauf nun bezieht sich diese Feststellung der Identität? Sicherlich nicht auf Ursachen, Lokalisation und Veranlagung, das heißt, auf die »gesamte Ursachenlehre« (1965, 382) wie es in der »Allgemeinen Psychopathologie« heißt, eine solche ist beim gegenwärtigen Kenntnisstand nicht zu formulieren. Die Behauptung, es ließen sich interindividuell identische psychopathologische Phänomene beschreiben, ist die unerläßliche Voraussetzung einer psychiatrischen Krankheitslehre. Sie ist darauf angewiesen, daß es gelingt, bei zwei oder mehr Menschen seelische Phänomene als miteinander identisch zur Anschauung zu bringen, obwohl deren Abbildung in der Sprache möglicherweise nicht einmal Ähnlichkeiten erkennen läßt. Von den krankhaften psychopathologischen Phänomenen, deren isolierende Ausgrenzung aus dem »fließenden Chaos wechselnder Phänomene« nach Jaspers am ehesten gelingt, erhält der Beobachter Kenntnis durch den Berichtenden oder anläßlich seines Berichtes. Bei der Frage nach der Identität psychopathologischer Sachverhalte geht es demnach um die inhaltliche Identität zweier Mitteilungen, ob verbaler oder nichtverbaler Natur ist dabei ohne Belang.

Wird von zwei Aussagen behauptet, sie seien miteinander

identisch, so bedeutet das, daß das von ihnen in unterschiedlichen Formulierungen Bezeichnete nichts Verschiedenes sei. Wie aber, das heißt bezogen auf welche Kriterien, können zwei Erlebnisberichte als miteinander identisch erwiesen werden?

Zu denken wäre an die sprachliche Darstellung. Hinsichtlich zweier Erlebnisberichte könnte demnach Identität behauptet werden für den Fall, daß die von den Individuen für ihre Wiedergabe benutzten Formulierungen miteinander übereinstimmen. Es muß nicht im Einzelnen dargetan werden, warum die Annahme von Identität nicht allein auf die verbale Übereinstimmung gegründet werden kann. Nur so viel: Der Bedeutungshof keines Wortes ist kontextunabhängig, je nach Situation sind unterschiedliche Konnotationen in unterschiedlicher Gewichtung bestimmend. Auf zwei oder mehr Menschen bezogen wird man auch dann nicht von identischen Bedeutungshöfen eines Wortes sprechen können, wenn diese in gleicher Aufmerksamkeit dem nämlichen Gegenstand zugewandt sind. Das hätte zur Voraussetzung eine intime Kenntnis aller biographisch und durch die Persönlichkeitsstruktur vorgegebenen Determinanten, aus denen sich in *diesem* Augenblick bei *diesem* Menschen *dieser* Bedeutungshof in *dieser* Profilierung herleitet. Bereits im sogenannten Normalpsychologischen ist eine solche Kenntnis niemals zu gewinnen: Angesichts eines Erlebnisses jedoch, in dem sich krankhafte psychopathologische Phänomene abbilden, muß allein ein entsprechender Versuch gerade an dem Jassersschen Postulat von der qualitativen Abnormität dieser Tatbestände scheitern.

Die Rede von der Identität könnte sich statt dessen auf den Erlebnisinhalt beziehen. Hinsichtlich aller seelischen Phänomene, schreibt Jaspers, sei die Form zu unterscheiden von dem jeweils wechselnden Inhalt. Den Inhalt des Seelenlebens nennt Jaspers das »Gegenständliche im weitesten Sinne« (1965, 50), worauf das erlebende Subjekt gerichtet ist. Form meint dagegen »die Art …, wie das Individuum den Gegenstand vor sich hat« (1965, 50). Die Wahrnehmung, die Vorstellung, der Gedanke sind ebenso Erlebnisformen wie Zwangsidee, Wahnidee und Gemütszustände. Im Bereich der Psychosen gelten ihm etwa die periodischen Phasen als Formen ebenso wie »gewisse allgemeine Veränderungen des Seelenlebens« (1965, 51), »so z. B. das schizophrene Seelenleben oder das hysterische Seelenleben« (1965, 51). Form bezeichnet die Daseinsweise, »in der uns Inhalte gegenwärtig sind« (1965, 50). Für den Phänomenologen sind die Formen von Interesse, »die Inhalte erscheinen wie mehr zufällig« (1965, 51). »Bei der Beschreibung des konkreten seelischen Lebens zwar ist uns die Erfassung der bestimmten Inhalte ... unerläßlich, phänomenologisch aber interessieren uns die Formen« (1965, 50).

Die Trennung zwischen Form und Inhalt des Erlebens ist, wie vorhin betont, vor allem für die klinische Psychopathologie bedeutungsvoll geblieben, an ihr orientiert sich die Diskussion um Möglichkeiten und Grenzen des Verstehens fremdseelischen Erlebens, sie ist – ausdrücklich von K. Schneider (z. B. 1953) – zur Voraussetzung einer psychiatrischen Systematik gemacht worden. Die Kritik an diesem Form-Inhalt-Dualismus kam – soweit es die psychiatrische Seite betrifft – von Autoren, die sich mit dem Schneiderschen Begriff der Sinnkontinuität auseinandersetzten als eines Kriteriums, psychotisches von nichtpsychotischem Seelenleben zu unterscheiden. K. Schneider hatte von der Endogenität abnormen Erlebens gesprochen, wenn der Aufweis eines Sinnzusammenhanges zwischen Dasein (Inhalt) und Sosein (Form) nach seinem Dafürhalten nicht gelingen konnte.

Jaspers bindet die Rede von identischen psychopathologischen Phänomenen offenbar an deren Form. Wie eingangs gezeigt, leitet er die krankhaften psychopathologischen Phänomene aus jenen »normalpsychischen« Erlebnisweisen ab, in denen sich das psychisch gesunde Individuum einen Gegenstand vergegenwärtigt. Der Psychopathologe muß also über ein umfangreiches Arsenal normaler Erlebnisformen verfügen, als derer deviante bzw. verzerrte Modifikationen die ihn interessierenden Sachverhalte definiert sind. Die seelischen Vermögen erscheinen bei Jaspers unter der Überschrift »Einzeltatbestände des Seelenlebens« und umfassen etwa die Vorstellung, die Wahrnehmung, den Gedanken, die Idee und die Gemütszustände. In einer solchen Auflistung einzelner Tatbestände des Seelenlebens erkennt man unschwer den Ansatz einer auf Hume zurückgehenden Wundtschen vorkritischen Elementenpsychologie.

Mit anderen Worten: Die Konzeption einer speziellen klinischen Psychopathologie mit dem Ziel, zu Symptomen bzw. Symptomverbänden zu gelangen, zwingt zu der Annahme interindividuell identischer psychopathologischer Tatbestände. Indem Jaspers die Rede von der Identität an die Erlebnisform bindet, sieht er sich zwangsläufig, und mit ihm eine bis heute gültige psychiatrische Krankheitslehre, auf eine Wundtsche Psychologie verwiesen.

Sowohl das Unverständlichkeitstheorem, an das im Bereich der nicht körperlich begründbaren psychischen Abwegigkeiten der Begriff des Pathologischen gebunden wird, als auch der Entwurf einer psychiatrischen Krankheitslehre auf dem Boden einer speziellen Psychopathologie bedürfen der Annahme identischer psychopathologischer Phänomene. Das ist ebenso unbestreitbar, wie die Vermutung berechtigt ist, die Rede von der Identität dürfe sich nicht auf die sogenannte Erlebnisform beziehen.

Damit erwächst einer Kritik an der »Allgemeinen Psychopathologie« die Aufgabe, eine andere Bezugsgröße zu finden, die es erlaubt, psychopathologische Phänomene als miteinander identisch zu beschreiben.

Das soll unter Verwendung der Begriffe Sinn und Sinnrationalität geschehen, ein Unternehmen, das dem Geist einer Jaspersschen Philosophie, in der die Idee der Kommunikation eine so bedeutsame Rolle spielt, nicht notwendig zuwiderlaufen muß.

Subjektiver Sinn im Jaspersschen Verständnis zielt auf die Motivation des Handelnden. Den subjektiven Sinn verbalen und nichtverbalen Handelns erfassen heißt, die Intentionen des Handelnden zutreffend zu erkennen. Ohne die Einbeziehung der Intentionalität bleibt der Jasperssche Sinnbegriff gebunden an die einmalige und individuelle Mitteilung der Seele und damit natürlich ungeeignet für den Versuch, für die Rede von der Identität psychopathologischer Phänomene irgendeinen Bezugspunkt zu finden. Zwei an unterschiedlichen Individuen mit Hilfe des statischen Verstehens dargestellte psychopathologische Phänomene wären dann als identisch zu bezeichnen, wenn sie den nämlichen Sachverhalt intendieren bzw. auf den nämlichen Sachverhalt abzielen. In der Psychopathologie handelt es sich bei diesen »Sachverhalten« um Erlebnisinhalte, um Stimmungen, Gefühle, Einstellungen und Handlungsbereitschaften. Von psychopathologischen Phänomenen, die hinsichtlich ihres Sinngehaltes als miteinander identisch ausgewiesen sind, könnte also nur dann gesprochen werden, wenn die Annahme gerechtfertigt wäre, in ihnen realisierten sich überindividuelle seelische Tatbestände, gleichsam als durchgehende anthropologische Konstrukte. In Anlehnung an Weber und vor allem an Schütz bieten sich die folgenden Überlegungen an: Jedes psychopathologische Phänomen repräsentiert eine bestimmte Wahrnehmungsperspektive, das heißt, mit ihm ist etwas darüber ausgesagt, wie der Betroffene die gemeinsame, die konsentierte Jedermannsrealität erlebt, zu welchem Verhalten er sich aufgefordert sieht, das heißt, welche Erwartungen hinsichtlich seines eigenen Handelns und Unterlassens er registriert. Jedes psychopathologische Phänomen impliziert eine hinsichtlich Thema und Relevanzbereich festgelegte Situationsdefinition. Es wird aber nicht nur die Wahrnehmung des Gegenwärtigen und, daraus folgend, antizipierend das zukünftig Erwartete strukturiert, sondern ebenso das Vergangene, dessen Erscheinung wechselt in Abhängigkeit von den Aspekten, die die aktuelle Wahrnehmungsperspektive in den Vordergrund treten läßt.

Indem die Wahrnehmungsperspektive das individuelle Handeln determiniert, sind in ihr all jene Elemente aufzufinden, die den situationsbezogenen Handlungsentwurf kennzeichnen. Mit anderen Worten: Situationsinterpretation ist Handeln, das entweder virtuelles Handeln bleibt oder vom Individuum in einem konkreten Handlungsvollzug realisiert wird. Aus diesem engen Zusammenhang zwischen Wahrnehmungsperspektive einerseits, Handlungsentwurf bzw. Handlungsvollzug auf der anderen Seite ergibt sich ein Zugang zu den (krankhaften) psychopathologischen Phänomenen anhand des Sinnkriteriums. Handeln dient der Befriedigung oder Deprivation von Bedürfnissen. Bereits außerhalb des Psychopathologischen stößt der Versuch, Handeln durch Motivaufweis zu erklären, auf Schwierigkeiten.

Es kann aber gelingen, eine Handlung durch das Aufzeigen ihrer sinnrationalen Begründungsschritte zu erklären. Sinnrational ist eine Handlung nach Schwemmer dann, wenn der Handelnde relativ zu seiner Maximenstruktur handelt. Unter Maxime ist dabei zu verstehen eine generelle, für ein bestimmtes Individuum gültige Aufforderung. Einem jeden Handeln kann und muß Sinnrationalität unterstellt werden, ohne diese voraussetzende Annahme erledigte sich von vornherein der Versuch seiner Deutung. Diese Annahme ist auch geboten hinsichtlich eines Handelns, dessen Entwurf sich aus einer Wahrnehmungsperspektive ableitet, in der sich ein psychotisch abgewandeltes Erleben widerspiegelt. Bestritte man einem solchen Handeln die Sinnrationalität, so bliebe nichts, an dem die Rede von der Identität krankhafter psychopathologischer Phänomene orientiert werden könnte: Spezieller Psychopathologie und psychiatrischer Nosologie wäre damit notwendig der Boden entzogen.

Psychopathologische Phänomene dürfen dann als miteinander identisch, besser äquivalent, bezeichnet werden, wenn deren – aus spezifischer Wahrnehmungsperspektive und Neudefinition der konsensuellen Situation resultierenden – Handlungsentwürfen bzw. Handlungsvollzügen Zwecke zugrunde liegen, in denen sich trotz unterschiedlicher Vorgehensweisen und Unterschieden hinsichtlich des angestrebten Sachverhaltes identische, besser: äquivalente Maximen bzw. Maximenstrukturen aussprechen.

Einem möglichen Mißverständnis ist vorzubeugen. Maximen sind nicht Motive. Motive sind hypothetische Faktoren individueller Aktivierung und Steuerung von Verhaltensweisen. Sie determinieren das Wollen einer Handlung bzw. deren Nichtwollen. Maximen sind die vom Individuum abgelösten Verwirklichungen seines Wollens bzw. Nichtwollens. Sie manifestieren sich in den Sachverhalten, deren Realisierung der Zweck der Handlung ist.

Zunächst also ist mit den Mitteln des statischen Verstehens das psychopathologische Phänomen darzustellen und zu erfassen. Wird auf dem gleichen Wege bei einem anderen Menschen ein ähnliches psychopathologisches Phänomen darstellbar, so ist die Behauptung, beide seien miteinander identisch, auch dann noch nicht erlaubt, wenn sich beide Menschen zur Wiedergabe ihres Erlebens derselben Worte bedienen. Warum allein aus der Identität des Ausdrucks nicht auf Identität des Ausgedrückten rückgeschlossen werden darf, ist begründet worden.

Es ist zu prüfen, welcher Art die besondere Wahrnehmungsperspektive ist, aus der der Betroffene der gemeinsamen konsentierten Realität zugewandt ist. Das kann nur geschehen in der vertieften Exploration, die Anhaltspunkte liefert dafür, wie der Betroffene eine konkrete Situation wahrnimmt, sei es diejenige, in der er zusammen mit dem Beobachter agiert, sei es eine vergangene oder eine als zukünftig antizipierte. Dabei wird deren individuelle Profilierung oder Physiognomierung erkennbar, und es werden auch jene Aspekte bzw. Determinanten deutlich, an denen der Betroffene das eigene Verhalten orientiert und aus denen er Verhaltenserwartungen hinsichtlich der Anderen, mit ihm Agierenden ableitet. Schon hier wird sich zeigen, daß sich vermeintlich gleiche psychopathologische Phänomene in ganz unterschiedlichen Auffassungsperspektiven abbilden und daß ihnen damit auch unterschiedliche Profilierungen bzw. Physiognomierungen der aktuellen Situation entsprechen.

Die hier angedeutete Kritik, die nur einen – nach meinem Dafürhalten allerdings gewichtigen – Punkt Jasperssscher Psychopathologie herausgriff, findet ihre Legitimation natürlich nicht allein im eigenen Nachdenken, auch nicht lediglich in der Argumentation einer Nach-Jasperssschen Psychopathologie. Sie wird gerechtfertigt nicht zuletzt durch Überlegungen, die der Verfasser der »Allgemeinen Psychopathologie« selber in anderem Zusammenhang gelegentlich andeutete, bisweilen auch ausformulierte. Man erkennt hier mögliche Ansätze zu einer Fortentwicklung Jasperssscher Anschauungen, die in verschiedenen Texten, nicht aber in den Neuauflagen der »Allgemeinen Psychopathologie« ihren Niederschlag fanden.

In der »Philosophischen Autobiographie« schreibt Jaspers, er habe es sich beim Abfassen der »Allgemeinen Psychopathologie« zum Ziel gesetzt, keine abstrakt bleibenden logischen Erörterungen vorzutragen, ohne an »einem anschaulichen Erkenntnismaterial« (1963, 38) sogleich ihren Sinn aufzuzeigen. Dennoch kritisierte Birnbaum 1922 in einem offenen Brief an Jaspers das Intuitive, Spekulative und Unanschauliche seiner psychopathologischen Arbeiten. Jaspers antwortete u. a. mit dem Hinweis, es sei ihm nicht darum gegangen, von Tatsachen zu berichten, die einer begrifflichen Feststellung zugänglich seien, er habe den »Ausgangspunkt meines Interesses« (1922, 515) aufzeigen wollen. Man wird die »Allgemeine Psychopathologie« sicherlich nicht als ein Lehrbuch der Psychiatrie mißverstehen dürfen, wohl aber ist die Frage erlaubt, wie sich die darin angestellten Überlegungen in die psychiatrische Praxis übertragen lassen. Eine Antwort auf diese Frage kann zum einen in den frühen, der »Allgemeinen Psychopathologie« vorangehenden Arbeiten gesucht werden, zum anderen in den pathographischen Schriften.

Jaspers nennt Strindberg einen lehrreichen Kranken (1977, 8), lehrreich insofern, als anhand der Lektüre seiner Schriften Beginn und Verlauf einer schizophrenen Psychose aufgewiesen werden könne. Betrachtet man jedoch, worauf Jaspers seine Diagnose stützt, so müssen auch dem sachverständigen Psychopathologen – ihm allein gestattet es Jaspers, in Sachen Pathographie mitzusprechen – Zweifel an dieser Überzeugung kommen.

Bereits in einigen prämorbiden Wesenszügen sieht Jaspers den Weg des Dichters in die Psychose vorgezeichnet, etwa in einem nicht mit Leiden verbundenen Mangel an Festhalten, Treue und Kontinuität. Die Erkrankung offenbart sich ihm in einer Reihe von abnormen Erlebens- und Verhaltensweisen. Die Eifersucht etwa zeigt keinen verständlichen Zusammenhang mit der Person, die ihn tragenden Verdachtsmomente sind dürftig, der Verdacht selber bleibt unklar und widersprüchlich. Unter dem Eindruck der Eifersucht wird die Vergangenheit umgedeutet, Jaspers meint, in der »Beichte des Toren« eine »andersartige Atmosphäre« wahrzunehmen, eine »andersartige Erregtheit« und ein »inkonsequentes Verhalten« (1977, 35). Seine Freunde können sich auf Strindbergs Verhalten keinen Vers machen, die Frau schreibt: »Ich kenne keine Hoffnung, keinen Ausweg für ihn – denn ich verstehe nichts mehr« (1977, 46). Strindberg treibt krude wissenschaftliche Experimente, seine philosophische Einstellung ist nicht philosophisch. Er fühlt elektrischen Strom durch seinen Körper zucken, spricht von Sinnestäuschungen und äußert die Überzeugung, mit einer Mission beauftragt zu sein. Die Psychose bewirkt einen Wandel seiner Weltanschauung, die auch bestimmt ist durch eine wunderliche Art der Selbstdarstellung, der Kritikunfähigkeit und der unkorrigierbaren Fixierung auf belanglose Themen. Seine Sexualität bleibt im

Vitalen stecken, es fehlt ihr das spezifisch Geistige, »das auf Totalität und Kontinuität geht« (1977, 103).

Swedenborg hat verworrene Offenbarungserlebnisse, er realisiert in seinem Erleben Inhalte, die »kausal ohne Schizophrenie kaum möglich sind« (1977, 118). Hölderlin gelangt zu Einsichten und Erfahrungen, die »es aber nur in der Schizophrenie gibt« (1977, 138). Nietzsches psychische Krankheit ergibt sich aus dem »Anfallsartigen der überströmenden Gefühle«, dem »Vielfachen der nicht verstehbar zusammengehörenden Zustände«, »es entsteht ein neuer Ton des Selbstbewußtseins«, »die geistige Wandlung (kann) aus dem Früheren nicht auf gleiche Weise verstanden werden«, in sein Philosophieren dringt »vielleicht etwas diesem Wesen nicht Zugehörendes hinein, und zwar störend ... (1974, 105 ff.). Jaspers nennt als weitere Störungen von psychopathologischer Relevanz: Hemmungslosigkeit, eine Abnahme verläßlichen Takts, Kritiklosigkeit, bedenkenlose Polemik, blind werdendes Schelten, Fremdwerden Nietzsches, vorzeitigen Abbruch des geistigen Ganges durch die lähmende Krankheit. Ähnliche Beobachtungen berichtet er in bezug auf Hölderlin, van Gogh und den Propheten Ezechiel.

Unabhängig von der Tatsache, daß wir heute geneigt sind, einige der von Jaspers in seinen pathographischen Studien behaupteten Diagnosen zu revidieren, ist die Unverbindlichkeit seiner Darstellungen doch evident. Vor allem wird auch und gerade der an der »Allgemeinen Psychopathologie« geschulte Psychiater keine der Schilderungen als verläßlichen Beleg für eine psychiatrische Erkrankung nehmen wollen. Bei Strindberg, in dessen Werken und Briefen Jaspers ein vermeintlich besonders reichhaltiges Material fand, drängt sich der Zweifel besonders auf. Wer auch nur wenig vom Leben dieses großen Schweden weiß, wird etwa seine Eifersucht in mancherlei gewichtigen Daten der inneren und äußeren Lebensgeschichte begründet sehen, wird seine Berichte von magnetischen und elektrischen Strömen, die ihn quälen, in Beziehung setzen zu seinen abwegigen naturwissenschaftlichen Studien und Überzeugungen, die sich aus der Lektüre der Schriften skurriler pseudowissenschaftlicher Sonderlinge herleiten. Ohne daß hier eine Analyse der pathographischen Arbeiten Jaspers geleistet werden könnte, drängt sich doch der Eindruck auf, Jaspers gehe mit der Feststellung psychischer Abnormität – insbesondere krankhafter psychischer Abnormität – ungewöhnlich und unstatthaft großzügig um. Man erfährt mehr vom Wertsystem des Forschers, von seiner philosophischen Haltung und seinem Menschenbild als von der vermeintlichen Geisteskrankheit des Künstlers. Das gilt vor allem für die Strindberg-Studie.

Die pathographischen Arbeiten Jaspers' zeigen in ihrer Unverbindlichkeit, vielleicht sogar Belanglosigkeit auch eine Schwäche der wesentlich früher verfaßten »Allgemeinen Psychopathologie«. Die dort entwickelten Gedanken, Begriffsbestimmungen und diagnostischen Kriterien erweisen sich als zum Teil unbefriedigend in dem Augenblick, in dem es gilt, im konkreten Fall psychische Abnormität dergestalt zu identifizieren, daß sie mit Hilfe der entwickelten Terminologie abgebildet werden kann. Die von Jaspers hervorgehobenen Formulierungen und Verhaltensweisen, aus denen er etwa die Geisteskrankheit Strindbergs ableitet, ließen sich zwanglos als diagnostisch irrelevante Phänomene interpretieren. Ihr charakteristisches Gepräge erhalten sie nur, wenn man jeweils das Beiwort »schizophren« hinzufügt. Das heißt, die Diagnose einer schizophrenen Geisteskrankheit rechtfertigen sie lediglich im Verständnis desjenigen, der bereits primär von der schizophrenen Zerrüttung Strindbergs überzeugt ist. Jaspers selber ist dieser Überzeugung, und der Leser muß sich fragen, was eigentlich ihn zu dieser Gewißheit geführt hat.

Nicht einzelne psychopathologische Phänomene – handele es sich im Sinne von Jaspers um qualitativ oder quantitativ abnorme – stützen die Diagnose einer Schizophrenie, auch nicht deren Zusammentreten zum Syndrom. Im Blick auf Nietzsche betont Jaspers den Gesamteindruck, spricht er von der charakteristischen Gesamtkonstitution. Bei Strindberg hebt er mehrfach auf die Gesamtheit und die »andersartige Atmosphäre«, die »andersartige Erregtheit« etc. ab. Auch andere Formulierungen machen deutlich, daß ihm das Psychotische, das Geisteskranke im Umgang mit den Werken dieser Autoren als Vorerfahrung gegeben ist, das heißt als eine Erfahrung oder Anmutung, die erst sekundär an den erwähnten psychopathologischen Phänomenen festgemacht wird, die diesen ihr spezifisches, will sagen psychotisches bzw. schizophrenes Gepräge geben. Geisteskrankheit erscheint so als eine Emanation der personalen Struktur, die sich des Werkes des Künstlers als ihres Mediums bedient. Jaspers rechtfertigt gerade in seinen pathographischen Arbeiten die Einwände, die Birnbaum gegen seine Psychopathologie vorgebracht hat. In den Studien über Nietzsche, Strindberg, Hölderlin, van Gogh und andere verläßt er den Boden jener Psychologie, von dem aus er Psychopathologie als Pathopsychologie hatte darstellen wollen, um jenen Vorsatz wahrzumachen, mit dem er 1913 seine psychologischen Vorlesungen aufgenommen hatte: »Psychologie auf einem Lehrstuhl der Philosophie«, zu betreiben. Auch im Umgang mit Psychopathologischem geht es nun nicht mehr allein um die »Erfahrung des Sichverstehens« sondern um jenes Mehr, von dem er in der »Philosophischen Autobiographie« sagt: »Aber ich wollte doch mehr, trotz Eltern und Geschwistern, trotz der Freunde war ich verzehrt von Sehnsucht nach einer Kommunikation, die alles Mißverstehen, alles bloß Vorläufige, jede Grenze des allzu Selbstverständlichen überschritte« (117). Weiter heißt es dort: »Der Mensch kommt nur zu sich mit anderen Menschen, niemals durch das Wissen allein. Wir werden wir selbst nur in dem Maße, als der Andere er selbst wird, werden nur frei, soweit der Andere frei wird« (117).

An verschiedenen Stellen seines umfänglichen Werkes finden sich, lange nachdem er sich von der Beschäftigung mit Fragen der Psychopathologie abgewandt hat, kritische Bemerkungen über Psychologie und Psychopathologie. Ihnen gemeinsam ist die Mahnung, die Erkenntnismöglichkeiten beider Disziplinen nicht zu überschätzen. So heißt es in einem Aufsatz »Von den Grenzen pädagogischen Planens«, der Anspruch der Psychologie reiche oft zu weit, mit dem Ergebnis eines »sich im Urteil über den Einzelnen täuschenden Wissens«. Vom Arzt verlangt er ausdrücklich, die Haltung des distanziert objektivierenden Betrachters aufzugeben, er will den Arzt anregen »zum Wahrnehmen der Situation von seiten des Patienten« (194). Nietzsche zitiert er mit dem Satz: Die Wahrheit beginnt zu Zweien.

In den pathographischen Arbeiten geht Jaspers über jenen Verstehensbegriff hinaus, der ihn die »Allgemeine Psychopathologie« aus seiner »verstehenden Psychologie« hatte entwickeln lassen. Das psychologische Verstehen, so schreibt er in der »Psychologie der Weltanschauungen«, das Nachfühlen, Begreifen, objektiviert den Menschen, macht ihn zu einem Gegenstand unter anderen, beraubt ihn seiner absoluten Individualität ...« (127). Denn: »Auch das gesteigerte psychologische Verstehen ist kein liebendes Verstehen« (127). Liebendes Verstehen meint nicht nur das Annehmen des Anderen, das auf ihn Sicheinlassen, es betont auch die Einmaligkeit des Gegenüber, die Unwiederholbarkeit einer Begegnung.

Ich denke, daß sich in den pathographischen Arbeiten Jaspers', in denen er seine psychopathologischen Überzeugungen in die psychiatrische Analyse einzelner Persönlichkeiten einbringt, eine Abkehr von jenem Psychologieverständnis dokumentiert, das Ursache der von den Kritikern angemerkten Schwierigkeiten seines Entwurfes ist, eben jener Schwierigkeiten, die mit dem Schlagwort vom Unverständlichkeitstheorem und der zwar notwendigen, auf den ursprünglichen Ansatz jedoch schlechterdings nicht zu gründenden Rede von der Identität psychopathologischer Phänomene angesprochen wurden. Für den Philosophen Jaspers werden Kommunikation und liebendes Verstehen zu zentralen Begriffen seines Denkens, und damit zeigt er nicht nur einen Weg, wie die eigene Psychopathologie weitergedacht werden könnte, er nimmt sogar im Grunde eine spätere Psychopathologie vorweg, die psychopathologische Phänomene nicht als isolierbare seelische Tatbestände, sondern als Weisen der Begegnung begreifen will.

Literaturhinweise

1 Birnbaum K (1922) Von der Geistigkeit der Geisteskranken und ihrer psychiatrischen Erfassung. Offener Brief an Herrn Prof. Jaspers. Z Ges Neurol Psychiat 77:509–511
2 Blankenburg W (1972) Anthropologische Probleme des Wahns. In: Schulte W und Tölle R (Hrsg) Wahn. Thieme, Stuttgart
3 Dilthey W (1968) Der Aufbau der geschichtlichen Welt in den Geisteswissenschaften. In: Gesammelte Schriften Bd III, 4. Aufl. Vandenhoeck & Ruprecht, Stuttgart Göttingen
4 Glatzel J (1978) Allgemeine Psychopathologie. Enke, Stuttgart

5 Glatzel J (1981) Spezielle Psychopathologie. Enke, Stuttgart
6 Häfner H (1963) Prozeß und Entwicklung als Grundbegriffe der Psychopathologie. Fortschr Neurol Psychiatr 31:393–438
7 Janzarik W (1976) Die Krise der Psychopathologie. Nervenarzt 47: 3–80
8 Jaspers K (1922) Antwort auf vorstehenden Brief. Z Ges Neurol Psychiat 77:515–517
9 Jaspers K (1947) Der Prophet Ezechiel. Eine pathographische Studie: In: Kranz H (Hrsg) Arbeiten zur Psychiatrie, Neurologie und ihren Grenzgebieten. Scherer, Heidelberg
10 Jaspers K (1958) Philosophie und Welt. Reden und Aufsätze. Piper, München
11 Jaspers K (1963) Gesammelte Schriften zur Psychopathologie. Springer, Berlin Göttingen Heidelberg New York
12 Jaspers K (1965) Allgemeine Psychopathologie. 8., unveränderte Auflage, Springer, Berlin Heidelberg New York
13 Jaspers K (1973) Philosophie I. Philosophische Weltorientierung 4. Aufl. Springer, Berlin Heidelberg New York
14 Jaspers K (1974) Nietzsche. Einführung in das Verständnis seines Philosophierens. 4. unveränderte Aufl. de Gruyter, Berlin New York
15 Jaspers K (1977) Strindberg und van Gogh. Versuch einer vergleichenden pathographischen Analyse. Piper, München
16 Kisker KP (1955) Zur Frage der Sinngesetzlichkeit. Schweiz Arch Neurol Psychiatr 76:5–22
17 Schmitt W (1979) Karl Jaspers und die Methodenfrage in der Psychiatrie. In: Janzarik W (Hrsg) Psychopathologie als Grundlagenwissenschaft. Enke, Stuttgart
18 Schmitt W (1980) Die Psychopathologie von Karl Jaspers in der modernen Psychiatrie. In: Die Psychologie des 20. Jahrhunderts, Band IX. Kindler,Zürich
19 Schneider K (1921) Pathopsychologische Beiträge zur psychologischen Phänomenologie von Liebe und Mitfühlen. Z Ges Neurol Psychiat 65:109–114
20 Schneider K (1953) Klinische Gedanken über die Sinngesetzlichkeit. Monatsschr Psychiat 125:666–670
21 Schneider K (1967) Klinische Psychopathologie, 8. Aufl. Thieme, Stuttgart
22 Schütz A (1974) Der sinnhafte Aufbau der sozialen Welt. Suhrkamp, Frankfurt
23 Schwemmer O (1976) Theorie der rationalen Erklärung. Zu den methodischen Grundlagen der Kulturwissenschaften. CH Beck, München

Abgedruckt in: Der Nervenarzt (1984) 55, S. 10–17

Gerd Huber

Die Bedeutung von Karl Jaspers für die Psychiatrie der Gegenwart

Die Forscherarbeit von Jaspers hatte 1908 in der Heidelberger Klinik von Nissl, Wilmanns, Gruhle, Wetzel, Homburger, Mayer-Gross u. a. ihren Anfang genommen. Nach einer Reihe selbständiger Arbeiten erschien 1913 die »Allgemeine Psychopathologie« [29]. Das Buch und seinen Autor als Repräsentanten der phänomenologischen Richtung und der verstehenden Psychologie zu bezeichnen, ist, wie Jaspers 1959 [29] sagt, nur halb richtig; der Sinn seines Werkes war umfassender: die Klärung der Methoden der Psychiatrie überhaupt, ihrer Auffassungsweisen und Forschungswege.

Die Frage der *Bedeutung von Jaspers für die Psychiatrie* wurde lange Zeit kaum eingehender untersucht, sieht man von den Aufsätzen von Ludwig Binswanger [4] und Heimann [15] ab. Nach dem Ersten Weltkrieg schien Jaspers für die Psychiatrie in den Hintergrund zu treten; so findet man im »Handwörterbuch« Birnbaums von 1930 [5] weder unter dem Stichwort »Phänomenologie« noch »Methodik« seinen Namen. 1938 schrieb K. Schneider [38], daß es erst seit der »Allgemeinen Psychopathologie« von Jaspers, durch die auch die mannigfachen früheren Erfahrungen ihren »gehörigen Ort« fanden, eine wissenschaftlich befriedigende Psychopathologie gebe. Jaspers schuf mit seiner von innen beschreibenden Phänomenologie eine von ihm als eine eigene und ausdrückliche eingeführte Methode. Mit ihr gelangte er zu Ergebnissen, die K. Schneider mit Recht zum unverlierbaren Besitz der Psychiatrie rechnet. Hierher gehören die Lehre von den Trugwahrnehmungen und vom Wahn mit der Unterscheidung von primärem unableitbaren Wahn, zumal der Wahnwahrnehmung, und sekundären ableitbaren wahnartigen Erlebnisweisen; die Deskription der »leibhaftigen Bewußtheit« und des normalen und gestörten Ich-Bewußtseins anhand von vier formalen Kriterien; die klare Erfassung des »hysterischen Charakters«, weiter die Unterscheidung zwischen verständlichen und kausalen Zusammenhängen, Entwicklung einer Persönlichkeit und Prozeß und im Zusammenhang damit die Herausarbeitung des Begriffs der Erlebnisreaktion. Seine der klinischen Anschauung entspringende methodische Besinnung führte Jaspers überall zu konkreten Resultaten. Sie sind auch heute noch von Interesse, auch wenn inzwischen einige seiner Ergebnisse durch neuere Befunde modifiziert und z. B. seine Lehre vom Wahn und der Wahnwahrnehmung durch die Untersuchungen von Kurt Schneider [39], Kranz [33], Conrad [6], Paul Matussek [36], Janzarik [26] und Huber und Gross [24] in wesentlichen Punkten revidiert oder weiterentwickelt wurden.

Ludwig Binswanger [4] nennt die Jasperssche »Allgemeine Psychopathologie« eine klinisch wohldokumentierte, methodologisch scharf durchdachte Darstellung, die ein völliges Novum in der psychiatrischen Literatur darstellt und in den Jahrzehnten seit ihrem Erscheinen durch nichts ersetzt, geschweige denn überholt wurde. Jaspers gelang die systematische Vereinigung und Durchdringung von Praxis und Theorie in einem Wurf. Sein Werk, das 1946 mit der 4. Auflage eine gewaltige Bereicherung des Stoffes erfuhr, steht durchweg auf psychiatrischem Boden. Die kritische Konzentration auf die methodologische Besinnung bewahrte seine Psychopathologie vor drei Gefahren: der eines »geschlossenen Systems«, der einer Anlehnung an ein philosophisches System und der einer kritiklosen Übertragung naturwissenschaftlicher Denkmethoden und Begriffe auf das seelische Gebiet. Jaspers zeigte, daß Wahrnehmen auf körperlichem und seelischem Gebiet grundverschieden ist, und kam von hier, von der phänomenologischen Vergegenwärtigung des Seelischen aus, zum genetischen Verstehen seelischer Zusammenhänge, die er den kausalen, naturwissenschaftlichen gegenüberstellte. Diese Unterscheidungen blieben auch für Nachfolger und Gegner wegleitend und Ausgangspunkt kritischer Auseinandersetzungen. Seine Psychopathologie vermeidet auch die Gefahr, das psychopathologische Material durch den Begriff zu vergewaltigen, ohne andererseits den Fehler zu begehen, angesichts der

Unbeständigkeit und der fließenden Übergänge der Phänomene auf festumrissene Begriffe und Definitionen zu verzichten. Klare und deutliche begriffliche Grenzen sind mit Übergängen im klinisch-psychopathologischen Erscheinungsbild durchaus vereinbar.

Die Bedeutung von Jaspers für die Psychiatrie wird bis heute unterschiedlich beurteilt. Daß die Psychiatrie, wie Binswanger meinte, ihn »nicht gewollt«, hielt Gaupp [7] für einen Irrtum. Wyrsch [42], Gruhle [12] und K. Schneider [38] äußern sich zustimmend, doch hinsichtlich der Wirkung eher skeptisch. Das Werk von Jaspers hat, wie Kurt Schneider [38] m. E. zu Recht sagt, auf die Psychiatrie nicht in dem Maße gewirkt, wie es hätte wirken müssen. Lehr- und Handbücher machten von ihm ganz ungenügend Gebrauch, die Psychiater haben von seiner methodologischen Disziplin und Besinnung aufs ganze gesehen nicht viel gelernt. Daß er nur eine Methode und keine Theorie lehrte und seine Psychopathologie keine geschlossene Wissenschaft sein konnte, macht verständlich, daß sich keine Schule oder gar Gemeinde um ihn scharte. Dennoch muß man mit Gruhle [12] fragen, warum seine Psychopathologie vielen Psychiatern fremd blieb. Sie will eingehend studiert sein; Aneignung der Überlieferung, klares methodisches Denken und die Mühe des Begriffs sind oft nicht Sache der Psychowissenschaftler, die auch zuviel mit konstruktiven Deutungen arbeiten und das Verstehen weit überdehnten. Und: Die von Jaspers geforderte »phänomenologische Einstellung« ist nicht ursprünglicher Besitz, sondern mühsamer Erwerb nach kritischer, immer von neuem Vorurteile überwindender Arbeit und oft vergeblichen Bemühungen. Während Jaspers selbst niemals Methodologie als Selbstzweck trieb, nicht am Ufer »Vorträge über das Schwimmen« hielt (Hegel), sondern stets gleichzeitig zeigte, zu was die Methode gut ist [38], verfielen manche von Jaspers zunächst ausgehende Autoren in »leeres methodisches Gerassel«. Nicht zuträglich für die Wirkung war sicher auch, daß Jaspers, der nie einem etablierten Zitier- und Lobekartell angehörte, sich sehr kritisch gegenüber anderen Richtungen äußerte. Aber auch wenn die Jasperssche Psychopathologie ihrem Wesen nach kaum Schule machte und es immer nur einzelne waren, die sie förderten und auch die Sprachgrenze überschritten (u. a. Mayer-Gross; E. Kahn; Ey; Lopez-Ibor), hätten ohne sie zahlreiche und wichtige Arbeiten, z. B. die von Bash, Conrad, Janzarik und Kisker, die den Bezug zur Gestalt- und Strukturpsychologie und Feldtheorie herstellten, nicht geschrieben werden können (s. [42]).

Die phänomenologische Psychopathologie von Jaspers wird auch heute noch gelegentlich mit der phänomenologischen Philosophie verwechselt und vermengt. Das Ergebnis kann nur, wie Lopez-Ibor[35] bemerkt, ein Zustand schrecklicher Verwirrung sein. Phänomenologie ist für Jaspers ein empirisches, allein durch die Mitteilungen seitens der Kranken in Gang gehaltenes Verfahren, Vergegenwärtigung dessen, was im Patienten wirklich vorgeht, was er eigentlich erlebt, wie ihm etwas im Bewußtsein gegeben ist. Jaspers distanziert sich klar von Husserl, der das Wort »Phänomenologie« später für »Wesensschau« gebrauchte, die er, Jaspers, nicht treibe. Seine Phänomenologie möchte zuerst von verstehbaren Zusammenhängen und erst recht von zugrundeliegend Gedachtem, von theoretischen Vorstellungen ganz absehen. Doch ist diese »phänomenologische Einstellung«, wie gesagt, keineswegs selbstverständlich.

Methodologische Besinnung

Die methodologische Besinnung und Systematik ist das Kernstück der psychiatrischen Leistung von Jaspers. Er stellte der »Seinsdogmatik« das kritische methodologische Bewußtsein entgegen, das jene als vorübergehenden Irrtum auflöst und sich stets des Perspektivischen und Partikularen des Erkennens bewußt ist. Das Ganze ist Idee, der ganze Mensch ist nicht durch eine wissenschaftliche Disziplin faßbar.

Jaspers bringt anstatt eines Systems aufgrund einer Theorie eine Ordnung aufgrund methodologischer Besinnung. Seine phänomenologische Psychopathologie geht nicht als eine Lehre, doch als Methode, die der klinischen Forschung Wege weisen soll, allen anderen für die Psychiatrie bedeutsamen Wissenschaften voran. Hier geht es darum zu wissen, was man weiß und was man nicht weiß, zu wissen wie, in welchem Sinne und in welchen

Grenzen man etwas weiß und mit welchen Mitteln dieses Wissen erworben und begründet wird. Wenn er für seine Psychopathologie als einzige Aufgabe »eine Entwicklung der Gesichtspunkte für die Untersuchung der Fragen und Probleme, der Begriffe und Zusammenhänge aus den klinischen Phänomenen selbst« statuiert und sie so »von der Knechtschaft gegenüber Neurologie und Medizin« befreit, war es für ihn doch selbstverständlich, daß an vielen Stellen nahe Beziehungen zu neurologischen und somatologischen Fragen auftreten. Auch bei Jaspers wird deutlich, daß die allgemeine Psychopathologie die spezielle konstituiert und früher oder später zu Unterscheidungen von Gesund und Krank, Normal und Abnorm und so zu dem tendiert, was er die »Synthese der Krankheitsbilder« nannte. Seine Psychopathologie impliziert ein nosologisches System, das in den Grundzügen mit dem von K. Schneider konzipierten triadischen System der klinischen Psychiatrie übereinstimmt: bekannte *somatische Krankheiten* mit Seelenstörungen, dann die großen, *endogenen Psychosen*, dabei außer Schizophrenie und manisch-depressiven Erkrankungen noch die genuine Epilepsie, und schließlich die *Variationen* mit abnormen Reaktionen, Persönlichkeiten und Neurosen. Der Ordnungsgesichtspunkt und damit der *Krankheitsbegriff* selbst ändert sich, wie Jaspers hervorhebt, bei jeder Gruppe: somatische Einheiten, psychologische und Verlaufseinheiten, Variationen der menschlichen Artung. Jaspers betont, daß es mehrere Krankheitsbegriffe gibt und daß alle zwar grundsätzlich scharf gefaßt werden können, in der Anwendung auf die Wirklichkeit jedoch Grenzfälle und Übergänge zulassen müssen. Sinn und Nutzen der Psychopathologie liegen für Jaspers nach allem auch im Diagnostischen, auch wenn die Diagnose den Psychopathologen erst in letzter Linie interessiert.

Die Psychiatrie von Kraepelin, die Vergegenständlichung und Objektivierung zu sehr betonte und der nach Gruhle [13] jedes Verständnis für die psychopathologische Phänomenologie fehlte, wurde durch die von Jaspers entwickelte, auf Erleben und Erlebnisweisen zielende Phänomenologie überwunden. Mit ihrem Bestreben, die subjektiven Phänomene möglichst sorgsam zu beschreiben und voneinander zu sondern, ist sie gegenüber Kraepelin etwas durchaus Neues. Über die reine Beschreibung, das statische Erfassen psychischer Phänomene hinaus, möchte Jaspers ihr Zustandekommen, den Erlebnisablauf, Bewegung und Zusammenhang des Seelischen soweit als möglich verstehen. Diese Verbindung von Phänomenologie und verstehender Psychopathologie war für die Psychopathologie von Jaspers, was oft zu wenig beachtet wird, von Anfang an kennzeichnend. Weil sie auch und gerade den Erlebnisablauf selbst und nicht nur sein Ergebnis berücksichtigt und mittels Introspektion seitens des Patienten und Einfühlung seitens des Untersuchers verstehenspsychologisch die Entwicklung der Persönlichkeit zu erfassen versucht, ist sie in der ärztlichen Situation nicht, wie eingewandt wurde, kommunikationsstörend. Sie befähigt zu psychopathologischer Diskrimination, ist aber nicht diskriminierend, sondern kommunikativ. Wenn heute die richtige Haltung des Psychiaters und Psychotherapeuten, etwa unter Berufung auf Sullivan, als »participant observation«, als Beobachtung auf dem Boden echter emotionaler Anteilnahme, charakterisiert wird, entspricht dies ziemlich genau dem Jaspersschen Ansatz. Durch das Junktim der deskriptiv-phänomenologischen mit der Methode des genetischen Verstehens ist der Psychopathologe stets zugleich ein distanzierter und ein teilnehmender Arzt, der sowohl beobachtet und, in erster Linie anhand der Selbstschilderungen des Patienten, Phänomene ermittelt wie auch sich selbst als Untersuchungsinstrument einsetzt. Die Jaspersche Unterscheidung von statischem und genetischem Verstehen ist eine Grundlage für jene als teilnehmende Beobachtung bezeichnete Haltung: Fähigkeit zur Distanz und zur Kommunikation müssen sich in der Person des Psychiaters vereinen. Von hier aus erweist sich auch der oft apostrophierte Gegensatz von diagnosezentrierter und persönlichkeits- oder patientenzentrierter Betrachtungsweise als ein nur scheinbarer: Beide Einstellungen schließen sich nicht aus, sondern ergänzen sich gegenseitig; der Arzt und auch der Psychiater können auf keine der beiden Sichtweisen verzichten, keine darf verabsolutiert werden [20].

Bezüglich der *Diagnostik* in der Psychiatrie hat Jaspers klar erkannt, daß Diagnostik im strengen Sinne nur bei den Psychosen auf der Grundlage von Hirnkrankheiten möglich ist und daß von hier, von den symptomatischen über die endogenen Psychosen zu den Variationen die Bedeutung der Diagnose abnimmt, so daß im gesamten Bereich der Variationen seelischen Wesens keine Diagnose, sondern allenfalls eine Heraushebung von Prägnanztypen durch Deskription und genetisch verstehende Analyse möglich ist. Die neueren Längsschnitt- und Langzeituntersuchungen müßten u. E. auch zu einer Wiederannäherung an die vielfach in Vergessenheit geratene Jasperssche Schichtregel, den diagnostischen Vorrang der Symptome in der Gruppenfolge, wobei die tiefste erreichte Schicht den Ausschlag für die Diagnose gibt, führen. Jaspers sah in der Idee der Krankheitseinheit und der Kraepelinschen Dichotomie der endogenen Psychosen zwar einen fruchtbaren Orientierungspunkt der psychiatrischen Forschung, erkannte aber zugleich, daß eine reale Krankheitseinheit auf psychopathologischem Wege und auch aus dem psychopathologischen Gesamtbild einschließlich Verlauf und Ausgang (also mit der Kahlbaum-Kraepelinschen Methode) nicht gefunden werden kann [10a].

Mit der *Phänomenologie im engeren Sinne*, dem Vergegenwärtigen von Erlebnisweisen, seelischen Zuständen und Qualitäten, die in Selbstschilderungen und Ausdruck begegnen, ihrer Beschreibung sowie ihrer Abgrenzung und Festlegung, so daß man mit den Begriffen immer dasselbe meinen kann, schuf Jaspers erstmals die Möglichkeit, umschriebene psychopathologische Begriffe und überprüfbare wissenschaftliche Resultate zu erhalten. Analytische Differenzierung und Begriffsbildung widersprechen nicht der Idee der Einheit, sind aber unerläßliche Voraussetzung des Erkenntnisprozesses. Auch wenn es in der klinischen Realität inter- und intraindividuell alle möglichen fließenden Übergänge gibt, pflegt die Rede von den Übergängen das »Faulbett des Denkens und Beobachtens« zu sein; »Erkennen geht durch Unterscheidung«. Voreilige Zuordnung und begriffliche Benennung ist dabei ein möglicher Fehler. Der Psychopathologe soll unetikettiert stehen lassen, was nicht aufgeht [40]; das Auffangen in mitteilbaren Begriffen, das Messen an möglichst eindeutig festgelegten und konsensfähigen Fachausdrücken, ist sekundär. Erst in einem weiteren, dritten Schritt folgt der Versuch, genetisch zu verstehen oder kausal zu erklären, d. h. anhand der Phänomene Symptome, Syndrome, psychopathologische oder nosologische Einheiten zu gewinnen. Dabei wird das Phänomen unter Aufgabe der Psychonomie zum Symptom, zum Hinweis auf Krankheitsvorgänge; die Psychopathologie verliert ihre nosologische Neutralität im Sinne von Janzarik und wird zur Symptomlehre. Auch Jaspers hat, wie schon gesagt, nosologische und somatologische Aspekte letztlich nicht ausgeklammert, auch wenn er deutlich machte, daß Psychopathologie auch ganz ohne sie betrieben werden kann und zunächst betrieben werden muß. Dies gilt auch für Versuche, mit der Jaspersschen Psychopathologie Ansatzpunkte für eine somatische Hypothese schizophrener Erkrankungen zu gewinnen; auch hier ist zunächst der psychopathologische Tatbestand der Psychose oder des Wahns ohne Rücksicht auf somatologische oder nosologische Erwägungen zu untersuchen [24]. Die klinische Psychopathologie befaßt sich mit dem seelisch Abnormen im Hinblick auf klinische Einheiten und wird so zur psychopathologischen Symptomlehre und Diagnostik. Auch wenn Schizophrenie und Zyklothymie provisorische Konventionen [10a] und rein psychopathologische Zustand-Verlauf-Einheiten sind, ist es nach K. Schneider [40] auch hier zulässig, von Diagnose und von Symptomen zu reden. Mit der Jaspersschen Phänomenologie ließen sich darüber hinaus substratnahe Basisphänomene [28] bei endogenen Psychosen herausheben, die auch im medizinischen Sinne als Symptom, als Indiz für einen zerebralen pathologischen Funktionswandel aufgefaßt werden können [23]. Dagegen sind die näheren Konkretisierungen, in denen z. B. ichbezügliche Anmutungserlebnisse [26] durch Aktualisierungen mit einer bestimmten Bedeutung versehen werden, als Ausdruck der »Wahnarbeit«, d. h. einer psychologisch verstehbaren Tendenz zur Verarbeitung, Bewältigung und Erklärung, anzusehen. Dieses »Hindrängen zur Gestalt« im Sinne von Binswanger (s. [17, 24]) ist ein Wesenszug des Daseins überhaupt, der dem Menschen als Menschen, also auch dem an Schizophrenie erkrankten Menschen, und nicht der Krankheit als solcher angehört. Dies heißt, daß die Erlebniswelt des Psychosekranken auch für die Jaspersche Psychopathologie in weitem Umfang psychonom nach den Spielregeln seelischer Motivdynamik sich entfaltet. Mit der die Phänomenologie im engeren Sinne komplettierenden Jaspersschen Methode des genetischen Verstehens ließen sich selbst in schizophrenen Symptomen ersten Ranges eine situativ-biographische Komponente aufweisen [24] und Autismus bei Schizophrenen als sekundäre Bewältigungs-, Vermeidungs- und Abschirmungsreaktionen verstehbar machen [11, 23, 25]. Auch als Ausgangspunkt und als Korrektiv der modernen *quantifizierenden Verfahren* in der Psychopathologie benötigen wir die Jasperssche Phänomenologie, die durch quantifizierende Verfahren zu ergänzen, aber nicht zu ersetzen ist. Auch operationalisierte Begriffe und Skalen sind stets komplexe Größen, und bestimmte Kennwerte, z. B. ein Gesamtscore einer Skala, können nur sehr bedingt als Kriterien für die Schwere einer Erkrankung genommen werden (s. [16]).

Genetisches Verstehen, verständliche und kausale Zusammenhänge, Entwicklung und Prozeß

Das *genetische Verstehen* von Jaspers, das Einfühlen und Nachvollziehen, »wie Seelisches aus Seelischem mit Evidenz hervorgeht«, ist als wichtiger Ordnungsgesichtspunkt der klinischen Psychopathologie auch heute unentbehrlich und nicht durch andere Weisen des Verstehens ersetzbar. Für einen Ansatz, für den es eine Grenze des Verstehens nicht gibt und für den Nichtverstehbarkeit dazu veranlassen muß, diese in einem anderen strukturellen Kontext neu zu bestimmen, um so doch noch zu einem Sinn des Ganzen zu gelangen [9], kann letztlich Verstehbarkeit gleich Sinnhaftigkeit durch nichts suspendiert, sondern allenfalls durch ungenügende Strukturerfassung verfehlt werden. Bei der Anwendung der Methode des genetischen, einfühlenden Verstehens und der auf sie gegründeten sog. methodologischen Diagnostik der Psychosen: Aus der Nichtverstehbarkeit, der Unterbrechung der Sinnkontinuität, wird auf das Wesen des Zustandes geschlossen, muß sich der Psychopathologe allerdings stets der Fehlerquellen bewußt sein, die sich aus der Abhängigkeit vom soziokulturellen Kontext, der interindividuell differierenden Einfühlungsfähigkeit, der Subjektivität – Zusammenhänge fremdseelischen Lebens werden nur dann evident, wenn in ihm potentiell eigenes Seelenleben wiedererkannt wird – ergeben.

Auch im Bereich der Psychosen gibt es für Jaspers keine durchgehende Verstehensgrenze. Vieles in ihnen ist, wie schon gezeigt, mit Hilfe des genetischen inneren Verstehens, des Motivverstehens im Sinne von Gruhle (s. [21, 22]), psychologisch ableitbar, die Themen sind von Erlebnissen geprägt, analysierbar und weitgehend verstehbar. Seelische Reaktionen und Versuche der Bewältigung, Kritik-, Einsichts- und Verantwortungsfähigkeit, Sich-zu-sich-selbst-verhalten-Können sind von weit größerer Bedeutung, als auch von modernen Richtungen, die z. B. schizophrene Psychosen als ganzheitliche, totale Persönlichkeitswandlungen begreifen, angenommen wird. Zumal in den Basisstadien schizophrener Erkrankungen nehmen die Patienten ihre Defizienzen als solche wahr, setzen sich mit ihnen auseinander und versuchen, mit ihnen fertig zu werden. Selbst bei einem Symptom ersten Ranges wie der Wahnwahrnehmung konnte mit der Jasperschen Methode eine psychogene, verstehbare Komponente nachgewiesen werden [24]. Durch das sog. *Jaspers-Theorem* [3, 9, 10] wird der Kranke nicht »ein für allemal als uneinfühlbar erklärt«, der therapeutische Umgang mit ihm und die Erforschung seiner Lebensgeschichte nicht erschwert oder gar verhindert. Psychose und Wahn bedeuten nicht, daß das Verstehen grundsätzlich unmöglich ist, nur, daß es hier eine Grenze psychologischen Verstehens gibt. Mit der Methode des genetischen Verstehens lassen sich auf weite Strecken einfühlbare Zusammenhänge zwischen Psychose und Lebensgeschichte nachweisen; die Vorgänge sekundärer Verarbeitung, Bewältigung und Abwehr sind ohne Zuhilfenahme psychoanalytischer oder daseinsanalytischer Interpretationen mit der Jasperschen Methode faßbar und verstehbar. Mit ihr ließ sich auch, z. B. in der endoreaktiven Dysthymie [41] oder den situativ mitbedingten Schizophrenien [1], ein gleichsam endoreaktiver Pol bei den Zyklothymien und Schizophrenien differenzieren (s. [19, 20]).

Auch der Jaspersche *Situationsbegriff* meint nicht »ein dem Einzelnen entgegenstehendes Außen oder Gegenüber« [8], hat vielmehr durchaus komplementären Charakter. Das Individuum bringt selbst die Situation hervor, läßt sie, wie Jaspers sagt, in einer verstehbaren Verwicklung entstehen oder nicht zustande kommen: Umwelt, wechselnde Lebensbedingungen prägen den Menschen und werden von ihm ergriffen und geprägt. Auch bei den endogenen Psychosen wurde die situative Abhängigkeit und Wandelbarkeit von der Jaspersschen Psychiatrie hervorgehoben. Die Basisphänomene der Schizophrenien zeigen sich bevorzugt »situagen« [1], in Abhängigkeit von Beanspruchung und relativer Überstimulation durch bestimmte Situationen (s. [23, 28]). Die sog. interaktionale Psychopathologie ist bereits vorgezeichnet, wenn es bei K. Schneider heißt, Anlage und erlebte Umwelt würden einen Wirkungskreis bilden, in dem die Anlagepersönlichkeit sich an ihren Erlebnissen entfalte, die von ihr je nach ihrem besonderen Wert und Sinn ausgewählt, einbezogen und eingeschmolzen würden [40] (s. a. [21]).

Jaspers brachte wesentliche Zugänge zum Seelenleben unter die Gesichtspunkte von verständlichen und kausalen Zusammenhängen, Verstehen und Erklären, *Entwicklung und Prozeß*. Während wir es in der Naturwissenschaft nur mit kausalen Zusammenhängen zu tun haben, bleibt in der Psychologie und Psychopathologie noch der Weg des mit dem Erlebnis einer primären Evidenz verbundenen einfühlenden, genetischen Verstehens seelischer Zusammenhänge. Das nicht verstehbare Aufeinanderfolgen seelischer Vorgänge, z. B. nach Jaspers eine plötzlich auftretende Wahnstimmung, läßt vermuten, daß sich hier körperliche, außerbewußte, nur kausal zu erklärende Vorgänge abspielen. Während das Verstehen überall begrenzt ist, findet das kausale Erklären nirgends eine Grenze. Die Unterscheidung zwischen verständlichen und kausalen Zusammenhängen ist die Grundlage für die Bestimmung der für die Jaspersche Psychopathologie wesentlichen Alternativbegriffe: *Entwicklung einer Persönlichkeit* und *Prozeß*. Beim Prozeß handelt es sich um etwas völlig Neues, der Anlage- und Entwicklungspersönlichkeit Heterogenes, das, im Unterschied zur heilenden Phase, zu einer dauernden Veränderung des Seelenlebens führt. Daß auch die Prozesse nach Jaspers zwei wesensverschiedene Formen umfassen, nämlich ausschließlich durch *organische Hirnvorgänge* bestimmte, darunter neben nachweisbaren Hirnprozessen Erkrankungen der Dementia praecox-Gruppe, andererseits sog. *psychische Prozesse* mit Veränderung des Seelenlebens ohne Zerstörung und mit psychologisch typischen Verlaufszusammenhängen, wird oft übersehen. Für Jaspers ist mit diesem Grenzbegriff, ähnlich wie mit dem der Paranoia (Gaupp), zwar kein Problem gelöst, aber eine Frage bewahrt. Der psychische Prozeß ist für neuere Konzepte, so das der *Strukturverformung* [26, 27] als zweiter, persönlichkeitsbezogener Komponente der Irreversibilität in endogenen Psychosen [18] oder des »Abwandlungsprozesses« im Sinne von Häfner [14], von Bedeutung.

Für Jaspers ist jede Grenze des Verstehens ein neuer Anstoß zu kausaler Fragestellung. Das heißt, daß zwar die Natur nur erklärt werden kann, das Seelenleben aber nicht nur in seinen Zusammenhängen verstanden, sondern auch erklärt werden könne und, wenn es durch Hirnprozesse bedingt ist, sogar erklärt werden müsse. Weil das Evidenzkriterium des genetischen Verstehens die empirische »Wahrheit« nicht gewährleistet, muß jede auf Evidenz gegründete Vermutung auf ihre Stichhaltigkeit geprüft werden. Die auf das genetische Verstehen gegründete, sog. methodologische Diagnostik der endogenen Psychosen reicht nicht aus. Sie erlaubt vielmehr erst in Verbindung mit bestimmten konkreten psychopathologischen Tatbeständen, z. B. Symptomen ersten Ranges, und bei Berücksichtigung der klinischen Gesamtsituation (s. o.) eine Abtrennung der Psychosen von abnormen Persönlichkeiten und Erlebnisreaktionen. Dabei werden, wie gesagt, Übergänge im psychopathologischen Erscheinungsbild (wenn auch nicht im Substrat – [40]) anerkannt. Insofern ist die Rede von »Grenzpsychosen« oder »Borderline-Syndromen« mit der Jaspers-Schneiderschen Psychopathologie vereinbar. Im Beginn und bei milderen Verläufen, aber auch in späteren Basisstadien ist das psychopathologische Syndrom oft so weitgehend von der Persönlichkeit und den ihr zugehörigen Reaktionsweisen und Abwehrpsychismen geprägt, daß es nicht als etwas Anderes und Neues, *qualitativ Abnormes* erkennbar ist. Doch handelt es sich bei der Unterscheidung von qualitativ und quantitativ abnormen psychopathologischen Phänomenen nicht, wie die neuere Verlaufsforschung zeigte, um echte Alternativentscheidungen, sondern um ein Mehr oder Weniger. Irgendwo in einer kontinuierlichen Übergangsreihe zwischen noch und nicht mehr statisch und/oder genetisch verstehbar erfolgt der Umschlag, der *Sprung* vom Quantitativen ins Qualitative und umgekehrt. Eine durchgehende Zuordnung des Begriffspaares »qualitativ – quantitativ abnorm« zum Begriffspaar »psychotisch – nicht psychotisch« ist nicht möglich. Auch bei den affektiven und bei den körperlich begründbaren Psychosen erscheinen zahlreiche Symptome und Syndrome psychopathologisch nicht eindeutig als qualitativ abnorm. Daß auf der Komplexitätsstufe der Psychopathologie nur *Wahrscheinlichkeitsaussagen* erwartet werden können [16], gilt auch für die Differenzierung von quantitativ und qualitativ abnorm, uncharakteristisch, charakteristisch und typisch (s.[25]).

Die Unterscheidung von Psychosen gegenüber Erlebnisreaktionen einschließlich der *Neurosen* leitet sich nach v. Baeyer [3] bruchlos aus der Jaspersschen Differenzierung von naturwissenschaftlich-kausal erklärbarem Prozeß und psychologisch verständlicher Entwicklung ab. Für Jaspers sind Neurosen nicht etwas gegenüber dem Gesunden prinzipiell Neues, sondern in der Ausnahme sich deutlicher zeigende Grundeigenschaften menschlichen Daseins. Gegen einen Dualismus von Entwicklung und Prozeß, Verstehen und Erklären, erhaltener oder aufgehobener Sinnkontinuität erhoben sich von Anfang an Stimmen. So kann oft, wenn bei Nichtverstehen in der diagnostischen Anfangssituation psychotisches Erleben als Abbruch einer sinnvollen Lebensentwicklung erscheint, die nähere Beschäftigung mit dem Kranken doch noch Sinnbezüge aufzeigen. Ob dann eine Psychose oder eine Neurose anzunehmen sei, ist, nach v. Baeyer [3], nicht mehr eine Frage genetischer Verstehbarkeit, sondern eine solche der klinischen Gesamtkonstellation. Hier sehen wir aber keinen grundsätzlichen Unterschied zur Jaspersschen Psychiatrie, die gleichfalls über die Frage der Sinnkontinuität hinaus für die Diagnose den Nachweis bestimmter konkreter Symptome und die Berücksichtigung von Anamnese, Lebensgeschichte, Primärpersönlichkeit, körperlichen Befunden, Verlaufstypik, Heredität usw. verlangt. Abgesehen davon kennt auch Jaspers Fälle, die eine klare alternative Auffassung: Persönlichkeitsentwicklung oder Prozeß, nicht gestatten, und diskutiert, wie erwähnt, die Frage eines von organischen Hirnprozessen wesensverschiedenen »psychischen Prozesses« (s. o.). Doch kommt es ihm letztlich darauf an, den Begriff der Entwicklung einer Persönlichkeit nicht über das Verstehbare hinaus zu erweitern und das Unverständliche in seiner vielfachen Heterogenität anzuerkennen und seinem jeweiligen Wesen entsprechend methodisch aufzufassen ([29] 1946, S. 592 f.).

Psychoanalyse

Hauptpunkte der Jaspersschen Kritik an der Freudschen *Psychoanalyse* stehen in engem Zusammenhang mit Grundpositionen seiner Psychopathologie. Freud mißverstehe verständliche Zusammenhänge als kausale, halte alles Seelenleben für sinnvoll determiniert und knüpfe daran Theorien über die Ursachen des gesamten seelischen Ablaufs; er hebe nicht nur Unbemerktes ins Bewußtsein, sondern versuche ein »Als-ob-Verstehen« außerbewußter Zusammenhänge, das in eine Welt rein ausgedachter, die Grenzen aller verstehenden Psychologie weit hinter sich lassender, unbeweisbarer Hypothesen führe. Hier, oder wenn er sagt, die psychoanalytischen Grundanschauungen dürfe man Glauben nennen, stimmt er überein mit der Kritik von Karl Popper [37], die Psychoanalyse sei keine Wissenschaft, weil ihre Thesen nicht falsifizierbar sind. Für Jaspers hört das Verstehen auf vor den Wirklichkeiten des angeborenen empirischen Charakters und der organischen Krankheiten und Psychosen, d. h., dem Elementaren daran, den Basissymptomen in unserer Terminologie, auch wenn noch so viele besondere Inhalte eine Seite der Verstehbarkeit zeigen, und vor der Wirklichkeit der Existenz, dessen, was der Mensch eigentlich als er selbst ist. »Die Psychoanalyse blieb vor allen diesen Grenzen blind. Sie wollte alles verstehen.«

Die Jasperssche Skepsis gegenüber jenen Tiefenpsychologien, die alles Seelische auf Sexualität in einem weiteren Sinne zurückführen und für die alle höheren Lebensziele nur Sublimierung sind, und gegenüber einer Aufdeckung des Unbewußten, die ihre dogmatischen Voraussetzungen nicht verleugnen kann und sich in schulmäßigen Zirkeln vollzieht, ist unüberwindlich. In den über drei Jahrzehnten zwischen der 1. und 4. Auflage seiner »Allgemeinen Psychopathologie« erlag er, nach Gruhle [12], nicht der Suggestion der welterobernden Bewegung der Psychoanalyse. 1931 [30] wandte er sich als Einzelner, ohne Bundesgenossen, zugleich gegen Rassentheorie, Marxismus und Psychoanalyse. Die Psychoanalyse verabsolutiere eine begrenzt sinnvolle Forschung unkritisch zu einem Totalwissen; die Lehranalyse, so schreibt er 1950 [31], sei »Gefahr für die Reinheit, Freiheit und das Heil der Seele«; wo sie zur Bedingung einer Approbation gemacht werde, sei die freie Wissenschaft verneint, die Humanität verletzt.

In der Sicht von Binswanger [4], der eine Versöhnung von Jaspersscher Psychiatrie und Psychoanalyse versucht und einen Fortschritt der Psychiatrie nur für möglich hält, wenn die Jaspersche wie die Freudsche Richtung weiterverfolgt werden, hat Jaspers insgesamt dennoch weit mehr von Freud akzeptiert als z. B. Kraepelin. Beide lehrten erstmals, wenn auch jeder auf ganz verschiedene Weise, was es bedeutet, eine seelische Tatsache wissenschaftlich ernst zu nehmen, dabei Jaspers in Richtung nach der Bewußtheit. Phänomenologie und genetisches Verstehen bleiben zwar im Bewußtsein; die Bewußtheit ist für Jaspers im Gegensatz zu Freud Ausgangs- und Endpunkt der psychopathologischen Betrachtung. Doch ist auch für ihn das bewußte Leben nur die oberste Schicht eines weiten und tiefen Reiches unbemerkten und außerbewußten Geschehens, was auch heißt, daß der Psychotherapeut in vielen Fällen dem Rechnung tragen und Keime entwickeln muß, die im Vorbewußten oder Unbemerkten schlummern ([29] 1946, S. 435).

Daseinsanalyse und verwandte Richtungen

Die Existentialanalyse wirkt bei Jaspers nur als philosophische Grundhaltung und nicht, wie bei Binswanger, Storch, Boss, Zutt und v. Baeyer (s. in [17]), als wissenschaftliche Methode auf die Psychopathologie. Jaspers anerkannte stets die wertvollen Ansätze, zumal die deskriptive Leistung der daseinsanalytischen Betrachtungsweisen. Doch können für ihn Totalität und Ursprung nicht Gegenstand der Forschung werden; Wissenschaft betrifft nur bestimmte und begrenzte Aspekte, das Ganze des

Menschseins ist Thema des Philosophierens. Die theoretisch erschlossene anthropologische Grundstörung sei unbestimmt und in ihrer Bedeutung schillernd, und auf diese Weise seien keine neuen Erkenntnisse in der Psychopathologie entstanden. Jaspers veranschaulicht das Schillern zwischen Empirie, Theorie und Philosophie am Beispiel einer existentialanalytischen Interpretation der psychotischen Welt (Storch), die letztlich zu sehr banalen Ergebnissen gelange, so, daß die Schizophrenen das Mitden-Andern-Sein verloren haben (s. auch [17]). Auch in der sog. konstruktiv-genetischen Psychopathologie (v. Gebsattel) wird das verstehende Ableiten von Zwang, Wahn oder Depressivität aus der Grundstörung, der Werdensstörung, durch bis zur Beliebigkeit gehende Vielfachheit fragwürdig. Während Jaspers es für einen wissenschaftlichen Irrtum hält, existenzphilosophische Gedanken als Mittel psychopathologischer Erkenntnis zu benutzen, glaubt die Daseinsanalyse, auch wenn sie nach H. Kunz [34] völlig außerhalb von Psychopathologie und Krankheitslehre steht, schließlich doch ein sinnvolleres Verstehen einzelner Kranker zu vermitteln und wirft Jaspers vor, mit dem Verstehen zu früh aufzuhören. Doch läßt sich auch mit der Jaspersschen Psychopathologie aufzeigen, warum bei einer bestimmten Persönlichkeit und Lebensgeschichte die Psychose gerade so aussieht und jeder Kranke seinen Wahn auf die ihm eigene Weise bildet. Sekundäre Verarbeitungsvorgänge, die z.B. aus dem »Hindrängen zur Gestalt« resultieren und im Sinne von Binswangers kompensatorischer Funktion des Wahns zu einer durch den »Halt im Konkreten« gewonnenen Beruhigung führen, sind dem Menschen als Menschen und nicht dem Krankheitsprozeß als solchem zugehörig.

Arzt-Patient-Beziehung und Psychotherapie

Jaspers hat nicht nur als Wissenschaftler und Methodologe, sondern auch als Seelenarzt Bedeutung für die Psychiatrie. Die existentielle Kommunikation im Verhältnis von Arzt und Patient geht für ihn über alle hinsichtlich Methode und Technik zu lernende und zu inszenierende Psychotherapie hinaus. Zwar setzt auch Psychotherapie Wissen, Können und Geschultsein voraus, doch sei der Arzt mit ihr weder nur Techniker noch nur Autorität, vielmehr Existenz für Existenz, vergängliches Menschenwesen, Schicksalsgefährte mit dem Anderen. Die von Jaspers gemeinte existentielle Kommunikation hat nach v. Baeyer [2], zumal dort, wo man bevorzugt von psychotherapeutischen Techniken spricht oder Selbsterfahrungsgruppen als Weg zur Selbst- und Fremderkenntnis empfiehlt, die Bedeutung eines Korrektivs zugunsten von Wert und Würde der Individualität. Zugleich begegnet sie der Gefahr der Entfaltung einer egozentrischen Lebenshaltung in der psychologischen Atmosphäre. Wird die Selbstreflexion als psychologische Betrachtung zur Lebensatmosphäre, fällt der Mensch in eine Bodenlosigkeit; der Mensch soll sich um die Sachen kümmern und nicht um sich selbst oder um sich selbst nur als Weg.

Die Grundhaltung des Psychiaters und Psychotherapeuten gegenüber seinen Patienten bilden Respekt und Staunen vor den unendlichen Möglichkeiten des einzelnen, nie im ganzen definitiv erkennbaren Menschen, Liebe und, als höchstes Ziel der Psychotherapie, der Appell an die Persönlichkeit und die Bemühung, dem Patienten zu helfen, »sich selbst durchsichtiger zu werden«, was psychoanalytische Technik nicht erreichen könne, vielmehr nur in geschichtlicher Kommunikation mit einer anderen Existenz möglich sei. Von hier aus fällt auch Licht auf den Begriff der psychischen Gesundheit. Weil es sehr Verschiedenes ist, was der Patient erreichen möchte und was ihm als Gesundheit gilt, wird die Forderung unabweisbar, daß der Seelenarzt eine Weltanschauung und starke Wertungen haben muß, diese aber dem Patienten nicht aufdrängen darf. Er benötigt vielmehr die »Weite des Horizonts«, die Fähigkeit, vorübergehend ganz wertungsfrei, hingebend, wirklich vorurteilslos zu sein. Auch hier zeigt sich der Einfluß des Philosophen Jaspers und daß seine Philosophie nicht nur eine solche der Existenz, sondern auch eine der Kommunikation, und zwar im wesentlichen zwischen einzelnen Menschen ist. In der Psychotherapie sind Methoden und Techniken, Kategorien und Klassifizierungen, »all das dürftige Wissen« nur Mittel, »volle menschliche Gegenwärtigkeit« dagegen die Hauptsache (s. [32]).

Schlußbetrachtung

Die Psychopathologie in der Richtung von Jaspers, der stets für die grenzenlose Aufgeschlossenheit des Wissenwollens eintrat, bedeutet nicht Abschluß und Kodifizierung, vielmehr Offenheit für alle Möglichkeiten empirischer Untersuchungen in der Psychiatrie. Weil die Japerssche Psychopathologie offen ist, er nur eine Methodenlehre und nicht eine geschlossene Theorie gibt, ist sie immer verfügbar und anwendbar, wie auch die Theorien sich wandeln mögen. Die Jaspers-Schneidersche Psychopathologie hat noch, wie ich meine, ein weites Arbeitsfeld vor sich. Korrekturen und Ergänzungen, neue Befunde und Konzepte, die durch ihre Weiterentwicklung gewonnen werden, sollten von psychiatrischen Forschern, denen das Unbehagen an tradierten Anschauungen und Vorentscheidungen gemeinsam ist, kritisch gewürdigt werden. Jaspers schuf mit seiner Psychopathologie ein Grundgerüst für die klinische Psychiatrie, das nach wie vor praktisch brauchbar und heuristisch fruchtbar und insofern ein psychopathologisches Konzept der Gegenwart ist [22]. Die Jasperssche Psychiatrie hört, wie ich meine, nicht zu früh mit dem Verstehen auf, eher tun dies viele seiner Kritiker mit der Phänomenologie in seinem Sinne. Weder die Fortschritte der Somatologie noch die der Tiefenpsychologie aller Art machen die Jasperssche Psychopathologie überflüssig. Keine andere Methode kann die Psychopathologie, die Jaspers als phänomenologische einführte, ersetzen.

Das Jasperssche methodologische Bewußtsein bietet auch Gewähr dafür, daß einzelne Betrachtungsweisen und die durch sie eröffneten Aspekte nicht zu einem allgemein gültigen Erklärungsmodell verabsolutiert werden. Gegen den Irrweg der Verabsolutierung von Partialerkenntnissen kommt es nach Jaspers darauf an, sich aller Methoden und Gesichtspunkte zu bemächtigen und nicht einen gegen den andern auszuspielen, nicht Biologie gegen Geisteswissenschaften oder umgekehrt, nicht Gehirn gegen Seele oder Phänomenologie gegen Nosologie. Doch sollten dabei die Methoden und Gesichtspunkte nicht unklar vermischt, sondern innerhalb ihrer Grenzen rein und planmäßig angewendet werden. Nur so können die mit bestimmten Methoden heraushebbaren Aspekte klar unterschieden und in ihrer Bedeutung sachlich gewürdigt werden. Das Jasperssche methodische Bewußtsein hält uns bereit gegenüber der immer neu zu erfassenden Wirklichkeit und löst alle Seinsdogmatik wieder auf »zugunsten der Erkenntnisbewegung, die nie geradezu und vollendet da ist, aber grenzenloser Erfahrung und Erforschung offensteht«.

Literaturhinweise

1. Baeyer W v (1966) Situation, Jetztsein, Psychose. In: Baeyer W v, Griffith RM (Hrsg) Conditio humana. Springer, Berlin Göttingen Heidelberg
2. Baeyer W v (1969) Karl Jaspers. 23.11.1883–26.2.1969. Arch Psychiatr Nervenkr 212:225–229
3. Baeyer W v (1977) Die Rolle der Psychopathologie. In: Vogel Th, Vliegen J (Hrsg) Diagnostische und therapeutische Methoden in der Psychiatrie. Thieme, Stuttgart
4. Binswanger L (1943) Karl Jaspers und die Psychiatrie. Schweiz Arch Neurol Psychiatr 51:1–13
5. Birnbaum K (Hrsg) (1930) Handwörterbuch der medizinischen Psychologie. Thieme, Leipzig
6. Conrad K (1958) Die beginnende Schizophrenie. Versuch einer Gestaltanalyse des Wahns. Thieme, Stuttgart
7. Gaupp R (1953) Brief an Karl Jaspers. In: Piper K (Hrsg) Offener Horizont. Festschrift für Karl Jaspers. Piper, München
8. Glatzel J (1977) Die deskriptiv-phänomenologische Betrachtungsweise. In: Vogel Th, Vliegen J (Hrsg) Diagnostische und therapeutische Methoden in der Psychiatrie. Thieme, Stuttgart
9. Glatzel J (1978) Allgemeine Psychopathologie. Enke, Stuttgart
10. Glatzel J (1981) Zum Problem der Krankheitseinheit in der Psychiatrie seit Jaspers. In: Burchard JM (Hrsg) Psychopathologie. Neue Beiträge zu Klinik und Praxis. Schattauer, Stuttgart New York
10a. Gross G, Huber G (1978) Schizophrenie – eine provisorische Konvention. Zur Problematik einer Nosographie der Schizophrenien. Psychiatr Prax 5:93–105
11. Gross G, Huber G, Schüttler R, Hasse-Sander I (1971) Uncharakteristische Remissionstypen im Verlauf schizophrener Erkrankungen. In: Huber G (Hrsg) Ätiologie der Schizophrenien. Bestandsaufnahme und Zukunftsperspektiven. Schattauer, Stuttgart New York
12. Gruhle HW (1947) Referat zu »K. Jaspers: Allgemeine Psychopathologie. 4. Aufl, 1946«. Nervenarzt 18:380–383
13. Gruhle HW (1953) Psychopathologie und akademischer Unterricht. In: Piper K (Hrsg) Offener Horizont. Festschrift für Karl Jaspers. Piper, München

14 Häfner H (1963) Prozeß und Entwicklung als Grundbegriffe der Psychopathologie. Fortschr Neurol Psychiatr 31:393–438
15 Heimann H (1950) Der Einfluß von Karl Jaspers auf die Psychopathologie. Monatsschr Psychiatr (Basel) 120:1–20
16 Heimann H (1979) Psychopathologie. In: Kisker KP, Meyer JE, Müller C, Strömgren E (Hrsg) Psychiatrie der Gegenwart. Forschung und Praxis, Bd. I/1, 2. Aufl. Springer, Berlin Heidelberg New York
17 Huber G (1964) Wahn (1954 bis 1963). Fortschr Neurol Psychiatr 32:429–489
18 Huber G (1968) Verlaufsprobleme schizophrener Erkrankungen. Schweiz Arch Neurol Neurochir Psychiatr 101:346–368
19 Huber G (1969) Aktuelle Aspekte der Schizophrenieforschung. In: Huber G (Hrsg) Schizophrenie und Zyklothymie. Ergebnisse und Probleme. Thieme, Stuttgart
20 Huber G (1974) (3. Aufl 1981) Psychiatrie. Systematischer Lehrtext für Studenten und Ärzte, Schattauer, Stuttgart New York
21 Huber G (1979) Die klinische Psychopathologie von Kurt Schneider. In: Janzarik W (Hrsg) Psychopathologie als Grundlagenwissenschaft. Enke, Stuttgart
22 Huber G (1982) Möglichkeiten und Grenzen der klassischen Psychopathologie am Beispiel der Wahnforschung. In: Janzarik W (Hrsg) Psychopathologische Konzepte der Gegenwart. Enke, Stuttgart
23 Huber G (1983) Das Konzept substratnaher Basissymptome und seine Bedeutung für Theorie und Therapie schizophrener Erkrankungen. Nervenarzt 54:23–32
24 Huber G, Gross G (1977) Wahn. Eine deskriptiv-phänomenologische Untersuchung schizophrenen Wahns. Enke, Stuttgart
25 Huber G, Gross G, Schüttler R (1979) Schizophrenie. Eine verlaufs- und sozialpsychiatrische Langzeitstudie. Monographien aus dem Gesamtgebiete der Psychiatrie, Bd. 21. Springer, Berlin Heidelberg New York
26 Janzarik W (1959) Dynamische Grundkonstellationen in endogenen Psychosen. Ein Beitrag zur Differentialtypologie der Wahnphänomene. Springer, Berlin Göttingen Heidelberg
27 Janzarik W (1968) Schizophrene Verläufe. Springer, Berlin Heidelberg New York
28 Janzarik W (1983) Basisstörungen. Eine Revision mit strukturdynamischen Mitteln. Nervenarzt 54:122–130
29 Jaspers K (1913) (4. Aufl 1946, 7. Aufl 1959) Allgemeine Psychopathologie. Springer, Berlin
30 Jaspers K (1931) Die geistige Situation der Zeit. Sammlung Göschen, Bd. 1000. De Gruyter, Berlin
31 Jaspers K (1950) Zur Kritik der Psychoanalyse. Nervenarzt 21:465–468
32 Kolle K (1953) Pathologie des sozialen Kontaktes. In: Piper K (Hrsg) Offener Horizont. Festschrift für Karl Jaspers, Piper, München
33 Kranz H (1955) Das Thema des Wahns im Wandel der Zeit. Fortschr Neurol Psychiatr 23:58–72

34 Kunz H (1941) Die anthropologische Betrachtungsweise in der Psychopathologie. Z Gesamte Neurol Psychiatr 172:145–180
35 Lopez-Ibor J (1982) Delusional perception and delusional mood: a phenomenological and existential analysis. In: De Koning AJJ, Jenner FA (eds) Phenomenology and Psychiatry. Academic Press, London Toronto Sydney
36 Matussek P (1952/53) Untersuchungen über die Wahnwahrnehmung. 1. Mitteilung: Arch Psychiatr Z Neurol (1952) 189:279–319; 2. Mitteilung: Schweiz Arch Neurol Psychiatr (1953) 71:189–210
37 Popper K (1969) Logik der Forschung. 3. Aufl. Mohr, Tübingen
38 Schneider K (1938) 25 Jahre »Allgemeine Psychopathologie« von Karl Jaspers. Nervenarzt 11:281–283
39 Schneider K (1952) Über den Wahn. Thieme, Stuttgart
40 Schneider K (1986) Klinische Psychopathologie. 13. Aufl. mit Anmerkungen von G. Huber und G. Gross. Thieme, Stuttgart
41 Weitbrecht HJ (1973) Psychiatrie im Grundriß. 3. Aufl. Springer, Berlin Heidelberg New York
42 Wyrsch J (1963) Psychopathologie I: Bedeutung und Aufgabe. Ich und Person. Bewußtsein, Antrieb und Gefühl. In: Gruhle HW, Jung R, Mayer-Gross W, Müller M (Hrsg) Psychiatrie der Gegenwart. Forschung und Praxis. Bd. I/2. Springer, Berlin Göttingen Heidelberg

Abgedruckt in: Der Nervenarzt (1984) 55, S. 1–9

Hans-Georg Gadamer

Einleitung in den Philosophischen Teil

Wenn man Jaspers als Philosophen würdigen will, so gilt es als erstes, sich der erstaunlichen Unabhängigkeit und Kühnheit seines philosophischen Werdeganges bewußt zu werden. Jaspers selbst war ein ungeheurer Leser, der seine philosophischen und wissenschaftlichen Interessen nach allen Seiten ausarbeitete. Doch war an der Universität, an der er aufwuchs, in Heidelberg – und nicht nur an der Universität Heidelberg, sondern an der übergroßen Mehrzahl der deutschen Universitäten –, eine Spätform des Neukantianismus in voller Herrschaft, die insbesondere der Psychologie wenig günstig war. Die beiden wichtigsten Schulen der Wiedererneuerung Kants, die das letzte Drittel des 19. Jahrhunderts eingeleitet hat und die sich bis in den Epocheneinschnitt nach dem Ersten Weltkrieg behaupteten, waren die Marburger Schule auf der einen, die südwestdeutsche Schule auf der anderen Seite, die Orientierung an den Naturwissenschaften in Marburg, die Orientierung an den Kulturwissenschaften (so hieß es in jenen Jahren anstelle von Geisteswissenschaften) vor allem in Heidelberg. Zu den Hauptlehrstücken dieses Neukantianismus gehörte eine kritische Haltung gegenüber der Psychologie und den empiristischen Theorien. Für beide war das Faktum der Wissenschaft der Ausgangspunkt, und damit bildete die Erkenntnistheorie das Hauptthema, ob sich das nun auf ein System der Werte oder auf die apriorische Struktur der Grundlagen der exakten Wissenschaften gründete. Es wäre interessant, im einzelnen zu untersuchen, welche Erfahrungen es waren, die Karl Jaspers für die Erneuerung der Philosophie im deutschen Universitätsleben vorbereitet haben. Man weiß natürlich über die ungeheure Bewunderung, die Karl Jaspers für den großen Max Weber hegte. Sicherlich bedeutete das Vorbild, das Max

Weber für ihn war, Entscheidendes, und der tiefe Einfluß, den Max Weber auf den jungen Forscher und Denker Karl Jaspers ausgeübt hat, verlieh ihm eine bleibende Prägung. In Max Weber begegnete ihm die Strenge der methodischen Gesinnung, innerweltlicher Askese in jenem prononcierten Sinne, in dem Max Weber eine wertfreie Gesellschaftswissenschaft aufzubauen im Begriff war, und im Blick auf ihn hat er das siegreiche Selbstbewußtsein der Erfahrungswissenschaften in seiner Größe und in seiner Tragik vor sich gesehen und hat selber auf seinem Gebiete, der Psychiatrie, ein doppeltes geleistet: eine weithin wirksame begriffliche Ordnung zu stiften und zugleich in den abstrakten Schematismus der damaligen Transzendentalphilosophie den Reichtum erfahrungswissenschaftlicher Erkenntnis einzubringen.

Was Jaspers im Übergang von einer Einzelwissenschaft, die zwischen den großen Gruppen der Naturwissenschaften und Geisteswissenschaften stand, zur Philosophie auszuführen unternahm, mußte in gewissem Sinne bescheidener sein als der Anspruch der zeitgenössischen Transzendentalphilosophie, in gewissem Sinne war es aber auch besonders kühn. Denn wenn etwas das akademische Selbstbewußtsein der Philosophie in diesen Jahrzehnten bestimmte, dann war das die Abwehr alles sogenannten Weltanschauungsdenkens, das durch so große Figuren wie Schopenhauer und Nietzsche ins öffentliche Bildungsbewußtsein eingedrungen war. Selbst die historische Weltanschauung, die W. Dilthey vertrat, mußte von da aus gegenüber den Aporien des historischen Relativismus hilflos erscheinen. Die wissenschaftliche Philosophie war stolz, sich auf die Erkenntnistheorie zu gründen, und diese war nicht eine Lehre vom Menschen, sondern vom ›Bewußtsein überhaupt‹. Das wurde ein fast kampfrufähnlicher Ausdruck der neukantianischen Transzendentalphilosophie, der dessen harmlosen Kantischen Sinn zum Schlachtruf umprägte, der alle ›Psychologie‹ verwarf.

Und doch war es ›Psychologie‹, die Psychologie der Weltanschauungen, was den Gegenstand des ersten bedeutenden philosophischen Buches von Karl Jaspers bildete. Es war in gewissem Sinne ein kritisches Buch. Jaspers verleugnete nicht die kritische Grenzsetzung, die Kant gegen die Träume des spekulativen Geistes und den Dogmatismus einer theologisch begründeten Metaphysik aufgestellt hat. Die Grundkategorie von Jaspers' Psychologie der Weltanschauungen war eine kritische: die Kategorie der Grenzsituation, das heißt derjenigen Lebenssituationen, in denen der Mensch sich von der Führungskraft der anonymen Kompetenz der Wissenschaft im Stich gelassen sieht und aus eigener Wahl Entscheidung treffen muß. Die Erfahrung solchen Zurückgeworfenseins auf sich selbst bedeutete zugleich ein Heraustreten des wahren Selbst aus seiner Verborgenheit und Verformtheit durch die allgemein herrschenden Denkgewohnheiten und Geltungsweisen.

Bekanntlich hat Jaspers damals mit seinen Zeitgenossen die Kritik am akademischen Idealismus unter dem Zeichen des dänischen Denkers Kierkegaard geführt. Dieser spätromantische Kritiker der Hegelschen spekulativen Philosophie hatte der allgemeinen spekulativen Vernunft und dem Begriff des absoluten Geistes, in dem Hegels Denken gipfelte, die ›Existenz‹ entgegengesetzt. So wurde Jaspers' Anschluß an die Idealismuskritik jener dreißiger und vierziger Jahre des vorigen Jahrhunderts aufs engste mit dem Begriff der Existenz verbunden. Vieles kam damals zusammen, um diesem Begriff ein neues Leben einzuhauchen. Da war der Strom des lebensphilosophischen Denkens, der von Nietzsche, von Bergson, von Dilthey aus in die akademische Philosophie einzudringen begann. Da war, stärker noch in der unmittelbaren Wirkung, die Kritik, die an dem Liberalismus und Historismus der damaligen Theologie geübt wurde; Friedrich Gogarten, Karl Barth, Rudolf Bultmann und alle, die diesen Parolen folgten, sahen in dem Sprechen über Gott ein schwieriges paradoxes Unterfangen und erneuerten den Anspruch der religiösen Offenbarung, nicht ein Objekt der wissenschaftlichen Forschung, sondern der eigentlich Sprechende, der Verkündende zu sein, dem gegenüber sich ein jeder als der Angesprochene zu wissen hat. Auch aus dem Judentum kam gerade in Heidelberg, gerade im süddeutschen Raum eine neue starke Stimme, die vor allem an die Namen Franz Rosenzweig und Martin Buber geknüpft war. Aber auch Eugen Rosenstock, Hans Ehrenberg, Viktor von Weizsäcker gehörten von ihren Erfahrungsfeldern her zu den gleichen Suchern nach einer neuen

Unmittelbarkeit zwischen Ich und Du, Mensch und Gott, Arzt und Patient, die durch den Methodengedanken der Wissenschaftstheorie des Neukantianismus um ihre Legitimität gebracht war.

Karl Jaspers war derjenige, der die philosophische Tragweite dieser Erneuerung des Existenzbegriffes mit den Mitteln der Begriffstradition des deutschen Idealismus zum Ausdruck zu bringen wußte. Lange Jahre in äußerster Zurückhaltung und auf das akademische Lehramt beschränkt, war seine Stimme vom Anfang der zwanziger Jahre in den Universitätskreisen gleichwohl deutlich vernehmbar geworden, und als in einer frühen und fruchtbaren Auseinandersetzung Martin Heidegger die ihm positiv scheinenden Denkimpulse von Jaspers' »Psychologie der Weltanschauungen« aufnahm, führte das in den zwanziger Jahren zu dem neuen Denken, das sich ›Existenzphilosophie‹ nannte. Als Jaspers am Ende mit dem berühmten Göschenbändchen »Die geistige Situation der Zeit« und seinen drei Bänden, die er nur »Philosophie« nannte, um 1930 hervortrat, war das für viele fast wie eine späte Bestätigung eines von ihm selber längst errungenen Sieges.

Der systematische Entwurf, der in den drei Bänden seiner »Philosophie« steckte, war keineswegs eine reine Parallelkonstruktion zu Heideggers revolutionärem Programm von »Sein und Zeit«. Es war weit eher eine neue Belebung des urkantischen Philosophiegedankens, der im akademischen Neukantianismus zu der würdevollen Blässe des Schulbegriffes der Transzendentalphilosophie erstarrt war. Wie Kant der theoretischen Vernunft und ihrer Meisterleistung, einer auf Mathematik gegründeten Naturerkenntnis, ihr Recht gegeben hatte, hat auch Jaspers der Weltorientierung und ihrem zwingenden Wissen in den ihm gesetzten Grenzen den ersten Platz im Stufengang des Philosophierens eingeräumt. Aber wie Kant die Grenzsetzung der reinen Vernunft in dem vollen Bewußtsein vorgenommen hatte, daß er die falschen Ansprüche einer rationalistisch-dogmatischen Metaphysik zurückband und einer überlegenen Evidenz, dem Vernunftfaktum der Freiheit und der auf es gegründeten Möglichkeit einer moralischen Metaphysik, den Platz freimachte, so hat auch Jaspers von den Grenzsituationen aus der theoretischen Weltorientierung ihre Schranke aufgerichtet und unter dem Stichwort der Existenzerhellung den Appell der Freiheit zur Geltung gebracht. Wie Kant auf das Vernunftfaktum der Freiheit seine Wiederbegründung der Metaphysik als ein Vernunftpostulat aufgebaut hatte, so eröffnete der dritte Band der Jaspersschen Philosophie auf der Basis der Existenzerhellung erneut den Raum der Metaphysik: Im Lesen einer Chiffernschrift, das heißt von Überlieferungen des Wissens, die sich nur einem existentiell bewegten Dasein entziffern, gewann die Transzendenz ihr Recht zurück. Niemand wird Jaspers deswegen zum Kantianer im Schulsinne des Wortes machen. Aber gerade das macht die Würde seines Denkens aus, daß er, ohne sich im Begriffsraum des Kantischen Philosophierens zu begrenzen, die Grundmotive des Kantischen Denkens erneuert und mit der Sprach- und Weltsicht unseres Jahrhunderts ausgelegt hat. Er war der wahre Kantianer unter den sich ihres Hegelianismus gar nicht recht bewußten Neukantianern.

Freilich stand die Dimension der Existenzerhellung nicht im Gegensatz zu der alles umfassenden Dimension der Vernunft, in der Wahrheit allein zugänglich ist. Die ›existentielle‹ Wendung wurde aus dieser ›Philosophie‹ als das Neue und Erregende herausgehört und gleichsam überbetont. Es war keine Überraschung für den Einsichtigen, daß Jaspers sehr bald eine Schrift veröffentlichen konnte, in der er unter Berufung auf die Ausnahmeexistenz von Kierkegaard und Nietzsche dennoch dem Vernunftbegriff das erste Wort ließ. Die Schrift hieß »Vernunft und Existenz«.

*

An die beiden Vorträge von Herrn Anz und Herrn Fahrenbach schloß sich eine lebhafte Aussprache an. Zunächst begann die Diskussion den Begriff des Grundwissens zu erörtern, in dem Fahrenbach den entscheidenden Schritt über die existenzphilosophische Frage im Denken von Jaspers sieht. Es stellte sich eine gewisse Übereinstimmung heraus, daß der Begriff des Grundwissens mit der Funktion der Vernunft in Jaspers' Denken aufs engste verknüpft ist. Hier wird sozusagen nicht auf eine phänomenologische Evidenz zurückgegriffen, sondern auf Voraussetzungen, unter denen sich allein Phänomene und Probleme artikulieren lassen. Insofern ist der Begriff ›Grundwissen‹ der Ausdruck für eine Dimension, die in Jaspers' Redeweise die raumgebende Leistung der Vernunft ist. Strittig war nun freilich, ob dieser Begriff des Grundwissens, und damit auch die zentrale Bedeutung von Vernunft, eine Umkehr oder eine Wendung in dem Denken von Jaspers anzeigt oder ob sie vielmehr schon immer vorausgesetzt war und daher in dem philosophischen Grundwerk schon immer, wenn auch nicht zureichend formuliert, die gesamte Möglichkeit einer Unterscheidung von Weltorientierung und Existenzerhellung trägt.

Was den Begriff der Vernunft betrifft, so kann man freilich, nach meiner eigenen Meinung, der Instanz nicht ausweichen, die Jaspers selber darstellt. Wenn er im Jahre 1935 eine besonders eindrucksvolle Schrift unter dem Namen »Vernunft und Existenz« herausbrachte, so nahm er dafür durchaus nicht in Anspruch, irgendeine Wendung oder Wandlung in seinem eigenen Denken zu formulieren, sondern vielmehr, ein Mißverständnis und eine Verirrung des Zeitgeistes dadurch zu markieren, der in dem Irrationalismus eines existentiellen Aufschwungs und insbesondere in der politischen Form des nationalsozialistischen Aufbruchs den unverletzbaren Gesetzen der Vernunft sich verschloß.

Aber gewiß besteht die Frage zu Recht, wieweit sich die Erfahrungen des politischen Geschehens jener Jahre im Denken von Jaspers niedergeschlagen haben. In diesem Sinne griff Klibansky in die Diskussion ein. Er ging davon aus, daß die Symptome für diese irrationalistische Verwirrung seit längerem erkennbar waren und daß man vielen Anhängern dieser Strömung die persönliche Redlichkeit und das existentielle Engagement nicht absprechen dürfe. Das aber bedeute, daß die Begriffe der Jaspersschen Philosophie zu dünn waren, um wirksam zu werden im allgemeinen Bewußtsein. Die Aufgabe, die neue Tendenz philosophisch zu bewältigen, war offenkundig nicht gelungen. So muß man die in Basel besonders stark ansteigende Richtung von Jaspers auf politisches Denken und Wirken insofern als eine Folge der Ohnmacht des philosophischen Gedankens sehen, der sich ehedem in der Sphäre des begrifflichen Denkens allein bewegt hatte. Auch der Begriff der Umkehr, der für diese Entwicklung von Jaspers gebraucht wurde, bleibe noch immer zu vage und unbestimmt. In ähnlicher Weise kann man in der Tat fragen, wieweit die philosophische Leistung von Jaspers, sei es vor 1933, sei es nach 1945, die Mittel in der Hand hatte, das Zeitbewußtsein durch die Leistung des Begriffes zu bestimmen. Daß der allgemeine Appell, der in dem Begriff der Existenzerhellung liegt, als solcher das leere und dem Betrieb der anonymen Verantwortlichkeit verfallene Verhalten der Menschen ansprechen sollte, aber von dem turbulenten Zeitgeschehen übertönt wurde, machte eine wesentliche Erfahrung und Enttäuschung für Jaspers, 1933 ebenso wie nach 1945, aus (Jeanne Hersch). Die Diskussion spitzte sich daher genau auf die Frage zu und wurde vor allem von den beiden Referenten ausgetragen, wieweit sich die systematische Auffassung der »Philosophie« von 1932 im Fortgang des Jaspersschen Denkweges gewandelt hat oder wieweit sie eine in sich konsistente Fortentwicklung darstellt. Hier ist das entscheidende Problem, wieweit die Existenzerhellung, also der Verweis auf den eigensten Ursprung, der durch Erfahrung der Grenzsituationen in aller Weltorientierung einsetzt, immer schon im Raume der Vernunft steht. Die Frage spitzte sich also darauf zu, wieweit der begriffliche Aufriß der »Philosophie« die Polarität von Vernunft und Existenz im Grunde schon enthielt und überhaupt nur auf Grund der raumschaffenden Leistung der Vernunft zu einer reflektiven Unterscheidung von Weltorientierung und Existenzerhellung befähigt. Daß das spätere Buch »Von der Wahrheit« diesen Hintergrund von Grundwissen, der der philosophischen Besinnung von Jaspers seinen Boden gab, zum begrifflichen Ausdruck brachte, wurde von allen Seiten anerkannt. Ob aber von Wandel und Umkehr im Sinne der begrifflichen Revision von Jaspers' eigenem Ansatz die Rede sein darf oder nur von der offenkundigen Anwendung seines gereiften Weltblickes auf die weltpolitischen Fragen, die sich insbesondere von Basel aus ihm aufdrängten und eine neue Bereicherung seines Denkens und Wirkens darstellten, blieb offen.

Dieter Henrich

Denken im Blick auf Max Weber

I.

Von dem Pult, an dem ich heute stehe, und einen Monat nach Max Webers Tod, am 17. Juli 1920, hielt Karl Jaspers auf einer Trauerfeier der Heidelberger Studentenschaft die Gedenkrede. Es ist vielfach bezeugt, daß sie von tiefer, sogar erschütternder Wirkung war. Jaspers erhob den toten Max Weber zu der für die Möglichkeit von gegenwärtigem Denken und Leben maßgebenden Gestalt. An den Grundzügen des Bildes von Weber, das er entwarf, hat er über vier Jahrzehnte festgehalten – in der langen Reihe von Würdigungen und Verdeutlichungen von Webers Werk und Denkweise, die der Gedenkrede folgten, und in der Aufrufung Webers zur Zeugenschaft und Bewährung für die Wahrheit des eigenen Denkens. Zu dieser Aufrufung ist Jaspers in seinen Arbeiten und Äußerungen jederzeit bereit gewesen, so daß sie, sei es als Zitat, sei es als Anspielung, sein gesamtes Werk durchzieht.

Den Hörern der Rede und den Zeitgenossen war auffällig, was heute als Tatsache und in seinem Gewicht erst wieder hervorgehoben werden muß: In der Gedenkrede hat Karl Jaspers überhaupt zum erstenmal über Philosophie als Philosoph gesprochen. Die Rede beginnt und gipfelt in der These, daß Max Weber in Wahrheit Philosoph gewesen sei. Indem der jugendliche Extraordinarius, der gerade eben von der Psychologie zur Philosophie übergewechselt war, ergriffen vom Tode des bewunderten und geliebten Mannes, auszusprechen versuchte, was eigentlich der Quellpunkt seines in Fragmenten zersplitterten Œuvres und seiner lebendigen Wirkung gewesen war, richtete er zugleich ein Leitbild und Wegmarken eines Denkens auf, welche die Philosophie selbst auf ihren derzeit verödeten, aber einzig wesentlichen und als solchen unverzichtbaren Weg weisen sollten. »Er hat der philosophischen Existenz gegenwärtigen Charakter verschafft. In ihm konnten wir sehen, was jetzt ein Philosoph sei, wenn wir zweifelten, ob es heute überhaupt noch Philosophen gebe.« Indem er so über Weber sprach, hat sich Jaspers selbst darauf verpflichtet, sein eigenes Leben in die Bahnen dieses Weges zu leiten. Und in einem damit hat er dann auch noch die Konfrontation mit der philosophischen Theorie seiner Zeit und mit dem Schulhaupt der Philosophie in seiner eigenen Fakultät (H. Rickert) unabwendbar gemacht.

Jaspers selbst hat später angedeutet, daß der frühe Tod Max Webers ihn seine eigene Aufgabe als Philosoph überhaupt erst sehen und zugleich auch ergreifen ließ: »Erst nach seinem Tod wurde mir in wachsendem Umfang bewußt, was er bedeutete.« Jaspers spürte, »daß nicht getan wurde, was jederzeit getan werden muß: an das eigentliche Philosophieren zu erinnern. 1920 starb Max Weber. Der Mann, dessen Gegenwart mir das Bewußtsein der Geborgenheit des Geistes gegeben hatte, war nicht mehr da. – Ich fühlte mich wie in einen leeren Raum hineingeraten. Wenn nun andere es nicht tun, darf ich es tun.« Max Webers letzte Worte zu ihm gewannen nun den Sinn einer Bestätigung und Aufforderung eben dazu. Weber dankte für die soeben erschienene »Psychologie der Weltanschauungen« und fügte hinzu: »Es hat sich sehr gelohnt, ich wünsche Ihnen weitere Produktivität.«[1] Lob über die Gewalt seiner Gedenkrede wehrte Jaspers so ab: Max Weber habe aus ihm gesprochen, er selbst habe kein Verdienst.

Jaspers' Philosophie hat also in Webers Erscheinung und in seinem Tod in einem ganz wörtlichen Sinne ihren Ursprung – als Lebensziel und als Programm, das alle Arbeit organisierte. Daraus versteht sich allererst, daß sich diese Philosophie durchgehend im Blick auf Max Weber entfaltete. Daß es so war, hat Jaspers bis zum Ende seiner Lehrzeit mit wenig veränderten Worten mehrfach bezeugt: »Wir haben keinen großen Mann mehr, der in dieser Weise uns zu uns brächte. Daher orientiert sich unser Leben im Blick auf ihn auch jetzt noch«, so schreibt er in der Weberschrift von 1932, die noch zur rechten Zeit das verwirrte Deutschland an wahre Größe erinnern wollte. Die Autobiographie von 1957 sagt, nunmehr für das eigene philosophische Leben: »Es ist, als ob man die Philosophie erst wage im Blick auf den Anderen ... Max Weber (wurde) immer wieder zum Ausgang einer unersetzlichen Vergewisserung.« Und der Entwurf der letzten Vorlesung über »Die großen Philosophen« enthält die Notiz: »Ich kann nur hinweisen auf die Kontinuität dieses Blicks in mir seit 50 Jahren – darauf, daß mein Philosophieren all die Jahre nicht ohne Denken an Max Weber geschah.«

Im Blick auf Max Weber hat sich Jaspers' Denken von der Theorieform abgestoßen, die in Gleichgültigkeit zu entfalten ist gegen die Wurzeln, aus denen sie hervorgeht, und gegen ihre Bewährung, durch die sie bewußtes Leben zu sich selbst zu bringen vermöchte. Wer dazu hilft, in diesen Blickpunkt einzutreten, wird darum auch am ehesten einen Zugang zu Jaspers' eigenem Denken erschließen. Er wird die Bewegungsart, in der es sich entfaltet, aus den stattlichen Volumina herausheben, in denen sich Jaspers mitteilte und die sich den Jüngeren in einer starren Unzugänglichkeit darzubieten scheinen. Einen solchen Versuch begünstigt insonderheit der Anlaß, daß wir heute im Rückblick über ein Jahrhundert auf den Beginn von Jaspers' Leben stehen, das auch das Leben eines unermüdlichen Auslegers war – der Auslegung des Denkens der großen Philosophen von dem Impuls her, der ihr Denken beherrschte und über den allein sie weiterhin in die offene Geschichte des Denkens einzuwirken vermögen. Und schließlich ist er nahegelegt durch den Ort dieser Erinnerung: Max Webers Werk und die Entfaltung von Jaspers' Denken im Blick auf ihn gehören schon längst zu dem, was das Profil einer Heidelberger Intellektualität in der ersten Jahrhunderthälfte ausmacht und markant macht. Über dessen Natur und möglicherweise fortwirkende Tragkraft nachzudenken ist eine Aufgabe dieser Universität in ihrem eigenen und eigentlichen Interesse. Aber Traditionen werden nicht in Feiern stabil. Und ihr Fortgang kann nicht aus der Erinnerung und in der erinnernden Aneignung allein seine Kraft gewinnen. Als Jaspers 1920 an Max Weber über eine durchaus eigenständige Deutung öffentlich Anschluß nahm, brachte er in einen scheinbar schon geschlossenen Besitzstand von Stolz und fortwirkender Leistung eine überraschende Wendung, die sofort auch als Provokation wirkte. Dem würde entsprechen, daß auch wir unsererseits uns über Jaspers' Anschluß an Weber und die Wirksamkeit dieses Blickpunktes in Jaspers' Denken nicht durch Zitationen allein, sondern in einer eigenen Anstrengung und Auslegung zu verständigen hätten. Nun verhält es sich so, daß uns die Dokumente geradezu dazu zwingen, uns bei der Vergegenwärtigung dieser Beziehung sogar in eine beträchtliche Irritation einzulassen. Denn obgleich Jaspers auch am Ende seiner akademischen Lehre die Stetigkeit seiner Orientierung an Weber unterstrich, so hat er uns doch noch am Schluß seines Lebens jeden Versuch verstellt, diese Stetigkeit als einen selbst nicht mehr zu befragenden Grund in die Verständigung über sein Werk eingehen zu lassen. Jaspers' letzte Worte über Max Weber stellten zwar nicht dessen Größe, wohl aber die Einheit in Frage, in die Webers Gestalt mit dem Impuls von Jaspers' Denken so dauerhaft und unverrückbar verbunden zu sein schien.

In Jaspers' letzter autobiographischer Skizze werden im Blick auf Max Weber ganz neue Töne laut: »In seinem Leben vermeine ich, eine vollständige, unheilbare Zerrissenheit zu sehen; ein Mann, den man auf keinen Nenner bringen kann, bei dem es mir ganz unheimlich zumute wird.« Aber hatte ihn Jaspers nicht auf einen Nenner gebracht, als er sagte, Weber habe »der philosophischen Existenz gegenwärtigen Charakter verschafft«? – und zwar auch durch die »Tatsächlichkeit seines Lebens«. Zwar war die Geborgenheit des Geistes, die Jaspers in ihm fand, niemals eine solche diesseits der Antinomik des menschlichen Daseins, die Weber wie kein anderer zu Bewußtsein gebracht hatte. Aber sie war gerade Geborgenheit, weil sie in dieser Antinomik Stand finden und ein ganzes Leben ohne Verlust der Wahrhaftigkeit führen ließ. Der Zweifel an der Angemessenheit der Deutung von Webers Gestalt, die aus dem Bewußtsein solcher Geborgenheit hervorging, ist unüberhörbar in Jaspers' letzte Worte über Weber eingegangen.

Jaspers' Editor hat unlängst mitgeteilt, daß Jaspers Niederschriften hinterließ, in denen sich ein neues Weber-Bild abzeichnet und die einen Ansatz dazu machen, von ihm her Webers

Werk neu zu verstehen. Das Dossier mit diesen Niederschriften lag bei Jaspers' Tod auf seinem Schreibtisch. So ist seine Existenz bei dem Versuch, in den Blickpunkt von Jaspers' Denken einzutreten, gar nicht zu übersehen. Sie zwingt dazu, die Verständigung über Jaspers' eigenes Denken über die Kontinuität einer fünfzigjährigen Selbstverständigung desselben Blickes auf Max Weber hinauszubringen.

Es ist offenbar, daß Jaspers selbst meinte, die letzte Wendung nur noch andeuten zu dürfen. Nirgends dementiert er ausdrücklich, was er ehedem im Blick auf Weber über dessen Gestalt gesagt hatte. Und kein publiziertes Dokument legt offen, was ihn zu einem neuen Bild veranlaßte. Aber vor sich selbst ist er doch im klaren gewesen über das Unausweichliche einer solchen neuen Verständigung. Er schreibt in einem Blatt des Dossiers: »Es sträubt sich etwas in mir, über diesen Max Weber etwas zu sagen. Aber ich kann nicht ausweichen. Ich meine, seine eigene Forderung zu hören.«

Jaspers' Dossier war mir anvertraut, die Rücksicht auf es auch für diese Stunde der Erinnerung an sein Denken anheimgegeben.[2] Aus seiner Kenntnis, und mit der Vorsicht und dem Vorbehalt eines ersten Beginns, trete ich also in den Versuch ein, über Jaspers' Denken im Blick auf Max Weber in den Phasen seiner Entfaltung zu berichten – und zwar so, daß es möglich wird, in einem Gang sowohl die Weise des Anschlusses an Max Weber wie die letzte Wendung in der Beziehung zu ihm zu begreifen.

II.

Webers Wirkung auf Jaspers' Werk hatte lange vor der Gedenkrede begonnen. Die beiden Bücher, die Jaspers publizierte, bevor er sich zum Philosophieren entschloß, sind nur zu verstehen, wenn man in ihnen Max Weber in der Rolle des intendierten Lesers erkennt – zwar nicht als Student und Nutzer der Bücher, aber doch als der, dessen Gesamtsicht in dem von den Werken erschlossenen Sachbereich von ihm selbst beachtet, bestätigt und zu neuen Einsichten erweitert gefunden werden könnte. Diese frühe Bedeutung Webers beruht noch überwiegend auf dem,

dem, was aus Webers wissenschaftlichem Werk ersichtlich war. Es ist darum angezeigt, Aspekte von Webers Werk, auf die Jaspers sich bezog, vorab in Erinnerung zu bringen.

In einer Reihe von Abhandlungen zur Methodologie der Sozialwissenschaften hatte Weber deren Erkenntnismethoden analysiert – mit einem dreifachen Ergebnis: 1. Sozialwissenschaftliche Erkenntnis ist dann verläßlich, wenn sie zugleich nur partial ist. 2. Der Gebrauch ihrer beiden Verfahren, Kausalanalyse und Auslegung von Zusammenhängen subjektiv gemeinten Sinnes, von denen keine auf die andere zu reduzieren ist, ist abhängig von sei es ausdrücklich formulierten, sei es impliziten Erkenntnisinteressen, die ihrerseits historischen Bedingungen unterliegen und die niemals in eine Totalerkenntnis von Wirklichem zu überführen sind. 3. Theorien sind Instrumente, die für solchen Erkenntnisgewinn unentbehrlich, aber niemals selbstgenügsame Wirklichkeitserkenntnis sind.

Hand in Hand mit der Verteidigung dieser Methodologie ging in Webers Heidelberger Zeit der Aufbau seiner religionssoziologischen Untersuchungen. Ihr Ziel war es, die Besonderheiten der Form von Rationalität zu fassen, die in Wissenschaft, Wirtschaft und Gesellschaft des Okzidents zur Vorherrschaft gekommen ist, und ihre Herkunft aus Weisen der Lebenspraxis aufzuweisen, die ihrerseits durch religiöse Weltdeutungen ausgebildet wurden. In dieser Absicht analysierte Weber Weltbilder und Ethiken der Hochreligionen aller anderen Kulturen, um so zugleich die Weisen der Lebensführung aufzuzeigen, aus denen sie hervorgehen und die sie nach sich ziehen, um dann im Vergleich die Besonderheiten der okzidentalen Geschichte und Gegenwart ins Licht zu stellen.

Auf der Hand liegt, daß sich die Thesen von Methodologie und Religionsphilosophie wechselseitig stützen. In beiden Arbeitsbereichen ist aber implizit noch ein anderes Bewußtsein am Werke, auf das Jaspers' spätere Philosophie kaum aufmerksam machte: In Wissenschaft und Lebensführung ist Vernunft an von ihr selbst nicht beherrschbare und niemals voll zu durchschauende Bedingungen gebunden, die aber doch Vernunft als solche und zu ihrem eigenen Gebrauch allererst freisetzen. Vollendete Rationalität setzt sich somit zuletzt nicht in Distanz zu den Daseinsbedingungen ihres Hervorgangs. Auch dort, wo sich ein Leben ganz aus der Besonnenheit und Kraft vernünftiger Weltorientierung entfaltet, ist es in das gebunden, was dieser Besinnung Raum und Bewegungssinn aufgeschlossen hat. Dieses Bewußtsein einer Rationalität nicht nur begrenzenden, sondern zuvor überhaupt erst ermöglichenden Faktizität ist offenbar mit mehr als nur mit Webers szientifischem Standpunkt verbunden. Es ist von seiner eigenen Lebensbewegung getragen; und sie ist es, die Konkretion und Tiefe des diagnostischen Blicks ermöglichte, die Jaspers beeindruckt haben. Durch sie gewinnen auch Webers berühmteste Texte die gedämpfte Form eines Pathos, in dem die Rede vom Schicksal mit dem Postulat der rationalen Konsequenz, die Erkenntnis ebenso wie Lebenspraxis beherrschen soll, in einem einzigen Gedanken zusammengenommen sind, der doch als solcher unentfaltet bleibt.

Es kann nun gezeigt werden, wie in Jaspers' ersten Büchern von 1913 und 1919, die schon eine eigene Position vertreten und ausarbeiten, die Arbeitsprogramme von Webers Werk aus den unmittelbar vorausgehenden Jahren aufgenommen und umgesetzt worden sind. Jaspers' »Allgemeine Psychopathologie« (1913) beruft sich auf Webers methodologische Schriften, die »Psychologie der Weltanschauungen« (1919) unter Voraussetzung der Methodologie auf die religionssoziologischen Arbeiten. Die Anlage beider Bücher ist systematisch, insofern sie auf ein Ganzes möglicher Kenntnisse gehen, ohne damit auch ein Totalwissen anzustreben – und zwar weder eines ganzen Theoriebereichs, noch auch nur eines einzelnen Sachverhalts in ihm. Daß sich unter solchen Bedingungen überhaupt eine Art von Systematik gewinnen läßt, der noch irgendeine Dynamik in der Entfaltung der ihr eigenen Gedanken innewohnt – die sich also von Linnés Ordnungsschema und von Leibniz' Kombinatorik unterscheidet –, ist ihrer besonderen Anlageform zu verdanken. In diesem Entwurf einer totalitätsfeindlichen Systemform ist eine originäre Leistung von Jaspers zu sehen, die er nicht von Weber übernehmen konnte, die aber wohl im Ausgang von und im Blick auf Webers Werk zu konzipieren war.

Die »Allgemeine Psychopathologie« gewinnt ihren Ansatz in der Unterscheidung von zwei irreduziblen und gegenläufigen

Methoden, der Erklärung aus nur konstatierbaren Ursachen und aus verstehbaren Motiven. Sie isoliert und unterscheidet zunächst diejenigen Erscheinungen, die, sei es als subjektive Bewußtseinszustände, sei es als bloß faktische Störungen, zu unmittelbarer Gegebenheit gebracht werden können. Darauf stellt sie die ihnen zugehörigen, verständlichen oder kausalen Zusammenhänge einer Herleitung solcher einfachen Gegebenheiten auf. Schließlich wird aus den so gewonnenen Elementen zweiter Stufe und über ihre Kombination eine Typik von Krankheitsbildern angestrebt. Deren methodische Grundlage ist in aller Eindeutigkeit Webers Theorie von den Idealtypen. Allerdings hat diese Art von Typologie in den komplexen Erscheinungen ebenso wie in der Übersicht über die pathologischen Elemente eine Orientierung, die den ganzen Bereich der psychischen Krankheiten umfassen will. Gleichwohl soll dieser Überblick nur als Typik, nicht in der Gestalt einer erklärenden Theorie angestrebt werden, die in irgendwelchen Verfahren sicherzustellen wäre, die der ständigen Bewährung in der diagnostischen Praxis voraus zu üben wären. Sie will keine Aussicht darauf eröffnen, über eine Krankheit oder die Persönlichkeit des Kranken einen letzten Aufschluß zu geben. So wird deutlich, wie sich in einem mit der Weise der Verarbeitung von Webers Theoremen in Jaspers' erstem Buch ein Motiv geltend macht, das auf Kants Ideenlehre zurückzuleiten ist: Ein Ganzes kann nie zur Gegebenheit kommen, ist aber der unerreichbare Zielpunkt jeder verstehenden Bewegung. Dies gilt insonderheit für das Selbstverständnis des bewußten Lebens: Auch die Person, insofern sie Totalität ist, ist Idee – in keiner wissenschaftlichen Objektivierung aufzulösen, aber sehr wohl sich selbst in den Weg der Einheitsfindung aufgegeben.

Schon zur Zeit der Niederschrift der »Allgemeinen Psychopathologie« war Jaspers von Webers lebendiger Gestalt berührt. Aber diese persönliche Wirkung ist vorerst nur in der betonten Strenge der Verpflichtung auf wertfreie Analyse zu spüren und in dem Versuch der Umsetzung von Webers Programm, eine Kategorienlehre für die Soziologie zu begründen, auf den Problembereich der Psychiatrie, für den Jaspers nunmehr ebendies leisten wollte. Die »Psychologie der Weltanschauungen« weitet dieses Programm auf den Themenbereich einer umfassenden allgemeinen Psychologie aus und konzentriert sich demzufolge auf die Psychologie kultureller Lebenszusammenhänge. Damit gewinnt Jaspers direkten Anschluß an Webers Religionssoziologie, die er als einzige zeitgenössische Quelle zitiert. Als ihre Leistung hebt er die vorher anscheinend unmögliche Verbindung »von konkreter Analyse mit systematischem Denken« hervor. Was das meint, wird alsbald zu sagen sein. Vorab aber ist festzuhalten, daß auch dieses Werk auf seine Weise dem in der »Psychopathologie« gewonnenen Entwurf eines systematischen Aufbaus folgt. Auch sein Ausgangspunkt ist der eines irreduziblen Gegensatzes – nur daß er nunmehr innerhalb des Bereichs verständlichen Sinnes gelegt ist. Als Elemente, die in ein Verhältnis zueinander zu versetzen sind, werden subjektive Einstellungen von Weltbildern unterschieden. Dieses Verhältnis aber bildet sich in Individuen und in Denkformen aus, die ihrerseits dem folgen, was Jaspers »Kräfte« oder »Ideen« nennt. Sie sind, als Weisen von »Geist«, diesseits der Unterscheidung einer Welt von der Einstellung zu ihr am Werke. Ganz so wie die Krankheitsbilder in der Psychopathologie sind sie die eigentlichen Medien der Analyse von Weltanschauungen. Ihre eigene Formation steht aber noch unter einer weiteren Bedingung – einer vielgestaltigen Antinomik von Ausrichtungen des Lebensprozesses, die für Jaspers' Philosophie bleibende Bedeutung gewonnen hat. Schon in der »Psychologie der Weltanschauungen« ist sie als Antinomik der »Grenzsituationen« ausgeführt. Nicht nur, wie Kant es wollte, der Gedanke vom Ganzen einer Welt, sondern die Dynamik des Geistes selbst, der Weltbegriffe konzipiert, ist in Gegensätze eingespannt – so etwa in unaustragbare Wertkonflikte, zwischen Unendlichkeitsverlangen und Verwirklichung im Konkreten, zwischen Zufall und Sinnbewußtsein. Darum entfaltet und steigert sich diese Dynamik in der unabweisbaren Aufgabe, in solchen Grenzsituationen einen Stand zu gewinnen, und zugleich dazu, daß der Geist in solche Situationen gebunden ist, in ein Verhältnis der Klarheit zu kommen. Die Möglichkeiten dazu müssen ihrerseits wieder antinomisch verfaßt sein. Und so bildet Jaspers eine Begriffsform und Sprache aus, mit der er in die Entfaltung dessen, was vorläufig »Weltanschauung« zu nennen war, so einzudringen vermag, daß sich anderes ergibt als eine Beschreibungsart, die sich ohne Orientierung in alles Verständliche einschmiegt, aber auch anderes als die Registrierung von Verläufen, die dem, der sie zur Kenntnis nimmt, zuletzt doch nur opak entgegenstehen. Bald hat er die Verständigung über das, was in seinem zweiten Hauptwerk als »Geisttypen« bezeichnet wurde, »Existenzerhellung« genannt.

Max Weber sandte Jaspers Sonderdrucke von der Folge seiner Aufsätze zur Religionssoziologie, die 1916 und 1917 in den Heften des »Archivs für Sozialwissenschaft« erschienen. Jaspers ließ sie sich binden. Es ist kaum ein Zweifel daran möglich, daß er sie zur Gänze und gründlich studiert hat. Dann aber hat man davon auszugehen, daß die »Zwischenbetrachtung« am Ende der ersten Aufsatzfolge derjenige Text ist, der Jaspers' Bemerkung über das systematische Denken im Zusammenhang der konkretesten Forschung erklärt. In ihr hat Weber seine vergleichenden Untersuchungen über die Wurzeln von Weisen der Rationalität durch eine Typologie von Weisen der Weltablehnung hinterbaut, aus denen sich dann Weisen der Lebenspraxis ausbilden können. Diese Typologie ist durchaus antinomisch verfaßt. Und sie zeigt, über Stufen der Entwicklung ihrer Antinomik, die aus dem Auftreffen der Ablehnungsweisen von Welt auf die verschiedenen Lebensbereiche entstehen, daß kaum wahrnehmbare Unterschiede äußeren Verhaltens in den Bewußtseinsweisen, die sie tragen, dennoch in extremen Distanzen zueinander stehen können. Diese Art von Systematik mußte Jaspers' Intentionen ebenso bestätigen wie bestärken. Er hatte inzwischen Kierkegaards Existenzdialektik studiert. Und er hatte Nietzsches Werk – wieder mit den formalen Mitteln der kantischen Antinomik – in eine Korrespondenzbeziehung zu Kierkegaard gebracht. Aber Webers Antinomik war noch universaler angelegt und, fast wie Hegels Phänomenologie, mit Rücksicht auf die Menschheitsgeschichte entworfen. Zudem hatte Weber seine Typologie von Theorien allgemeinen Anspruchs freigehalten und nur als methodisches Mittel für die verstehende Analyse ausgegeben. Jaspers wollte seinerseits die Typologie der Weltanschauungen rein nur als wissenschaftliche Analyse und nicht als Anleitung zum Leben verstanden wissen. Die Weise, in der er sich dabei auf

Webers Postulat der Wertneutralität berief, macht deutlich, in welchem Maß Weber der intendierte Leser seines Werkes gewesen ist. Nach Webers Tod und in der Wendung zur Philosophie erschien Jaspers allerdings sein eigenes Werk, und damit in der Folge auch die Typologie von Webers Zwischenbetrachtung, in einem anderen Lichte. Noch im späten Dossier zu Weber und im Rahmen der neuen Würdigung wird der Gegensatz zwischen Selbstinterpretation und Formationsbedingung dieses großen Textes so hervorgehoben: »Er erklärt ... die Gedanken zu einem für verstehende Erkenntnis nützlichen Werkzeug, während seine Darstellung (auf Erfahrungen beruht), die ihn das eigene Blut kosteten.«

Allein aufgrund ihrer gleichartigen Anlagen über die gänzlich unterschiedlichen Themenbereiche hinweg muß man in den beiden frühen Hauptwerken von Jaspers eine bedeutende Leistung erkennen. Sie haben ein durchaus eigenständiges Konzept von humanwissenschaftlicher Systematik entworfen und ausgeführt. Sie taten es auf Gebieten der Analyse, für die ein solches Konzept zuvor nicht ausgebildet war. Und sie taten es so, daß sie zugleich einen wohlstrukturierten Raum für wirkliche Analysen freigaben, in denen die Tatsachen und die inneren Bewegungen des bewußten Lebens ohne Beschneidung und Deformation freigelegt werden können. Man versteht wohl, daß sich Jaspers' Selbstbewußtsein auf diese Leistung gründen konnte und so auch sein Vertrauen, nach der späten Entscheidung für eine Philosophie, die nicht um der wissenschaftlichen Form willen ihren eigentlichen Gegenstand preisgibt, auf dem nunmehr nur ihm eigenen Weg die Orientierung zu finden und sich dabei auf seine Konzeptionskraft verlassen zu können.

Es ist von Interesse klarzumachen, daß Jaspers' philosophische Werke, insbesondere die »Philosophie« von 1932, an der Grundanlage der ersten Bücher festhalten, die sie allerdings in eine neue Mitteilungsweise transformieren. Jaspers' besondere Begabung lag in einer Verbindung von methodischer Klarheit, die schon das Besondere seiner ersten psychiatrischen Arbeiten ausmachte, mit der Fähigkeit zur Aufdeckung impliziter Intentionen und Konflikte. Diese Fähigkeit kommt aus einem starken und universalen Sinn für verdeckte Tendenzen alles bewußten Lebens, die alle abstrakten Gedanken und alle ausformulierten Überzeugungen durchherrschen. Das Bemühen um Theoriebildung stand für ihn der Aussicht auf solche Einsichten im Wege, die dennoch ihre methodische Durchsichtigkeit und vor den Weisen der wissenschaftlichen Erkenntnis ihre eigene Verantwortlichkeit behalten. Aber nicht nur Theorie, sondern auch jene Form von Analyse war ihm fremd, die sich in der Besorgnis darum entfaltet, daß die gedanklichen Mittel der Phänomenauffassung und die Vormeinungen über die Zugangsbedingungen zu den Phänomenen ihrerseits ungeklärte und unangemessene Voraussetzungen mit sich führen könnten. So versteht sich, daß auch noch Jaspers' »Philosophie« einigen ihrer Gegner als eine aus dem Ruder gelaufene Psychologie erschien, anderen wiederum als ein nur in der Sprache und Zielrichtung umgeschriebenes Denken mit Mitteln, die beinahe fraglos der Tradition entnommen wurden. Aber Jaspers verließ sich auf die methodische Klarheit, die Aufschließungskraft und die systematische Anlage seiner Verfahrensweise. Er gestand die Abblendung von Rückfragen im Grundlegungsbereich ein. Und was die abstrakten Argumentfolgen betrifft, die auch für die Ausbildung von Weltdeutungen des bewußten Lebens eine maßgebliche Bedeutung haben, so hielt er deren in der philosophischen Tradition konstant gebliebene Grundfiguren für verläßlich.

III.

In den frühen Büchern wußte sich Jaspers mit Max Weber verbunden im Entwurf und in der systematischen Organisation noch ganz neuer Erkenntnisbereiche. Darin, daß Weber nicht als Philosoph, sondern in der Rolle des Soziologen seine Methodologie ausgebildet hatte, lag für ihn eine besondere Beglaubigung ihrer Tragfähigkeit. Die Sicherheit und die Stärke von Webers politischen Urteilen sah er im Zusammenhang mit der Konkretion von Webers Denken, die von der ausgedehntesten Sachkenntnis gespeist war. Er berichtet darüber, daß ihn Webers sonntägliche Orientierungen über Deutschlands politische Lage und Aussicht während des Ersten Weltkrieges überhaupt erst zur Politik und in ihr zu dauerhafter Klarheit gebracht haben. Da sprach ein Mann, der politisch nichts höher setzte als nationale Interessen, der sie aber in Kulturaufgaben begründete und dem aller Chauvinismus verhaßt war. Er setzte jede Entscheidung in den weitesten Zusammenhang ihrer Folgen, gab verläßliche Prognosen in dichter Reihe, machte klar, daß politische Macht den Verzicht auf deren kurzatmige Entfaltung verlangt und daß ein politisches System zuerst an dem Ausmaß von Freiheit zu verantwortlichem Handeln zu messen ist, das in ihm zur Wirkung zu kommen vermag – und das alles in einer Präzision und Standfestigkeit von Begriff und Rede, die nicht nur Jaspers zu der Meinung brachte, Max Weber sei die inkorporierte politische Vernunft und darum zum politischen Führer im demokratisierten Deutschland bestimmt. In Hitler sah er später die Perversion von Max Webers Führercharisma – eine Beschreibung, in der er zudem die Begriffsbildungen Webers benutzte. Jaspers' eigene politische Schriften sind ohne Webers Vorbild und sogar ohne ein Bewußtsein von einer Art von Nachfolgeschaft nicht zu verstehen. Die Überzeugung vom unvergleichlichen Tiefgang von Webers politischen Diagnosen hat auch die Zweifel des späteren Dossiers überdauert. Und noch das Bild von dem Menschen, der Jaspers Geborgenheit im Denken gab, kommt zu einem guten Teil aus der Erfahrung mit Webers in der Leidenschaft zur Klarheit gesteigerten politischen Vernunft.

Dies Bild selbst, das die Gedenkrede zum ersten Male entwarf, ist nun aber auch durchaus nicht unabhängig von einem Motiv, das in Jaspers' frühen Büchern und für die Aufbauform ihrer Systematik strukturgebende Bedeutung hatte. Für das Verständnis seines Denkens im Blick auf Max Weber ist es unerläßlich, auch diesen Zusammenhang deutlich aufzufassen. Die frühen Werke finden den Ansatz zu ihrem Aufbau bei Gesichtspunkten, die in einem unaufhebbaren Gegensatz, aber auch in unauflösbarer Beziehung aufeinander stehen. Ihr ganzer Gang ist anzusehen als die Entfaltung dieses Konfliktes. Aber in dieser Entfaltung geschieht mehr als nur die Vertiefung und Steigerung des Konfliktes in sein Extrem. Der Gang zielt vielmehr zugleich auf eine Synthesis. Sie sollte freilich von einer Art sein, die den Konflikt als solchen an keiner Stelle mindert oder dementiert.

Aber die Anlage der Systematik ist unablösbar von dem Gedanken, daß sich damit, daß der Konflikt ausgetragen wird, Begriffsformen ausbilden und Weisen der Verwirklichung im Bereich der Analyse erreicht werden, die den Gründen, aus denen der Konflikt überhaupt erst hervorgeht, näher kommen als dort, wo der Konflikt anhebt oder wo er in der ihm innewohnenden Tendenz zur Ausgestaltung aufgehalten oder gar verdrängt wird. Jaspers' Analyse gewinnt systematische Form gerade dadurch, daß die Linie der Entwicklung des Konflikts mit einer anderen Linie geradezu zusammenfällt, in der sich im Konflikt selbst eine dem Konflikt enthobene Einheit realisiert. Diese Koinzidenz hat methodische Bedeutung, insofern erst die Endresultate des Fortgangs die diagnostischen Instrumente ergeben. Sie hat Bedeutung für die Dynamik, die im Wirklichkeitsbereich selbst herrscht, insofern die letzten Stufen der Konfliktausarbeitungen auch diejenigen sind, in denen das auf Verständigung ausgreifende Leben einen Stand und in denen es eine ruhige Sicherheit finden kann.

Wiederum war es Kants Ideenlehre, aus der eine theoretische Beglaubigung für die Annahmen kam, die mit der systematischen Form von Jaspers' Werk gesetzt sind. Sie war nur zuvor mit Kants Antinomienlehre so zu verbinden, wie Jaspers es tat. Dann fiel die nie vollendbare Annäherung an das Unendliche mit der Entwicklung der unaufhebbaren Antinomik zusammen, die zudem als Antinomik des Lebens der in sich selbst unendlichen Person aufzufassen war. Gewiß war es aber nicht nur diese eigentlich sehr einfache kantianisierende Kombination von Gedanken, sondern noch ein ganz anderer Grund, dessentwegen ein solcher Ansatz für Jaspers eine unbefragte Überzeugungskraft hatte. Wahrhaftigkeit im Gewahren der fundamentalen Tatsachen des Menschenlebens verlangt einen Lebensgang im Austragen von Konflikten. Aber dieselbe Wahrhaftigkeit läßt auch erkennen, daß unser Leben Freiheit in sich und Fülle erst dort gewinnt, wo es zugleich über die Konflikte selbst hinausgeht und mehr in sich verwirklicht als das, was durch die Ausrichtung zu erklären wäre, die es durch seine Stellungnahme im Konflikt gewinnt. So gehen mit der Form der frühen Werke fundamentale Überzeugungen einher, die in Jaspers' Selbstbild und frühen Lebenserfahrung verwurzelt sind. In Jaspers' späterer Philosophie hat die Lehre von der Unbedingtheit und der inneren Unendlichkeit der Kommunikation eine zentrale und für Jaspers' Überzeugungen charakteristische Stellung. Sie ist nicht unabhängig von der Einsicht und der persönlichen Gewißheit, daß auch noch in der unüberwindlichen Trennung das Ungetrennte als solches gegenwärtig sein kann und ist. In der »Philosophischen Logik« (1947) ist Kommunikation zum Definiens der Vernunft selber geworden, die als solche auf Ideen ausgeht und so über alle Trennungen hinweggreift. Worin der Mensch mehr ist als das, woran er sein Leben bindet, und was auch diese Bindung beglaubigt und frei macht, ist ihre Bewährung in der Kommunikation und damit in der Solidarität mit anderem und als solchem durchaus nicht einstimmigem Dasein.

Jaspers' Denken im Blick auf Weber kann man aber nicht nur als eine Weise der Kommunikation mit Weber verstehen. Weber war ihm zu sehr ein Maß, so daß er in seiner Gegenwart schüchtern gewesen zu sein bekannte. Wenn Jaspers mögliche Größe in dieser Zeit zu fassen versucht, so in einem weiteren Porträt von Max Weber, in dem er nur seinen Namen zu nennen vermeidet. Und da billigt er dem Großen zu, daß er zu seinem Schutz einer Haltung bedarf, die auch Distanz zu wahren hat. Aber ebenso rühmt er Webers Offenheit, seine Bereitschaft, mit jedem »al pari« umzugehen, seine Freude am Widerspruch, seine Dankbarkeit, seine schrankenlose Bereitschaft zur Hilfe und seine Verläßlichkeit im Helfen. So versteht es sich für ihn ganz von selbst, daß Webers persönlichstes Dasein auch in solcher verläßlichen Kommunikation gehalten war.

Was aber in der Begegnungsart, die Jaspers »Kommunikation« nannte, ohne alle Aufhebung von Trennung doch gegenwärtig ist und was er in den alten Worten, die gegen die Letztheit von Trennung stehen, »Sein« oder das »Eine« nannte, das trat für ihn selbst in der Entschiedenheit von Webers Wesen hervor. Im Endlichen, so argumentierte Jaspers, kann dies »Eine« überhaupt nur so bewährt sein, daß damit zugleich jede direkte Thematisierung und Vergegenständlichung ausgeschlossen ist. Daß aber Webers Entschiedenheit es in sich enthielt, stand für Jaspers ebenso außer Frage wie dies, daß es überhaupt kein bewährtes Leben geben kann, das nicht in diesem Bezug zum »Einen« und zum »Ursprung« steht. Schon der Duktus der Vergegenwärtigung Webers in der Gedenkrede gipfelt mehrfach in Sätzen, die in Webers Vehemenz in endlichen Angelegenheiten und im Fragmentarischen seines Werks das Absolute selbst hervorscheinen sehen: »Er konnte als der vollendete Relativist erscheinen – und doch war er der Mensch von stärkstem Glauben in unserer Zeit. Denn dieser Glaube erst erträgt die Relativierung von allem, was uns Gegenstand wird und damit ein Einzelnes ist.« In der Weber-Schrift von 1932 heißt es: »Er war, wie ein ewiger Mensch in solcher Zeit allein sein konnte: Im Durchbrechen aller Scheingestalt den Ursprung des Menschseins offenbarend.«

In der Gedenkrede begann Jaspers' Philosophie ihren Weg in die Öffentlichkeit; sie enthält sogar diese Philosophie in schon fast allem, was ihr eigentümlich ist. Freilich war ihre Ausarbeitung ein langer und mühsamer Gang durch weite Territorien von Problemen und Lebensformen, die zu orten und auszulegen waren. Diese Philosophie als ganze will nicht begründen und nicht beweisen. Sie will diese Lebensbewegungen in dem universalen Zusammenhang erschließen, in dem sie sich ausbilden, und sie will die Gehalte klären und an den Ort stellen, an dem sie in Lebensbewegungen ergriffen werden. In all dem will sie aber zuletzt nur diesem Leben zu sich selbst verhelfen, was nichts anderes heißt, als es in seine Möglichkeiten aufzurufen. Die Vergegenwärtigung von Max Webers Gestalt und die Anstrengung im Erdenken des Werkes haben somit für Jaspers nur eine Wurzel und Absicht. Dem entspricht nur, daß die »Philosophie« von 1932 mit einem Satz schließt, der deutlich genug Max Weber als Wahrheitszeugen für die Quintessenz des ganzen Werkes aufruft, indem er ein indirektes Zitat aus Webers Objektivitätsaufsatz einschließt: »Nicht durch Schwelgen in der Vollendung, sondern auf dem Wege des Leidens im Blick auf das unerbittliche Antlitz des Weltdaseins und aus der Unbedingtheit aus eigenem Selbstsein in der Kommunikation kann mögliche Existenz erreichen, was nicht zu planen ist und als gewünscht sinnwidrig wird: Im Scheitern das Sein zu erfahren.«

Seiner Ausbildung und frühen Wirksamkeit nach ist Jaspers

Psychiater gewesen. Als solcher hat er, schon kraft der Methode seiner »Psychopathologie«, die Krankheit als deformiertes, aber bewußtes Leben verstanden, in das physische Determinanten nur hineinwirken. So war er imstande, die Möglichkeit zur Umsetzung von Krankheit in Produktivität und die außerordentliche Kraft der Einsicht anzuerkennen, die in von psychischer Krankheit Bedrohten freikommen kann. Seine Studie über Strindberg und van Gogh entwickelt für diese Art von Verstehen eine Typologie, die sich monokausalen Erklärungen der Beziehungen von Genie und Krankheit diametral entgegensetzt. Daß die »Psychologie der Weltanschauungen« an Nietzsche und Kierkegaard anknüpfen und die beiden zum ersten Mal überhaupt in die seither geläufige Beziehung bringen konnte, hat sicherlich auch Jaspers' besondere psychiatrische Zugangsart zur Voraussetzung. In einer Zeit, die sich in Illusionen verfängt, die einem platten Vernunftsinn huldigt und die sich so ihre unausweichlichen Konflikte verstellt, sind ihm Kierkegaard und Nietzsche die Begründer einer neuen Möglichkeit von Vernunft. Sie selbst konnten sie aber nicht ergreifen. Sie zeigten nur die Grenzen auf, durch die, wie Jaspers in seinem Nietzsche-Buch sagt, die Vernunft allererst hindurchbrechen muß, »um sich in diesem Tun am Ende wieder selbst entgegenzukommen«. In ihrem Leben bleiben sie Ausnahme und erliegen zuletzt ihrer Krankheit, die zuvor die Hellsichtigkeit ihrer Begabung in die wache Distanz zum Weltlauf brachte und der sie die gebändigte Form ihres Denkens abzugewinnen hatten – nicht so sehr Opfer der Krankheit als Opfer vielmehr ihrer Zeit, in der dem hellwachen Wissen ein solches Vergehen in Einsamkeit auferlegt ist.

Nun war aber auch Max Weber von einem ganzen Komplex von Leiden beladen. Sie ließen ihn zum Patienten der psychiatrischen Klinik werden, in der Jaspers arbeitete. Schon früh wußte Jaspers mehr über Webers Krankheit als nur, daß er seine Professur hatte niederlegen müssen. Später kannte er ihre Symptome ganz – aus einer pathographischen Selbstdarstellung Webers, die Jaspers wegen ihrer rücksichtslosen Wahrhaftigkeit den größten Eindruck machte. Er hielt sie für ein Dokument von historischem Rang. Aber er ermutigte doch Webers Witwe Marianne in der Neigung, sie zu vernichten, als die Gefahr aufkam, sie könnte in die Hände von nazistischen Kulturfunktionären geraten. Die ganze Einsicht in den Leidensdruck, unter den Webers Dasein unabwendbar gestellt war, steigerte nur noch seine Bewunderung für den Mann, im Blick auf den er dachte. Als er in späten Vorlesungen über Webers Krankheit zu sprechen begann, wehrte er den Vergleich mit Nietzsche und Kierkegaard ab: »Die Krankheit berührte die Persönlichkeit nicht.«

IV.

Aber das Dossier über Weber auf Jaspers' Tisch bezeugt noch mehr als Jaspers' letztes Selbstporträt (in »Schicksal und Wille«), daß es dabei nicht geblieben ist. Soll die Wendung verständlich werden, so können die höchst kontingenten Umstände, unter denen sie eintrat, nicht ganz unerwähnt bleiben: In späten Jahren wurden Jaspers einige Briefe Webers zur Kenntnis gebracht. Die Empfängerin (Else Jaffé geb. v. Richthofen) hatte sie dem designierten Biographen (Eduard Baumgarten, einem Verwandten Webers) überlassen, ihn aber darauf verpflichtet, nur zu zitieren, was auf Sachen Bezug hat und was den Reichtum von Webers Erfahrungsweise – etwa von Kunstwerken – zeigt, dann aber die Briefe selbst und damit ihre persönliche Bewandtnis durch Vernichtung der Einsicht durch Dritte zu entziehen. Ein Streit mit Jaspers über Max Webers Wesensart brachte Baumgarten jedoch dazu, die Briefe gegen und bei Jaspers als Dokument von schlagendem Gewicht zu nutzen. So war Jaspers mit Liebesbriefen nicht nur von knabenhafter Leidenschaft konfrontiert, sondern mit noch anderen Eigentümlichkeiten, die sich nicht in das Bild des Mannes fügten, der ihm ehedem die Geborgenheit des Geistes gegeben hatte, die ihn auch an Elemente der pathographischen Selbstbeschreibung Webers erinnern mußten. Von Gewicht war für Jaspers aber nur die eine Tatsache, daß Max Weber sich bemüht zeigte, die Art der Beziehung, die er eingegangen war, seiner Frau Marianne zu verschweigen und durch allerlei Kunstgriffe auch zu verschleiern.

Man mag meinen, daß er solche Kenntnisse zu den Adiaphora hätte beiseite setzen können – entsprächen sie doch nur dem, was schon soziologisches Trivialwissen über Kleinstadtuniversitäten erwarten läßt. Man könne Max Weber auch noch die Souveränität zubilligen, sich darüber gerade nicht hinwegzuheben. Mögliche Kommentare im Geist solcher Binsenweisheit liegen aber zu nahe, um Jaspers' Reaktion gerecht werden zu können – besonders dann, wenn sie auch noch dazu benutzt werden sollten, zu einer aufwandlosen Destruktion von Jaspers' Anschluß an Max Weber zu kommen. Denn der Zug, in dem sich für Jaspers Webers Wesen am klarsten und stärksten ausgedrückt hatte, ist Webers Wahrhaftigkeit gewesen. In ihr sah er Webers Forschungswerk, seine politische Vernunft und sein Leben verwurzelt. Und gegen die Trennung von Werk, Geistgestalt und Leben stand Jaspers' Grundeinsicht vom Beginn seiner Arbeit an. So hatte er geglaubt und glauben müssen, daß, wer in solcher Wahrhaftigkeit der Welt ins Antlitz blickt, die Kraft dazu aus einem ungetrennten Grund des Menschseins gewinnt, der auch in dem vergewissert ist, was Jaspers »Kommunikation« nannte. Wer also in das Zentrum seines persönlichen Lebens ein Netz von Täuschung webt, konnte nicht Maß schlechthin für alle uns mögliche Größe gewesen sein. So fand Jaspers, noch in hohem Alter sein Bild von Weber korrigieren zu müssen, ohne daß er doch die Erfahrungen mit dem Lebenden vergessen konnte, die ihn einst in den philosophischen Weg gewiesen und gefordert hatten.

Uns hat die Art der Korrektur zu beschäftigen, und in einem damit die Veränderung in Jaspers' Selbstverständigung über das eigene Werk, die aus ihr notwendig folgen mußte. Und damit kommen unvermeidlich auch Fragen auf, welche die Möglichkeiten des Denkens in unserer Zeit selbst betreffen, so daß unsere Überlegungen überzugehen haben in diejenige Dimension, in der das Werk von Jaspers heute und in der Zukunft seinen Ort einzunehmen und zu behaupten hat.

Zu dem aber, was in der Erklärung von Jaspers' Wendung im Blick auf Weber unvermeidlicherweise wohl allzu persönlich ist, sei als caveat für alle voreiligen Assoziationen nur noch dies gesagt: Jaspers war über die Konstellation, in der sich Max Webers Leben zum Schluß bewegte, leider sehr unvollkommen ins Bild gesetzt worden. Hat eine von Neugier und Befangenheit gleichermaßen freie Biographie Max Webers sie einmal nachgezeichnet, so wird auf Seiten aller derer, die einbezogen waren, also auch auf Seiten der nicht so ganz im Unwissen gebliebenen Marianne Weber, sehr viel mehr menschliche Subtilität und Großzügigkeit sichtbar werden, als Jaspers zu sehen möglich gemacht war. Doch auch dann bleiben jene Tatsachen bestehen, die Jaspers den Briefen entnahm und die der eigentliche Anlaß zu seiner Wendung waren.

Jaspers' neue Kenntnis zog ihn über seine letzten Lebensjahre in neues, anhaltendes Nachdenken über Webers Gestalt. Man wird es begreiflich finden, daß gelegentlich Zorn darüber in ihm aufkam, weil sich ihm der Zeuge seines Werkes ehedem in einer Gestalt gezeigt hatte, die wesentliche Züge seines Lebens abgespalten hielt. Dann konnte er schreiben: »Max Weber hat einen Verrat begangen, an Marianne, an sich selbst, an uns allen, die sein Bild sahen.« Aber sogleich macht er sich selbst die Einreden. Und der Zorn hat seinen Versuch nicht aufgehalten, zu nunmehr angemessenem Verstehen zu gelangen. Jaspers hatte in der Auslegung der inneren Bewegtheit von Denkweisen eine besondere Gabe und auch einen Willen zur Klarheit, wie sie seither nicht wieder erreicht worden sind. Mit ihnen wendete er sich nun erneut auf Max Weber, den einzigen Großen, mit dem er über ein Jahrzehnt Umgang hatte. Noch einmal las er Webers Texte, vor allem die »Zwischenbetrachtung«. So ergaben sich bald die Umrisse eines neuen Bildes. Er sah nun, in welcher Weise der Leidensdruck in Weber auch seinem Werk eine Prägung gegeben hatte. Sichtbar wurde sie ihm in der Art von Webers Gegensatzdenken, in einer Sachlichkeit, welche die philosophische Dimension seiner Fragen verdrängt, in der Unruhe des Stils, in der fragmentarischen Verfassung der Texte dessen, dem nichts Genüge tun konnte, in der stolzen Geste des Trotzes auch der Rede von einem Schicksal, das nichts abzuwenden vermochte. »Man muß im Werk sehen, was durch dieses Werk wirkt und spricht, sonst versteht man es nur äußerlich.«

Im Leben Webers sah er nun eine Distanz zu allem, was er tat, die anderes als nur Schutz des Wesentlichsten, die vielmehr Ausdruck der Unmöglichkeit war, bei irgend etwas ganz dabei zu sein. Sie ergab sich aus unauflösbarer Einsamkeit, die wieder daraus folgte, daß Weber das eigene Dasein, aus dem die bedrohlichen Symptome kamen, dunkel, daß er so sich selbst unheimlich war. So lebte Weber zuletzt in einem Schweigen, das nur der Stummheit in seinem ihm selbst undurchdringlichen Grunde entsprach. Die Einsamkeit konnte ausbrechen zur Unerbittlichkeit in eigentlich belanglosen Affären, die auch Jaspers nun »maßlos« nennt, die dann aber gerade im Maßlosen zu neuer Selbstbeherrschung fand. Und doch war Weber hilfsbereit, gütig und überschwenglich dankbar für die kleinsten Freundlichkeiten. Jaspers, der nun diese Zuwendung zum kleinen Leben aus einem ganz anderen Grunde kommen sieht, spricht auch mit einer neuen Bewegtheit von Webers »Teilnahme des Herzens an allem, was Menschen sind und sein können«. Wenn Weber aber von Dank an das Schicksal spricht, ein Deutscher zu sein, so liegt der Akzent gar nicht auf Dank. Wenn er von Gott spricht, so wie von einem Gegner, der ihn jagt, wie von Shylock, der das Pfund aus seinem Fleisch schneiden wird.

Das alles mindert nicht, sondern erklärt neu die Ausrichtung von Webers Rationalität. Sie bleibt »die Vernunft gleichsam selber, die ihre Grenzen kennt«, die »Wahrhaftigkeit des Grenzbewußtseins«. Ebensowenig mindert es, sondern erklärt die Tiefe seiner Einsicht, die allerdings auch seine intellektuelle Begabung und seine Kraft des Sehens voraussetzte.

Die »Psychologie der Weltanschauungen« hatte Jaspers seinerzeit neben Weber auf Kierkegaard und Nietzsche zurückgeleitet. Nun bemerkt er: »Wie er nahe an Kierkegaard und Nietzsche rückt«, – »daß er mit (ihnen) auf demselben durch Ausnahmesein bodenlosen Grund stand«. In dieser ganz veränderten Zuordnung wird aber sogleich auch das Besondere Max Webers hervorgehoben, den Jaspers nun nicht mehr einfach den »großen«, sondern, fast stärker noch, den »einzigen« Mann nennt.[3] Er hatte eine mächtige Vitalität, die seiner Figur, Haltung und Denkungsart auch im Dunkel seines Lebens den männlichen Zuschnitt gab. Und so war die »Macht der Wahrheit« in ihm so groß, daß ihm noch dort, wo ihm das Schweigen und auch der ›Verrat‹ unabwendbar schienen, es unmöglich für ihn war, in der Unwahrhaftigkeit durch Rechtfertigung zu beharren. Auch in seinem Denken hielt er aus in der Zerrissenheit, während selbst

Kierkegaard und Nietzsche sich ihre Auswege zurechtlegten. Und fern lag ihm auch jede Eitelkeit im Ausnahmesein. Jaspers sieht zudem in seinem Leben und noch in dem, was er auch für Verrat halten zu müssen glaubte, das »ungeheure Bemühen um Normalität«, das seine Wahrhaftigkeit auf andere und ganz neue Weise zu bezeugen vermöchte.

Auch Webers historische Stellung scheint Jaspers nun mit der von Kierkegaard und Nietzsche vergleichbar zu werden. Und er wendet die Kategorien, die er in seinen Studien über beide entwickelt hatte, nun auch auf Weber an: Ist er »das Opfer, das ... mit ihm in einem dunklen Schicksal dargebracht wurde, damit die Erkenntnis an das Licht käme, die zu unserem Zeitalter sprechen könnte?«

Jaspers konnte sich von diesem anderen Max Weber in keiner Weise einfach nur abstoßen. Denn er zog ihm bald Zweifel auf wesentliche Züge des eigenen Werkes. Webers ganze Haltung scheint von einem Wissen der Vergeblichkeit der Kommunikation in den Bereichen bestimmt, in denen sich Lebensbewegungen ausbilden. Seine Einsamkeit war jedenfalls nicht jene Einsamkeit, die – nach Jaspers Lehre – dem Eintritt in die Kommunikation vorausgehen muß, in der ein Mensch seinen Stand zu finden und zugleich »zu Hause« zu sein vermag. Jaspers fragte selbst: »Schließt jener Abgrund der Einsamkeit irgendwo die Kommunikation aus?«

Jaspers hätte diese Frage vielleicht auch für wesentliche, nicht in der Krankheit aufgelöste Existenz bejahen können, ohne damit schon seinen philosophischen Standort selbst verlassen zu haben. Aber er sieht darüber hinaus in Webers Gestalt die Ausbildung einer Rationalität, die nunmehr dagegen steht, die universale Voraussetzung seines eigenen Denkens in der Fraglosigkeit zu belassen, mit der sie von Beginn an wirksam war und die Formation des Werkes bestimmte. Fraglos war sie auch in das Bild von Weber eingegangen, im Blick auf das er lebenslang philosophiert hatte: eben jene Voraussetzung, daß in jedem wesentlichen Konflikt das Eine seines Ursprungs zum Aufscheinen kommt. Indem Jaspers sein Denken nunmehr vom Denken Webers absetzt, muß er die These, in der es sich zusammenschließt, fortan nur noch aus eigenem Grund und Recht aufstellen. Wir lesen dies in einer bedeutsamen Notiz: (»Webers) rationale Gestalt zeigt die allseitige Offenheit, die Zerrissenheit, die Kämpfe, nicht aber die Einheit ... Ich habe (sie) lange bei Max Weber als selbstverständlich wirksam vorausgesetzt. Diese Voraussetzung ist eindeutig nicht richtig. – Es bleibt die unauflösbare Frage, wie weit es mit Max Weber möglich gewesen wäre, ... mit ihm in Kommunikation über das zu kommen, was nicht als Standpunkt einzufangen und zu bestimmen ist, – wo die rationale Diskussion über die Wertinterpretation hinaus in die ... Fragestellungen der Mitteilung des Seins gelangt. – Das alles habe ich zu Max Webers Lebzeiten nicht geahnt, nachher Jahrzehnte nicht zum Gegenstand meines Nachdenkens gemacht – meinerseits aus etwas lebend, das Max Weber vielleicht nicht bejahen, wohl aber in einem ›Standpunkt‹ umdeuten und tolerieren würde.«

So wird für Jaspers Max Weber, der Kronzeuge seines Denkens über beinahe ein ganzes Leben, zum eigentlichen Antipoden in eben der Frage, die über alles entscheidet. Und gerade damit geht doch noch Sinn ein in den zunächst nur fatalen Umstand, daß der hochbetagte Jaspers mit Briefen konfrontiert worden ist, die niemand zu Augen kommen sollten. Denn von nun an spricht Jaspers' Werk, wie immer weiterhin in einem neuen Blick auf Max Weber, allein in seinem eigenen Namen. Und so gibt auch Jaspers selbst es uns auf, seinen Weg und die Voraussetzung, die ihn auf ihm geleitet hat, in einem vergleichenden Blick auf Max Webers Werk und Gestalt als in Wahrheit begründet oder als in am Ende doch zu großer und somit täuschender Sicherheit begrenzt zu sehen.

Und diese Frage führt uns, am Schluß, in die offene Aussicht auf Grundfragen des Denkens. Ist der Einheitssinn, auf den Vernunft als solche ausgreift, nur eines ihrer Operationsmittel, oder ist er als wahrheitsfähig anzuerkennen? In welcher Weise kann Einheit im bewußten Leben verwirklicht und zugleich aufgehoben sein in einem Denken, das sich in der Aneignung in solchem Leben bewährt? Ist, was Jaspers als Ursprung und Einheit anzeigt, in ganz anderer Weise wirklich als in der Weise des Umgreifens und im unendlichen Fluchtpunkt der Antinomien von Denken und Menschenleben? So etwa gar, daß in Webers Zerrissenheit, aus der Jaspers schließlich alle Einheit schwinden sah, ein anderes »Eines« doch verwirklicht sein könnte? Was Gewicht hat in der Philosophie unseres Zeitalters, läßt sich auf solche Fragen beziehen, die im übrigen alles andere als zureichend ausgearbeitet sind.

Eine Philosophie aber, die ihnen ausweicht, verharrt in der Gartenlaube, in der Jaspers die Professorenkollegen seiner Zeit bequem eingerichtet fand – damals, als er betroffen von Webers Tod, zum Weg in das eigentliche Philosophieren aufbrach. Die Laube ist heute zu einer Art Labor geworden, aber mit derselben Enge und einem wohl noch fataleren Behagen in ihr. Ein Denken, das sie so wie ehedem Jaspers in seiner Gedenkrede verläßt, wird wieder nur der Wahrheit nahekommen, wenn es auch im Blick auf Max Webers Einsichten zu bestehen vermag.

Max Weber und Karl Jaspers haben, in Nachbarschaft und doch auf verschiedene Weise, Tiefendimensionen der Bewegtheit des bewußten Lebens offengelegt. Jaspers wußte und sprach aus, daß solche Einsichten ihrer Natur nach philosophische sind. Von der Natur der Philosophie ist aber aus dem frühen Anschluß von Jaspers an Weber und aus seinem späten, nicht minder tiefen Porträt Webers noch anderes zu begreifen: daß nämlich alle solche Einsicht nur aus eben der Bewegtheit des Lebens kommt, der sie sich zuwendet. In Jugend und Alter hat Karl Jaspers seine ganze Lebensenergie in den Entwurf der Bilder von Max Weber gegeben. Und mit ihnen stellt er jeweils auch seinen ganzen Denkweg zur Entscheidung. Seine eigenen Bilder verdeutlichen, über ihre Differenz hinweg, in welchem Ausmaß auch Webers Werk aus beladener Lebensanstrengung zur Vernunft hervorging. Was man nicht vergegenwärtigen kann, ohne von ihm auch berührt zu sein, muß uns zu einer Lehre werden: Wir haben festzuhalten, daß Denken nur dann unverzichtbar anhebt und nur dann Tiefe in einem mit Wahrheit gewinnt, wenn – und ich spreche mit Hölderlin – »die reißende Zeit mir zu gewaltig das Haupt ergreift und die Not und das Irrsal unter Sterblichen mir mein sterblich Leben erschüttert«.

Anmerkungen

1 Jaspers hat Webers Worte in sein Exemplar der ersten Auflage der »Psychologie der Weltanschauungen« protokolliert. Vgl. Hannah Arendt – Karl Jaspers, Briefwechsel, hg. von L. Köhler und H. Saner, München 1985, 828 (Korrekturnachtrag).
2 Hans Saner danke ich dafür, und für sein Vertrauen, außerdem für viele Hinweise. Der Text dieses Jubiläumsvortrags ist aus dem Studium des noch nicht transkribierten Dossiers und aus einer gründlichen Beschäftigung mit dessen sachlichem und biographischem Hintergrund im Werk und Leben Max Webers hervorgegangen, die viel weiter zurückreichen. Die Fülle des Materials, noch mehr aber der Anlaß des Vortrags, haben Nachweise als unangemessen erscheinen lassen. Auch auf die Nachweise der Zitate aus den veröffentlichten Werken ist verzichtet worden. Alle Zitate dienen nur dem Ziel, zunächst die Ausbildung von Jaspers' Werk aus dem Blick auf Max Weber zu verdeutlichen, um sodann deutlich zu machen, wie Jaspers in hohem Alter und durch die Umschreibung seines Bildes von Max Weber dazu kam, sein eigenes Werk auch nur noch in seinem eigenen Namen sprechen zu lassen. Die Zitate aus dem Dossier ergeben sich aus meiner eigenen vorläufigen Transkription.
3 In einem Brief an Hannah Arendt vom 29. IV. 1966, der nach meinem Vortrag veröffentlicht wurde (op. cit., 671 ff.), teilt Jaspers mit, daß sein neues Verständnis von Max Weber dazu geführt habe, daß er auch Kierkegaard und Nietzsche »mit etwas anderen Augen« sehe. Nur Max Weber »hat wirklich ernst gemacht mit der grenzenlosen Redlichkeit«. Aus dem Gegensatz zur Schwäche selbst von Kierkegaard und Nietzsche, am Ende auf Auswege verfallen zu müssen, versteht sich der Satz des Dossiers, daß Max Weber der »einzige Mann« sei. Seine Männlichkeit erkennt Jaspers nun auch in der Gelassenheit Webers in seinem Sterben: Seine letzten Worte »Das Wahre ist die Wahrheit« deutet er als die Verweigerung der Reue. (Korrekturnachtrag)

Helmut Fahrenbach

Das »philosophische Grundwissen« kommunikativer Vernunft – Ein Beitrag zur gegenwärtigen Bedeutung der Philosophie von Karl Jaspers

I. Karl Jaspers – ein Philosoph unserer Zeit?

1. Wollte man allein nach der Wirkungsgeschichte und der gegenwärtigen Resonanz urteilen, so dürfte es schwerfallen, das Werk von Karl Jaspers heute als eine wirksame Philosophie unserer Zeit anzusehen. Schon zu Lebzeiten von Karl Jaspers und während der Dominanzphasen der »Existenzphilosophie«, also nach dem Ersten und dem Zweiten Weltkrieg, war sein Einfluß auf die philosophische Diskussion weit geringer als derjenige Heideggers, jedenfalls im Bereich der – von Jaspers selbst freilich auch wenig geschätzten – akademischen Schulphilosophie. Und als dann seit den sechziger Jahren analytische Philosophie und marxistische Theorie, Strukturalismus und Systemtheorie die Existenzphilosophie in den Hintergrund drängten, schien deren Zeit überhaupt vorbei zu sein.

2. Heute sind wir allerdings in einer Phase, in der die polemischen Fronten der sechziger und siebziger Jahre z. T. aufgelöst bzw. verlassen worden sind und im Zuge der Tendenzen einer »postmodernen« Rationalitätskritik sogar ein neues Interesse an der Existenzphilosophie aufgekommen ist. Die diffuse, aber auch offene gegenwärtige Lage ermöglicht und erfordert zur Orientierung indessen vor allem den Versuch, jenseits der früher fixierten Entgegensetzungen von Positionen und Richtungen, so etwas wie die »Erbschaft« der Philosophie des 20. Jahrhunderts in den Blick zu fassen. Ein solcher Blick wird besonders auf die durch eine z. T. vordergründige Polemik verdeckten Beziehungen, Parallelen und Konvergenzen zwischen den verschiedenen Positionen achten müs-

sen, um in den sach- und problembezogenen Zusammenhängen die Gegenwärtigkeit des Erbes – gegen Vergessen und Verdrängen – sichtbar werden zu lassen.
3. Die Sichtung des Erbes müßte insbesondere in bezug auf die (vielleicht letzten) »großen Philosophen« dieses Jahrhunderts vorgenommen werden, die dem philosophischen Denken im Bewußtsein der geschichtlichen Situation noch einmal eine historisch und systematisch umfassende und zugleich auf die konkreten Probleme unserer Zeit bezogene neue Gestalt gegeben haben. Daß zu diesen Philosophen Karl Jaspers zu zählen ist, kann angesichts seines Werkes keinem Zweifel unterliegen. Ja vielleicht ist es unter diesem Gesichtspunkt sogar geboten, das Werk von Karl Jaspers in einem ausgezeichneten Sinn als universelle Philosophie unserer Zeit anzusehen, trotz ihrer faktisch geringeren Wirkung und Resonanz. Denn der sachliche und auch der zeitgeschichtliche Bedeutungs- und Wahrheitsgehalt einer Philosophie – der nicht nur im zeitgemäßen, sondern auch im zeitkritischen Bezug liegt – ist keine einfache Funktion ihrer Wirkung, zumal nicht ihrer unmittelbaren zeitgenössischen Resonanz und Anerkennung.
4. Da die Einschätzung der Jaspersschen Philosophie als einer charakteristischen und bedeutsamen Philosophie unserer Zeit prima facie in Diskrepanz zu ihrer relativ geringen Anerkennung steht, bedürfte sie einer umfassenden Rechtfertigung aus dem Werk selbst, seiner Stellung in der Zeit und seiner eben doch nur mangelhaften Rezeption, die auch eine gewisse Erklärung für jene Diskrepanz zu geben vermag. Diese Aufgabe kann hier bestenfalls umrissen, aber nicht erfüllt werden. Ich muß mich darauf beschränken, zunächst einige Bedingungen und Gesichtspunkte für eine angemessenere Relevanzbeurteilung der Philosophie von Jaspers anzugeben (II.), um dann an der Thematik des »Grundwissens« einen zentralen, aber verkannten Aspekt der gegenwärtigen Bedeutung dieser Philosophie näher aufzuzeigen (III.).

II. Voraussetzungen und Gesichtspunkte für eine angemessene Relevanzbeurteilung der Philosophie von Jaspers

Eine Voraussetzung für eine adäquate Beurteilung der Jaspersschen Philosophie ist deren unreduzierte Wahrnehmung. Da diese aber durch unangemessene und verfestigte Auffassungen verstellt ist, kann nur durch Korrekturen an der bisherigen unzureichenden bzw. verzerrten Rezeption ein sachgemäßerer Zugang freigelegt werden. Es sind vor allem drei Gesichtspunkte, unter denen eine solche Korrektur vollzogen werden muß.

1. gilt es, die Philosophie von Jaspers stärker, als das bislang und von ihm selbst her geschehen ist, in den Kontext und die Diskussionszusammenhänge der Philosophie des 20. Jahrhunderts zu versetzen und aus ihrer z. T. selbstgewählten Isolierung zu lösen;
2. kommt es darauf an, das vorherrschende und fixierte Bild der Jaspersschen Existenzphilosophie zu korrigieren, nicht zuletzt aufgrund von deren eigener Entwicklung und Wandlung; das ermöglicht
3. die systematischen Zusammenhänge der Philosophie von Jaspers mit gegenwärtigen Problemstellungen zu erfassen und in einer sachlich-kritisch relevanten Weise zu erörtern.

1. Jaspers im zeitgenössischen Kontext

Wenn es heute darum geht, Jaspers stärker im Kontext der zeitgenössischen Philosophie zu sehen, dann nicht, um bislang verborgenen Einflüssen nachzuspüren (was im übrigen kaum zu etwas führen dürfte), sondern um die (auch in den wenigen veröffentlichten Hinweisen etwa auf Husserl, Dilthey, Simmel, Heidegger, Sartre, Wittgenstein) vorherrschende Geste der kritischen Unterscheidung und Abgrenzung auf tieferliegende, aber verdeckte Beziehungen hin zu durchleuchten. Die Belichtung der Kontextbezüge dürfte natürlich nicht auf den bekannteren Umkreis der sog. Existenzphilosophie beschränkt werden, obwohl auch dieser keineswegs zureichend geklärt ist (wie Jaspers' »Notizen zu Heidegger« erneut deutlich machen). Besonders aufschlußreich wären vielmehr gerade die sachlichen und methodischen Bezüge der Philosophie von Jaspers zu bestimmten Aspekten andersartiger Positionen – etwa zu Wittgenstein und Bloch, aber auch zu Popper, Adorno und Habermas; Beziehungen, die zumeist über Kant, Kierkegaard und M. Weber vermittelt sind, aber durchaus eigene sachliche und methodische Konturen aufweisen.

Eine wesentliche Voraussetzung für die angemessene Explikation und triftige Erörterung der angedeuteten Bezüge ist natürlich, daß zuvor die Philosophie von Jaspers im Ganzen ihrer Entfaltung zur Kenntnis genommen wird, zumal manche Polemik der Zeitgenossen eine verkürzte oder einseitig fixierte Rezeption zur Basis hatte.

2. Korrekturen am verbreiteten Bild der Jaspersschen Philosophie

Die nötigen Korrekturen an dem vorherrschenden Bild der Jaspersschen Philosophie betreffen eine zwar nicht falsche, aber doch reduzierte bzw. einseitige Auffassung seiner Existenzphilosophie, in deren Mittelpunkt, wie bei Kierkegaard, die letztlich »weltlose«, aber transzendenzbezogene »Innerlichkeit« des Selbstseins (der Existenz) stehen soll, die als solche nicht objektiv wißbar ist, sondern nur auf ihre Freiheitsmöglichkeit und die sie erfüllenden Glaubensinhalte hin erhellt und angesprochen werden kann. Diese Auffassung entspannt zwar zusätzlich die Dialektik zwischen Daseinswirklichkeit und Existenzmöglichkeit sowie zwischen Wissen und Glauben, trifft aber doch eine Schwäche in der unzureichend gefaßten Verschränkung der Pole, die Jaspers selbst in der Erweiterung der Existenzphilosophie zur Vernunft- und »Weltphilosophie« (wie es H. Saner mit Bezug auf Formulierungen aus dem Nachlaß nennt) zu beheben suchte.

Die korrektive Weiterentwicklung der Existenzphilosophie ist vor allem auf zwei Ebenen erfolgt: a) Auf der existentiell-praktischen Ebene hat die Dimension der *politischen* Daseinsbedingungen der Existenz und damit auch das Verhältnis von Philosophie und Politik eine neue und höhere Bewertung erfahren; b) auf der systematisch-theoretischen Ebene ist im Rahmen einer umfassenden transzendental-logischen Klärung der Bedingungen und Weisen des Wissens eine Rehabilitierung des *Vernunftbegriffs* und eine differenziertere Bestimmung des Verhältnisses von Philosophie, Wissen und Wissenschaft vorgenommen worden.

a) Jaspers hatte zwar (in der »Philosophie« von 1932) die *politische Dimension* des Daseins und die »existentielle Relevanz von Staat und Gesellschaft« nicht ignoriert und auch die Bedeutung der politischen Daseinsordnung für »die geistige Situation der Zeit« (1931) zu erfassen gesucht. Aber man kann die Abstraktheit dieses politischen Philosophierens gegenüber der »konkreten ›materiellen‹ Situation« der Existenz (so mit Recht H. Marcuse 1933 in einer Rezension der »Philosophie«, s. Saner 131) und die Grenzen in der Analyse der gesellschaftlich-politischen Realität schwerlich verkennen. Die Existenzphilosophie von Jaspers appelliert an die Möglichkeit des Selbstseins inmitten der erkannten gesellschaftlichen Entfremdungen und Bedrohungen des Menschseins, trotz der Einsicht, daß »der Mensch, um selbst zu sein, einer positiv erfüllten Welt« (GSZ 165) bedarf, und Jaspers philosophiert über Politik, ohne einen substantiellen Gedanken an die Bedeutung und Gefährdung der Republik zu verschwenden; dabei war er keineswegs ein Gegner der Republik, unterschätzte aber, wie viele andere auch, die Gefahr des Nationalsozialismus.

Dieses in der Tat nur abstrakte politische Denken hat Jaspers aus der Erfahrung und Reflexion des Nationalsozialismus einer tiefgreifenden Revision unterzogen, die zu einer folgenreichen Neubewertung der politischen Daseinswirklichkeit für die Gegenwartsanalyse, die menschliche Existenz überhaupt und die Philosophie im ganzen geführt hat. Jaspers ist überhaupt einer der wenigen Philosophen gewesen, die weitreichende philosophische Konsequenzen aus dieser politischen Erfahrung (die er dann mit dem Problem des Totalitarismus verband) gezogen haben; im gravierenden Unterschied zu Heidegger, obwohl Jaspers selbst niemals, wie Heidegger, in den Nationalsozialismus verstrickt war. Die Konsequenzen lassen sich gleichsam in verschiedenen Schichten von Jaspers' Philosophie ausmachen.

1. Philosophie und Politik werden nun in ein wechselseitiges und prinzipielles Verhältnis gesetzt, das keiner besonderen Disziplin gilt, sondern die ganze Philosophie durchdringt. Denn beide sind auf das Ganze des Menschseins in seiner Daseinsordnung und möglichen Freiheit gerichtet. Darum ist jedes philosophische Denken als ganzes auf mögliche politische Folgen und seine Verantwortung hin zu befragen, wie andererseits, aufgrund der wesentlichen Verbindung von Politik und Ethos, die politischen Institutionen, Zielsetzungen und Handlungen nach ihren sittlich-praktischen Ideen und Implikationen zu erörtern und kritisch zu beurteilen sind.
2. Im Zentrum der Existenzerhellung wird nunmehr das wechselseitige Bedingungsverhältnis (freilich keine kausale Abhängigkeit) zwischen existentieller und politischer Freiheit, der Freiheit des Einzelnen und der der Anderen, und das von existentieller und öffentlicher Kommunikation herausgestellt.
3. Diese Einsichten in die grundlegende Bedeutung der politischen Sphäre hat Jaspers dann auch in seinen neuen Gegenwartsanalysen konkret zur Geltung gebracht, die nun im geschichtsphilosophischen Rahmen die geistig-politische Situation zum Thema haben und explizite Erörterungen über Demokratie, Sozialismus, die Kritik des Totalitarismus enthalten, bis hin zu den Problemen der Weltpolitik und Weltfriedensordnung, die angesichts der epochal neuen Situation der atomaren Vernichtungsgefahr der Menschheit einen grundlegenden sittlich-politischen Wandel des Denkens und Verhaltens fordern (s. UZG, AuZ). Und Jaspers hat sich auch nicht gescheut, mit politischen Streitschriften in aktuelle Diskussionen einzugreifen oder sie zu provozieren (Von der »Schuldfrage« 1946 über die »Wiedervereinigung« 1962 bis zur Kritik der Bundesrepublik 1966).
4. ist es entscheidend zu sehen, daß sich der Bogen des nun substantiell gewordenen politischen Denkens von den aktuellen Themen und Eingriffen bis zu den äußersten Horizonten und Grundlagen einer Philosophie der Vernunft spannt. Die Art von Jaspers' Wendung zur Politik hängt

denn auch auf das engste mit der Weiterentwicklung seiner Philosophie zur dialektischen Polarität von »Vernunft und Existenz« zusammen.

b) Da die auf der Ebene von *Philosophie-Wissenschaft-Vernunft* von Jaspers gegenüber der »Philosophie« von 1932 vollzogene korrektive Weiterentwicklung im III. Abschnitt über das »philosophische Grundwissen« der Vernunft genauer darzustellen ist, kann ich mich hier auf eine kurze Kennzeichnung der früheren Perspektive beschränken.

Für Jaspers gehören Wissenschaft und Technik zu den epochalen Grundfaktoren der modernen Welt; sie sind die für unser Zeitalter grundlegenden Bedingungen rationaler Erkenntnis und Gestaltung der Wirklichkeit, deren gefährlicher Totalisierung allerdings auch entschieden entgegenzuwirken ist. Darum muß das unumgängliche Verhältnis der Philosophie zu Wissenschaft und Technik immer auch kritisch sein.

Die moderne Wissenschaft hat einen Typus methodischen, allgemeingültigen und gegenständlich ausweisbaren Wissens entwickelt und verbindlich gemacht, mit Bezug auf den alle weiteren Erkenntnis- und Wissensansprüche in ihrer Eigenart bestimmt und unterschieden werden müssen. Es ist darum eine Voraussetzung der methodischen Selbstbestimmung der Philosophie, die universelle Form und die spezifischen methodischen Strukturen wissenschaftlicher Erkenntnis (des empirisch Gegebenen und analytisch Erschließbaren) klar zu erfassen und anzuerkennen, aber auch die Grenzen ihres Gegenstandsbereichs, ihrer Reichweite und Geltungsart zu bestimmen. Wissenschaftliche Gegenstandserkenntnis ist jeweils partikular und unabschließbar und läßt sich zu keinem totalen und endgültigen »Seinswissen« überhöhen. Eine solche ebenso pseudowissenschaftliche wie pseudophilosophische Totalisierung wissenschaftlicher Erkenntnisse zu einem sog. wissenschaftlichen Weltbild, aus dem die richtige Welteinrichtung und eine weltanschauliche Sinn- und Wertbegründung des Lebens folgen soll, unterliegt vielmehr gerade der radikalen Kritik seitens des modernen wissenschaftlichen Bewußtseins selbst, wie es M. Weber exemplarisch profiliert hat, und seitens der Philosophie.

In der Bestimmung des grundsätzlichen Verhältnisses von Philosophie und Wissenschaft setzt sich Jaspers drei Tendenzen entgegen, die er für Wissenschaft und Philosophie gleichermaßen als verhängnisvoll ansieht:
1. der Fixierung des modernen wissenschaftlichen Erkennenwollens als solchen zu einer historisch-schicksalhaften und zugleich verhängnisvollen Form instrumenteller und weltbeherrschender Rationalität (Heidegger, Horkheimer u. a.);
2. der Auflösung der Philosophie durch ihre Reduktion auf Wissenschaftstheorie (Carnap u. a.), die von Jaspers aber durchaus als *eine* Aufgabenstellung der Philosophie bzw. philosophischen Logik und auch als notwendig für die Reinheit der Wissenschaft selbst angesehen wird; und
3. der Auffassung und Konstitution der Philosophie als eigentlicher »strenger Wissenschaft« bzw. ontologischer Grundwissenschaft, die auch die materialen Grundlagen der Wissenschaften zu legen hat (Husserl, früher Heidegger u. a.).

Gegen solches Verkennen und Preisgeben von Wissenschaft und Philosophie durch Auflösung oder Überforderung setzt Jaspers die Unterscheidung und dialektische Abgrenzung. Philosophie ist keine eigene den positiven Wissenschaften parallele materiale Wissenschaft, sei es nun Über-Wissenschaft (vom Sein des Seienden) oder Hilfs-Wissenschaft (als Metatheorie der Wissenschaften). Sie hat Wissenschaftscharakter lediglich in dem formalen Sinn, daß sie die Wissenschaften für ihr eigenes Denken voraussetzt und dieses in der systematischen und rationalen Form einer methodischen und selbstreflektierten Mitteilung vollzieht. Aber seinen eigenen Ursprüngen, Motiven, Gehalten und Methoden nach ist philosophisches Denken von wissenschaftlicher Erkenntnis wesentlich verschieden, d. h. weder mit ihr identisch oder auf gleicher Ebene noch ihr entgegengesetzt. Denn die Philosophie ist (als Existenzerhellung und Metaphysik) ein »Philosophieren aus möglicher Existenz« (Freiheit), d. h. sie reflektiert die Gehalte existentieller Erfahrungen, Einstellungen, Überzeugungen, Wertstellungnahmen (M. Weber), bis hin zur Frage eines transzendenten Seinssinnes, die unser Existenzverhältnis bestimmen. Dies sind aber keine Gegenstände eines objektiven und allgemeingültigen Wissens, sondern geschichtlich und individuell verschieden geprägte und für den Einzelnen zugleich unbedingte »Glaubensgehalte«, deren Wahrheitssinn nur philosophisch zu erhellen und kommunikativ zu bewähren oder in Frage zu stellen, aber weder wissenschaftlich zu beweisen noch zu widerlegen ist.

Mit Bezug auf dieses Zentrum der Existenzphilosophie hat Jaspers die Unterscheidung von Philosophie und Wissenschaft – im Gegenzug und damit natürlich auch in Abhängigkeit vom Begriff wissenschaftlicher Erkenntnis – durch die Abgrenzung von »wissenschaftlichem Wissen« und »philosophischem Glauben« bzw. dessen »Vergewisserung« vollzogen und festgelegt. Und diese Dualität, die dem philosophischen Denken eine allgemeingültige Erkenntnis- und Wissensmöglichkeit gänzlich abzusprechen scheint, hat das Bild der Philosophie von Jaspers geprägt und ihre Rezeption sicher auch negativ beeinflußt.

Jaspers hat jedoch in der Weiterentwicklung seines Denkens im strukturell umfassenden Rahmen der entfalteten »philosophischen Logik« und Philosophie der Vernunft Differenzierungen und Korrekturen angebracht, die jene Dualität von wissenschaftlichem Wissen und philosophischem Glauben auf der existentiellen Ebene zwar nicht aufgehoben, wohl aber aus ihrer für den Erkenntnis- und Wissensanspruch der Philosophie im ganzen entscheidenden Stellung herausgerückt haben. (Darüber ist noch näher zu handeln.)

Damit sind einige prinzipiell wichtige korrektive Weiterentwicklungen der Philosophie von Jaspers soweit umrissen, daß die Hauptbezugspunkte und Perspektiven für die gegenwärtige Relevanz der ganzen Philosophie von Jaspers wenigstens schematisch bezeichnet werden können.

3. Systematische Aspekte der gegenwärtigen Relevanz von Jaspers' Philosophie

a) Die zeitgeschichtlich-systematische Bedeutung des Jaspersschen Werkes liegt zunächst darin, daß in ihm eine umfassende und neue Selbstbestimmung der *Philosophie in ihren drei Grundrelationen* für die Gegenwart vorgenommen worden ist.

1. Im *Verhältnis zur philosophischen Tradition* hat Jaspers den großangelegten Versuch unternommen, auf dem Boden des durch Kant, Kierkegaard und Nietzsche und die moderne Wissenschaft veränderten philosophischen Bewußtseins gleichwohl eine umfassende methodisch-kritische Aneignung und Vergegenwärtigung der Weltgeschichte der Philosophie zu vollziehen, indem er z. B. das in den metaphysischen Systemen vermeintlich erreichte Totalwissen nach den unterschiedlichen Wahrheitsweisen und Geltungsansprüchen differenzierte und so methodisch verwandelt neu zugänglich zu machen suchte. – Jaspers hat
2. die *Beziehung der Philosophie* zu gleichzeitigen (konkurrierenden oder korrelativen) Wahrheits- und Wissensansprüchen neu bestimmt, d. h. vor allem zur *Wissenschaft*; aber er hat auch das Verhältnis der Philosophie bzw. des philosophischen Glaubens zur *Religion* und zum christlichen Offenbarungsglauben reflektiert; während die Relation zur *Kunst* zwar systematisch bestimmt, aber kaum aktualisiert worden ist. – Und Jaspers hat
3. last not least die Philosophie ihrer eigentlichen existentiell-praktischen Sinnbestimmung nach auf *Lebenswelt* und *Praxis* bezogen, d. h. auf die Selbstverständigung des Menschen (als geschichtlicher Freiheit) in seiner Daseinswelt. Dieser Kant und Kierkegaard verbundenen Intention ist Jaspers auf verschiedenen Ebenen gefolgt, durch spezielle Analysen der geistigen und politischen Situation der Zeit ebenso wie durch sein gesamtes konkretes Philosophieren (in Weltorientierung, Existenzerhellung, Metaphysik) und dessen logischer Klärung. Für dieses existentiell-praktische Erkenntnisinteresse bleibt maßgebend, daß philosophisches Denken seinen Wahrheitssinn nicht schon in sich selbst bzw. in reiner Erkenntnis hat, sondern in dem, was es als Mitteilung für die existentielle Vergewisserung und kommunikative Wahrheit bedeutet und bewirkt.

b) Die systematische *Relevanz der materialen bzw. konkreten Philosophie* von Jaspers ist zunächst im Entwurf der ›Weltorientierung‹ und dann vor allem in der ›Existenzerhellung‹ zu suchen, die Angel- und Drehpunkt des gesamten konkreten Philosophierens darstellt. Denn auch die ›Metaphysik‹ (der allesumgreifenden Transzendenz) ist – wie bei Kant – nicht theoretisch, sondern nur für und durch Freiheit, d. h. existentiell gewiß. Die *Metaphysik* als Rede über Transzendenz ist, trotz der methodischen Zurücknahme ihres Anspruchs auf ein Lesen und Deuten der Seinschiffern sicher der problematischste Teil der Philosophie von Jaspers. Die Auflösung bzw. Leugnung des von ihm behaupteten Zusammenhangs zwischen Freiheit und Transzendenz bzw. Existenzerhellung und Metaphysik (des Absoluten) trat Jaspers in Sartres »atheistischem Existentialismus« als ernsthafte Gegenmöglichkeit auf dem gemeinsamen Hintergrund einer nihilistischen Situation entgegen.

Die *»philosophische Weltorientierung«* entwickelt auf dem Boden struktureller Grundbestimmungen (des Seins, der Welt, der Relationen von Ich und Welt, subjektivem Dasein und objektiver Wirklichkeit, die später in der »Logik« weiter ausgearbeitet worden sind) die materiale und methodische Erörterung der unverzichtbaren Leistungen und Grenzen wissenschaftlicher Daseinserkenntnis und die Kritik sich schließender Weltorientierung in Positivismus und Idealismus. Dabei weist kritische Philosophie die Ungeschlossenheit des Weltdaseins für unser Erfahren und Erkennen auf, an der die »transzendierenden« Fragen nach dem eigentlichen Seinssinn (von Existenz und Transzendenz) sich stellen. Wesentliche Züge und Elemente der von Jaspers entworfenen philosophischen Weltorientierung umreißen eine unverändert wichtige Thematik der Philosophie, auch wenn ihre Durchführung heute wohl stärker an Lebenswelt- und Gesellschaftsanalyse anzuschließen wäre.[1]

Die ausgezeichnete und einzigartige Bedeutung der Philosophie von Karl Jaspers liegt aber gewiß in der *»Existenzerhellung«* als ihrer genuinen (und Kierkegaard philosophisch zweifellos am nächsten stehenden) Form von Existenzphilosophie. Was Jaspers hier an konkreten Erfahrungen, Situationen, Einstellungen, Verstehensmöglichkeiten und Fragen zur Sprache bringt und zwar so, daß das Verhältnis des Menschen zu sich selbst als möglicher Existenz, d. h. als Ursprung möglicher Selbstbestimmung und Selbstverwirklichung in seinem faktischen Dasein evozierend getroffen werden soll, ist in dieser umfassenden und differenzierten Art in der zeitgenössischen Philosophie und philosophischen Anthropologie nicht noch einmal anzutreffen. (Am ehesten bewegt sich E. Blochs Philosophie auf einer ähnlich konkreten und existentiell-praktischen Ebene). Strukturell ist wesentlich, daß Jaspers den Doppelaspekt der Selbstgegebenheit des Menschen – als empirisch gegebenes und objektiv erfahrbares Dasein und aufgegebenes Selbstsein (Freiheit) – mit Kant, Kierkegaard, Plessner u. a. als grundlegend ansieht, die philosophische Existenzerhellung jedoch mit Kierkegaard und im Unterschied zu empirisch oder ontologisch objektivierender Anthropologie in der Perspektive des Selbstverhältnisses möglicher Freiheit entwickelt und hält, weil nur so auch der Mitteilungssinn existenzerhellender Aussagen gewahrt werden kann. Denn die Bewegung des Erhellens kann nur heranführen an das, was der Einzelne je als seine Möglichkeit zu verstehen vermag und als sein konkretes Selbstsein durch sich selbst zu vollziehen hat.

Eine produktive Auseinandersetzung mit der Existenzerhellung könnte m. E. am ehesten im Rahmen einer die ethische und gesellschaftliche Dimension einschließenden »dialektischen Anthropologie« erfolgen, die in keinem objektiven Wissen vom Menschen abschließbar wäre und zu der Jaspers (auch mit der »Psychopathologie«) neben Plessner, Bloch, Marcuse, dem späten Sartre u. a. wesentliche Elemente beigetragen hat.[2] Darin würde sich Jaspers' eigene Entgegensetzung gegen »philosophische Anthropologie« als ein vermeintlich wiederum objektivierendes Totalwissen vom Menschen aufheben und im Rahmen aufweisbarer Konvergenzen ein wesentlicher Teil von strukturellen, inhaltlichen und methodischen Elementen der Existenzerhellung zur Geltung bringen lassen.[3] Andererseits müßte das Verhältnis von Dasein und Existenz, bzw. Daseinsanalyse und Existenzerhellung als ein wirklich doppelpolig dialektisches Verhältnis gefaßt und dürfte nicht zugunsten der Existenzerhellung bzw. der realitätsunabhängigen Freiheitsmöglichkeit entspannt werden, eine Korrektur, die sich auf korrektive Elemente in Jaspers' eigener Entwicklung stützen könnte.

c) Die gegenwärtige Relevanz der Philosophie von Jaspers beruht aber nicht zuletzt – selbst noch in ihren problematischen sachlichen Aspekten – darauf, daß sie stets von einer *methodischen Reflexion* auf den Wahrheits-, Mitteilungs- und Geltungssinn ihrer Aussagen durchdrungen ist und dafür einen *transzendentalphilosophischen Bezugsrahmen* entworfen hat. Jaspers hat vielleicht die umfassendste methodologische und geltungstheoretische Selbstreflexion der Philosophie in diesem Jahrhundert vollzogen, wenn man darunter eine möglichst differenzierte Gesamtorientierung über methodische Strukturen und Mittel philosophischen Denkens versteht und eben nicht die Festlegung auf jeweils ein methodisches Verfahren (phänomenologisch, sprachanalytisch, dialektisch o. a.). Jaspers war zu einer umfassenden methodologischen Orientierung genötigt, weil einerseits die methodische wissenschaftliche Erkenntnis anerkannt und andererseits das eigenständige philosophische Denken in Aneignung der Tradition und thematisch unreduziert neu entwickelt und mitteilungsfähig werden sollte. Das konnte nur im Rahmen eines durch methodologische und geltungskritische Unterscheidungen geschärften und strukturierten Denkens und Mitteilens gelingen. Dabei mußte der thematischen Spannweite und Differenzierung der Philosophie eine methodisch differentielle Strukturierung (im Horizont eines universalen methodologischen Bewußtseins) entsprechen.

Die methodologische Reflexion und die methodische Strukturierung der Philosophie von Jaspers ist darum wesentlich auf eine »Methodenmannigfaltigkeit« bezogen. Schon die für das philosophische Denken überhaupt grundlegenden »Methoden des Transzendierens« (über gegenständliche, wissenschaftliche Daseinserkenntnis) differenzieren sich den konkreten Vollzügen nach in Weltorientierung, Existenzerhellung und Metaphysik. In den sachlichen Erörterungen selbst verfährt Jaspers zunächst phänomenologisch (deskriptiv), sodann vor allem dialektisch durch Aufweis der gegensätzlichen Aspekte und dialektischen Korrelationen (auch in den transzendentalen Strukturbestimmungen) und schließlich im Sinne einer »negativen Dialektik«, sofern das Ungegenständliche von Freiheit und Transzendenz nur durch Aufhebung ihres unvermeidlichen begrifflichen Gedachtwerdens als nicht-gegenständlich in »Signen« und »Chiffern« bedeutet werden kann. (Hier zeigen sich strukturelle Beziehungen zu Adornos »negativer Dialektik«.)

Wie wichtig Jaspers selbst die methodologische Reflexion für die Durchsichtigkeit allen Denkens und Erkennens war, zeigt sich daran, daß er in der »philosophischen Logik« als einer neuen Form transzendentaler Logik ihre Grundlagen und Beziehungen eigens und umfassend entfaltet hat (wenngleich die systematische »Methodenlehre« nicht bis zur Veröffentlichung kam) und daß ihm das »philosophische Grundwissen der Vernunft« von einem »universalen methodologischen Bewußtsein« unablösbar war, ja in gewisser Weise damit zusammenfiel. Aber dieser bedeutsame transzendentalphilosophische und methodologische Zug der Jasperschen Philosophie ist fast gänzlich unbeachtet geblieben, jedenfalls kaum diskutiert geschweige denn rezipiert worden.[4]

III. Status und Funktion des philosophischen Grundwissens kommunikativer Vernunft

1. Ort und Bedeutung der Konzeption des Grundwissens im Werk von K. Jaspers

a) Konzeption und Entwurf des philosophischen Grundwissens gehören der Sache und der »Architektonik« der Jasperschen Philosophie nach in den Rahmen der »philosophischen Logik«. Jaspers hatte die der »Philosophie« zugehörige ›philosophische Logik‹ als die methodische Klärung der »Weisen des Denkens und des gültigen Wissens« zwar als weitere Aufgabe angesprochen und sie sogar als »*Zentrum* des Philosophierens«, jedenfalls seiner Form nach, bezeichnet (Ph II 117); und in der »Philosophie« ist natürlich auch bereits logische und methodologische Reflexion am Werke, mit Grundbestimmungen und Strukturen, die später aufgenommen werden (besonders in der Einleitung, bei der Bestimmung der »Seinsbegriffe« und der »Daseinsanalyse als Bewußtseinsanalyse«). Aber die »Philosophische Logik« (1. Bd VdW) ist keineswegs einfach die Entfaltung der in der Philosophie angelegten Elemente, weder den Inhalten noch dem Status nach. Vor allem ist der Zusammenhang von philosophischer Logik als »Organon« der Vernunft und das Vernunftthema selbst in der »Philosophie« noch nicht in den Blick gefaßt worden. Jaspers hat erst – angesichts der Erfahrungen der geistig-politischen Widervernunft der Zeit – im Zuge der Ausarbeitung der Logik die Erweiterung der Existenzphilosophie zum doppelpoligen Zentrum von »Vernunft und Existenz« (1935) erst vollzogen, die ihn dann den Titel »Philosophie der Vernunft«, anstelle von »Philosophie der Existenz« hat vorziehen lassen (VuW 50).

b) Die immanente Bedeutung dieser Weiterentwicklung des Jaspersschen Denkens auf dem Wege philosophischer Logik liegt zunächst darin, daß sie zu einer schärferen systematischen und methodischen Differenzierung philosophischer Problemstellungen führt, nämlich zwischen wesentlich »formalen«, ich würde sagen: strukturellen, transzendental-logischen Analysen der Formen und Horizonte der Seins- und Bewußtseinsweisen und dem »konkreten« (materialen) Philosophieren über bestimmte (empirische) Wissens- bzw. (existentielle, metaphysische) Glaubensgehalte (vgl. VuE 42, Off 139, 149) – oder zwischen »transzendentaler und existentieller Erhellung« (F 97f.), denen ein unterschiedliches Verhältnis zum Wissen zugesprochen wird. Dadurch wird die Dualität von wissenschaftlichem Wissen und philosophischem Glauben auf der Ebene der Logik unterfangen und umgriffen und bleibt jedenfalls nicht das ganze und letzte Wort von Jaspers über die legitime Intention und Möglichkeit philosophischen Wissens.

c) Die »transzendental-logische« Ebene der Jaspersschen Philosophie ist aber weder als solche noch gar in ihrer korrektiven Bedeutung zureichend zur Kenntnis genommen worden. Die durchsichtigste und konzentrierteste Darstellung der Konzeption des Grundwissens findet sich in Off (3. und 6. Teil), die aber, wie schon die Passagen in der Auseinandersetzung mit Bultmann (F), wohl kaum besonders viele primär philosophisch interessierte Leser fanden. Da Jaspers selbst die methodisch-systematische Konsequenz aus der Konzeption des Grundwissens für eine gewisse Korrektur jener problematischen Dualität auch nicht hinreichend deutlich gemacht hat, ist es gerade im Interesse der gegenwärtigen Relevanz der Philosophie von Jaspers erforderlich, diesen korrektiven Zusammenhängen nachzugehen und sie erst einmal in immanenter Interpretation deutlich sichtbar zu machen.

Dieses Motiv wird noch dadurch verstärkt, daß der Jasperssche Entwurf des philosophischen Grundwissens (mit seinem transzendentalen Bezugsrahmen und der Konzeption kommunikativer Wahrheit und Vernunft) ein produktives Element in aktuellen Diskussionszusammenhängen darstellen könnte, was sich durch eine Reihe von thematischen und strukturellen Parallelen zur Theorie von J. Habermas (etwa hinsichtlich des »quasi-transzendentalen« Bezugsrahmens, der Rolle des »Hintergrundwissens« und der in der Situation zerfallener Weltbilder unabdingbaren Kommunikationstheorie der Wahrheit und formalen bzw. strukturellen Vernunftkonzeption) bestätigen ließe. Im übrigen wäre auch das Verhältnis Jaspers–Heidegger von Jaspers her gesehen erst auf der Grundlage der Unterscheidung zwischen transzendentaler und existentieller Erhellung sinnvoll zu diskutieren. Obwohl Jaspers diese Unterscheidung in der Auseinandersetzung mit Bultmann – und damit indirekt auch mit Heidegger – einführt, sieht er merkwürdigerweise nicht die Parallele zu Heideggers Unterscheidung von ontologisch-ontisch, existenzial-existenziell und vor allem nicht, daß Heideggers Daseinsanalyse in »Sein und Zeit« primär nicht auf der Ebene der existentiellen, sondern der transzendentalen Erhellung erörtert werden müßte.[5]

2. Idee, Aufgabe und Entwurf des philosophischen Grundwissens

a) Das geschichtliche Phänomen des Grundwissens

Das Phänomen des Grundwissens begegnet zunächst auf der kulturanthropologischen Ebene als ein fundamentales Element verstehenden menschlichen Daseins in jeweils geschichtlicher, soziokultureller Ausprägung. Der Mensch lebt in einem (zumeist impliziten) vortheoretischen Grundwissen, das sein Welt-

und Selbstverständnis in all seinem Erfahren, Wissen und Handeln als allgemein und geschichtlich »apriorische« Voraussetzung trägt (AP 275) und den Horizont und die Perspektive seines Lebens bildet (AP 295). Dieses vortheoretische Grundwissen artikuliert und manifestiert sich mehr oder minder umfassend und zusammenhängend in Symbolen, Bildern, Begriffen, Weltbildern bzw. Weltanschauungen, Wertordnungen, Lebensformen, Institutionen u. a. (vgl. Off 149, 306).

»Jede Zeit, jeder Mensch lebt ungewollt, unbewußt und zumeist unbefragt, mit einer Grundstruktur des Seins, wie er es weiß: er lebt mit seinem ›Grundwissen‹ und seinem ›Weltbild‹. Dieses Wissen ist gegenwärtig in der Sprache, in den alltäglichen Selbstverständlichkeiten, ist genährt aus der Überlieferung und durch die gemeinschaftlichen Gewohnheiten« (VdW 186).

»Wir nennen das Wissen, in dem der Mensch *selbst gegenwärtig* ist, durch das all sein bestimmtes Wissen *bedingt* ist, oder das die *Voraussetzung* alles anderen Wissens ist, das Grundwissen. Es heißt auch das Apriori. Als solches ist es das *allgemeine* Apriori des Bewußtseins überhaupt in den Kategorien des Verstandes, das Apriori des Geistes in den Ideen, das Apriori des Daseins in den praktischen Antrieben und Reaktionsformen; es ist das *geschichtliche* Apriori des durch Überlieferung gegenwärtigen Menschseins in seiner Welt als je einmaliger Gestalt ...« (AP 275, vgl. 295)

Jaspers bringt in dieser Beschreibung des Grundwissens schon Differenzierungen an – hinsichtlich des strukturellen und historischen Apriori, der Artikulationsmedien (Bilder, Symbole u. a.), der Darstellungsformen bis hin zur »systematischen Entfaltung« in Weltanschauungen und Philosophien (vgl. Off 149) –, die bereits einer philosophischen Reflexion des Grundwissens entstammen. Aber dies ist keine sachfremde, sondern eine durchaus sachangemessene Interpretationshinsicht. Denn neben und nach Mythos und Religion hat vor allem die Philosophie (als Metaphysik, Ontologie, Transzendentalphilosophie, philosophische Weltanschauung) die Explikation, Systematisierung und Begründung des Grundwissens in einer reflexiven und begrifflichen Form vorgenommen.

»Dieses Seinswissen jeweils radikal auszusprechen, sich selbst erhellend und zugleich die überwundenen und fremden Möglichkeiten überschauend, ist Sache der Philosophie« (VdW 186).

Freilich bringt die reflexive und begriffliche Fassung des Grundwissens sowohl Klärung und Festlegung seiner Grundbestimmungen und Formen als auch Problematisierungen seiner Geltungsansprüche und Möglichkeiten, auch in seinen philosophischen Ausgestaltungen. »Wird dieses Wissen reflektiert, so wird es begrifflich gewußt. Damit wird es entweder gewisser, konsequenter, verläßlicher jeden Augenblick gegenwärtig, endgültiger: das wirksame Symbol war schwebend, frei und gewiß, das begriffliche Wissen ist fixiert und dogmatisch – oder das Grundwissen wird als gedacht zur Möglichkeit, als befragt zur Ungewißheit: das wirksame Symbol ist Zuflucht, das begriffliche Wissen stößt in die Bodenlosigkeit« (AP 195).

Die Problematisierung der selbstverständlichen Gewißheiten des in Geltung stehenden Grundwissens wird vor allem durch das historische Bewußtsein verstärkt. »Werden ... in gegenseitiger Berührung und im historischen Wissen alle Weisen des Grundwissens bewußt, dann hört die Selbstverständlichkeit und Gewißheit der einen Wahrheit auf« (Off 145). Darum nötigt der geschichtliche Vollzug der genuinen und notwendigen philosophischen Aufgabe einer reflexiven Erhellung und systematischen Entwicklung des Grundwissens immer auch zu einer kritischen Aneignung und Verwandlung seiner Tradition. Das gilt insbesondere für die philosophische Problemlage nach der Traditionskritik durch die kritische Philosophie Kants, die Wissenschaften, das historische Bewußtsein und die Ideologiekritik.

In dieser Lage und das heißt, im Bewußtsein der Problematik bestimmter traditioneller Formen des philosophischen Grundwissens und ihrer gleichwohl bestehen bleibenden Bedeutung, sucht Jaspers einen für die Gegenwart möglichen und gültigen neuen Ansatz für die notwendige philosophische Aufgabe der reflexiven Erhellung (bzw. Rekonstruktion) und systematischen Ausarbeitung des Grundwissens, der es auch erlaubt, die philosophische Überlieferung dieser Thematik methodisch verwandelt einzubeziehen.

b) Methodisch-systematische Aufgabenstellung

Den thematischen Ansatzpunkt der Problemstellung bestimmt Jaspers als die »Erhellung«, »Selbstvergewisserung« dessen, »als was und wie wir uns in der Welt finden« (Off 145, vgl. 147, 111, 122f., 129, 133, 139, 306). Der methodische Zugang zu dieser Ansatzebene wird über die deskriptive Erhellung von »Grunderfahrungen« gewonnen und zwar im primären Hinblick auf die »Form der Grunderfahrungen« (Off 123), d. h. auf die allgemeinen Grundstrukturen und -bezüge des »wie«, »als was« und »worin« des Sichfindens (Off 145, 147). Darum muß die deskriptive Klärung von vornherein auf eine strukturelle Reflexion bzw. Analyse der Grunderfahrungen abzielen, wenn sie zur Erhellung und Strukturierung des Grundwissens als eines »grundsätzlichen Wissens« führen soll. Denn »die Vergewisserung des Grundwissens trifft nur die Form der Grunderfahrungen« (Off 123). Man wird diesen thematischen und methodischen Ansatz einer strukturellen Beschreibung des Sich-in-der-Welt-Findens wohl mit Recht als phänomenologisch-strukturell bezeichnen dürfen. Jaspers hat die deskriptive phänomenologische Methode ja auch durchaus positiv beurteilt, wennschon nicht als einzige oder universelle philosophische Methode angesehen; und dem entspricht, daß er den Erfahrungsbezug seiner Strukturierung des Grundwissens gegen den Anspruch oder die Erwartung einer Ableitung aus einem Prinzip ausdrücklich betont.

»Statt aus Ableitung oder aus Willkür oder Nebeneinander ist mein Entwurf entsprungen durch die Aufnahme dessen, wie ich mich in der Welt finde, mit dem Willen, nichts zu vernachlässigen, was mir in der Erfahrung aufgeht« (Schilpp 797).

Daß Jaspers die Thematik des Grundwissens auch unter den Titel »*transzendentale Erhellung*« bringt, akzentuiert mit der Bezugnahme auf Kant den systematischen Status und die Funktion der strukturellen Aufweisungen, nämlich »apriorische« Bedingungen und Formen möglicher Erfahrungs- und Wissensbezüge des Bewußtseins aufzuklären und eben dies auf dem »seit Kant unausweichlichen Weg« der bei dem »Sein, das wir selbst sind«, ansetzenden Reflexion (VuE 45; vgl. F 15,97) bzw. der »Daseinsanalyse als Bewußtseinsanalyse« (wie es in der »Philosophie« hieß). Der »entscheidende erste Schritt« Kants im Felde der transzendentalen Erhellungen muß aber über die Grundform des »Bewußtseins überhaupt« hinaus, (dessen Vorrangstellung für allgemeingültige Erkenntnis unangetastet bleibt) zu den weiteren Weisen des subjektiven Seins und zur geschichtlichen Dimension des Apriori fortgesetzt werden (vgl. Eph 15 f., Off 149; AP 275; VdW 209).

Die von Jaspers für notwendig erachtete Erweiterung bzw. Differenzierung des Feldes der transzendental-logischen Erörterungen beinhaltet natürlich auch eine Modifikation von Kants striktem Begriff des Transzendentalen und der Transzendentalphilosophie. Die Gründe dafür hat Jaspers im kritischen Teil seiner Kant-Darstellung, insbesondere im Hinblick auf die Trennung von Apriori und Aposteriori bzw. Erfahrung und transzendentaler Struktur-Reflexion näher bezeichnet (s. Die großen Philosophen I, 1957, 593 ff.). Gleichwohl ist es berechtigt (und steht in manchen Parallelen zu anderen zeitgenössischen »Transformationen der Transzendentalphilosophie«), wenn Jaspers den philosophischen Sinn und Status seiner Erhellung des Grundwissens eng mit der transzendentalphilosophischen Problemstellung verbindet, zumal er wesentliche strukturelle Elemente (z. B. die Subjekt-Objekt-Spaltung, die Erscheinungstheorie u. a.) in seine eigene Systematik übernimmt. Jaspers vollzieht die transzendentale Klärung und Explikation des Grundwissens trotz mannigfacher historischer Bezüge aber doch auf eine ganz eigene Art. Charakteristisch ist vor allem, daß er die transzendentale Erhellung des Grundwissens von vornherein im Sinne einer universellen, d. h. umfassenden und differenzierten Orientierung über alle Grundweisen, -strukturen und -bezüge dessen, wie und worin wir uns finden, ansetzt. Das kommt in verschiedenen Formulierungen der Aufgabenstellung zum Ausdruck, etwa: »Erhellung und kritische Begrenzung all unserer Wissens- und Glaubensweisen« (F 15), Öffnung und Trennung der »Räume unseres Wissens, unseres Wirklichkeitsbewußtseins, unseres Selbstverständnisses« (F 33) oder »Vergegenwärtigung des Raums, in dem alles, was uns vorkommen kann, oder was wir sind, der Form nach erscheinen muß« ..., d. h. »Erkenntnis der universalen Gegebenheitsformen« (F 109).

c) Entwurf eines transzendentalen Bezugsrahmens

Die universale (und nicht nur auf die Bedingungen gegenständlicher Erkenntnis beschränkte) Strukturierung des Grundwissens sucht Jaspers im transzendentalen Bezugsrahmen der sog. »*Weisen des Umgreifenden*« als der Grundweisen, Ursprünge und Horizonte alles »Erscheinens für uns und unserer selbst« (Off 129) zu leisten. Sie sind Weisen des *umgreifenden* Seins, sofern sie den Charakter von vorgängigen Ursprüngen haben, *aus* denen wir unser Dasein und Seinkönnen vollziehen, und von ungeschlossenen Horizonten, *in* denen wir verstehend uns zur Welt und zu uns selbst verhalten, ohne daß wir hinter sie zurückgehen oder sie als ganze erkennend umfassen und überschreiten könnten. Darum können die transzendentalen Grundstrukturen und -bezüge unseres Welt- und Selbstverständnisses (Off 145) jeweils nur »von innen« erhellt und phänomenologisch-strukturell erschlossen werden.

Das »Umgreifendsein« gewisser Grundbedingungen unseres In-der-Welt-Seins zeigt sich weiter in der irreduziblen Mannigfaltigkeit bestimmter Seins- und Bewußtseinsweisen. Denn die Grunderfahrung des Sichfindens stößt auf mehrfache Weisen des umgreifenden Seins, die weder ineinander aufhebbar noch voneinander ableitbar sind und eben darin ihre »Ursprünglichkeit« erweisen. Wir finden und erfahren uns selbst als natürlich und umweltlich bestimmtes *Dasein* (Leben), als kognitiv auf Gegenstände gerichtetes meinendes und allgemeingültig erkennendes *Bewußtsein überhaupt,* als durch leitende Ideen auf Sinnganzheiten bezogener und diese in produktiver Phantasie entwerfender, schaffender *Geist* – und schließlich – im Unterschied zu den auch welthaft gegebenen und erfahrbaren Weisen des Subjektseins – als Seinkönnen der Freiheit eigenen Entscheidens und Selbstseins, d. h. als mögliche *Existenz.* Die ursprünglichen Weisen des Subjektseins sind jedoch als transzendentale Grundverhältnisse bzw. Seinsbezüge im Rahmen der Subjekt-Objekt-Spaltung korrelativ auf eine jeweilige Objektivität bzw. zusammengefaßt auf Weisen des Umgreifenden im Sein selbst bezogen, nämlich (über Dasein, Bewußtsein überhaupt, Geist) auf *Welt,* als Inbegriff des »immanent« empirisch Gegebenen und (einzig über Existenz) auf *Transzendenz*.

Auch wenn die Weisen des Umgreifenden durch Korrelationsverhältnisse und gegenseitige Abhängigkeiten im Sein des Menschen miteinander zusammenhängen und kein bloßes »Aggregat« bilden, bleiben sie doch ursprungsverschieden, aus keinem Prinzip ableitbar und nicht aufeinander zu reduzieren. Der dadurch gegebenen Zergliederung, ja »Zerrissenheit« des (umgreifenden) Seins in die unterschiedlichen Seinsweisen und die Mannigfaltigkeit des in ihnen Erscheinenden (vgl. VdW 703f.), wirkt die das Unterschiedene miteinander verbindende (aber nicht aufhebende) Bewegung der *Vernunft* als das »Band« der Weisen des Umgreifenden entgegen; während Existenz der beseelende Ursprung und »Boden des Selbstseins« in allen Weisen ist.

»Die Grunderfahrungen des Sichfindens in der Welt waren diese: *Ich bin da* in meiner Umwelt, unter den Mächten und Kräften in Raum und Zeit, mich behauptend und erliegend.

Ich bin denkend. Es gibt die zwingende Richtigkeit für das Denken im Bewußtsein überhaupt.

Es erwächst eine Welt der Phantasie, an mich herankommend und durch mich hervorgebracht: *ich bin Geist*.

Das Gesamte aus diesen drei Ursprüngen ist die *Welt*. Sie tut der Frage, wie ich mich in der Welt finde, aber nicht genug. Denn ich bin mir meiner Freiheit bewußt, in der ich zu mir komme als mögliche *Existenz*. Im Bewußtwerden meiner Freiheit wird mir die Macht gewiß, von der ich mir in meiner Freiheit geschenkt werde, die *Transzendenz*. Ich bin nicht durch mich selbst. Ich habe mich nicht selbst geschaffen.

Es ist der Sprung zwischen Immanenz und Transzendenz: dort Dasein, Bewußtsein überhaupt, Geist und Welt – hier Existenz und Transzendenz.

... Es kommt darauf an, der Ursprünglichkeit der Grunderfahrungen sich bewußt zu werden. In jeder Weise des Umgreifenden vergewissern wir uns eines solchen Ursprungs, den wir nicht auf anderes zurückführen können« (Off 122).

»Die Weisen des Umgreifenden sind die Grundwirklichkeiten, in deren Spannung wir faktisch leben« (Off 131).

Nun kann es im Rahmen dieses Beitrags nicht darum gehen,

diesen Entwurf einer transzendentalen Strukturierung des Grundwissens (der hier auch nur in den dürrsten Bestimmungen referiert worden ist, vgl. VdW 47–120 u. ff.; Off 111 ff.) sachlich-kritisch zu erörtern. Gewiß gäbe es dazu trotz der phänomenologisch-strukturellen Evidenz vieler Aufweisungen manche Ansatzpunkte, sowohl was die Bestimmung einzelner Seinsweisen (etwa ›Geist‹, ›Transzendenz‹) betrifft, als auch die internen strukturellen Zusammenhänge der verschiedenen Ursprünge (insbesondere im anthropologischen Verband: Dasein-Bewußtsein überhaupt, Geist-Existenz – und ihrer Weltbezüge); auch wäre einiges zum Status dieser »gegenwärtig möglichen prima philosophia« (VdW 187) zu sagen, die als Philosophie des Umgreifenden (Periechontologie) zwar eine »radikale Seinslehre« geben, aber keine Ontologie (bzw. Metaphysik) im traditionellen Sinn eines »Seinswissens« sein will.

Das alles muß und kann außer Betracht bleiben, weil es hier vor allem um die Bedeutung der Problemstellung und Konzeption philosophischen Grundwissens geht, dessen Entwurf Jaspers ohnehin als Beitrag zur gestellten Aufgabe, aber nicht als abgeschlossene und endgültige Theorie angesehen hat. Darum können und müssen die internen Zusammenhänge der Konzeption als solcher in immanenter Interpretation weiter verfolgt werden.

3. Status und Charakter des philosophischen Grundwissens als eines Wissens

a) Der wissenschaftsanaloge Status des formalen Grundwissens

Das methodisch und systematisch Neue an der Konzeption des Grundwissens im Rahmen der Jaspersschen Philosophie ist, daß es überhaupt als ein *philosophisches Wissen* gefaßt wird, also nicht einfach unter die sonst vorherrschende Abgrenzung zwischen (wissenschaftlichem) Wissen und der Vergewisserung philosophischen Glaubens fällt. Zwar wird diese Abgrenzung mit Bezug auf die existentiellen und metaphysischen Gehalte konkreten Philosophierens aufrechterhalten. Aber die transzendentalen Erhellungen der philosophischen Logik nehmen in ihrer Entfaltung des Grundwissens einen anderen Wissens-Status ein, den Jaspers durch ihre Position »auf der Grenze wissenschaftlicher Erkenntnis und existentieller Philosophie« (Off 149) zu charakterisieren sucht. Damit bringt Jaspers im Wissensverhältnis der Philosophie selbst eine neue Differenzierung an, nämlich zwischen philosophischem Grundwissen und existentieller und metaphysischer Glaubensvergewisserung bzw. zwischen transzendentaler und existentieller Erhellung, die das Problem des philosophischen Wissens neu beleuchtet.

Jaspers faßt die Unterscheidung zwischen transzendentaler und existentieller Erhellung nicht weniger scharf als die zwischen Existenzphilosophie und Wissenschaft, und auch sie wird zur Scheidung.

»... Es ist ein radikaler Unterschied zwischen der Erhellung der Grundformen des Seins, als das wir uns finden, und dem durch die Erhellung von Möglichkeiten an mögliche Existenz appellierenden Denken« (F 98, vgl. 109). »Es ist ein radikaler Unterschied, ob ich die Formen des Gegenständlichen, die Formen der Daseinsbezüge zur Umwelt, die unumgänglichen Formen möglicher Existenz (Kategorien der Freiheit) erhelle oder ob ich von der Nichtigkeit des Menschen, dem Sichgeschenktwerden, dem eingeborenen Adel spreche« (F 97).

Auch wenn »die klare Grenze ... zwischen solcher Erkenntnis der universalen Gegebenheitsformen und etwa den Denkoperationen der Existenzerhellung und Metaphysik nicht in einer Weise gefunden ist, die sich durchgesetzt hätte« (F 109), ist die »Scheidung« für die »Wahrhaftigkeit des Philosophierens unerläßlich« (F 97). Denn die Wahrhaftigkeit erfordert, daß die mit den verschiedenen thematischen Bereichen verbundenen unterschiedlichen Weisen der Gewißheit des Denkens und des Gedachten (Ausgesagten) – zwischen Gewißheit des Wissens einerseits und Überzeugung und Glaube andererseits – für die jeweiligen Wahrheits- und Geltungsansprüche geklärt und getrennt werden.[6] Da die Grenzpole für diese Klärung und Trennung das Konzept eines (dem Anspruch nach) allgemeingültigen und prinzipiell konsensfähigen Wissens und die Sphäre der individuell überzeugenden, aber nicht allgemeingültig beweisfähigen Glaubensgehalte existentieller und metaphysischer Art sind, muß das philosophische Grundwissen als Wissen nun stärker in die Nähe der Wissenschaft rücken.

Die strukturellen Bezüge des philosophischen Grundwissens zum wissenschaftlichen Wissen führen nun klar über die früher schon charakterisierte formelle »Wissenschaftlichkeit« der Philosophie (als eines die Wissenschaften voraussetzenden und selbst methodischen und systematischen Denkens) hinaus. Sie zeigen sich 1. im *Prozeß*- bzw. *Forschungscharakter* des philosophischen Grundwissens, sofern das in ihm gesuchte strukturelle Wissen als Reflexion von Grunderfahrungen selbst erfahrungsbezogen bleiben muß und nicht als endgültiger und abgeschlossener Wissensbestand abgeleitet und behauptet werden kann; auf dieser Ebene aber gibt es (ebenfalls wissenschaftsanalog) einen möglichen *Fortschritt* in der transzendentalen Klärung, sofern die je gegenwärtig mögliche Gestalt des Grundwissens auf der Basis der Überlieferung und durch Integration differenziert, angereichert und erweitert zu werden vermag.

»Der Wissenschaft vergleichbar ist, daß dieses Grundwissen nie abgeschlossen ist. Es nimmt keine endgültige Form an. Wenn wir es uns bewußt machen, bleiben wir in der Prüfung« (Off 149, vgl. 140). »Im Grundwissen des Umgreifenden bewegen wir uns an der Grenze, an der im Philosophieren selbst etwas dem Fortschritt der Wissenschaften Analoges eintritt: als ob wir, wenn auch nur der Form der Möglichkeiten nach, jeweils gleichsam die Summe ziehen« (Off 307).

Die größte Nähe des philosophischen Grundwissens zur Wissenschaft besteht aber 2. darin, daß in ihm ein *im Prinzip allgemeingültiges, rational diskutierbares und konsensfähiges Wissen* formaler bzw. struktureller Art gesucht und zu vermitteln beansprucht wird, wenngleich es über die Strukturerkenntnisse des Grundwissens faktisch keinen entsprechenden Konsens gibt wie über wissenschaftliche Forschungsergebnisse. Daß der mit der Explikation des Grundwissens verbundene Anspruch eines wissenschaftsanalogen philosophischen Erkennens und Wissens auch ausgesprochen wird, ist zunächst einmal das neue Moment im Rahmen der erweiterten Philosophiekonzeption, auch wenn das Besondere dieses Wissens (gegenüber der philosophischen

Tradition und den Wissenschaften) noch näher bestimmt werden muß.

»Die hier – im transzendentalen Feld (H. F.) – vollzogene Besinnung hat, im Unterschied zu der eigentlichen, die Gehalte zeigenden philosophischen Spekulation, einen Charakter, der der wissenschaftlichen Erkenntnis durch die Art des Anspruchs auf Allgemeingültigkeit verwandter ist, aber diese doch nicht erreicht« (F 15f.), »... wenn wir uns in diesem Raume bewegen, suchen wir doch allgemeingültige Erkenntnisse und meinen auch rational und mit jedermann identisch zugänglichen Anschauungen operieren zu können« (F 109). Es ist »... jenes Gebiet der Philosophie, in dem, anders als in Bezug auf Glaubensgehalte, vielleicht rationale Diskussion und Einigung möglich ist. Doch solche Einmütigkeit ist bis heute in der Tat nicht erreicht« (F. 97f.). Daß das philosophische Grundwissen derart in eine strukturelle Nähe zur wissenschaftlichen Erkenntnis kommt und sich dementsprechend zunächst vom konkreten existentiellen Philosophieren entfernt, hängt nun eng mit der *Formalität* dieses Strukturwissens bzw. mit der Möglichkeit eines gegenüber bestimmten (existentiellen und metaphysischen) Glaubensgehalten neutralen Strukturwissens transzendentaler Art zusammen. Nur dadurch wird die Position des Grundwissens auf der Grenze wissenschaftlicher Erkenntnis und existentieller Philosophie möglich (vgl. Off 149). Darum verteidigt Jaspers die »Neutralität« der »Idee des allgemeinen Grundwissens« gegen den Einwand, jedes Grundwissen sei faktisch auch »eine Glaubensäußerung unter anderen« (Off 150).

»Der Sinn solchen Entwurfs ist nicht das Selbstverständnis eines Glaubens ...« (Off 148). Die Entwicklung des Grundwissens »... will doch selber noch keinen Glauben aussprechen« (Off 149); auch wenn sie nicht zu zwingender, allgemeingültiger Erkenntnis führt, ist doch »der Schluß nicht gültig: also ist hier, wie bei aller Philosophie, schon der Glaube maßgebend« (Off 150). Vielmehr gilt: Die transzendentalen Erörterungen »wollen kritisch neutral sein, nichts vorwegnehmen bezüglich der Gehalte« (F 33).

Die Grenzstellung des Grundwissens zwischen wissenschaftlichem Wissen und philosophischem Glauben schließt freilich Beziehung (und Abgrenzung) nach *beiden* Seiten ein. Den wissenschaftsanalogen, aber nicht identischen Charakteren dieses philosophischen Wissens steht auf der anderen Seite eine Richtungsbeziehung auf die Glaubensvergewisserung des existentiellen Philosophierens gegenüber. Im Erkenntnisinteresse der transzendentallogischen Erörterungen ist ein »Glaube im weitesten Sinn« motivierend wirksam, der aber »nur der Glaube an die Möglichkeit, sich uneingeschränkt gegenseitig zu verstehen«, ist (Off 150), d. h. ein allgemeiner und grundsätzlicher »Vernunftglaube« (Off 142), der jedoch keinen bestimmten – andere ausschließenden – »Glaubensinhalt« meint (Off 150). Und außerdem liegt der Sinn des strukturellen und methodologischen Grundwissens nicht in ihm selbst, sondern in der Funktion für das »gehaltvolle Philosophieren«, durch die Klärung und Sicherung der »Horizonte und Formen«, »in denen sich philosophische Gehalte erst täuschungslos bewähren können« (VuE 42, vgl. 135).

Um jedoch die für das philosophische Grundwissen charakteristische Position »auf der Grenze« deutlich zu bestimmen und zu wahren, ist die *Abgrenzung* gegenüber Wissenschaft und traditioneller Philosophie nicht minder wichtig.

b) Unterscheidung des neuen philosophischen Grundwissens
   von Wissenschaft und traditioneller Ontologie bzw.
   Metaphysik

1. Gegenüber der gegenständlichen und objektiv ausweisbaren wissenschaftlichen Erkenntnis von innerweltlich Gegebenem wird das Grundwissen in einer transzendentalen Reflexion auf die strukturellen Bedingungen gegenstandsbezogener Erfahrung und Erkenntnis (bzw. aller Gegebenheitsformen) gewonnen, die selber nicht den Charakter von Erfahrungsgegenständen haben. Zudem behalten, wie schon betont, die grundlegenden Subjekt- und Seinsweisen als ursprüngliche Formen und ungeschlossene Horizonte unseres je bestimmten Erfahrens, Wissens und Glaubens den Charakter des ungegenständlich »Umgreifenden«. Die besondere Wissensart des Grundwissens kann aufgrund ihrer transzendentalen Thematik und Reflexionsstruktur, die sich an den Grenzen des gegenständlichen Wissens bewegt, nicht selbst »zwingende Wissenschaft« werden (Off 149). Obwohl ein allgemeingültiges Wissen intendiert wird, sind Struktur und Sinn dieses Wissens von anderer Art als wissenschaftliche »Sacherkenntnis« (s. c).

Diese philosophischen Untersuchungen »versuchen etwas wissenschaftlich Unmögliches in ihrer doch der Wissenschaft sich annähernden Form. Sie sprechen von etwas, das Grund aller Gegenständlichkeit, selber aber nicht Gegenstand ist. Sie heißen darum seit Kant transzendental. Sie transzendieren nicht gleichsam nach vorn, über alle Gegenstände hinaus zu einem Dahinterliegenden, sondern gleichsam zurück, über alles gegenständliche Bewußtsein hinaus in den Grund der Möglichkeit des so mannigfachen Gegenstandseins. Daher das Unangemessene aller Sätze, die doch in solchen Untersuchungen ihren Sinn haben« (F 17; vgl. Off 149; VdW 204).

2. Aber auch von den traditionellen ontologisch-metaphysischen Formen des Grundwissens, die in ihrem beanspruchten ontologischen Totalwissen formale Strukturerkenntnisse mit metaphysischen Glaubens- und Sinngehalten vermischten und zu einer vermeintlichen Erkenntnis des Seinsganzen und seines Sinnes verbanden, muß sich die »moderne Gestalt des Grundwissens« (Off 151) in mehrfacher Hinsicht abgrenzen. Die erste Differenz besteht im Vollzug der Trennung von Strukturwissen und erfüllenden (Glaubens-)Gehalten des Existenz- und Seinsverständnisses, die als solche keinen Anspruch auf allgemeingültige Erkenntnis erheben können, deren eigener individuell-geschichtlicher Wahrheits- und Geltungssinn aber durch die Unterscheidungen des Grundwissens (zwischen den verschiedenen Wahrheitsweisen) geklärt und gesichert wird. Eine weitere Abgrenzung betrifft die kritische Auflösung des Anspruchs bzw. überhaupt der Möglichkeit eines ontologischen Totalwissens, das immer nur eine von besonderen Prinzipien aus vorgenommene, d. h. zugleich beschränkte und totalisierte Deutung darstellt, während das

für uns als ganzes nicht faßliche und umgreifend bleibende Sein nur einer unabschließbaren Erfahrung in seinen Grundverhältnissen zugänglich wird.

»Die bisherigen Weisen des Grundwissens waren verbunden mit dem jeweiligen Gehalt eines Seinswissens. Sie waren eine Ontologie ...« »Nennen wir die großen historischen Gestalten des Seinsbewußtseins ein Grundwissen, so sind sie alle mehr als unser Versuch des modernen philosophischen Vergewisserns des Umgreifenden. Denn sie sind alle, weil schon erfüllt mit dem ganzen Gehalt, für sich selbst genug, abgeschlossen, lebentragend, den Denkenden in sich bergend. Sie sind alle aber auch weniger als der moderne Versuch der Vergegenwärtigung aller Weisen des Umgreifenden. Denn sie stehen alle in einer Beschränkung« (Off 146).

»Das Totalwissen ist durch die Wissenschaften zerschlagen. Die philosophischen Systeme der Vergangenheit wollten jedoch ein Totalwissen mitteilen. Doch sie waren nicht nur auf einem Irrweg. Sie waren auch keineswegs Begriffsdichtungen. In ihnen liegt die Wahrheit von Chiffern des Erkennens, die nicht unter der Frage nach der Richtigkeit ihrer realen Erkenntnis, sondern unter der Frage nach ihrer Bedeutung für Existenz stehen« (Off 305, vgl. VdW 158 ff., 203 ff.).

»Das ontologische Totalwissen von dem, was ist, verwandelt sich in das bescheidene Grundwissen von dem, worin wir uns finden« (Off 306).

c) Das Grundwissen als reflexives »Orientierungswissen«

Von diesen Abgrenzungen her ergibt sich, daß der Charakter des neuen Grundwissens weder als Totalwissen vom Ganzen des Seins (bzw. des Seienden im ganzen) noch auch als weitere »Sacherkenntnis« von allgemeinen Gegenständen in der Welt gefaßt werden kann. Jaspers hat es demgegenüber in einer signifikanten Weise als ein horizonteröffnendes und strukturierendes »Orientierungswissen« bezeichnet, das durch Überschreiten des gegenständlich bestimmten und fixierten Wissens unser Seinsbewußtsein erweitert, verwandelt und »umwendet«.

»Die philosophische Grundoperation« – im Denken der Weisen des Umgreifenden, H. F. – »*verwandelt mein Seinsbewußtsein*. Das Sein im Ganzen ist nicht mehr durch eine *Ontologie* begrifflich wißbar, sondern es ist zuletzt nur erhellbar als der umgreifende Raum und als die Räume, in denen alles Sein uns entgegenkommt« (Eph 17; vgl. VuE 66 ff.; Off 131 ff.; VdW 39 ff.).

»Das Ziel und damit der Sinn eines philosophischen Gedankens ist statt des Wissens von einem Gegenstand vielmehr die Veränderung des *Seinsbewußtseins* und der *inneren Haltung* zu den Dingen« (VuE 68 f.). Die nähere Bestimmung des »Orientierungswissens« gibt mit der Unterscheidung von wissenschaftlicher Weltorientierung und ontologischem Totalwissen zugleich den transzendentalen Rückgang auf das Subjektsein als Ausgangspunkt für den Entwurf des modernen Grundwissens an. Gegenüber ontologischem Seinswissen bzw. der »Orientierung in der Welt« (durch Realitätserkenntnis, Naturgestaltung, -beherrschung, Planung usw.) geht die Explikation des Grundwissens von »der ganz anderen Orientierung in uns« aus (Off 132; vgl. VuE). Das ist die eigentlich (transzendental-)philosophische Orientierung.

»Das für uns Erste, *wie wir uns im Umgreifenden finden*, bleibt das philosophisch Unüberschreitbare« (VdW 161). »Wir sind die Stätte, für die alles, was für uns ist und werden kann, seine Erscheinungsform annimmt. Wir nennen diese Orientierung die Vergegenwärtigung des Umgreifenden« (Off 132).

Das Grundwissen, das als »grundsätzliches Wissen« (VdW 1049) auch auf ein »Wissen des Wissens« zielen muß, wird nur durch *Reflexion* gewonnen, durch eine Reflexion freilich, die an der ganzen Weite der Grunderfahrungen, der Seins- und Bewußtseinsweisen und Wissensformen ansetzen muß. Und nur eine Reflexion, die die vielfältigen Subjekt-Objekt-Korrelationen als solche durchdringt und übergreift, vermag aus der Dogmatik des (ontologischen oder positivistischen) Objektivismus wie des (idealistischen) Subjektivismus zu lösen (vgl. Off 137 f.) und dadurch das Subjekt in der Welt zu orientieren. Darum spricht Jaspers dem in den weitesten Horizonten »orientierenden Wissen« des Grundwissens auch die Kraft der Befreiung aus der Gebundenheit an ein totalisiertes Wissen zu. Gegenüber einem vermeintlichen Total- oder Fundamentalwissen ist das reflexive Grundwissen eröffnend und strukturierend, d. h. befreiend und orientierend zugleich.

»... unser orientierendes Philosophieren« durchbricht ... »die Ontologien und die ontologische Denkungsart zu einem Grundwissen hin ... Das ontologische Totalwissen von dem, was ist, verwandelt sich in das bescheidene Grundwissen von dem, worin wir uns finden. Das sich abschließende Totalwissen wird zu einer beweglich bleibenden unabschließbaren Vergewisserung. Das Fundamentalwissen wird zum orientierenden Wissen« (Off 306).

Mit der Charakterisierung des neu entworfenen Grundwissens als eines befreienden und orientierenden Wissens wird bereits auf wesentliche Funktionen verwiesen, die über seinen Zusammenhang mit Wahrheit, Vernunft und Kommunikation weiter und differenzierter bestimmt werden müssen.

4. Die (philosophische, kommunikative, politische) Funktion des Grundwissens kommunikativer Vernunft

a) Der Zusammenhang von Weisen des Seins und des Sinnes von Wahrheit, Geltung, Kommunikation

Die tiefgreifende und verzweigte Funktion des Grundwissens wird sichtbar, wenn man dessen Zusammenhang mit Jaspers' kommunikativer Bestimmung von Erkennen, Wahrheit und Vernunft in den Blick faßt. Der Entwurf eines reflexiven, d. h. erkenntnis- und geltungskritisch reflektierten Grundwissens muß wesentlich mit einer differentiellen Erörterung der Weisen des Erkennens und des den verschiedenen Seinsbezügen des subjektiven Seins und Verstehens je spezifisch zugehörigen Sinnes von *Wahrheit* und *Geltung* verbunden sein. Jaspers differenziert dementsprechend die verschiedenen Weisen des Sinnes von Wahrheit und Geltung in Korrelation mit den subjektiven Seinsweisen des Umgreifenden.

»Wir unterscheiden den Wahrheitssinn der pragmatischen *Bewährung* im Dasein, der zwingenden *Evidenz* im Bewußtsein überhaupt, der *Überzeugung* in der geistigen Idee. Als Existenz erfahre ich Wahrheit im *Glauben*« (VuE 90, vgl. 78; VdW 640, 462; Off 123; Eph 29ff.). Entsprechend werden die *Weisen der Geltung* differenziert. »Geltung ist entweder Allgemeingültigkeit für alle denkenden Wesen im Bewußtsein überhaupt; oder typische, aber subjektive Geltung für eine Daseinsartung; oder allgemeine (allgemeinverbindliche, H. F.) Geltung für eine Gemeinschaft (in den Interessen dieses Daseins oder in Ideen des Geistes) oder unbedingte Geltung für Existenz« (VdW 648 f.).

Erkennen und Wahrheit sind für Jaspers aber wesentlich an »Mitteilbarkeit« gebunden, d. h. kommunikativ verfaßt, und erst im Rahmen kommunikativer Zusammenhänge und Prozesse zureichend zu erfassen und zu bestimmen. Darin kommt das durch alle Eigentümlichkeiten und Verschiedenheiten der Wahrheitsweisen hindurchgreifende »Gemeinsame allen Wahrseins« zum Ausdruck, »daß es, um eigentlich wahr zu sein, *mitteilbar* sein muß« (VuE 72). Dieser gemeinsame Grundzug beruht auf der fundamentalen Bedeutung der »Kommunikation als universaler Bedingung des Menschseins« (VuE 74).

»Wir sind, was wir sind nur durch die Gemeinschaft gegenseitigen bewußten Verständlichwerdens« (VuE 72). »Das Umgreifende, das *wir sind,* ist in jeder Gestalt Kommunikation; das Umgreifende, das das *Sein selbst* ist, ist für uns nur, wie es in der Mitteilbarkeit Sprache wird oder ansprechbar ist. Wahrheit läßt sich daher von der Mitteilbarkeit nicht lösen, nur als Wirklichkeit durch Mitteilung zeigt sie sich im Zeitdasein« (VuE 74).

Die kommunikative Struktur von Wahrheit und Erkennen beruht aber nicht nur auf der kommunikativen Grundverfassung des Menschseins, sondern gehört dem Wesen von Erkennen und Wahrheit und ihrer Bewegungsform selbst zu. Das zeigt sich nicht zuletzt durch ihre elementare Bindung an *Sprache,* die natürlich überhaupt das entscheidende Medium der kommunikativen Lebensform des Menschen ist.

»Daß Erkenntnis nicht nur Bewegung, sondern in dieser Bewegung durch Mitteilung ist, das wird jeden Augenblick fühlbar durch ihre Bindung an die Sprache. Denken ist Sprechen« (VdW 370). »Unser Denken ist an Sprechen gebunden, weil es Mitteilung ist« (VdW 414, vgl. 546 über »Wahrheit als Mitteilung«).

»Unter den Grundzügen des Erkennens hat die Mitteilbarkeit einen Vorrang, weil sie die Verwirklichung des Wahren ist. Daher drängt alle Wahrheit auf Mitteilung ... Mitteilbarkeit bringt das Wahre erst zur Klarheit, bringt Bestätigung und Bewährung, leitet die Bewegung ein, in der sich die Wahrheit entfaltet, erweitert, steigert« (VdW 546).

Wie tiefgreifend die Bindung von Erkennen und Wahrheit an Mitteilbarkeit und Kommunikation aber verstanden wird, erweist sich daran, ob sie lediglich als sekundäre Vermittlung oder Weitergabe schon bestehender Wahrheit und gewonnener Erkenntnis aufgefaßt wird oder in einem konstitutiven Sinn als prozessuale Bedingung des Suchens, Findens, Hervorbringens und Bewahrens von Wahrheit. Diese Differenz hat Jaspers durch die Entgegensetzung von »dogmatischer« und »kommunikativer Wahrheit« bzw. Wahrheitsauffassung scharf zu bestimmen und im Sinne des »kommunikativen Wahrheitswissens« zu entscheiden gesucht.

»Wenn das, was die *Wahrheit* sei, geschichtlich endgültig – in Gegenstand, Symbol und Aussage – erfaßt schien, dann blieb nur noch die Frage, wie diese gewonnene und nun vorhandene Wahrheit allen Menschen zu *vermitteln* sei ... Anders wäre Wahrheit, die sich *ursprünglich an Kommunikation bindet.* Sie wäre gar nicht außer der Verwirklichung der Kommunikation. Für sich allein wäre sie weder da noch vollendet« (VuE 92 f.). Es ist ein »radikaler Abgrund zwischen der dogmatischen und der kommunikativen Weise des Wahrheitswissens« (VuE 94). Aus der »Situation der Existenz in der Zeit folgt ..., daß, wenn *Wahrheit an Kommunikation gebunden* ist, die *Wahrheit* selber nur *werdend* sein kann, daß sie in ihrer Tiefe nicht dogmatisch, sondern kommunikativ ist« (VuE 91; vgl. VdW 971 ff.).

Die konstitutive Bindung der Wahrheit an Mitteilung und Kommunikation muß aber durch Verschränkung der Weisen des Wahrheitssinnes mit den entsprechenden Formen der Mitteilung und Kommunikation konkretisiert werden. Dadurch kann andererseits eine rückläufige Charakterisierung des spezifischen Wahrheits- und Geltungssinnes der Äußerungen (von Interessen, Bedürfnissen, Erkenntnissen, Überzeugungen, Glaubensgehalten) im Licht ihrer spezifischen Mitteilungs- und

Kommunikationsweisen erfolgen, in denen sie sich als kommunizierbare Wahrheiten bewähren und bestätigen.

»Wahrheit ist nicht einer Art, nicht eine und die einzige. Sie hat einen mehrfachen Sinn nach der Weise der Kommunikation, worin sie auftritt. Denn was Wahrheit ist, liegt zugleich *im Wesen des Umgreifenden, worin Mitteilung erfolgt,* beschlossen: Ob Mitteilung von Dasein zu Dasein oder an das Bewußtsein überhaupt gehe, oder in der Idee des Geistes geschehe; dann weiter, ob die Kommunikation in dem Band dieser Weisen des Umgreifenden, der Vernunft, und ihrem Boden, der Existenz, sich vollzieht« (VuE 74f., vgl. VdW 370ff. und 381, 546ff., 602ff., 643ff.).

Aus dem kommunikativen und an Mitteilung gebundenen Wesen von Wahrheit ergibt sich, daß die notwendigen Unterscheidungen des Sinnes von Wahrheit nur im strukturellen Zusammenhang mit den entsprechenden Differenzierungen der Geltungs- und Mitteilungsweisen aufgeklärt und bewährt werden können. Sie sind Aspekte eines strukturellen Verweisungszusammenhangs, die sich gegenseitig stützen und die in dieser Verschränkung erfaßt werden müssen, wenn ihre Funktion für das Grundwissen kommunikativer Vernunft unverkürzt zum Bewußtsein und zur Geltung kommen soll.

b) Philosophie der Vernunft

Die Differenzierung der Weisen des Wahrheits-, Geltungs- und Mitteilungssinnes ermöglicht die *kritische Funktion der Vernunft,* die das Wahrheitsbewußtsein und die Kommunikation gegen die verwirrende Vermischung von Wahrheits- und Geltungsansprüchen ebenso sichern muß wie gegen die Verabsolutierung oder Isolierung einer (oder einiger) der Weisen des Wahrheitssinnes (vgl. VdW 545; Eph 49; VuW 33). Demgegenüber soll Vernunft (positiv formuliert) mit den Unterscheidungen zugleich die Offenheit für das relative Recht aller Wahrheitsweisen und ihren spannungsvollen Zusammenhang bewirken, aber auch die »Bedingungsverhältnisse« und »Ordnungen« zwischen ihnen aufweisen, um dadurch die Entscheidung von Konflikten zwischen den unterschiedlichen, jedoch nicht beziehungs- und ordnungslosen Wahrheits- und Geltungsansprüchen zu ermöglichen (vgl. VuE 85f.; VdW 654ff., 672ff.).

Die Suche der Philosophie nach den Beziehungen und Zusammenhängen des Unterschiedenen und »Zergliederten« in Richtung auf ein ungeschlossenes und nicht objektivierbares Ganzes von Sein und Wahrheit ist das eigentliche *verbindende Denken der Vernunft,* in dem die kritisch unterscheidende Funktion des Verstandes mit einer allseitig beziehenden und verbindenden Bewegung verknüpft wird (vgl. VdW 114f.). Vernunft ist überhaupt die Weise des Denkens, die, den unterscheidenden *Verstand* nutzend, aber auch überschreitend, die Erhellung und den Entwurf des Grundwissens vollzieht, trägt, und in seinem kommunikativen Sinn-Zusammenhang offenhält.

»Der Verstand bestimmt, fixiert, beschränkt und macht dadurch klar und deutlich. Die Vernunft öffnet, bewegt, kennt kein Ausruhen in einem Gewußten. Aber die Vernunft tut keinen Schritt ohne Verstand. Sie will die unablässige Erweiterung des Bewußtseins überhaupt« (Off 128, vgl. Eph 48).

»Vernunft zerschlägt die Pseudowahrheit der Enge, löst den Fanatismus auf, erlaubt nicht die Beruhigung im Gefühl und nicht die im Verstand. Vernunft ist ›Mystik für den Verstand‹, den sie doch in allen seinen Möglichkeiten entwickelt, um sich selbst ihre Mitteilbarkeit zu schaffen« (Eph 53).

»Vernunft ist es, die die Erhellung der Weisen des Umgreifenden vollzieht, dann die Isolierung verhindert und auf das Einswerden aller Weisen des Umgreifenden drängt« (Eph 49).

Die *»Universalität der Vernunft«,* alle unterschiedenen Seins- und Wahrheitsweisen zur Geltung kommen zu lassen, sie an ihren Grenzen allseitig aufeinander zu beziehen und Bedingungsverhältnisse und Ordnungszusammenhänge aufzuweisen, ist freilich nur dadurch möglich, daß Vernunft selbst, wie Jaspers sagt, »kein eigener Ursprung«, kein selbst Gehalte hervorbringendes, schaffendes Vermögen ist, sondern als »Band« der Weisen des Umgreifenden auf deren inhaltliche Dimension angewiesen bleibt (vgl. VuE 132). Vor allem aber muß Vernunft auf *Existenz* bezogen sein, die für die Weisen des Umgreifenden den »Boden« des Selbstseins in geschichtlicher Wirklichkeit und

Bindung abgibt und die ihrerseits durch Vernunft die Ausweitung und Erhellung des Seins- und Möglichkeitsbewußtseins erfährt.

»Vernunft ist kein eigener Ursprung als Gehalt ...« (Eph 50).

»Vernunft ist auf Anderes angewiesen: auf den Gehalt der sie tragenden Existenz, die in ihr sich klärt und ihr die entscheidenden Antriebe gibt. Vernunft ohne Gehalt wäre bloßer Verstand und als Vernunft bodenlos« (VuE 60, 132).

»Existenz wird nur durch Vernunft sich *hell;* Vernunft hat nur durch Existenz *Gehalt*« (VuE 60; vgl. VdW 677f.).

»Die großen Pole unseres Seins in allen Weisen des Umgreifenden sich begegnend, sind also *Vernunft* und *Existenz*. Sie sind untrennbar. Jeder geht verloren, wenn der andere verloren geht« (VuE 60) ... »sie treiben sich gegenseitig hervor, finden aneinander Klarheit und Wirklichkeit« (VuE 61).

In diesem Sinne kann die Philosophie von Jaspers in der Tat nur aus der doppelpoligen Mitte von »Vernunft und Existenz« als ganze verstanden werden. Das ist sowohl gegenüber der früheren Kennzeichnung als Philosophie der Existenz als auch zum Verständnis der später bevorzugten Selbstbezeichnung als »Philosophie der Vernunft« korrigierend festzuhalten, die Jaspers wiederum situationsbezogen vornimmt, »weil es dringlich erscheint, dies uralte Wesen der Philosophie zu betonen«, und mit dem Verlust der Vernunft die Philosophie selber verloren geht (VuW 50). Denn die Philosophie der Vernunft, die Jaspers meint, ist weder die Philosophie bloß formaler, gar »instrumenteller Vernunft«, was für Jaspers bloßes Verstandesdenken wäre, noch ist sie die einer zum Grund des Seins und der Philosophie erklärten »substantiellen Vernunft«. Darum beantwortet Jaspers die Frage, ob Philosophie sich auf Vernunft gründen könne, mit Nein und Ja.

»*Nein,* denn sie gründet sich durch Vernunft in allen Weisen des Umgreifenden auf ein Anderes und zuletzt wesentlich auf Transzendenz; *ja,* denn die Weise ihres Sichgründens führt nur über Vernunft. Philosophie lebt nicht aus der Vernunft allein, aber sie kann keinen Schritt tun ohne Vernunft« (VuE 131). Denn nur durch das kritisch unterscheidende und beziehende Denken der Vernunft ist »der Raum zu gewinnen, in dem

wahrhaftig der Boden der Existenz tragend werden kann«
(VuE 133).

Ihr methodisches Selbstbewußtsein und ihren systematischen Bezugsrahmen entwickelt die Philosophie der Vernunft in der »philosophischen Logik«, die zur Vernunft gehört wie die Existenzerhellung zur Existenz (VuE 65; VdW 119). Die philosophische Logik entstammt freilich ebensosehr der »Quelle« und den Antrieben der Vernunft und ist deren Werk, wie sie durch die Ausarbeitung der »Begrifflichkeit« und der transzendentalen Strukturen des Grundwissens zum »Selbstbewußtsein« und »Organon« der Vernunft wird, indem sie die kritisch unterscheidende und beziehende Bewegung des vernünftigen Denkens strukturiert und (gegen dogmatische, totalisierte oder reduzierte Wissensansprüche) für das kommunikative Wahrheitswissen offenhält.

»Vernunft philosophierend sich in sich selbst erhellend, entfaltet die philosophische Logik. Die philosophische Logik kann das Selbstbewußtsein oder das Organon der Vernunft heißen. Sie ist der Vernunft zugeordnet wie die Existenzerhellung der Existenz, die formale Logik dem Verstand des Bewußtseins überhaupt, die Weltorientierung der Welt, die Metaphysik der Transzendenz« (VdW 119; vgl. 9; VuE 132, 65).

Die philosophische Logik liegt als Organon der universellen Vernunft freilich nicht auf der gleichen Ebene wie die genannten speziellen Logiken bzw. Methodologien; diese werden von ihr vielmehr umfaßt, d. h. unterschieden und bezogen. Denn die neue philosophische Logik ist auf die Klärung »der Formen und Methoden in allen Weisen der Seinsvergewisserung, in den Wissenschaften, in der philosophischen Weltorientierung, in der Existenzerhellung und Metaphysik« gerichtet (VuE 135). Diese umfassende transzendentale Erhellung kann sie jedoch nur im Sinne einer formalen bzw. strukturellen Orientierung über den für das Grundwissen grundlegenden Zusammenhang der Weisen des Sinnes von Sein, Wahrheit, Geltung und Kommunikation leisten, aber sie kann nicht die kognitiven, normativen und existentiell sinngebenden Gehalte selbst hervorbringen oder über ihre Wahrheit oder Unwahrheit allgemeingültig befinden. In dieser wesentlichen Formalität philosophischer Logik als Organon der Vernunft liegt Grenze, aber auch Bedeutung der Funktion des philosophischen Grundwissens der Vernunft.

Jaspers hat von diesem Punkt aus »Schwächen« und »Stärken« des philosophischen Grundwissens zusammenfassend zu bestimmen versucht.

»*Seine Schwäche:* Das Grundwissen ist ohne Gehalt, da es nur die Form aller Gehalte bewußt werden läßt. Es ist Gehalt nur durch das Bewußtsein der Weite der Möglichkeiten« (Off 307 f., vgl. 146). Philosophische Logik bringt diese Gehalte »des Erkennens und Handelns« geschichtlicher Existenz nicht hervor, »aber sie lehrt, die Ursprünge aller Gehalte wahrzunehmen. Indem diese Logik den Raum frei macht, läßt sie *entgegenkommen,* was sie selbst nie hervorbringen könnte. Sie ist ein Denken, mit dem sie den Denkenden ständig über das nur Logische hinausdrängt« (VdW 5 f., vgl. 603 f., 225, 391, 375; F 98).

»*Seine Stärke:* Das Grundwissen kann uns die mögliche Weite und Tiefe zeigen, wenn die Ursprünge dessen, worin wir uns finden, ihrer Form nach klar werden. Es ermöglicht Wahrheit in jedem Sinn« (Off 308).

»Der *Sinn* dieser philosophischen Logik ist negativ, sofern sie als solche keinen Gehalt hervorbringt, aber positiv, sofern sie den Raum *sichert* für jeden möglichen Gehalt« (VuE 135).

c) Philosophische Logik und »eigentliche« Philosophie

Im Blick auf die »Schwäche« bzw. den Mangel des formalen, strukturellen Grundwissens der philosophischen Logik kann Jaspers – in einer m. E. problematischen Weise – sagen: »der Versuch der Selbstvergewisserung dessen, worin und wie wir uns finden, ist nicht selbst schon die Philosophie: denn er entwickelt noch nicht die Gehalte der Wahrheit, sondern nur die Formen und Richtungen, in denen uns Wahrheit gegenwärtig wird« (Off 139 f., vgl. 142, 149). Die Formulierung, daß die transzendentallogischen Erörterungen und Erkenntnisse »nicht selbst schon die Philosophie«, wohl aber »ein wesentliches Element der Philosophie« (a. a. O.) sind, würde bestenfalls akzeptabel, wenn man sie im Sinne von: noch nicht die »ganze« oder nicht schon die »eigentliche« Philosophie liest, wie sie von Jaspers wohl auch gemeint ist und gemeint sein muß, wenn keine Selbstwidersprüche schon im Grundbegriff der Philosophie von »Vernunft und Existenz« entstehen sollen.

Immerhin wäre auch mit dieser Lesart gesagt, daß die ganze und eigentliche Sinnbestimmung der Philosophie erst im »konkreten« Philosophieren, d. h. der Entfaltung bestimmter weltlicher, existentieller, metaphysischer Gehalte« (VuE 42) bzw. in der »eigentlichen, die Gehalte zeigenden philosophischen Spekulation« (F 15/16) liegt bzw. sich erfüllt. Diese Auffassung, die sich vom existentiell-metaphysischen Erkenntnis- und Mitteilungsinteresse von Jaspers natürlich nahelegt, wird dadurch bestärkt, daß Jaspers die Erörterungen der philosophischen Logik und die strukturellen Erkenntnisse des Grundwissens verschiedentlich als »Werkzeug« und »Mittel« bezeichnet, für die Klarheit der philosophischen Vergewisserung der eigentlichen Sinn- und Zielgehalte des Lebens bzw. für die »Orientierung in dem Raum, in dem durch Existenzerhellung das andere philosophisch gehaltvolle Denken stattfinden kann ...« (F 98).

»Die Weisen des Umgreifenden schließen sich für uns nicht zu einem geschlossenen Organismus eines einen Ganzen. Wir sehen in ihnen nicht die Harmonie einer Vollendung. Ihre Vergegenwärtigung ist *nur ein Werkzeug*, uns im Sein, in dem wir uns finden, nach den Weisen seiner Gegenwärtigkeit zu vergewissern ... Das Werkzeug weitet unser Bewußtsein aus in jede mögliche Sinndimension, aber es ist als Werkzeug selber unabgeschlossen« (Off 126, vgl. 123, 308; VdW 42).

Darin kommt zum Ausdruck, daß die transzendental-logischen Erörterungen ihren Sinn nicht in sich selbst haben, sondern in ihrer orientierenden Funktion für die Klärung der Wissens- und Glaubensgehalte geschichtlicher Existenz. Deren Wirklichkeit gegenüber bewegt sich das Denken ohnehin im Medium der Möglichkeit und »ist nur Orientierung und Erhellung ... ist ein Mittel« (Off 150), d. h. vor allem: »ein Mittel der Kommunikation« (Off 148). Das gilt insbesondere für den Entwurf und die »Schematisierung« des Grundwissens. Aber auch das existentiell und metaphysisch gehaltvolle Denken ist seinem

Sinn nach »erinnernd« oder »vorbereitend« auf die existentielle Aneignung und Wirklichkeit bezogen und ist oder erfaßt diese nicht selbst. Dennoch würde die Erörterung existientieller Glaubensgehalte nicht als Werkzeug oder Mittel für das Selbstverständnis der Existenz angesehen und bezeichnet werden können, während das für die Funktionsbestimmung des Grundwissens als eines Orientierungswissens jedenfalls eher möglich ist.

Gleichwohl bleibt eine Spannung zwischen dieser funktionalen Sinnbestimmung des Grundwissens und seiner Notwendigkeit für den Vollzug des gehaltvollen Denkens. Diese zeigt sich zumal angesichts der »Stärke« des philosophischen Grundwissens als eines »unentbehrlichen« Werkzeugs (Off 308). Denn das logische Grundwissen (und methodologische Bewußtsein) ist unabdingbar und grundlegend für die Klarheit und ein adäquates Selbstverständnis hinsichtlich des kommunikativen Wahrheits-, Geltungs- und Mitteilungssinnes der existentiellen und metaphysischen Gehalte und selbst der Reinheit des wissenschaftlichen Wissens, weil sich »philosophische Gehalte« erst in geklärten Horizonten und Formen »täuschungslos bewähren können« (VuE 42). Damit ist sowohl der Sinnbezug der transzendentalen Erhellungen auf die Klärung struktureller, logischer Bedingungen für die Erörterung materialer Fragen zum Ausdruck gebracht, wie auch die dafür notwendige geltungskritische Funktion der Aufweisungen philosophischer Logik, die eben dadurch, daß sie den »Raum *sichert* für jeden möglichen Gehalt«, ihren »positiven Sinn« zeigt (VuE 135).

»Gegen die Gefahr des Verlustes irgendeines Wahrheitssinnes und irgendeines möglichen Gehaltes hält sie die klaren Grenzsetzungen aufrecht: in dem verwirrenden Durcheinander des Behauptens erwirkt sie die Helligkeit des Bewußtseins« (VuE 135). Das Grundwissen »... erweckt die Ursprünge, spannt gleichsam den Raum aus, in dem alles, was uns als Gehalt erfüllt, seinen Ort und seine kritische Kontrolle durch Bewußtheit findet« (Off 146). »Es zu denken ist ein Akt der Vernunft ... Es ist Hervorbringung und Werkzeug der Vernunft« (Off 308).

Jaspers hat die grundlegende Funktion des Grundwissens auch als die notwendige Ausbildung eines »*universalen methodologischen Bewußtseins*« (Off 432) bestimmt, dessen moderne

Form erst durch Kants Differenzierung der Vernunftgestalten begründet, wenn auch noch nicht voll entwickelt wurde (Off 434 f.). Dabei wird der modernen (transzendentalen) Reflexionsgestalt des philosophischen Grundwissens und ihrem theoretisch-kritischen Erkenntnisinteresse zugleich eine wesentliche *emanzipatorische Funktion* zugesprochen, indem sie neben der »Wandlung der Leibhaftigkeit (der Transzendenz) zur Chiffer« ein zweites wesentliches Moment der Befreiung des Menschen in der Moderne darstellt (Off 430).

»Erst in der Reflexion auf das, was gedacht, denkend getan, gehandelt wurde, erst durch die Klärung des Sinnes der Geltung dessen, was wir sagen und hören, werden wir philosophisch wahrhaftig. Wir werden frei von den unbefragten Selbstverständlichkeiten, frei von dem »festen Behaupten«, von dem diktatorischen Denken in Machtsprüchen, frei von dem Zwang der logischen Konstruktion, deren Voraussetzungen nicht bewußt geworden sind ... Wir unterwerfen uns keinem Gedanken außer in den stets auffindbaren Grenzen seines Geltungssinnes« (Off 433, vgl. 435).

Das gegenwärtige (nach-kantische) methodologische Bewußtsein steht unter den Bedingungen der modernen universalen Wissenschaftlichkeit, der natur- und geschichtswissenschaftlichen Realitätserkenntnis und deren planmäßiger Indienststellung durch das technische Machen (Off 434). Diese Situation ist von der Philosophie und ihrer eigenen methodischen Strukturierung nur im Rahmen eines umfassenden und differentiellen methodologischen Bewußtseins zu beantworten, d. h. im Blick auf die »Methodenmannigfaltigkeit und die Bedeutung jeder Methode als einer besonderen für das immer partikulare Erkennen, mit ihren jeweils bestimmten Voraussetzungen und mit der Grenze ihrer Anwendbarkeit und Geltung« (Off 434).

Die Grenze des methodologischen Denkens, das in rationaler Analyse des Verstandes vorgeht, liegt dort, »wo das Wesentliche nicht mehr objektivierend unter Kriterien des (methodologischen) Bewußtseins bestimmbar wird« (in Transzendenz und Existenz). Aber gerade hier setzt die weitere philosophisch-methodologische Differenzierung und »Distanzierung« an, mit der

Frage, ob sich das, »was nicht objektiv bestimmbar ist, trotzdem erhellen, der Kritik unterwerfen, angreifen, rechtfertigen« läßt. »Das ist die Frage nach der Möglichkeit der philosophischen Diskussion und Kommunikation und Polemik« (Off 436). Generell aber gilt: »Was auch immer gesprochen, getan, erfahren wird, unterliegt der Sinnerhellung durch dieses Grundwissen. Dieses befreit, läßt den Sachen in ihrer mannigfachen Objektivität ihren dort angemessenen Raum« (Off 435).

Wenn das philosophische Grundwissen in seiner methodologischen und geltungskritischen Funktion eine derart grundlegende Bedeutung für die Klarheit, Sinnerhellung und die Geltungsgewißheit der Wahrheitsgehalte philosophischer Seinsvergewisserung hat, dann muß es voll und ganz zur eigentlichen Philosophie gezählt werden, eben als deren unabdingbares logisches Selbstbewußtsein. Nur so ist wirklich das doppelpolige systematische Zentrum der Philosophie von Vernunft und Existenz zu wahren. Auch wenn existentielle und metaphysische Selbst- und Seinsvergewisserung für Jaspers den eigentlichen Antrieb und das Sinnziel des Philosophierens ausmachen, setzt deren methodologischer Vollzug und adäquates Selbstverständnis die »allumfassende« logische Klärung der Strukturen des Grundwissens und darin der Weisen des Wahrheits-Geltungs- und Mitteilungssinnes voraus. In diesem Sinne kann Jaspers sagen: »Die Philosophie des Umgreifenden ist der logische Grund der Existenzphilosophie« (VdW 209); und: »solche Logik gehört von Anbeginn zum Philosophieren, ist selber die prima philosophia, die erhellende Grundlegung des wahren Denkens, Fühlens, Erfahrens überhaupt. Philosophie ist vermöge der Logik die Verwirklichung der Vernunft« (VdW 10f., vgl. 186ff.).

d) Die kommunikative Funktion des Grundwissens und ihre
   zeitgeschichtlich-politische Bedeutung

Die grundlegende Bedeutung des philosophischen Grundwissens der Vernunft tritt natürlich besonders im Hinblick auf die Erschließung möglicher Kommunikation hervor, worin ja überhaupt seine eigentliche und höchste Funktion im Sinne des kommunikativen Wesens von Vernunft und Wahrheit gesehen werden muß. »Daher ist der Sinn logischer Überlegungen, das Organon denkender Kommunikation zu werden« (VdW 7, vgl. 971). Jaspers hat den kommunikativen Sinn seines Denkens aus Vernunft und Existenz in folgendem Passus zusammengefaßt:

»Der kommunikativen Wahrheit bewußt zu werden, kommt es daher philosophisch darauf an, alle Weisen des Umgreifenden so durchzudenken, daß der Weg möglicher Existenz in der Welt den offensten Raum hat. Existenz soll als im Zeitdasein unaufhebbare Bewegung sich angesichts der ganzen Weite der Wirklichkeiten und Möglichkeiten halten. Nur dann kann der radikale, aus Vernunft entspringende Kommunikationswille wirken, während der Besitz für endgültig behaupteter Wahrheit faktisch die Kommunikation abbricht.« (VdW 973; vgl. VuE 95).

Die entscheidende kommunikative Bedeutung, die der (möglichen) Universalität eines strukturellen Grundwissens zukommt, erweist sich zumal in Zeiten wie der Gegenwart, in denen es ein inhaltlich allgemeinverbindliches Grundwissen (in der Form von Weltbildern, Sinndeutungen, Weltanschauungen religiöser, metaphysischer oder vermeintlich wissenschaftlicher Art) nicht mehr gibt und geben kann, weil ein solcher Anspruch durch die moderne Wissenschaft, das historische Bewußtsein, die Weltanschauungs- und Ideologiekritik und die methodologisch-geltungskritische Reflexion der Philosophie aufgelöst worden ist.

»Technik und Politik haben den bisher durch Jahrtausende bestehenden geistigen Zustand fast ausgelöscht. *Es gibt nicht mehr die gemeinsame abendländische Welt,* keinen gemeinsam geglaubten Gott, kein gültiges Menschenbild, nicht mehr das in allen Gegnerschaften, noch im Kampf auf Leben und Tod eine Solidarität Stiftende. Das heute gemeinsame Bewußtsein läßt sich nur durch Negationen charakterisieren: *den Zerfall der geschichtlichen Erinnerung, den Mangel eines herrschenden Grundwissens, die Ratlosigkeit in bezug auf die ungewisse Zukunft*« (RuA 277).

Wenn in der heutigen wissenschaftlich-technischen Welt mit dem Zerfall der geschichtlichen Überlieferung und der Zerstreuung und Bodenlosigkeit des Bewußtseins einerseits und seiner Ideologieanfälligkeit andererseits (vgl. RuA 279, UZG 163 ff.)

der Mangel eines tragfähigen Grundwissens ebenso eklatant ist wie die Notwendigkeit einer neuen »Gestalt des gemeinschaftlichen Grundwissens«, weil dies »zu den Bedingungen des Menschseins gehört« (RuA 278), dann ist die Frage, wie dieses Desiderat »der Situation entsprechend, in die wir heute hineingeboren sind« (Off 147), zu erfüllen sei.

»Herausgerissen aus allen bisherigen Glaubensselbstverständlichkeiten kann der Mensch weder eine solche wiederherstellen (eine künstliche Wiederherstellung würde eine unehrlich gewordene Tradition vergeblich zu halten versuchen) noch eine neu nach Plan machen. Etwas anderes kann entstehen: Im Umgang mit der verstehend angeeigneten Überlieferung der Ursprünge und der geistigen Verwirklichungen, im Besitz solchen verstehenden Wissens, fähig zu unendlicher Reflexion, muß der Mensch seinen Ernst in neuer Gestalt gründen, die ein in der Mitteilung allgemein verbindendes formales Grundwissen als Voraussetzung sucht« (Off 147).

Die Situation ist also derart, daß angesichts des Zerfalls und der Nichtwiederherstellbarkeit eines inhaltlich allgemeinverbindlichen Grundwissens (als Weltbild, Weltanschauung, Totalwissen) dieses nur noch in einem formalen Sinn bzw. auf einer strukturellen Ebene möglich ist und nur so die Kommunikation auch bei inhaltlich verschiedenartigen, divergierenden und nicht konsensfähigen Auffassungen noch zu tragen vermag. Auf diese geschichtliche Lage und die in ihr mögliche Kommunikation bezieht Jaspers den neuen Entwurf und die kommunikative Funktion der modernen Gestalt eines allgemein verbindenden Grundwissens der Vernunft. Es ist der Sinn der philosophischen Logik kommunikativer Vernunft durch die strukturlogischen Klärungen einen gemeinsamen und formal allgemeinverbindlichen Raum für mögliche Kommunikation zu Bewußtsein zu bringen und offenzuhalten. Damit kann dieses Denken – gegenüber dem »uns in der Kommunikation zugleich trennenden existenzerhellenden Appellieren« – in eine »logische Gemeinschaft« bringen (F 97) und in der »äußersten Gefahr des Abbruchs« allein noch zum »Werkzeug« und »Helfer der Kommunikation« werden (VuE 135). Denn »wenn Wahrheit an Mitteilbarkeit gebunden ist, ... ist die stets neu wiederherzustellende gemeinsame Klarheit im Logischen überall in jeder Weise des Umgreifenden die Voraussetzung des methodischen Miteinander-sprechen-Könnens« (VuE 135). Diese »Aufgabe der Logik« ist von »gesteigerter Wesentlichkeit« gerade dort, »wo die Gehalte uns nicht mehr selbstverständlich verbinden«, ja die sinngebenden Gehalte in einer tiefgreifenden Weise divergieren. Dann könnte im Rahmen logischer Klarheit »die Kommunikation des sich radikal Fremden noch über den Abgrund hin fruchtbar und lebensweckend versucht werden« (VuE 136). Das ist die maßgebende Perspektive des philosophischen Grundwissens als Organon des »totalen Kommunikationswillens« der Vernunft (Eph 49).

»Mit der Vergegenwärtigung der Weisen des Umgreifenden erhellen wir den uns Menschen gemeinsamen Raum, in dem wir einander mitteilen, was wir meinen, wollen und was für uns ist. Der Absicht nach liegt solche Selbstvergewisserung vor aller gehaltvollen geschichtlich bestimmten Philosophie. Sie möchte das gemeinsam zu Erfassende, das gemeinsam Mögliche. Die Idee ist: wenn wir das Umgreifende als das uns Gemeinsame vergewissern, in dem wir uns treffen, so können wir uns gegenseitig freilassen in den Ursprüngen, aus denen wir leben, den unübersehbar mannigfaltigen und getrennten« (Off 147). »Daher ist der Entwurf kein Ordnungsplan für die historisch gegebenen Glaubensmöglichkeiten, sondern er ist ein Mittel der Kommunikation« (Off 148).

Jaspers rückt dieses kommunikative Erkenntnisinteresse philosophischer Logik von vornherein auch in einen *welt-politischen* bzw. weltgeschichtlich-politischen Horizont. Heute können Geschichte und Politik aufgrund der weltpolitischen Verflechtungen ohnehin nur noch in einem menschheitlichen Zusammenhang begriffen werden. Das gilt verstärkt für die politische Perspektive einer Philosophie der Vernunft, deren Universalität schon von sich aus auf die Menschheit bezogen sein muß und ist. So führen hier aus immanenten Gründen die beiden Linien der Fortentwicklung der Jaspersschen Philosophie zu einer Philosophie der Vernunft und Politik zusammen, d. h. es zeigt sich ihr immanenter Zusammenhang gerade an den scheinbar entferntesten Polen der philosophischen Logik (als neuer

»prima philosophia«) und der Welt-Politik und zwar über die Universalität des Kommunikationsproblems.

Jaspers ist sich der »utopischen« Dimension und zugleich der Notwendigkeit der Zukunftsperspektive einer solchen »Weltphilosophie« bewußt, wenn er den Konvergenz- und Zielpunkt der Vereinigung von universeller kommunikativer Vernunft und Politik oder das Politisch-praktisch-Werden »überpolitischer« Vernunft umschreibt.

»Die Vernunft würde als Grundverhaltensweise das Verbindende des sich Fremden, des geschichtlich Ursprungsverschiedenen« (VuW 50).

»Es ist die Frage, ob alle Menschen auf dem Erdball sich schließlich gemeinsam gründen könnten auf die allgemeine Vernunft, die wesentlich als die Form des Sichverbindens überhaupt entworfen ist. Ist ein gemeinsamer Rahmen von größter Weite möglich, innerhalb dessen die Kommunikation geschichtlich heterogenen Glaubens und seines Selbstverständnisses geschehen könnte, ohne sich preiszugeben, vielmehr um sich selbst aus der eigenen Tiefe zu verwandeln in die neuen Gestalten, die unter den Bedingungen des nun anbrechenden Erdzeitalters den Ernst der Menschen gründen« (VuW 50).

Um den dafür nötigen verbindenden »Rahmen der Mitteilbarkeit« zu schaffen, ist die von Jaspers versuchte »moderne Gestalt des Grundwissens« als »Bedingung eines allgemeinen Sichverbindens« entworfen worden (Off 151, vgl. 127). Dies war der tiefste Impuls und der Leitfaden für die philosophische Aufgabe auf dem Wege zur »Weltphilosophie«.

5. Zur gegenwärtigen Bedeutung der Konzeption des philosophischen Grundwissens

a) Die Konzeption des Grundwissens ist hier in ihren Grundelementen und -bezügen deswegen relativ ausführlich und immanent dargestellt worden, weil sie eine weitgehend unbeachtet und wohl auch unbekannt gebliebene Thematik darstellt, der aber im ganzen der Jaspersschen Philosophie eine zentrale Bedeutung und, wie ich meine, eine besondere Relevanz für die

Gegenwart zukommt. Jaspers hat damit nicht nur eine in der Tat dringliche philosophische Aufgabe bezeichnet, sondern mit seinem Entwurf des Grundwissens die Problemstellung auch in ihren sachlichen und methodischen Grundzügen, ihrem transzendental-philosophischen Status und in ihrer geistig-politischen und kommunikativen Bedeutung ausgemessen und sie so in einer ebenso umfassenden wie differenzierten Weise zu Bewußtsein gebracht.

Eine solche Auffassung schließt natürlich nicht die Meinung ein, Ansatz und Durchführung dieser Problemstellung philosophischer Logik bedürften nicht der eindringlichen Prüfung und Kritik. Das wäre im übrigen auch dem Selbstverständnis von Jaspers gänzlich entgegengesetzt. Denn Jaspers selbst versteht seine Erörterungen und den Entwurf des systematischen Bezugsrahmens als Beitrag zur »Arbeit am gemeinsamen Grundwissen« (RuA 281), das als solches »nie abgeschlossen ist«, »immer einen vorläufigen, daher einen abwandelbaren, zu erweiternden und zu vertiefenden Charakter haben muß«, also »keine endgültige Form annimmt« und »in der Prüfung« bleibt (Off 149, vgl. 307, 140).

Jaspers geht in der Betonung des offenen Charakters seines Entwurfs sogar noch weiter, indem er die Erarbeitung eines allgemein verbindenden Grundwissens letztlich selber einem kommunikativen Prozeß zuordnet. Die strukturellen Bedingungen möglicher Kommunikation sind nicht nur »Gegenstand« transzendentaler Erörterungen und »Inhalte« des gemeinsamen Grundwissens, sondern dieses muß als nichtdeduktive strukturelle Reflexion von Grunderfahrungen auch selbst in einer kommunikativen Weise entwickelt, geprüft und bewährt werden.

»Es gibt bisher nicht eine einzige, allgemein anerkannte Grundstruktur dessen, als was und worin wir uns finden« (Off 147), – »Ein neues herrschendes Grundwissen wird nicht schnell entworfen. Es muß zusammenwachsen aus Schauen, Denken, Sprechen der Zeitgenossen ... aus den Kräften der Einsamkeit und in der freien Form öffentlichen Miteinanderdenkens« (RuA 279).

Das bedeutet, daß die Vergewisserung und Entfaltung des allgemeinen, kommunikativen Grundwissens selbst in einem kom-

munikativen Prozeß erfolgen muß. »Das Verlangen ist, dieses Grundwissen, das Bedingung eines allgemeinen Sichverbindens ist, selber in der Verbindung zu entfalten« (Off 151, vgl. 127).
b) Damit ergeht von Idee und Entwurf des Grundwissens selbst her die Aufforderung zu ihrer kritischen Prüfung und – sofern Notwendigkeit und Möglichkeit von Idee und Aufgabenstellung zugestimmt wird –, zur produktiv kritischen Weiterarbeit mit allen für nötig gehaltenen Präzisierungen, Abwandlungen, Korrekturen usw. So wäre eigentlich nach der hier gegebenen immanenten Darstellung nun ein zweiter Durchgang kritischer Reflexion und Prüfung erforderlich. Alle kritischen Fragen und Einwände, die sich an den Jasp erssehen Entwurf des Grundwissens der Vernunft gewiß richten lassen (im Hinblick auf seine Grundbestimmungen, das strukturelle Aufbauschema, die methodische Entwicklung und Ausweisung, die beanspruchte Formalität und Allgemeingültigkeit, den transzendental-philosophischen Status und anderes mehr), sollten jedoch stets daraufhin reflektiert werden, ob sie Idee und Aufgabenstellung des philosophischen Grundwissens in ihrer Notwendigkeit und Möglichkeit grundsätzlich in Frage stellen oder nicht. Die Beurteilung von Sinn und Notwendigkeit der Problemstellung muß von der Kritik der Durchführung klar unterschieden werden.

Die prinzipielle Beurteilung müßte sich insbesondere auch an dem für Jaspers zentral gewordenen Begriff kommunikativer Vernunft orientieren, dessen Neubestimmung in Unterscheidung vom Verstandesdenken und in dialektischer Beziehung auf die geschichtliche Existenz angesichts der heute üblich werdenden undifferenzierten Vernunftkritik eine wesentliche Bedeutung zukommt. Jaspers steht jedenfalls mit Habermas u. a. auf der Seite derer, die das Vernunft-Projekt der Moderne nicht preisgeben, sondern durch Differenzierung und immanent-kritische Grenzbestimmung in seiner wahren und emanzipatorischen Möglichkeit erhalten und entwickeln wollen.

Aber nicht nur mit Bezug auf diese aktuellen Diskussionen bin ich davon überzeugt, daß Jaspers mit Konzeption und Entwurf des philosophischen Grundwissens eine für die Probleme heutiger Weltorientierung und Kommunikation systematisch zentrale, rational diskutierbare und prinzipiell konsensfähige Aufgabenstellung vorgezeichnet hat, die zu prüfen und weiterzuverfolgen für jede Philosophie notwendig ist, die ihre Orientierungsaufgabe in der gegenwärtigen Welt ernst nimmt.

Anmerkungen

1 Vgl. etwa K. Ulmer, Philosophie der modernen Lebenswelt, 1972.
2 Siehe dazu das Jaspers-Kapitel in meinem Buch »Existenzphilosophie und Ethik«, 1970, 59–98.
3 Vgl. dazu auch O. F. Bollnow in: Saner, 185 ff.
4 Das zeigen auch die von Schilpp und Saner herausgegebenen Diskussionsbände (die lediglich zwei Beiträge von G. Knauss und E. Mayer zur philosophischen Logik enthalten) und die Darstellung von Schneiders, in der das Desiderat auch gesehen wird (41 ff., 173 ff.).
5 Vgl. dazu meinen Beitrag »Philosophische Existenzerhellung und theologische Existenzmitteilung« in Theol. Rundschau 24. Jg. 1956/57, H. 1 u. 2, bes. 123 ff.).
6 Die Parallelen zu Kants Unterscheidung der Gewißheitsarten (insbesondere von Wissen und Glauben), aber auch zu Kierkegaard (»Mitteilungsproblem«), sind offensichtlich.

Abkürzungen

AP	=	Allgemeine Psychopathologie, 1946^4, 1953^7
GSZ	=	Die geistige Situation der Zeit, 1931, 1971
Ph	=	Philosophie, 1932, 1973^4, Bd. I–III
VuE	=	Vernunft und Existenz, 1935, 1973
Eph	=	Existenzphilosophie, 1938, 1956^2
VdW	=	Von der Wahrheit, 1947
UZG	=	Vom Ursprung und Ziel der Geschichte, 1949
VuW	=	Vernunft und Widervernunft in unserer Zeit, 1950
RuA	=	Rechenschaft und Ausblick, Reden und Aufsätze, 1951
F	=	Die Frage der Entmythologisierung, 1954
AuZ	=	Die Atombombe und die Zukunft des Menschen, 1958
Off	=	Der philosophische Glaube angesichts der Offenbarung, 1962
KS	=	Kleine Schule des philosophischen Denkens, 1965
Schilpp	=	Karl Jaspers, hrsg. v. P. A. Schilpp, 1957
Schneiders	=	W. Schneiders, Karl Jaspers in der Kritik, 1965
Saner	=	Karl Jaspers in der Diskussion, hrsg. v. H. Saner, 1973

Wilhelm Anz

Die Nähe Jaspers' zu Kierkegaard und zu Nietzsche

Die Wandlungen im Denken von Jaspers, von denen ich sprechen werde, werde ich nicht durch den Begriff der Entwicklung charakterisieren, sondern als Konsequenz eines Denkweges darstellen. Ich setze damit voraus, daß im Ausgangspunkt die mögliche Konsequenz angelegt ist und daß erst in ihr die in ihm liegenden Voraussetzungen zum Vorschein kommen. Wenn die sokratische Frage nach dem Gerechten im Logos, d. h. in der Ausarbeitung der Was-Frage, zur Rechenschaft über sich gelangt, dann ist die Ausgangsfrage in der gesamten platonischen Philosophie gegenwärtig und bestimmt sie in allen ihren Schritten. Analog ist zu sagen: Wenn in der »Philosophie« von Jaspers der Weg zur Existenz den Ausgang bei der wissenschaftlichen Weltorientierung nimmt, dann bestimmt dieser Ausgangspunkt sein gesamtes Denken in seiner Kompetenz und in seiner Fragwürdigkeit.

Mein Ziel ist, an den Schriften des Zeitraumes von 1919–36, von der »Psychologie der Weltanschauungen« bis zum Nietzsche-Buch, zu zeigen, was die These von Jaspers, Kierkegaard und Nietzsche seien miteinander zu studieren und durch einander zu interpretieren, für die Ausarbeitung einer Philosophie als Existenzphilosophie bedeutet. Sie ist, wie ich zeigen möchte, mehr als eine hermeneutische Vorgabe bei der Bearbeitung eines historischen Gegenstandes; sie gehört in den Zusammenhang der Aufgabe, den Existenzbegriff als das Fundament zu bestimmen, auf dem die eine universale Philosophie der Tradition in einer veränderten geistigen Situation sich neu konstituieren kann.

Kierkegaard und Nietzsche sind die beiden entscheidenden Repräsentanten der neuen Ausgangslage. Sofern sie die nicht mehr im System gebundene Reflexion zum Element ihres Denkens machen, sind sie die einzigen Denker, die dem Zeitalter des Endes der Metaphysik in der Vollendung der Aufklärung gewachsen sind. Sie werden daher Vorbilder. Kierkegaard ist der überlegene Methodiker, der durch die Dialektik von Vernunft und Existenz, auf die hin – wie Jaspers meint – seine Schriften zu lesen sind, die Möglichkeit einer Neubegründung der Philosophie jenseits des Systems sichtbar macht, also den Zugang zu der Philosophie vorbereitet, die Jaspers erstrebt. Er gibt die Denkhinsichten vor, denen im Grunde auch Nietzsche folgt: daß die reflexive Durchdringung aller menschlichen Verhältnisse – der Anonymität des Zeitgeistes entrissen und als Aufgabe bewußt ergriffen – jedes Bestehende auf einen Grund von sich selbst bestimmendem Wollen zurückführt, also Wirklichkeit in Möglichkeit, d. h. in Werden zurückverwandelt und dadurch ein freies Verhalten zur Bedingtheit des eigenen Daseins ermöglicht. Auf diesem Wege entdeckt Kierkegaard seine Kategorie der Existenz, die er in den Experimenten seiner pseudonymen Schriften als den gegenwärtigen Grund alles Verhaltens verstehbar macht.

Daß die Rückführung aller Wirklichkeit auf Wollen als den Grund von Existenz universalphilosophische Bedeutung hat, ist von Jaspers bereits in der »Psychologie der Weltanschauungen« ausgesprochen. Obwohl Jaspers den Idealismus als Methode aufgibt, hält er das Ziel der »Phänomenologie des Geistes« fest, »alle denkbaren Standpunkte in ihrer Relativität zu beherrschen« (VE 98), das bedeutet, sie aus der ihre verschiedenen Ausformungen hervortreibenden Tendenz des Lebens auf Einheit von Endlichem und Unendlichem zu konstruieren. Die »Psychologie der Weltanschauungen« versteht sich als ein direkter, sie korrigierender Nachfahre der »Phänomenologie des Geistes«. Jaspers ist überzeugt, daß er unter veränderten Bedingungen dasselbe versucht wie Hegel: die Durcharbeitung der endlichen Standpunkte mit dem Ziel, die Einheit des Ganzen zu gewinnen. »Unsere ganze Betrachtung ist der Absicht nach nichts anderes als das, was Hegel tut, solange er betrachtend bleibt« (Ps 373), d. h. solange er nicht spekulativ konstruiert, sondern die Lebensbewegung in ihren Ausdrucksgestalten verstehend aufnimmt und ihnen denkend nachgeht.

Die Aneignung Kierkegaards steht also unter einem Vorgriff. Der Übergang in die Existenz wird aus der Bewegung des Lebens selbst als die in ihm liegende, durch seine Antinomien sollizitierte Konsequenz postuliert: Im Scheitern von Vernunft und Geist, an ihrer Grenze entspringt die Freiheit des Ich, sich als Selbst zu wählen. In der Wahl gewinnt das Ich eine neue Qualität, eben die der Existenz; in ihr stellt sich mit der ethischen Entscheidung die Einheit des Lebens, die zu zerbrechen drohte, wieder her. Existenz ist vollzogene Selbstsetzung im Übernehmen der Grenze; Freiheit ist entsprechend als Freiheit, wenn sie sich als das Andere von Vernunft und Geist weiß und sich sehend zu ihrem Anderen verhält. Die vorhergehenden Stufen (Dasein und Geist) sind in ihrer Grenze erkannt und anerkannt; sie werden mit der Entscheidung zur Existenz erst in ihre Wahrheit gebracht.

Die »Logik der Wirklichkeit« bringt den Erweis, daß das Leben in seiner antinomischen Struktur Selbstwahl, d. h. die Entscheidung zur Existenz oder auch »den Sprung in die Existenz« herausfordert und daß es sich in ihr in seiner Ganzheit wieder herstellt. Der Existenzbegriff leistet, was die Phänomenologie des Geistes heute nicht mehr leisten kann, weil das Faktum der Existenz das »System« ausschließt.

Später, in der »Philosophie«, hat Jaspers die Bewegung des Lebens auf Existenz hin zu dem Schema der »Stufenordnung des Umgreifenden« formalisiert, in der »die höheren Stufen von den niederen ermöglicht, die niederen von den höheren in jeweils begrenzter Weise gelenkt werden« (VE 68). Die für das Denken Jaspers' so wesentliche Dialektik von Vernunft und Existenz ist im Ansatz der »Psychologie der Weltanschauungen« präjudiziert.

Ein Mißverständnis ist abzuwehren. Es könnte so aussehen, als ob die Einheit des Seins in der Folge der Stufen die immanente organische Teleologie des Lebens sei. Aber so ist es nicht. Sie stellt sich durch die Freiheit des Selbst wieder her in einem Handeln, in dem das Selbst sich im Elemente geschichtlicher Situation hervorbringt.

Der »Logik der Wirklichkeit« entspricht die Stellung des Denkenden. Ein jeder Inhaltlichkeit überlegenes Bewußtsein, ein zuschauendes Bewußtsein also, das der Existenz und ihrer Selbstsorge enthoben ist, konstruiert die Bewegung in ihren möglichen Richtungen und Ausformungen. Der Denker der »Psychologie« ist im Grunde Logiker der Lebensbewegung. Darin liegt ein Problem, auf das Heidegger bereits in der frühen, freilich erst 1973 veröffentlichten Rezension der »Psychologie der Weltanschauungen« hingewiesen hat.

In der »Philosophie« ändert sich im Fortschreiten von wissenschaftlicher zu philosophischer Weltorientierung die Stellung des Denkenden zu seinem Gedachten. Er beginnt als zuschauendes Bewußtsein, das Kompetenz und Grenze objektiver Erkenntnis ausmacht. Dabei stößt er an einen Bereich, für den es in empirischer Erkenntnis keine Ausweisung gibt, den er nicht erkennen, wohl aber »verstehen«, d. h. idealtypisch zu denken vermag. Er strukturiert in quasiontologischen Aussagen den inneren Zusammenhang der Existenzbegriffe, z. B. Freiheit, Wille, Gewissen, Geschichtlichkeit, Liebe, Kommunikation – wohl wissend, daß diese erst wahr werden, wenn er sie als Existenzmöglichkeit frei ergreift. Dieser Vorgang, in der Struktur den Bereich möglicher Existenz zu artikulieren, ist Existenzerhellung. Nur in dem Maße, in dem sich Existenz in vernünftiger Artikulation ihrer Struktur erhellt, wird sie auf erfüllte Weise möglich und philosophisch verstehbar.

Im Zusammenspiel von Weltorientierung und Existenzerhellung bereitet sich der Übergang in die Existenz vor. Niemand kann Sinn denken und aussagen, ohne nicht von ihm als Existenzmöglichkeit angegangen zu sein. Mit diesem letzten Schritt hat sich der Spielraum des Existentiellen eröffnet. Der Denkende ist im Ausschreiten der Möglichkeiten der Vernunft an die Grenze zur Existenz gelangt und ist direkt ihrem Appell ausgesetzt.

Der Weg vom wissenschaftlichen Bewußtsein zu der denkenden Erhellung von Existenz wird als die im Zirkel sich vollziehende Dialektik von Vernunft und Existenz beschrieben, als die wechselseitige Hervorbringung von Vernunft und Existenz in ihr je eigenes Wesen. Vernunft ohne den Weg in die philosophische Weltorientierung und die mit einhergehende Existenzerhellung verfiele dem Positivismus; Existenz ohne den Gegenhalt in dem ihr Anderen, der Vernunft, würde gehaltlos und blind; sie wird in sich selbst und für sich selbst sehend in dem Maße, wie sie sich auf Vernunft einläßt.

Ich fasse zusammen: die Wege, auf denen Jaspers zur Existenz kommt, sind Wege, die an eine Grenze stoßen, an der die Spontaneität der Subjektivität zur Entscheidung oder auch »zum Sprung zur Existenz« und zur Kontinuität im ethischen Handeln herausgefordert ist. Darum ist Existenz immer werdende Existenz. Ihre Wahrheit ist konzentriert im Existentiellen, das eine gegebene Lage zur Situation macht und dem »Kampf« um Wahrsein erst Raum schafft.

Jaspers verdankt – wie er selbst sagt – seine philosophische Logik in ihren wesentlichen Zügen Kierkegaard. Die Nähe zu ihm ist in der Tat in allen Schritten seiner Denkbewegung evident. Die Feststellung, daß dieselben Kategorien in ihr aufkommen, sollte jedoch über eine – wie mir scheint – bis in den Grund reichende Differenz nicht hinwegtäuschen. Sie läßt mich fragen, ob am Ende nicht doch nur Analoga zu dem von Kierkegaard Gedachten zustande kommen. Manchmal scheint es mir so, als meinte Jaspers, man müsse die Vertiefung in das Selbstverhältnis, wie sie Kierkegaard in der Dialektik der Innerlichkeit einübt, ihm entreißen und das dabei Erfahrene in die Gegenständlichkeit des idealen Typus übersetzen; nur so kann das Wesentliche, das wir von ihm zu lernen haben, fruchtbar werden: daß die Dialektik der Existenz in sich selbst eine Logik enthält, mit deren Hilfe man die Philosophie neu begründen kann.

Diese Umsetzung ist nicht zufällig; sie ist die Konsequenz der im Beginn der »Philosophie« liegenden Vorentscheidung, daß die wissenschaftliche Weltorientierung das unser gegenwärtiges Weltverhältnis und Weltverstehen bestimmende Faktum ist und daß wir daher philosophierend vom wissenschaftlichen Bewußtsein auszugehen haben. Wenn wir Existenz nicht auf dem Wege der Rechenschaft der Vernunft über sich erreichen, bleibt sie ein fiktives Jenseits. Das ist die Grundentscheidung, in der Jaspers im Sinne der philosophischen Tradition (Kant, Hegel) die Freiheit zur Freiheit – wie früher der Person und des Geistes, so jetzt der Existenz – und mit ihr die Neubegründung der Metaphysik von der kritischen Begrenzung der Vernunft durch sich selbst abhängig macht.

Diese im Verhältnis zu Kierkegaard wesentliche Differenz begegnet zuerst als Differenz zwischen dem philosophischen Bewußtsein bei Jaspers und dem existierenden Denker bei Kierkegaard. Das philosophische Bewußtsein vollzieht an der Grenze der Vernunft, die es methodisch sichtbar macht, den Sprung zur Existenz und gebraucht in dem paradoxen Unternehmen der Existenzerhellung Vernunft, um sich des Spielraums der Person zu vergewissern. Der existierende Denker dagegen ist von jeher der Faktizität der Existenz ausgesetzt; er erreicht sie nicht von dem ihr Anderen her, der Vernunft; er beginnt innerhalb der Existenz, indem er dem »Grundaffekt«, der Zuständlichkeit der Angst, in der das Individuum für sich selbst in seiner Zeitlichkeit erschlossen ist, die Führung überläßt. Er beginnt also von vornherein im zeitlichen Existieren, dem er wie jedermann ausgesetzt ist (»unum si noris, noris omnes«). Die Möglichkeit, »sich in Existenz (zu) verstehen«, oder anders formuliert, die Forderung, ein Selbst zu werden, ist das Primäre; sie gehört einer Dimension zu, die der Existenzerhellung vorausliegt. Von diesem Grunde her gewinnt Kierkegaard den Maßstab, mit dem er das Reflexionszeitalter und den Idealismus kritisch aufarbeitet und zeigt, daß in ihnen die Existenz durch einen anonymen Prozeß mediatisiert ist. Der Gang der Argumentation geht also in entgegengesetzter Richtung.

Um sich in Existenz verstehen zu lernen, entwickelt Kierkegaard eine »negative Dialektik«; sie ist eine Dialektik der Innerlichkeit. Ihre Aufgabe ist es, alle Existenzverhältnisse so zu durchdringen, daß das sein Handeln bestimmende Selbstverständnis des Individuums für es rein hervorkommt und in einem damit sichtbar wird, daß im Verhältnis zu diesem nur scheinbar Subjektiven sich die Wahrheit des Allgemeinen in Gesellschaft, Staat, Kirche entscheidet. Von daher versteht sich die Bedeutung, die Sokrates für Kierkegaard hat.

Das ist festzuhalten, wenn ich darauf hinweise, daß Kierkegaard eine Folge von Existenzstadien dichtet, um mitteilen zu können, was es heißt, »sich in Existenz verstehen«. Die Folge der Stadien ist ein dialektisch genau kontrolliertes Spiel mit Existenzmöglichkeiten, die der Experimentator sich in ihre Konsequenz ausleben und auf ihre Kategorie bringen läßt. Der Fortschritt der Bewegung ergibt sich daraus, daß jedes Stadium daraufhin befragt wird, wieweit in ihm das Individuum dem »Grundbezug«, dem Verhältnis zur »Idee«, dem »Gottesverhältnis in seinem weitesten Umfang«, wie Kierkegaard es nennt, existierend, d. h. denkend und handelnd entspricht.

Die »Stufen des Umgreifenden« (hier Dasein und Geist) sind anthropologische Seinsbereiche, die im Bau des Lebens als seine Potenzen angelegt sind. Die Dialektik der Stufen ist dem philosophischen Bewußtsein übereignet, das in der Klärung von Dasein und Geist, ihrer Möglichkeiten und ihrer Grenzen den Übergang in die Existenz für sich selbst verstehbar und dringlich macht. Das führt zu der immer stärker hervortretenden Akzentuierung des Existentiellen, in der der Wille zur unbedingten Wahrhaftigkeit der Entscheidung die Relativität der Verhältnisse durchbricht.

Die quasiontologischen Aussagen, die die Vernunft als Existenzerhellung macht, sind Vorgriffe auf mögliche Existenz; sie sind unentbehrliche Vorgabe der Selbstgewinnung und weisen auf den Zirkel hin, in dem Vernunft und Existenz sich wechselseitig bedingen. Die idealtypisch formalisierten Existenzbegriffe sind alle auf den einen Punkt des Überganges von Vernunft zu Existenz zu beziehen.

Das bezeugt die Kategorie des Sprunges. In der Konsequenz des Denkens selber liegt der Appell zum Handeln, zum Absprung in die Existenz. Das steht dem dritten Kapitel der »Philosophischen Brocken«, der »metaphysischen Grille« noch nahe. Dort ist die Kategorie des Sprunges als Abstoß von der Reflexionsebene des Verstandes die Kategorie des Überganges in die qualitativ andere Ebene der Existenz. Der Sprung ist auch dort ein Handeln, genauer aber – wie Kierkegaard sagt – eine »Zutat« des Handelnden. Der die Differenz belegende Sprachgebrauch findet sich im Begriff ›Angst‹. Sprung ist dort das logisch-dialektische Äquivalent zum »Augenblick«, dem Sich-zeigen oder auch dem »Aufgehen« von möglicher Freiheit. Die Kategorie bezeichnet hier nicht zuerst einen Aktus, sondern die Feststellung, daß die Existenz wie jeder empirischen so auch jeder spekulativen Konstruktion sich entzieht, weil sie allem voraus ist. Die Kategorie Sprung verweist auf das »inter-esse« der Existenz.

Bei der Darstellung des Begriffes der Wahl schließt sich Jaspers bis in den Wortlaut hinein dem Sprachgebrauch von »Entweder/Oder« II an, demzufolge sich selbst wählen und sich selbst setzen identische Akte sind, in denen die Person sich hervorbringt. Aber bei Jaspers erhält die Darstellung einen eher an Fichte erinnernden Klang. Der Wählende ist die sich im Existentiellen begrenzende Vernunft; sie schafft einen Vorgang zur Situation um, der sie, in sie eintretend, dennoch überlegen bleibt. Bei Kierkegaard ist es der an das unmittelbare Dasein Verfallene, der sich im Streit von Offenbarkeit und Verschlossenheit aus ihr in das Selbstsein zurückrufen läßt.

Das Fazit dieser Gegenüberstellungen, die im einzelnen noch zu belegen und zu erweitern wären, ist die Einsicht, daß die Existenz, auf die die philosophische Logik der Philosophie führt, nicht dasselbe ist wie die Existenz als der Zusammenhang Angst–Zeitlichkeit, aus dem heraus der existierende Denker denkt.

Jaspers hat diese Differenz gesehen und auch ausgesprochen. Sie hat aber für ihn keine Bedeutung; durch Nietzsche belehrt, versteht er die sich im Gange der »negativen Dialektik« potenzierende Innerlichkeit des Selbstverhältnisses, die für Kierkegaard zum Existieren als solchem gehört, als eine Folgeerscheinung der Christlichkeit Kierkegaards, als einen religiös motivierten Exzeß innerer Abseitigkeit. Der Psychiater übergreift den existierenden Denker, dessen Reflexion auf Existenz »in eine Richtung gedrängt ist, die nicht die unsere sein kann«. Die Suspendierung dieser Innerlichkeit gibt Jaspers die Freiheit, das Denken Kierkegaards auf die Dialektik von Vernunft und Existenz hin zu konstruieren.

Es kann nicht zweifelhaft sein, daß das, was für Jaspers mit dem Existenzdenken Kierkegaards sichtbar geworden ist, ihn auf einen neuen und eigenen Weg des Philosophierens gebracht hat. Die Rückgewinnung der »einen Philosophie« von der Basis des Existenzbegriffes aus ist ein in sich bedeutsamer Vorgang. Es ist das legitime Recht des Philosophen, aus der Tradition die Elemente aufzunehmen, an deren Maßstab die gegenwärtige Situation (die sich vollendende Aufklärung) sich klären und entscheiden läßt. Es liegt in der Konsequenz seines Denkansatzes, daß die souveräne Vernunft sich selbst begrenzt und daß sie bei der

Arbeit der Existenzerhellung in Übereinstimmung mit sich bleibt. Das darin gegenwärtige Bewußtsein der Redlichkeit ist ein starker Impuls in der Entscheidung zum Existentiellen.

Gleichwohl bleibt die Frage, ob das, was Jaspers eliminiert, die zum Existieren wesentlich gehörende Selbstbezüglichkeit, der Zusammenhang Angst–Zeitlichkeit, aus dem heraus der existierende Denker denkt, nicht ursprünglicher ist als die Entscheidung zur Existenz, auf die Jaspers in seiner Philosophie hinführt. In ihr wird ein Bereich von Wahrheit sichtbar, der von den Voraussetzungen der Existenzphilosophie nicht geklärt werden kann, der aber als »Nichtphilosophie« der fundamentale ist. Wenn das so ist, dann müßte ein neues Gespräch geführt werden, in dem der existierende Denker und seine vorgängige Wahrheit der Partner bleibt.

Daß Nietzsche im Gange meiner Überlegungen zurücktritt – obwohl Jaspers eine Nietzsche-Monographie geschrieben hat –, läßt sich sachlich rechtfertigen. Nietzsche ist der der universalen Reflexion ausgesetzte und sich ihr auch vorbehaltlos aussetzende Denker, der den Zweifel gebraucht, um die Illusionen des Bestehenden zu zersetzen und für die empirische Wirklichkeit, die Faktizität der realen Geschichte, sehend zu werden. Im vorbehaltlosen Ausleben dieses Zustandes ist Nietzsche für Jaspers die für das Zeitalter schlechthin repräsentative Gestalt. Gleichwohl hat der Existenzbegriff methodisch den Vorrang – und damit in gewisser Weise auch Kierkegaard. Das zeigt sich auch daran, daß der Aufbau des Nietzsche-Buches im Schema einer Dialektik der Existenz gedacht ist, in die dann der Stoff eingearbeitet wird. Nietzsche gehört derselben Grundbewegung an, die Jaspers in der verwandelnden Aneignung Kierkegaards ausgebildet hat: in der Rückführung alles Bestehenden auf den sich selbst bestimmenden Willen, offen zu werden für die ihr geschichtliches Schicksal frei übernehmende Existenz. In dieser Interpretation ist vorausgesetzt, daß der Wille zur Macht auf Existenz hin ausgelegt und dadurch existenzphilosophischer Kritik unterstellt werden kann.

In der Orientierung am Maßstabe der Existenz vermag der Leser die Sache Nietzsches gegen Nietzsche festzuhalten, da wo dieser in unverhüllten Positivismus abgleitet oder wo er im Erleiden der Gottlosigkeit des Zeitalters an die leere Symbolsprache einer selbsterfundenen Metaphysik verfällt. Es ist zwar ein Hindernis, daß es Nietzsche durch die analytische Schärfe, mit der er das Leben als Ablauf (einen dem Menschen unbewußt widerfahrenden Vorgang) bloßstellt und darstellt, schwer gemacht ist, in dem materialen Inhalt seiner Aussagen die Freiheit des Selbst philosophisch zu erreichen, in der er als freier Geist sich aufhält oder »existiert«. Aber Jaspers demonstriert, daß der Geist, der rücksichtslos alles in Frage stellen muß, auch der Geist ist, der dem Menschen seine Aufgabe zeigen kann, die ihre Geschichte übernehmende Existenz. Mit dieser Auslegung hätte Jaspers den Nihilismus der anthropologischen Aufklärung überwunden. Die Entscheidung dieses Problems lasse ich offen. Man darf aber fragen, ob die existenzphilosophische Nietzsche-Rezeption der sozusagen materialistischen Wucht der bei Nietzsche als empirisches Geschick gedachten Geschichte standhält. Es ist denkbar, daß auch hier die Existenzphilosophie an eine Grenze stößt und die Möglichkeit einer Zuordnung von Kierkegaard und Nietzsche, ihre Interpretation durch einander fraglich wird.

Reinhart Koselleck

Jaspers, die Geschichte und das Überpolitische

Karl Jaspers war ein mutiger Mensch. Mutig nicht aus einem freudigen Antrieb zur Tat, sondern mutig aus bewußter Angst und aus intellektueller Redlichkeit, mehr noch aus gedanklicher Konsequenz. So blieb es nicht aus, daß Jaspers, der sein Leben auf enge Kreise und kleine Zirkel beschränkte, in den Bereich der Politik vorstieß, daß seine Philosophie sich gleich-ursprünglich auch als geschichtlich begriffen hat.

Ich werde versuchen, den Zusammenhang zwischen Jaspers, der Politik und der Geschichte innerhalb seiner Philosophie zu verdeutlichen. Das Überpolitische, wovon er gerne sprach, wird dabei ein spezifisches Problem aufwerfen, mit dessen Klärung auch die spezifische Wirkung von Jaspers in den Blick rücken soll. Ich gehe in drei Schritten vor.

Zuerst handele ich empirisch von den Stellungnahmen und Schriften zur Politik. Zweitens werde ich die geschichtstheoretischen Voraussetzungen zu klären suchen, die in die politischen Äußerungen eingegangen sind. Drittens frage ich kurz nach Gründen seiner politischen Wirkung und nach den Gründen, wieso seine Wirkung anhalten kann.

1. Die politischen Stellungnahmen

1946 bekannte Jaspers rückblickend vor der amerikanischen Kontrollbehörde: »Ich blieb wesentlich unpolitisch.« Gemessen an der militärisch imprägnierten Verfassung des Wilhelminischen und des Hitler-Reiches, war diese unpolitische Wesensbestimmung jedenfalls zivilistisch. Und die gelegentlichen öffentlichen Äußerungen zur Politik zeugen denn auch von Zivilcourage. In Anbetracht der drohenden Niederlage meinte Jaspers 1918 in einem Heidelberger Professorenzirkel, man müsse nun auf Elsaß-Lothringen verzichten und den Schaden, in Belgien angerichtet, wiedergutmachen. Nachdenklich nahm Oncken diese Meinung zur Kenntnis, ohne sie teilen zu können. Jaspers war offenbar intellektuell bereit, die Niederlage 1918 zu akzeptieren. Kurz darauf stimmte er, als Privatdozent in den Senat gewählt, gegen eine von Meinecke geforderte Resolution, die den Versailler Friedensvertrag zurückweisen sollte. Jaspers hielt es nicht für die Aufgabe der Universität, zu politischen, gar zu nationalen Fragen Stellung zu nehmen. Seine Stimme blieb allein, er selbst isoliert. Wer den nationalen Entrüstungssturm kennt, der damals von rechts bis links gegen Versailles entbrannte, der kann ermessen, welcher Mut dazu gehörte, sich ihm entgegenzustellen.

1924 hatte Jaspers wieder Gelegenheit, die politische Unabhängigkeit der Universität gegen nationale Selbstverständlichkeiten oder parteipolitische Zumutungen zu verteidigen. Es handelt sich um den Fall Gumbel, der die berühmt-berüchtigte Formel vom ›Feld der Unehre‹, auf dem die deutschen Soldaten gefallen seien – wenn auch nicht im Indikativ – in einer öffentlichen Rede verwendet hatte. Ohne daß Jaspers diese pazifistische Provokation gutgeheißen hätte, insistierte er aus liberalem Prinzip auf der Lehrfreiheit und stimmte – zunächst als einziger – gegen den Entzug der venia legendi. Erst später – unter dem Dekanat von Curtius – setzte sich, und auch dann nur vorübergehend, die Auffassung von Jaspers durch. (1932 wurde Gumbel auf Druck der Studenten entlassen – bevor er im folgenden Jahr emigrierte.)

Wenn Jaspers hier aus überpolitischer Überzeugung gegen die vorherrschende nationale Grundhaltung seiner Kollegen und der Studenten aufgetreten ist, so hat er sich nicht gescheut, auch politische Konsequenzen daraus zu ziehen – jedenfalls auf dem Boden der akademischen Institution und zu deren Schutz.

Ähnlich indirekt zur Tagespolitik eingestellt, aber mit eindeutigen Hinweisen auf die Rahmenbedingungen des politischen Zusammenlebens, ist der bekannte Band 1000 der Sammlung Göschen konzipiert. Gewiß nicht republikanisch im Sinne der Weimarer Verfassung, aber doch liberal im Kern seiner existentiellen Analysen, die rationale Entscheidungen motivieren und utopische Gefahren abwehren sollten. Voller Kann-, Soll-,

Möchte-, Wunsch- und Wenn-Dann-Bestimmungen, bleibt freilich die diagnostizierte Krise mehrdeutig in der Schwebe.

Das änderte sich nicht grundsätzlich, aber ganz entschieden in der Klarheit der Artikulation seit 1945, nach der Befreiung aus dem erzwungenen Exil nach Innen. Jetzt bekannte sich Jaspers emphatisch zu Deutschland, als es nicht gerade Mode war, dies zu tun. Und das änderte sich noch entschiedener zugunsten direkter politischer Stellungnahmen nach dem Wechsel, man darf wohl sagen, nach dem freiwilligen Exil in die Schweiz. Das Engagement wuchs proportional zur Distanz, auf diese Weise die überpolitische Grundhaltung in ihrer politischen Konsequenz um so deutlicher zum Ausdruck bringend. Daß jede Philosophie ihre politische Pointe habe, hat Jaspers seitdem immer wieder betont, eine letztlich zwingende Folgerung aus seinen umschreibenden Existenzbestimmungen, die – zumindest formal – auf die konkrete Situation zurückverweisen.

Was er 1945 zur Schuldfrage – gegen die These der Kollektivschuld – formuliert hat, ist in seiner nüchternen Abwägung zwischen Entlastung und Belastung damals kaum rezipiert worden. Die Unterscheidungen zwischen krimineller und moralischer Schuld, zwischen politischer Haftung und metaphysischer Verantwortlichkeit – diese Distinktionen schienen im dichten Nebel der deutschen larmoyanten Selbstentschuldigungen und Selbstbeschuldigungen nicht zu greifen – aber sie boten potentiell einen klaren Rahmen justizpolitischer Handlungsnormen.

Sehr viel dezidierter griff Jaspers 1965 in die öffentliche Debatte ein, die um die Verjährung der NS-Verbrechen geführt wurde. Jaspers insistierte auf der absoluten Unrechtmäßigkeit der Verbrechen gegen die Menschheit, er sah im Völkermord den erst in der Neuzeit möglichen absoluten Ausnahmefall, hier könne daher niemals das rechtsstaatliche Verbot rückwirkender Gesetzesanwendung gelten, selbst die Todesstrafe solle wieder in Kraft treten gegen Feinde des Menschengeschlechtes, das Natur- und Völkerrecht rangiere vor jeder Legalität. Wie unvollkommen auch immer, die Nürnberger Prozeßbestimmungen müßten angewendet werden. Damit bezog Jaspers eine moralisch konsequente Position, die übrigens auch die Legalitätstitel liefert für die Rechtsprechung der DDR über NS-Verbrechen.

»Zur Geltung kommen diese Gesetze«, wie Jaspers sagte, »nur im Rechtsstaat«, der sich gegen einen »künftigen oder vergangenen Verbrecherstaat« wendet und der daher zu einer Ausnahmerechtsprechung verpflichtet sei. Selbst die Geschichte gewinnt dabei normativen Charakter, denn »der Verbrecherstaat ist wie ein Ausbruch aus der Geschichte«.

Eine Gnadeninstanz entfällt, und Amnestie ist undenkbar, selbst wenn sich die ehemaligen Massenmörder oder ihre Planungsdirigenten inzwischen neu sozialisiert und als biedere oder erfolgreiche Mitbürger entpuppt haben. Ohne Zweifel: Das Motiv von Jaspers liegt jenseits jeder politischen Pragmatik. Was er fordert, ist reine Sühne, um die moralische Integrität wiederzugewinnen, ohne nach innen auf verfilzte Wählerwünsche zu schielen oder nach außen sich der eindeutigen Weltmeinung zu fügen. Den Bruch mit jeder Kontinuität zum NS-Regime zu vollziehen ist ihm identisch mit dem Postulat zur Selbstläuterung. Je eindeutiger die vorpolitische Grundentscheidung ausfällt, desto folgenreicher sei sie für die Politik selber – diese These hat Jaspers geradezu axiomatisch immer und immer wieder verkündet. Von zeitlosem Anspruch, zielte sie de facto in jene Atmosphäre der Halbherzigkeit, mit der wir Deutschen unsere nolens volens gemeinsame nationalsozialistische Vergangenheit haben schlummern lassen, gelegentlich durch personalpolitische Skandale aufgeschreckt.

Daß Wahrhaftigkeit, ja eigentlich die Wahrheit selber, der tragfähigste Boden jeder Politik sei, ist auch das Leitmotiv, das die beiden Bücher zur Bundesrepublik durchzieht: das 1960 erschienene, das sich mehr der Außenpolitik, und das 1966 erschienene, das sich mehr der Innenpolitik widmet. Jaspers forderte ein Jahrzehnt früher als geschehen die Anerkennung der Oder-Neiße-Grenze, weil Deutschland durch die bedingungslose Kapitulation jedes territoriale Recht verloren habe. Aber mehr noch: Jaspers forderte den Verzicht auf Wiedervereinigung. Historisch, weil Deutschland immer mehr gewesen sei als die jeweilige Summe seiner Teilstaaten. Der Kern seines Arguments ist freilich überpolitisch, er ist in der Umsetzung liberaler Geschichtsphilosophie enthalten, auf die ich noch zu sprechen komme. Freiheit rangiert vor Einheit. In altliberaler Tradition seit dem Vormärz sieht Jaspers in einer freiheitlichen Verfassung die unabdingbare Voraussetzung jeder Politik – in der deutschen Einheit nur ein peripheres, sekundäres Postulat. Freiheit sei grundsätzlich, also auch für Deutsche, weltweit zustimmungsfähig, deutsche Einheit dagegen nicht. So erhoffte sich Jaspers, kompromißlos gegen jedes totalitäre System, durch Verzicht auf Wiedervereinigung gleichwohl erhöhte Toleranzspannen in einer neutralisierten Sowjetzone. Wer diese These als Zumutung oder als Illusion empfunden hat – und das war mehrheitlich der Fall –, der hat Jaspers mehr recht gegeben, als im Rahmen einer nüchternen Auseinandersetzung erforderlich war. Jedenfalls hat Jaspers weit vorausgreifend der Außenpolitik der sozialliberalen Koalition den Boden bereitet.

1966 ging er einen Schritt weiter. Seine emphatische Kritik am Parteienstaat – im Sinne von Robert Michels an den Funktionärseliten ohne demokratische Legitimation – nimmt zahlreiche Impulse der Studentenrevolte vorweg und all der Bewegungen, die aus ihr folgten. Das unbewältigte Trauma von 1933 leitet seine Kritik an den Notstandsgesetzen, die jene Gefahren hervorriefen, gegen die sie erlassen werden sollten. Jaspers fordert den politischen Streik, direkte Aktion des Volkes (was auch immer dies sei), appelliert an die Vernunft der Gehorsamsverweigerung. Vor allem bei Kriegsgefahr gelte es zu revoltieren. In seinen Worten: »Diese Revolte wäre großartig und ist möglich.« Der parteigebundenen Willensbildung vorzuordnen sei also die Spontaneität oder die große Verweigerung von unten. In einem Satz, die vorpolitischen Bedingungen einer außerparlamentarischen Opposition werden aus dem Postulat einer freiheitlichen Verfassung ziemlich vollständig deduziert. Freilich mit einem Vorbehalt – dem der Gewaltlosigkeit. Wie Jaspers sagte: »Die Möglichkeit der ›legitimen Revolution‹ von unten ohne Gewalt ist Bedingung der Freiheit des Staates und seiner Bürger«. In einem Interview geht Jaspers sogar einen Schritt weiter und fordert »die ständige legale Revolution«, den makabren Doppelsinn dieses Ausdrucks souverän ignorierend. Um die legale Revolution zu erleichtern, sollten fallen die 5%-Klausel, das konstruktive Mißtrauensvotum und die staatliche Parteienfinanzierung. Ohne offen für eine direkte Demokratie zu plädieren, rührt er doch ganz bewußt an die institutionellen Sicherungen unserer repräsentativen Demokratie.

Der Schritt aus dem Raum vorpolitischer Begründungen jeder Politik in den politischen Tageskampf ist damit vollzogen worden. Und das unter bewußter Mißachtung aller verfassungsmäßigen Verfahren, die die Erfahrungen aus der NS-Zeit verarbeitet hatten. Dafür, daß institutionelle Regelungen die Freiheit vielleicht relativieren, aber doch verbürgen können, hatte Jaspers wenig Gespür.

Fassen wir unseren ersten Durchgang zusammen: Jaspers philosophierte immer unter der Voraussetzung, daß Existenz nur im Handeln, zumindest in der Kommunikation, ihr Selbstsein gewinnen könne. Damit war er ein potentiell politischer Philosoph. Das Individuum als Bezugspunkt liberaler Gesellschaftstheorie wird im Horizont der Krise seit 1918 zur Existenz, die im ständigen Risiko des Scheiterns sich selbst zu finden sucht. Das aber ist ohne »Gemeinschaft« nicht möglich. So führt der Weg vom enthaltsamen Liberalen zu einer indirekt politischen Haltung, die Jaspers mit zunehmender Konsequenz auch unmittelbar politisch artikuliert. Er übernimmt als Philosoph die Rolle eines politischen Schriftstellers. Dabei bezieht er, auf die Spontaneität der Vernunft im Volke hoffend, schließlich Positionen eines Basisdemokraten, der ganz bewußt institutionelle Absicherungen unserer repräsentativen Demokratie zu unterlaufen fordert. Die Enttäuschung über die parlamentarischen Parteien der Weimarer Zeit, die Hitler nicht verhindert haben, ging bruchlos über in die Enttäuschung, daß nach 1945 kein radikaler Neubeginn von unten her, aus der Gemeinschaft spontaner Existenzen, gefunden wurde. Die Überzeugungskraft von Jaspers' Argumenten beruht paradoxerweise darauf, daß sich seine Existenzphilosophie nicht unmittelbar politisch anwenden läßt.

Aus der kritischen Perspektive existentieller Enttäuschung heraus hat nun Jaspers Forderungen formuliert, die gleichwohl prognostischen Charakter hatten, Forderungen, die später eingelöst wurden. Es wäre falsch, ihm hier eine kausale Rolle zumessen zu wollen. Aber die intellektuelle Artikulation moralischen Unbehagens, existentieller Entrüstung, hat politische Möglichkeiten aufgewiesen, die in der damaligen Situation der

Bundesrepublik enthalten waren und die dann auch ergriffen wurden. Das betrifft sowohl den Kurswechsel in der Außenpolitik seit Brandt/Scheel wie den Aufbruch außerparlamentarischer Bewegungen, die Jaspers persönlich nicht mehr erlebt hat. Er starb 1969.

2. Damit kommen wir zu unserem zweiten Teil, den geschichtstheoretischen Implikationen der geschilderten politischen Stellungnahmen. Ihr sichtbarer Wandel ist nur vordergründig der politischen Geschichte, auch in Jaspers »Biographie«, zuzuordnen. Die theoretischen Grundpositionen blieben daran gemessen vergleichsweise konstant, sicher registrierbar seit 1932.

Jaspers argumentiert bis in seine tagespolitischen Analysen hinein grundsätzlich mit Alternativbegriffen und mit Alternativprognosen, um Entscheidungslagen zu verdeutlichen und auch zu provozieren. Lassen Sie mich eine kurze Liste aufstellen: Da stehen sich gegenüber die Machtpolitik und das Überpolitische, das Weltimperium und die Weltföderation, totale Herrschaft und Freiheit, Souveränität und Menschheit, Masse und Selbstsein, Ideologie und Ethos, Politiker und echte Politiker, die alte Politik und die neue Politik; konkreter: die Vaterlandspartei und die Freiheitspartei (im Ersten Weltkrieg) oder der Rückfall in Barbarei versus dem Über-Sich-Hinausdrängen-Zum-Menschsein, oder Geschichte versus eigentliche Geschichte oder Gewalt versus Recht. Die Liste läßt sich verlängern.

Es ist offensichtlich, daß es sich nicht um Kategorienpaare handelt, die analytischen Anspruch erheben können, sondern um geschichtsphilosophische Begriffe mit handlungsanleitender Funktion. Dritte, vierte, fünfte oder sonst wievielte Möglichkeiten, wie sie sich in der wirklichen Politik einzustellen pflegen, werden dualistisch eliminiert.

Die dualistischen Reihen lassen sich dabei in zwei Gruppen einteilen: Die eine Gruppe ist struktural lesbar und öffnet wiederholbare Chancen der Entscheidung; die zweite ist diachron lesbar und erzwingt vermeintlich einmalige Letztentscheidungen. Beide Gruppen verweisen aufeinander.

Die strukturell vorgegebenen Alternativen, um damit zu beginnen, sind hierarchisch geordnet, sie enthalten bewußte Werturteile. Die gleichsam nur politische Reihe hat sich der überpolitischen Reihe zu beugen. Gewalt ist nötig, aber dem Recht unterzuordnen, rechtsstaatlich einzubinden. Weltmachtstreben ist vorgegeben, aber föderativ zu regulieren. Souveränitätsbehauptung ist ein Faktum, muß aber dem Interesse der Menschheit weichen. In einem Satz: Jede Politik hat der Freiheit zu dienen. Freiheit als Auftrag ist überpolitisch vorgegeben – aber nur politisch läßt sie sich verwirklichen.

Insofern handelt es sich um asymmetrische Gegenbegriffe, deren Wahl mit ihrer Setzung bereits vorentschieden ist. Dem Spielraum empirischer Politik wird jede Luft entzogen. Wie Bultmann einmal lakonisch bemerkte: »Jaspers hat mich in die Lage versetzt, auf manches überhaupt nicht antworten zu können.«

Die zweite Gruppe der Alternativbegriffe ist nun diachron zu lesen. Das Machtstreben muß der Vernunft unterworfen werden, wenn künftig nicht die ganze Welt totaler Herrschaft anheimfallen soll. Die alte Politik bloßer Interessenwahrung muß von der neuen Politik abgelöst werden, wenn die Menschheit nicht in der atomaren Katastrophe untergehen soll. Auch derartige Wenn-Dann-Aussagen enthalten Alternativprognosen, deren vernünftige Lösung von vornherein feststeht. Insofern befindet sich Jaspers in der klassischen Tradition liberaler Geschichtsphilosophie, die die Freiheit als Aufgabe der praktischen Vernunft in der Zukunft zu erreichen heißt. Aber Jaspers, so kantisch er in seinen republikanischen Prinzipien geblieben ist, sieht nicht mehr die Chancen einer linearen Hochrechnung zunehmender Freiheit. Strikt lehnt er jede Rückversicherung ab, die einst aus der Geschichte selber Hoffnung zu schöpfen vermochte. So hat er die kategorialen Zwangsalternativen der Liberalen übernommen, ohne noch deren Geschichtsphilosophie zu teilen.

Auf dem Boden seiner vom Individuum her entfalteten Existenzphilosophie ist die Zukunft grundsätzlich offen und frei zu wählen. Geschichte kenne keine Notwendigkeit, es sei denn in der Form vernünftiger Sollenssätze. Geschichte kann dann allenthalben als Geschichtsbild oder als Schema im Auswahlverfahren die angemessenen Argumente verstärken, die einer vernünftigen Entscheidung hilfreich sind. Geschichte lehrt das, worüber man voluntativ verfügt. Deshalb sei eine Geschichte der Freiheit, vor allem für die nachholbedürftigen Deutschen, aus pädagogischen Gründen zu fordern.

Geschichte gewinnt also nur über ihre Interpretation normativen Charakter, sie ist nie und nimmer selber ein Prozeß der Freiheit. Deshalb duldet Jaspers keine Theodizee und verwirft den Satz von der Weltgeschichte als Weltgericht. Nur die Möglichkeit, Freiheit zu ergreifen oder nicht, ist dem Menschen existentiell aufgetragen.

Auf diesem Hintergrund gewinnen die strukturalen Daueralternativen und die diachronen Wenn-Dann-Aussagen ihren gemeinsamen Grundzug: Sie lassen sich nicht geschichtlich begründen, sondern begründen Geschichte. Sie werden aus der Situation heraus zu »erweckenden Prognosen«, um einen Terminus aus dem Göschen-Band zu verwenden. Das sei erläutert.

Ohne Zweifel eignet Jaspers ein prophetischer Zug, auch wenn er ihn metaphorisch leugnet. Gerade in der Leugnung aus wissenschaftlichen Gründen ist die tatsächliche Prophetie verpackt. Sie bedient sich weiterhin einer geschichtlichen Rückversicherung, in der überkommener Auftrag und künftige Herausforderung verschmelzen. Im Innern seiner Existenzphilosophie bleibt ein substantielles geschichtliches Erbe enthalten, auf das zu gleicher Zeit Heidegger, Camus oder Sartre verzichtet hatten. Dieses Erbe imprägniert Jaspers' erweckende Prognosen. Es handelt sich bei ihm immer noch um eine Geschichtsphilosophie des Geistes, um eine Schwundstufe, in der die jüdisch-christlichen und die hegelisch-schellingschen Elemente – außer dem immer präsenten republikanischen Kant – situativ abrufbar bleiben.

Die eigentliche Geschichte beginnt weniger mit den Hochkulturen selber als mit dem Erwachen des Geistes, in der sogenannten Achsenzeit, in der die Grenzsituationen menschlicher Existenz erstmals religiös, theologisch oder philosophisch reflektiert wurden. Auch deshalb ist die eigentliche Geschichte an ihre Schriftlichkeit zurückgebunden und vollzieht sich in rhythmischen Renaissancen, ohne grundsätzliche Veränderungen – bis zur Schwelle der technisch-wissenschaftlichen Revolution. Aber auch dann bleiben die wissenschaftlichen Fragen, etwa Max Webers, sekundär. Vorschriftliche oder anthropologische Strukturen, die sogenannten geschichtslosen Völker, soziale Bedingungen, institutionelle Vorgaben oder wirtschaftliche Faktoren – all dies fällt nur ins Gewicht, wenn sie an der Daueraufgabe gemessen werden, das je mögliche Menschsein im Horizont von Schuld und Opfer, von Tod, Liebe und ihrem Scheitern zu ergreifen.

Der Schritt von der überpolitischen Vernunft zur postulierten Vernunft in der Politik ist von dieser Position her nur schwer nachzuvollziehen. Er läßt sich nur in der Metaphorik von Jaspers' Chiffrensprache dingfest machen. Es handelt sich – in liberaler Konsequenz – um eine Aufgabe aller einzelnen. Vom Ethos der einzelnen, in jeder Lage, ist allein die Wende zu erwarten. Es mag ein Zusammenhang bestehen zwischen den Stillen im Lande, die mehr oder weniger in Kommunikation eintreten. Auch das Gleichnis des corpus mysticum, der unsichtbaren Kirchen, wird bemüht, um die Vollstrecker der Wende zu umschreiben. Diese selbst wird als Wiedergeburt, als Läuterung apostrophiert: Ihr Weg führt vielleicht in eine neue Menschheit ohne Krieg. Ein Verinnerlichungsprozeß mag ausgelöst werden, der das Reich der Geister nach außen wirken läßt. Nur so läßt sich verstehen, daß Jaspers' Hochrechnung in die Zukunft gerade den unwahrscheinlichsten Fall anvisiert: daß nämlich die Alternative zur Atombombe nur der absolute Weltfriede sei.

Geisteshistorisch läßt sich also sagen: Die Chiffrensprache nimmt joachitisches Erbe auf, entblößt es seiner theologischen oder idealistischen Notwendigkeit und rückt es in prophetische Zwangsalternativen ein. All das ließe sich nun – mit Jaspers' eigener vorbeugender Kritik – als utopisch abtun, um dem Realismus aller bisherigen Geschichtserfahrung verpflichtet zu bleiben. Aber Jaspers hat zugleich unsere konkrete politische Situation im Auge, die Atombombe und den als sicher gesetzten Fall ihrer Anwendung – wenn keine Umkehr geleistet werde. In seinen Worten: »Was längst im einzelnen Menschen da war« – nämlich der Wille, unseren sittlich-politischen Willen zu verwandeln –, »wirksam in kleinen Umkreisen, aber ohnmächtig im ganzen blieb, ist nun zur Bedingung für den Fortbestand der Menschheit geworden. Ich glaube nicht übertreibend zu reden.

Wer weiterlebt wie bisher, hat nicht begriffen was droht ... Ohne Umkehr ist das Leben der Menschen verloren.«

Fragen wir freilich konkret nach, läßt Jaspers uns provokativ im Stich. Institutionelle Regelungen reichen nicht. Die Vernunft läßt sich nach Jaspers nicht kollektiv organisieren. Sie bleibt der jeweiligen Existenz aufgegeben. Organisiert wird sie sich selbst entfremdet und verfällt der Zweckrationalität und damit der Politik alten Typs. Die Metapher von den Stillen im Lande darf nach Jaspers soziologisch nicht eingelöst werden. Wer der empirische Träger der Wende sein könne, bleibt überpolitisch nicht beantwortbar.

Nehmen wir diese Botschaft gleichwohl ernst, so werden wir wieder auf unsere aktuellen Handlungsbedingungen zurückverwiesen. Anders gewendet: Das von Jaspers sorgsam getrennte Überpolitische und das Politische fallen unter dem Druck der Atombomben-Drohung zusammen. Was uns Jaspers unbeschadet seiner prophetischen Geste lehrt, ist dies, daß im politischen Handeln vernünftige Lösungen so viele Chancen haben können, wie die zu scheitern.

Das Atombomben-Buch enthält die Quintessenz seiner politischen Philosophie, besonders im Kleindruck der Einzelanalysen von bestechendem Scharfsinn. Die Aporie, die Jaspers aufdeckt – das Scheitern methodisch gleichsam einkalkulierend –, besteht darin, daß die Vernunft, wenn sie denn zum Zuge kommen soll, sich nur im Bündnis mit Gewalt durchsetzen kann. Dabei engen sich unsere Alternativen entschieden ein. Hegelisch gesprochen, der Weltgeist kann es sich nicht mehr leisten, allzu hohe Opfer einzukalkulieren, ohne sich selbst aufzugeben. Oder mit Max Weber argumentiert: In Anbetracht der Atombombe fallen Gesinnungsmoral und Verantwortungsmoral restlos zusammen. Oder wie Jaspers es einmal konkret ausdrückt: Nicht die Politik ist das Schicksal, sondern die Politik entscheidet über das Schicksal.

3. Ich komme zum Schluß. Worin hat die Wirkung von Jaspers' politischer und geschichtlicher Philosophie gelegen – und worin liegt sie heute noch?
1. Er hat grundsätzlich darauf verzichtet, Geschichte durch Ge-

schichte selbst zu erklären. Damit hat er sich geschichtswissenschaftlicher Beweisführungen, und solcher, die sich dafür halten, enthoben. Das verleiht ihm eine spezifische Freiheit, in aller Geschichtlichkeit, die er akzeptiert, über die Geschichte zu verfügen. Darin liegt gewiß seine publizistische Wirkung enthalten.
2. Jaspers steht am Ende der liberalen Tradition, aber er hat es verstanden, diese Tradition in existenzphilosophische Aussagen umzugießen. Nicht mehr der heroisch lesbare Heidegger aus »Sein und Zeit«, sondern der auch im Scheitern auf Vernunft hoffende Jaspers fand seine Sympathisanten und Hörer.
3. Der immer auf Distanz bedachte Jaspers hat Alternativen sichtbar gemacht, die im Alltag der Politik verschwimmen und nicht unmittelbar einlösbar sind. Die moralische Eindeutigkeit hat jedenfalls ihre politischen Konsequenzen, die zu ignorieren nicht nur falsch oder schädlich sein kann, sondern nach Jaspers unmöglich ist. Auch hier zehrt Jaspers von einer Tradition, die er als Existenzphilosoph lebhaft verleugnet hat: Er vindiziert nämlich seinen moralischen Urteilen eine objektive geschichtliche Kraft. Seine Zwangsalternativen sind so konzipiert, daß sich die Weltgeschichte als Weltgericht vollstrecken muß, wenn er denn recht behalten will. Damit steht er letztlich auf dem Boden von Schillers Diktum, das er als Philosoph der Freiheit entrüstet von sich gewiesen hat. Seine moralische Herausforderung hat nur dann einen Sinn, wenn es in der Geschichte letztlich – so oder so – gerecht zugeht. Auch wer dieses christlich-idealistische Erbe nicht mehr teilt, wird Jaspers einräumen müssen, daß er über die prophetische Gestik hinaus ein prognostisches Potential für die empirische Politik freigesetzt hat. In ihm sind enthalten Rationalisierungsgebote, die in unserer wahrhaft gefährlichen Lage not tun.

Meine These ist daher, daß das Überpolitische in Jaspers' Philosophie ein nicht ableitbares Element des Politischen selbst ist. Es hat Jaspers befähigt, seine Prämissen, vor allem im Atombomben-Buch, auch in pragmatische Analysen umzusetzen und scharfsinnige Ideologiekritik zu treiben.

Es lohnt, ihn zu lesen.

Polare Ausrichtungen
psychotherapeutischer Ansätze

Konditionalanalytisch orientierte Psychotherapie		**Hermeneutisch** orientierte Psychotherapie
Konditionalanalytisches Erklären aus		Hermeneutisches Verstehen aus
Bedingungen des faktischen Auftretens und Verschwindens psychopathologischer Auffälligkeiten = Symptome		Bedingungen der Möglichkeit (d.h. aus Wesensmöglichkeiten) psychopathologischer Deviationen oder Dekompensationen
Isolieren von einzelnen Funktionen Isolieren von einzelnen Funktionsstörungen Isolieren von einzelnen Bedingungen derselben innerhalb eines psychischen Apparates oder eines familiendynamischen Regelkreises		Einbeziehen von pathol. Auffälligkeiten in den Prozeß dialektischer Selbstentfaltung oder Selbstdestruktion eines Menschen innerhalb seiner Welt
Bevorzugte Gewichtung *äußerer* Bedingungen letztlich von Veränderbar- und damit Manipulierbar-Machen		Bevorzugte Gewichtung *innerer* (systemimmanenter) Bedingungen letztlich von *Sinnfindung*
Heteronomie-orientiert Krankheits-zentriert Distanzierte Einstellung Primär: Tendenz zur Objektivierung		Autonomie-orientiert Person-zentriert Partizipierende Einstellung Primär: „Einführung des Subjekts"
	führt methodologisch notwendig zum	
Hinunterprojizieren auf die Ebene von „mechanismen"	mit der Gefahr	Hinaufprojizieren auf die Ebene quasi personaler Entscheidungen

304

reduktionistischer Unterinterpretation		projektiver Überinterpretation
	in beiden Fällen droht Hybris	
am Ende alles erklärbar und manipulierbar machen zu können		alles verstehen zu können
	vor allem dann, wenn	
Erklären für Verstehen gehalten wird		Verstehen für Erklären genommen wird
	Gefahren	
Gefahr kurzsichtiger Strategien		Gefahr unendlicher Analysen
Psychotherapie kann zu reiner Technik werden		Psychotherapie kann zu reiner Lebenshilfe oder Seelsorge werden
	Nachteile	
Abhängigkeit des Effizienz-Verständnisses von dessen Operationalisierbarkeit		Mangelnde Operationalisierbarkeit und infolgedessen mangelnde Kontrollierbarkeit der Effizienz
Einfluß methodologischer Zwänge		Einfluß weltanschaulicher Prämissen
	Vorzüge	
Rationalität des Vorgehens		Umsicht des Vorgehens
Kontrollierbarkeit der Effizienz		Kritik gegenüber vordergründiger Effizienz-Bezogenheit
		Sichoffenhalten gegenüber der Frage: Was heißt in diesem speziellen Fall „Effizienz"
Schlagkräftige Zielgerichtetheit		Methodische Zielorientierung (Offenhalten der Frage, welches Ziel denn jeweils anstrebenswert sei)

Die Autoren

Anz, Wilhelm, geboren 1904 in Pansfelde, 1941 Promotion in Marburg, 1952 Lehrauftrag an der Universität Frankfurt a. M., 1955 Prof. an der Kirchlichen Hochschule in Bethel, 1963 Honorar-Prof. an der Universität Münster für Philosophie und Religionsphilosophie.

Aron, Raymond, geboren 1905 in Paris, Studium der Philosophie an der Sorbonne. 1931–1933 Dozent für franz. Literatur und Philosophie in Köln und Berlin, während des Krieges Redakteur bei »La France Libre«, 1946/47 Kolumnist beim »Combat«. 1955 Prof. für Soziologie an der Sorbonne, 1960 an der École Pratique des Hautes Études, 1970–78 am Collège de France. Gestorben 1983 in Paris.

Blankenburg, Wolfgang, geboren 1928 in Bremen, Studium der Philosophie und Medizin, 1956 Promotion in Freiburg, 1967 Habilitation in Freiburg, 1973 Prof. und wiss. Rat an der Universität Heidelberg, 1975 Direktor der Psychiatrischen Klinik I in Bremen, 1979 o. Prof. für Psychiatrie an der Universität Marburg.

Fahrenbach, Helmut, geboren 1928 in Kassel, Studium der Philosophie in Marburg und Heidelberg, 1956 Promotion in Heidelberg, wiss. Ass. in Tübingen, 1965 dort Habilitation, Prof. für Philosophie an der Universität Tübingen.

Gadamer, Hans-Georg, geboren 1900 in Marburg, 1922 Promotion in Marburg, 1929 Habilitation bei Martin Heidegger in Marburg, 1939 o. Prof. für Philosophie an der Universität Leipzig, 1946/47 Rektor der Universität Leipzig, 1947 Prof. an der Universität Frankfurt, seit 1949 Prof. an der Universität Heidelberg.

Glatzel, Johann, geboren 1938 in Göttingen, 1963 Promotion in Düsseldorf, 1970 Habilitation in Ulm, seit 1971 Prof. für Psychiatrie und Neurologie an der Universität Mainz.

Häfner, Heinz, geboren 1926 in München, Promotion 1950 und 1951 in München, 1960 Habilitation in Heidelberg, 1967 o. Prof. für Psychiatrie an der Universität Heidelberg, 1968 Direktor der Sozialpsychiatrischen Klinik in Heidelberg, 1975 Direktor der Stiftung Zentralinstitut für Seelische Gesundheit in Mannheim.

Henrich, Dieter, geboren 1927 in Marburg, 1950 Promotion in Heidelberg, 1955/56 Habilitation in Heidelberg, 1960 o. Prof. für Philosophie an der Freien Universität Berlin, 1965 o. Prof. in Heidelberg, 1981 o. Prof. in München, Gastprofessuren an der Columbia und der Harvard University.

Hersch, Jeanne, geboren 1910 in Genf, Schülerin von Karl Jaspers. Nach Lehrtätigkeit in Genf und in den USA 1956 o. Prof. für systematische Philosophie an der Universität Genf. Zeitweise Leitung der Abteilung für Philosophie der UNESCO in Paris und Vertreterin der Schweiz in deren Exekutivrat.

Huber, Gerd, geboren 1921 in Stuttgart, Studium der Medizin, 1948 Promotion, 1957 Habilitation in Heidelberg, dort 1961 apl. Prof., 1968 o. Prof. für Psychiatrie in Ulm, 1974 o. Prof. an der Medizinischen Hochschule in Lübeck, 1978 o. Prof. und Direktor der Psychiatrischen Klinik der Universität Bonn.

Janzarik, Werner, geboren 1920 in Zweibrücken, Studium der Medizin, 1946 Promotion, bis 1951 wiss. Ass. an der Universität Heidelberg, 1959 Habilitation in Mainz, 1965 apl. Prof. für Psychiatrie in Mainz, 1973 o. Prof. und Direktor der Psychiatrischen Klinik der Universität Heidelberg.

Kołakowski, Leszek, geboren 1927 in Radom (Polen), Studium der Philosophie, 1958 o. Prof. für neuere Philosophiegeschichte an der Universität Warschau, 1966 aus KPP ausgeschlossen, 1968 Verlust des Lehrstuhls und Ausreise aus Polen, 1970 Prof. am All Souls College in Oxford. Gastprofessuren an der Yale University und der University of Chicago.

Koselleck, Reinhart, geboren 1923 in Görlitz, Studium der Geschichte, Philosophie, Soziologie und des Staatsrechts, 1954 Promotion, 1965 Habilitation, 1966 Prof. für Polit. Wiss. an der Universität Bochum, 1968 Prof. für neuere Geschichte an der Universität Heidelberg, seit 1974 Prof. für Theorie der Geschichte an der Universität Bielefeld.

Lochman, Jan Milič, geboren 1922 in Nové Mesto (Tschechoslowakei), Studium der Theologie und der Philosophie, 1950–68 an der Comenius Fakultät in Prag. Als einer der Protagonisten des christlich-marxistischen Dialogs am »Prager Frühling 1968« beteiligt, jetzt o. Prof. für systematische Theologie an der Universität Basel.

Schipperges, Heinrich, geboren 1918 in Kleinenbroich, Studium der Medizin und Philosophie, 1951 und 1952 Promotion, 1960 Facharzt für Neurologie und Psychiatrie, 1961 o. Prof. und Direktor des Instituts für Geschichte der Medizin an der Universität Heidelberg.

Tyrowicz, Stanisław, geboren 1924 in Lwow (Lemberg), Studium der Soziologie, 1968 Promotion in Warschau, 1962–68 wiss. Ass. für Geschichte des Sozialen Denkens an der Universität Warschau, jetzt Privatgelehrter und Übersetzer.

Karl Jaspers

Der Arzt im technischen Zeitalter
Technik und Medizin, Arzt und Patient, Kritik und Psychotherapie.
1986. 123 Seiten. Serie Piper 441

Die Atombombe und die Zukunft des Menschen
Politisches Bewußtsein in unserer Zeit. 7. Aufl., 58. Tsd. 1983. 505 Seiten.
Serie Piper 237

Augustin
2. Aufl., 8. Tsd. 1985. 86 Seiten. Serie Piper 143

Chiffren der Transzendenz
Hrsg. von Hans Saner. 4. Aufl., 16. Tsd. 1984. 111 Seiten.
Serie Piper 7

Denkwege
Ein Lesebuch. Auswahl und Zusammenstellung der Texte von Hans Saner
1983. 157 Seiten. Geb.

Einführung in die Philosophie
Zwölf Radiovorträge. 24. Aufl., 216. Tsd. 1985. 128 Seiten.
Serie Piper 13

Die großen Philosophen
Erster Band
Die maßgebenden Menschen – Die fortzeugenden Gründer
des Philosophierens – Aus dem Ursprung denkender Metaphysiker
3. Aufl., 14. Tsd. 1981. 968 Seiten. Leinen

P̲ɪᴘᴇʀ

Karl Jaspers

Die großen Philosophen
Nachlaß 1
Darstellungen und Fragmente. Hrsg. von Hans Saner.
1981. 679 Seiten. Leinen

Die großen Philosophen
Nachlaß 2
Fragmente, Anmerkungen, Inventar. Hrsg. von Hans Saner.
1981. 560 Seiten. Leinen

Die großen Philosophen
Erster Band und Nachlaß 1 und 2
3 Bde. 1981. 2204 Seiten. Leinen i. Schuber

Kant
Leben, Werk, Wirkung. 3. Aufl., 13. Tsd. 1985. 230 Seiten.
Serie Piper 124

Kleine Schule des philosophischen Denkens
10. Aufl., 65. Tsd. 1985. 183 Seiten. Serie Piper 54

Die maßgebenden Menschen
Sokrates, Buddha, Konfuzius, Jesus. 8. Aufl., 44. Tsd. 1984. 210 Seiten.
Serie Piper 126

Nietzsche und das Christentum
1985. 73 Seiten. Serie Piper 278

PIPER

Karl Jaspers

Notizen zu Martin Heidegger
Hrsg. von Hans Saner. 2. Aufl., 7. Tsd. 1978.
342 Seiten und 7 Abbildungen. Geb.

Philosophische Autobiographie
2. Aufl., 10. Tsd. 1984. 136 Seiten. Serie Piper 150

Der philosophische Glaube
8. Aufl., 41. Tsd. 1985. 136 Seiten. Serie Piper 69

Der philosophische Glaube angesichts der Offenbarung
3. Aufl., 18. Tsd. 1984. 576 Seiten. Leinen

Plato
3. Aufl., 11. Tsd. 1985. 96 Seiten. Serie Piper 47

Psychologie der Weltanschauungen
1985. 515 Seiten. Serie Piper 393

Schelling
Größe und Verhängnis. 1986. 346 Seiten. Serie Piper 341

P̲IPER

Karl Jaspers

Spinoza
2. Aufl., 9. Tsd. 1986. 154 Seiten. Serie Piper 172

Vernunft und Existenz
Fünf Vorlesungen. 3. Aufl., 12. Tsd. 1984. 127 Seiten. Serie Piper 57

Vom Ursprung und Ziel der Geschichte
8. Aufl., 39. Tsd. 1983. 349 Seiten. Serie Piper 198

Von der Wahrheit
Philosophische Logik. Erster Band. 3. Aufl., 13. Tsd. 1983.
XXIII, 1103 Seiten. Leinen

Wahrheit und Bewährung
Philosophieren für die Praxis. 1983. 244 Seiten. Serie Piper 268

Weltgeschichte der Philosophie
Einleitung. Aus dem Nachlaß herausgegeben von Hans Saner
1982. 192 Seiten. Leinen

Karl Jaspers/Rudolf Bultmann
Die Frage der Entmythologisierung
Mit einem Vorwort von H. Ott. Neuausgabe. 1981. 143 Seiten.
Serie Piper 207

Jeanne Hersch
Karl Jaspers
Eine Einführung in sein Werk. 1980. 151 Seiten. Serie Piper 195

P̲IPER

Hannah Arendt/Karl Jaspers
Briefwechsel 1926–1985

1985. Herausgegeben von Lotte Köhler und Hans Saner.
859 Seiten. Leinen in Schuber

In der Geschichte des Denkens ist dies die bisher einzige umfangreiche Korrespondenz zwischen einer Philosophin und einem Philosophen, die veröffentlicht wird. Sie umfaßt 29 Briefe aus der Vorkriegszeit (1926–38) und 403 aus der Zeit von 1945 bis 1969, dem Todesjahr von Karl Jaspers. Mit Ausnahme weniger Briefe, die z. Z. als verloren gelten müssen, ist die Korrespondenz vollständig. Sie wird durch wenige Briefe der beiden Ehepartner – Gertrud Jaspers und Heinrich Blücher – ergänzt, wo die Gesprächslage es erfordert. Ein umfangreicher Anhang bringt die nötigen Erklärungen über Personen und Ereignisse, auf die Bezug genommen wird; ein Personen- und ein Werkregister schlüsseln die Ausgabe auf.

Man darf ohne Übertreibung sagen, daß dieser Briefwechsel eines der großen Dokumente unserer Zeit ist. In ihm spiegelt sich die Zeitgeschichte der ersten Nachkriegsjahrzehnte: der Berliner Aufstand, die ungarische Revolution, der Mauerbau, der Eichmann-Prozeß, die Kubakrise, die Ermordung Kennedys, der Vietnamkrieg, der 7-Tage-Krieg Israels bis hin zu den weltweiten Studentenunruhen von Berkeley bis Berlin. Problemkomplexe der deutschen und internationalen Geschichte und Politik – die deutsche Schuldfrage, der Widerstand gegen den Nationalsozialismus, die Atombombe, die amerikanischen Verhältnisse, die Anerkennung der DDR, die Berlinfrage, das Judentum und Israel, der Ost-West-Konflikt – werden ausführlich erörtert.

Zugleich wird die Lebensgeschichte zweier Menschen bis ins Detail sichtbar, die das Stigma der Zeit – die nationale Bodenlosigkeit – als Chance bejahen. Die Freundschaft wurde im Laufe der Jahre so verläßlich, daß beide Partner einander nichts verschweigen mußten. Die Offenheit einer sehr klugen, oft visionären Frau von hinreißendem Temperament und die eines in der Unbestechlichkeit rücksichtslosen, aber in der Vernunft kommunikativen Denkers begegnen einander und werden sich zu einer Art Heimat.

Der Briefwechsel zeichnet das Persönlichkeitsprofil der beiden Gestalten direkt und indirekt mit verläßlicher Exaktheit auf, er wird zu einem vielfältigen Spiegel der in Einzelheiten so verschiedenen und letztlich doch verwandten Denkungsarten. Darüberhinaus ist er ein wirkliches Lesevergnügen: belehrend, unterhaltend und beeindruckend zugleich für jeden, der sich für die kulturelle und politische Geschichte unseres Jahrhunderts interessiert.

P̄IPER

Raymond Aron

Erkenntnis und Verantwortung
Lebenserinnerungen. Aus dem Französischen von
Kurt Sontheimer. 1985. 511 Seiten. Leinen

Raymond Aron war eine der großen geistigen Persönlichkeiten des 20. Jahrhunderts.
Seine Lebenserinnerungen beinhalten 50 Jahre politischer Reflexion;
alle entscheidenden Themen unseres Jahrhunderts werden berührt und Arons
Begegnungen und Auseinandersetzungen mit bedeutenden Persönlichkeiten
geschildert, mit Camus, de Gaulle, Henry Kissinger und vor allem Sartre.

»Man weiß nicht, was man mehr bewundern muß: die Erinnerungsarbeit,
die ein Mensch und Zeitgenosse für sich leistet, oder die Reflexionen
politisch-historischer Trends, die das Buch zu einer der interessantesten
Publikationen der letzten Jahre machen ... Aron ist einer der wenigen
des französischen Geisteslebens, die intensiv mit Deutschland zu tun hatten.«
Rupert Neudeck, Deutsches Allgemeines Sonntagsblatt

»Seine ›Mémoires‹, ein leitendes, großes Buch, hat Raymond Aron zu unserem
Glück noch vor seinem Tod fertigstellen können ... Der selbstkritisch-
marginale Aron war ein lebhafter Causeur, ein immer wacher Geist, ein Mann
vieler Dimensionen ... Seine Verbindung von Soziologie, Philosophie und
internationalen Beziehungen war selten; sie war vielleicht ihrerseits ein Ausdruck
seiner ungewöhnlichen intellektuellen Position.« Ralf Dahrendorf, Die Zeit

»Der bedeutendste Publizist Frankreichs.«   Golo Mann

»So weltweit Arons Interessen auch waren, die positive Erfahrung des deutschen
Geistes und die zum Teil sehr negative Erfahrung der deutschen Politik –
Aron war noch Universitätsassistent in Köln nach Hitlers Machtübernahme –
haben ihn zum produktivsten deutsch-französischen Mittler gemacht, was der
Frankfurter Goethe-Preis anerkannte.« François Bondy, Süddeutsche Zeitung

»Auf die Ansichten dieses Mannes wurde in allen politischen Lagern Wert gelegt,
in Frankreich wie im Ausland und nicht zuletzt in Deutschland, wo er seit
langem der meistgelesene und am besten verstandene französische Wissenschaftler war.«   Günter Zehm, Die Welt

PIPER

Leszek Kolakowski

Die Hauptströmungen des Marxismus
Entstehung. Entwicklung. Zerfall
Drei Bände. Zusammen 1692 Seiten. Geb.

Kolakowski: »Wir kennen alle den politischen Hintergrund des zeitgenössischen
Interesses am Marxismus. Es ist das Interesse für eine Lehre,
die als ideologische Tradition des zeitgenössischen Kommunismus angesehen wird.
Sowohl die, die sich selber für Marxisten halten, als auch deren Gegner
erwägen für gewöhnlich die Frage, ist der zeitgenössische Kommunismus, sowohl was die
Ideologie als auch was die Institution betrifft, das rechtmäßige Erbe Marxens? ...
Die Frage, die sich ein Ideenhistoriker stellt, sollte demnach nicht in der Konfrontation
der ›Essenz‹ einer bestimmten Idee und ihrer praktischen ›Existenz‹ in Form der sozialen
Bewegungen entstehen. Wir sollten vielmehr fragen, in welcher Weise
und infolge welcher Umstände die ursprüngliche Idee fähig war, über so zahlreiche
und so unterschiedliche, sich gegenseitig bekämpfende Kräfte das Patronat auszuüben.«

Erster Band:
Autorisierte Übersetzung aus dem polnischen Manuskript von Eberhard Kozlowski.
2., überarbeitete Aufl., 9. Tsd. 1981. 489 Seiten. Geb.
Band 1 setzt ein mit der Entstehung der Dialektik, behandelt den Linkshegelianismus,
den frühen Marx sowie die Hauptthemen und -schriften der
beiden Begründer der marxistischen Lehre, Marx und Engels.

Zweiter Band:
Autorisierte Übersetzung aus dem polnischen Manuskript von Friedrich Griese.
2., überarbeitete Aufl., 8. Tsd. 1981. 589 Seiten. Geb.
Band 2 ist der Entwicklung des Marxismus nach dem Tod seiner Begründer
gewidmet: die Zweite Internationale, Kautsky, Rosa Luxemburg,
Bernstein, Jaurès, Sorel u. a. bis zur Entstehung und Entwicklung des Leninismus.

Dritter Band:
Autorisierte Übersetzung aus dem polnischen Manuskript von Friedrich Griese.
2., überarbeitete Aufl., 8. Tsd. 1981. 614 Seiten. Geb.
Band 3 behandelt den Stalinismus und moderne Entwicklungen des Marxismus
bis zu Marcuse und Bloch.
Der Band 3 enthält Bibliographie und Personenregister für Band 1 bis 3

Leszek Kolakowski

Falls es keinen Gott gibt
Aus dem Englischen von Friedrich Griese. 1982. 220 Seiten. Geb.

Falls es keinen Gott gibt, ist alles erlaubt. In diese radikale Aussage mündet das jüngste Buch des polnischen Philosophen Leszek Kolakowski. In seinem großangelegten, gedankenreichen Essay diskutiert Kolakowski mit der ihm eigenen Energie des Fragens die philosophischen Argumente für und wider die Existenz Gottes. Er weist nach, daß beide Seiten einander mit rationalen Argumenten nicht überzeugen können, denn der Glaube ist der Kern von Religion.

Die Gegenwärtigkeit des Mythos
Aus dem Polnischen von Peter Lachmann.
3. Aufl., 15. Tsd. 1984. 169 Seiten. Serie Piper 49

Erst ein kritischer Rationalismus und die Gegenwärtigkeit des Mythos zusammen garantieren menschliche Kultur und eine humane Zivilisation.

Der Mensch ohne Alternative
Von der Möglichkeit und Unmöglichkeit, Marxist zu sein.
Aus dem Polnischen von Wanda Bronska-Pampuch/Leonhard Reinisch.
2. Aufl., 11. Tsd. 1984. 312 Seiten. Serie Piper 140

In diesem Buch unterzieht Leszek Kolakowski die doktrinäre marxistische Theorie einer tiefgreifenden Kritik. Dieser Text gehört auch heute noch zu den bedeutendsten Beiträgen der Marxismusdiskussion.

Henri Bergson
Ein Dichter-Philosoph
Aus dem Englischen von Ursula Ludz.
1985. 138 Seiten mit 9 Abbildungen. Serie Piper 5204

Mit Scharfblick und Einfühlungsvermögen erklärt Kolakowski die wichtigsten Ideen Bergsons, die noch vor einigen Jahrzehnten eine breite europäische Öffentlichkeit erregten: Zeit und Bewegungslosigkeit, Intuition und Intellekt, Geist und Körper, Leben und Materie, Gesellschaft und Glaube. Kolakowski sieht in Bergson einen Schriftsteller, der die Grenzen akademischen Denkens überschreiten wollte. Er weiß Bergson sowohl gegen den »Irrationalismus«-Vorwurf als auch gegen die Anwürfe der katholischen Kirche zu verteidigen. Die knapp gehaltene Schrift ist als Einführung in das Werk Bergsons hilfreich, aber auch für den Kenner und Fachmann von Interesse.

Die Suche nach der verlorenen Gewißheit
Denk-Wege mit Edmund Husserl
Aus dem Englischen von Jürgen Söring. 1986. 99 Seiten. Serie Piper 535

PIPER

Heinrich Schipperges

Homo patiens
Die Welt des kranken Menschen
1985. 379 Seiten mit 29 Abbildungen im Text. Geb.

Der tägliche Umgang mit »gesund« und »krank« gehört zum ältesten Erfahrungsgut des Menschen. Hier tut sich eine ganze Welt auf, an der das subjektive Befinden des einzelnen und sein Leiden mehr zu fesseln vermögen als die objektiven Krankheiten und die medizinischen Befunde. Neben großen Ärzten haben deshalb auch immer Philosophen solche Erfahrungen gesammelt und bereichert.
Heinrich Schipperges – Medizinhistoriker in Heidelberg – will mit diesem Buch die »Welt des kranken Menschen« zum Thema machen und wichtige Aspekte einer Geschichte der Krankheit erschließen. Dabei geht es ihm weniger um eine Chronologie oder Systematik der medizinischen Ereignisse und der technischen Errungenschaften im Verlauf von Jahrtausenden. Vielmehr will er wichtige Leitlinien aufzeigen, Knotenpunkte markieren, um so ein Gesamtbild von der Welt des kranken Menschen zu vermitteln, das neben den tragenden Konzeptionen auch die großen Gegenbewegungen aufleuchten läßt.
Es geht dem Autor dabei vor allem auch um den »homo patiens«:
»Es wird daher weniger von konkreten Krankheiten und spezifischen Heilmaßnahmen die Rede sein als vom Schmerz und von der Hoffnung, von der Angst und vom Urvertrauen, von den Leiden und den Erwartungen, den Einstellungen zum Leiden auch im Umgang mit Kranksein, nicht zuletzt auch von der Kunst, mit der Krankheit leben zu lernen.« (Schipperges)
Er fragt nach den Ursachen für die Zunahme der Krankheiten angesichts einer immer besser werdenden Medizin, nach dem ökologischen Bereich der Medizin, und diskutiert die tausendfältigen Aspekte des Gesundseins.
Hinter diesem Buch, mit dem der Autor neben Ärzten, medizinischem Personal, Gesundheitsplanern und -politikern auch und vor allem den Laien ansprechen will, steht die Einsicht, daß die historischen Konzepte und Gegenströmungen zu Wegweisern für die Heilkunde von morgen werden müssen.

P<small>IPER</small>

Philosophie bei Piper

Hannah Arendt
Eichmann in Jerusalem
Ein Bericht über die Banalität des Bösen.
Mit einem Essay von Hans Mommsen. 1986. 345 Seiten. Serie Piper 308

Hannah Arendt
Elemente und Ursprünge totaler Herrschaft
Antisemitismus. Imperialismus. Totalitarismus.
1986. 758 Seiten. Serie Piper 645

Hannah Arendt
Macht und Gewalt
Von der Verfasserin durchgesehene Übersetzung. Aus dem Englischen von
Gisela Uellenberg. 5. Aufl., 21. Tsd. 1985. 137 Seiten. Serie Piper 1

Hannah Arendt
Rahel Varnhagen
Lebensgeschichte einer deutschen Jüdin aus der Romantik.
5. Aufl., 19. Tsd. 1984. 298 Seiten. Serie Piper 230

Hannah Arendt
Über die Revolution
3. Aufl., 16. Tsd. 1986. 426 Seiten. Serie Piper 76

Hannah Arendt
Das Urteilen
Texte zu Kants politischer Philosophie. Herausgegeben und mit einem Essay
von Ronald Beiner. Aus dem Amerikanischen von Ursula Ludz.
1985. 224 Seiten. Leinen

Philosophie bei Piper

Hannah Arendt
Vita activa oder Vom tätigen Leben
4. Aufl., 18. Tsd. 1985. 375 Seiten. Serie Piper 217

Hannah Arendt
Vom Leben des Geistes
Band I: Das Denken. 244 Seiten. Frontispiz.
Band II: Das Wollen. 272 Seiten. Frontispiz.
1981. Leinen. Beide Bände zusammen in Schuber

Iring Fetscher
Der Marxismus
Seine Geschichte in Dokumenten. Philosophie, Ideologie, Ökonomie, Soziologie, Politik. 2. Aufl., 11. Tsd. 1984. 960 Seiten. Serie Piper 296

Jeanne Hersch
Die Ideologien und die Wirklichkeit
Versuch einer politischen Orientierung.
Aus dem Französischen von Ernst von Schenk.
3. Aufl., 8. Tsd. 1976. 376 Seiten. Geb.

Jeanne Hersch
Das philosophische Staunen
Einblicke in die Geschichte des Denkens.
Aus dem Französischen von Frieda Fischer und Cajetan Freund.
2. Aufl., 8. Tsd. 1983. 354 Seiten. Geb.